中华传世藏书 【图文珍藏版】

论语

诠解

[春秋]孔子⊙原著　马博⊙主编

线装书局

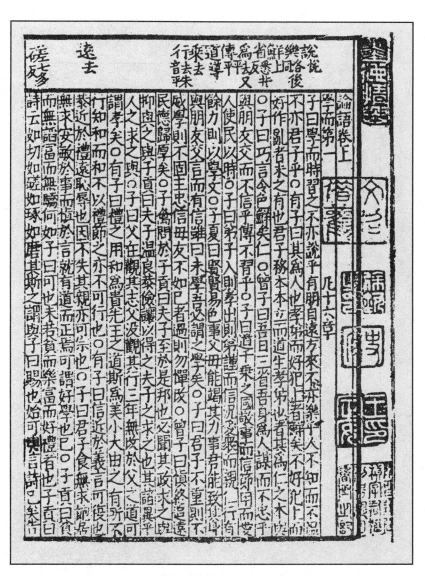

明覆宋刊巾箱本论语白文

（现藏台湾中央图书馆）

古文論語卷上
鄭氏註
學而第一
人不知而不愠
愠怒也 釋文
鮮矣
鮮寡也 同上
吾日三省吾身
思察已之所行也 同上

浚儀王應麟撰集

清乾隆杨廷锡抄汉郑玄注古文论语
（现藏台湾中央图书馆）

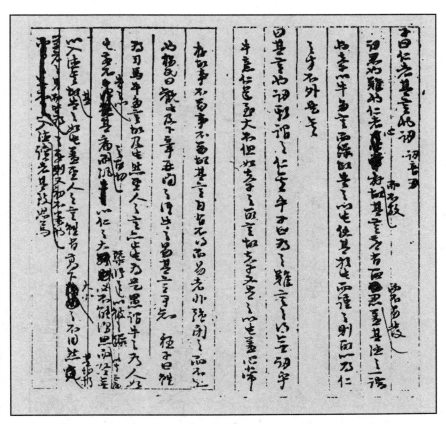

宋朱熹论语注稿

（现藏日本京都国立博物馆）

孔安國曰、命、謂窮達之分也

不知禮無以立也

也、不知言無以知人也　馬融曰、聽言則別其是非

堺浦道祐居士重新命工鏤梓

正平甲辰五月吉日謹誌

正千二百二十三字
注一千一百七十五字

論語卷第十

汲古阁影印日本正平本论语

（现藏台湾中央图书馆）

孔子,名丘,字仲尼,春秋鲁国人。

（公元前 551～前 479）

冉耕

冉耕(公元前544～?)，字伯牛，春
秋鲁国人。耕言危行正，而遭恶疾，夫
子叹曰："斯人也，而有斯疾也。"

第四章　孔子及其弟子考

第一节　孔子考

孔子开私人讲学私家著述之风，不仅为儒家之宗师，实为诸子之开祖，辟我国教育史学术史上之新纪元，为我国划时代之空前伟大的学者。

孔子与闻鲁政，为时至暂，周游列国，不得志于诸侯，卒归鲁以布衣终老，故在当时政治上之关系甚小。但开私人讲学，私家著述之风，而诸子承之，故其及于后世教育学术之影响则甚大也。孔子卒后，儒家之学乃盛于战国之初。汉高祖，儒冠置溺者也，其过鲁，乃以太牢祠孔子；帝王之崇奉孔子，盖自此始。文帝好黄老，景帝好刑名，未尝尊儒术也；武帝始乃特崇儒术；帝王之特尊儒术，盖自此始。此后历代帝王，如唐玄宗追谥孔子为文宣王，宋真宗加谥为元圣文宣王，元成宗又加谥为大成至圣文宣王，文庙遍于全国，祀典隆重，历明清而弗替。学者，无论其为汉，为宋，更无论其为古文，为今文，为程朱，为陆王，亦均奉孔子为不祧之祖。民国初年，袁世凯犹以尊孔为政策，康有为且欲定孔教为国教焉。及帝制，复辟，先后失败，论者群谓孔子为专制政体之护符，尊孔为专制时代之政策，起而反对；掊击揶揄，及于孔子本身。平心论之，孔子固可尊，而历代之尊孔，其所以尊之之故与所以尊之之道，则非也，传统的尊孔固应反对，而盲目的掊击揶揄，则固无伤于日月之明也。

司马谈论"六家"，特崇"道德"；司马迁作《史记》，独尊孔子。此或父子时有先后，风尚使然；要亦各有信仰，不必强同者也。《史记》例以本纪志帝王，世家志诸侯，列传志一般人物。孔子布衣耳，而特为立世家者，尊之也。高山景仰，心所乡往，赞中固已明言之矣。王安石《孔子世家议》，讥为"自乱其例，进退失据"；王应麟《困学纪闻》引潏水李氏说,讥为"欲尊大圣人而反小之"。按纪传之史,创自《史记》,细按其例,盖以本纪为全书之纲,所以示当时政治中心所在,初不限于志帝王也。如战国时,秦未统一,未尝为天子,而其时之政治中心已在秦,故立《秦本纪》;秦汉之际,楚未尝统一,项王未尝为天子,而实际上则为当时之政治中心,故立《项羽本纪》。(旧说谓太史公立《项羽本纪》,乃尊项绌刘,故目《史记》为谤书;此臆说也。近人又谓此乃太史公尊平民革命,亦非。)孔子非春秋末之政治中心,故不为立本纪耳。诸侯所以称世家者,以子孙世袭也。《孔子世家》末段,叙孔子子孙能世传其学甚详。不独孔氏之子孙也,儒家后学,自颜曾游夏及门诸弟子,以至孟荀,以至西汉诸儒,宗孔子者多矣。即墨庄诸子,虽其学说与孔子背驰,实皆承孔子之余风而兴起者也。诸侯之子孙世袭其位,世守其土,以富贵兴其家;孔子之子孙与后学,世传其学,世守其师说,以学术世其家;事既相类,此更胜彼。王鸣盛谓为"推崇至极,斟酌尽善",盖有见于此也,但《史记》叙孔子事,亦多失检处。先君子有《史记孔子世家考》,录之如下:

孔子世家考

孔子生鲁昌平乡陬邑。

按:"陬",《论语》作"鄹",《水经注》作"郰"。《庄子·天下篇》"邹鲁之士"指孔子,"邹"亦当作"鄹"。(《庄子》中未尝提及孟子;倘兼指孔孟,当云"鲁邹之士",不当云"邹鲁"。)裴骃《史记集解》引孔安国曰:"鄹,孔子父叔梁纥所治邑。"司马贞《史记索隐》曰:"鄹是邑名,昌平乡号。孔子居鲁之鄹邑昌平乡。"据此,则《史记》乡邑倒置也。张守节《史记正义》引《括地志》曰:"昌平山在泗水县南六十里。"又曰:"夫子生在鄹,长徙曲阜,仍号阙里。"按鄹邑即今山东曲阜县东南之鄹城。昌平山在今曲阜县东南五十里,尼山之西。昌平乡盖以山得名。

伯潜按:《汉书·梅福传》颜师古《注》曰:"阙里,孔子旧里也。"阙里在今曲阜城内。盖孔子生于鄹,长徙曲阜城内之阙里耳。《正义》云"仍号阙里",则似昌平乡亦有阙里矣,恐出臆度,不可信。

其先,宋人也。[曰]孔防叔[防叔]生伯夏,伯夏生叔梁纥。

按：宋湣公共卒（即愍公。《孔子家语》作襄公，误），弟炀公熙立。湣公之子鲋祀弑炀公，以国让其兄弗父何。何不受，鲋祀立，是为厉公。见《左传》昭公七年及《史记·宋世家》。鲋祀盖伪让其兄，何不屑受，且亦不敢受耳。何世为宋卿。何生宋父周，周生世子胜，胜生正考父，正考父生孔父嘉，五世亲尽，别为孔氏。殇公时，孔父嘉为司马，为太宰华督所杀，殇公亦被杀，事见《左传》桓公元年。孔父嘉之子木金父奔鲁。故孔子之先为宋人。"其先宋人也"自为一句，下文"孔防叔生伯夏，伯夏生叔梁纥"二句，叙孔子之三代。"曰"字衍；重"防叔"二字，亦衍。

伯潜按：木金父生祁父皋夷，皋夷生防叔。木金父畏华氏之逼，故奔鲁。防叔当宋成公之世，华氏已衰矣。《索隐》曰："防叔畏华氏之逼而奔鲁。"《家语》及《世本》均谓防叔始奔鲁。盖未之考，且因衍一"曰"字，误读"其先宋人也曰孔防叔"九字为一句耳。叔梁字，纥名。古人名字常连举，如弗父、何，孔父、嘉……，即其例。纥与颜氏女野合而生孔子。祷于尼丘，得孔子；[鲁襄公二十二年而孔子生]生而首上圩顶，故因名丘，[云]字仲尼云。[姓孔氏]

按：《索隐》《正义》均引《家语》，谓纥娶鲁之施氏，生九女；其妾生孟皮，病足；乃求婚于颜氏。颜氏三女，少女徵在从父命为婚云云。"野合"之义，说各不同。《索隐》谓纥老而徵在少，非当壮室初笄之礼，故云野合，谓不合礼。《正义》谓男子二八十六阳道通，八八六十四阳道绝，纥婚过六十四，故为野合。崔适《史记探原》谓当作"纥与颜氏女祷于尼丘，野合而生孔子"，上下文错杂而又衍"得孔子"三字云。则野合乃祷尼丘时事矣。古有"圣人感生"之说，如吞玄鸟之卵而生契，履巨人之迹而生弃，见于《诗》之《玄鸟》《生民》。野合而生孔子，殆亦类此之传说耳。"祷于尼丘，得孔子"，"生而首上圩顶，因名丘，字仲尼"，意相联贯，盖以孔子之顶似尼丘山也。（《索隐》曰："圩顶，言顶上宛也。故孔子顶如反圩。反圩者，若屋宇之反，中低而四傍高也。"）"鲁襄公二十二年而孔子生"句，当移后。"云"字当移置句末，"姓孔氏"三字衍。

伯潜按：纥已有一妻一妾，而又娶颜氏，疑但如今之同居，未尝举行婚礼者，故曰"野合"。野合而生孔子，则孔子殆今所谓"非婚生子"欤？余所揣度，或将斥为唐突孔子。孔子固谨于礼者，然圣人之父，未必亦谨于礼也。《史记》文意不明，后人以意度之，未必能得其真，付之阙疑而已。

鲁襄公二十二年而孔子生。丘生而叔梁纥死，[葬于防山；防山在鲁东。]乃殡五父之衢。由是孔子疑其父墓[处，]母讳之也。

按："鲁襄公二十二年而孔子生"句当移置于此。此言孔子生于鲁襄公二十二年，与《左传》杜预《注》，苏辙《古史》，罗泌《路史》，金履祥《通鉴前编》同，《孔氏家谱》，《素王事记》从之，《公羊传》，《穀梁传》，俱云孔子生于鲁襄公二十一年，洪善庆《阙里谱系》，程登庸《孔子年表辨正》，蔡复赏《孔子编年》及宋濂《孔子生卒考》均从之，是孔子生年有二说也。《左传》昭公二十四年杜《注》曰："是年，孔子年三十五。"则似又从《公》《穀》二传矣。崔适《史记探原》曰："《公》《穀》全体释经，此言何以入传？当由二家经师附记于旁，后乃误入正文尔。其始附于二十二年'公会诸侯于沙随'之下，一本误脱，而误补于二十一年'公会诸侯于商任'之下。文相似，易于致误也。一本误，则各本皆误；一传误，则二传并误。"崔说是也。孔子生年，当从《史记》，以正《公》《穀》二传之误。《公羊传》曰："十一月庚子，孔子生。"《穀梁传》曰："庚子，孔子生。"《春秋经》鲁襄公二十一年曰："冬，庚辰朔，日有食之。"庚辰为十月朔，则庚子当为十月二十一日，而十一月中不得再有庚子日。陆德明《公羊传释文》出"庚子孔子生"五字，并曰："传文上有'十月庚辰'，则此亦十月也。一本作'十一月庚子'，又一本无此句。"则《公羊传》本与《穀梁传》同，亦无"十一月"三字可知。鲁襄公二十二年十月庚子，为十月二十七日。周正十月，当夏正八月（夏正建寅，周正建子，故相差二月），故孔子生日为旧历八月二十七日。又按：《礼记·檀弓》但云"孔子少孤"，不言叔梁纥卒于何年，与此同。惟《家语》言"孔子三岁，叔梁纥卒"，不知何据。此处"葬于防山，防山在鲁东"九字衍；下文"乃殡五父之衢"六字，当移置于此；"墓"字下衍一"处"字；说详下文。

伯潜按：《春秋》记各国大事，即孔子曾加笔削，亦无插入自己出生一条之理。既为经文所无，释经之传，何以羼入此条？且如《公》《穀》已详记月日，司马迁又何以不采入本记？崔适疑为二家经师附记，其说甚是。其误入正文，亦当在司马迁作《史记》之后也。鲁襄公二十二年，当周灵王二十一庚戌，为公元前五五一年。今教育部定国历八月二十七日为孔子诞辰，盖即取旧历之月日耳。其并定是日为教师节者，以私人讲学始于孔子也。

孔子为儿嬉戏，常陈俎豆，设礼容。

按：此记孔子儿时事，而插入上下文记父丧母丧之间，易使文意不相联贯。以无足重轻，且无可移置，姑仍其旧。孔子之母死。[乃殡五父之衢，][盖其慎也。]耶人挽父之母诲孔子父墓，然后往合葬于防焉，盖其慎也。防山在鲁东。孔子要绖。

按：《礼记·檀弓》曰："孔子少孤，不知其父墓殡于五父之衢。人之见之者，皆以为葬也。其慎也；盖殡也，问于耶曼父之母；然后得合葬于防焉。"殡，浮厝也。殡可发而迁以合葬；如已葬，则不宜复发。孔子少孤，故不知其父之墓为殡为葬。及问于耶人挽父之母，始知其果为殡而非葬，然后发其父浮厝之柩，与母合葬于防。问而后发，盖其慎也。《檀弓》此章，"其慎也……合葬于防"二十字有二重倒装。"曼"为"挽"之借字。"挽父"，司葬事者。本传原文，或衍或倒，竟不可读，当据《檀弓》正之。《左传》襄公十一年杜《注》曰："五父衢，鲁县东南道名也。"五父衢在今曲阜县东南，防山在今曲阜县东三十里。孔子曾祖曰防叔，尝为防大夫。耶防二邑均在曲阜东南。盖防山为孔子祖墓所在，故合葬父母于此也。"疑其父墓"者，不知其为殡为葬也；句末多一"处"字，则似不知其父墓所在矣。"母讳之也"者，母不欲谈及其父之墓，孔子亦不忍问，以伤其心也。"诲孔子父墓"者，以父墓是殡非葬告孔子也。"要"同"腰"，"绖"丧服麻带。此言孔子合葬父母时腰绖尔。

季氏飨士，孔子与往。阳虎绌曰："季氏飨士，非敢飨子也！"孔子由是退。孔子年十七。

按：上节末句"孔子要绖"旧连本节读，本节末句"孔子年十七"，旧连下节读；均误。《索隐》曰："'要绖'一作'要经'。要经，犹带经也。故刘氏云：'嗜学之意'，是也。"盖误以上节末句连此，而又觉丧服与飨之非，故为此曲说耳。《家语》乃谓阳虎吊于孔氏，告以飨士之事，孔子言某虽衰绖，亦必与往，以示不非阳虎云云，更为荒谬不经。此事与上文全系两事，并不相涉。"孔子要绖"句属上文读，便自了然矣。孔子此时年仅十七，声名未著，故阳虎绌之。《索隐》引贾逵说，以为"昭公二十四年，孔子年已三十五，此文误也"；《水经注》又谓"孔子年十七，适周"；皆由误以"孔子年十七"句属下文读之故。

[鲁大夫孟釐子病且死，诚其嗣懿子曰："孔丘，圣人之后，灭于宋。其祖弗父何始有宋而嗣，让厉公。及正考父，佐戴、武、宣公，三命兹益恭，故鼎铭云：'一命而偻，再命而伛，三命而俯，循墙而走，亦莫敢余侮。饘于是，粥于是，以糊余口。'其恭如是。吾闻圣人

之后,虽不当世,必有达者。今孔丘年少好礼,其达者与?吾即没,若必师之。"及釐子卒,懿子与鲁人南宫敬叔往学礼焉。]是岁,季武子卒,平子代立。

按:孟釐子事,当移置下文,说详后。季武子即季孙宿,季平子即季孙意如。《春秋经》昭公七年,冬十一月,季孙宿卒。昭公七年,孔子年正十七。足证当径接"孔子年十七"句。孟釐子卒,在昭公二十四年,亦见《春秋经》,故当移置下文。若如原文,读者易误谓孟釐子与季武子卒于同岁矣。

孔子贫且贱。及长,尝为[季氏史]委吏,料量平;尝为司职吏,而畜蕃息。[由是为司空。已而去鲁,斥乎齐,逐乎宋卫,困于陈蔡之间,于是反鲁。]孔子长九尺有六寸,人皆谓之长人而异之。[鲁复善待,于是反鲁。]

按:《孟子·万章篇》,孟子曰:"孔子尝为委吏矣,曰会计当而已矣,尝为乘田矣,曰牛羊茁壮长而已矣。"孔子未尝仕于季氏。"季氏史"三字,乃与"委吏"二字形似,且涉上文而误。赵岐《孟子注》曰:"委吏,主委积仓库之吏",故曰"料量平,会计当"也。司职吏当即乘田。《周礼·地官》牛人曰:"凡祭祀,共其牛羊,以授职人而刍之。"注曰:"职读为枳,枳谓之杙,可以系牛。"司职吏盖即职人,掌养牛羊,故曰"畜蕃息","牛羊茁壮长"也。"由是为司空……困于陈蔡之间"二十二字,当移置下文"鲁复善待"句上。"由是反鲁"即"于是反鲁";重此二句,而又涉上文"由是为司空"句,变"于是"为"由是"耳。

伯潜按:杨敬夫《先圣年表》曰:"孔子二十岁,始仕于鲁,为委吏;二十一岁,为乘田。"孔氏在宋为贵族,奔鲁则为平民,孔子又少孤,故贫且贱。因少贫贱,故及长,为贫而仕;委吏司职吏之类,殆亦孟子所谓"庶人在官者"耳,乃云"由是为司空"误矣。《史记探原》谓"由是为司空……于是反鲁"二十六字,及下文"鲁复善待,由是反鲁"八字,皆衍文,当删,今从之。"孔子九尺有六寸,人皆谓之长人而异之"十七字,记孔子成长后之状貌,与上文"及长"二字有关。删去衍文,意既明显,文亦连络矣。

鲁大夫孟釐子病不能相礼,且死,诫其嗣懿子曰:"孔丘,圣人之后,灭于宋。其祖弗父何始有宋而嗣,让厉公。及正考父佐戴、武、宣公,三命兹益恭,鼎铭云:'一命而偻,再命而伛,三命而俯,循墙而走,亦莫敢余侮。饘于是,粥于是,以糊余口。'其恭如是。吾闻圣人之后,虽不当世,必有达者。今孔丘年少好礼,其达者与?吾即没,若必师之。"及釐子卒,懿子与鲁人南宫敬叔往学礼焉。

　　[鲁]南宫敬叔言鲁君曰："请与孔子俱适周。"鲁君与之一车、两马、一竖子，俱适周，盖见老子云。[辞去，而老子送之曰："吾闻富贵者送人以财，仁人者送人以言。吾不能富贵，窃仁人之号，送子以言曰：'聪明深察而近于死者，好议人者也；博辩广大危其身者，发人之恶者也。为人子者毋以有己，为人臣者无以有己。'"]孔子自周反鲁，弟子稍益进焉。

　　按："鲁大夫孟釐子……往学礼焉"，为下文南宫敬叔言于鲁君，请与孔子俱适周张本，故当自上文移置于此。"南宫敬叔言鲁君曰"句首之"鲁"字，衍，当删。"釐"同"僖"，孟釐子，仲孙玃也。懿子名何忌。《左传》昭公七年曰："三月，公如楚，郑伯劳于师之梁，孟僖子为介，不能相仪；及楚，不能答郊劳。……九月，公至自楚。孟僖子病不能相礼，乃讲学之，苟能礼者从之。及其将死也，召其大夫曰：'礼，人之干也；无礼，无以立。吾闻将有达者曰孔丘，圣人之后也，而灭于宋。其祖弗父何以有宋而授厉公。及正考父……（同《孔子世家》，文繁不录。）其共也如是。臧孙纥有言：曰"圣人有明德者，若不当世，其后将有达人"。今其将在孔丘乎？我若获殁；必嘱说与何忌于夫子，使事之而学礼焉，以定其位。'故孟懿子与南宫敬叔师事仲尼。"与《史记》略同。"病不能相礼"者，以"不能相仪""不能答郊劳"为己病也，非疾病之病。故据《左传》，于"病"字下增"不能相礼"四字，孟釐子自恨不能相礼，故嘱其子往师孔子也。釐子卒于昭公二十四年，而《左传》记其将死之言于昭公七年者，因"三月公如楚""九月公至自楚"二条连类而及之也。杜预《左传注》曰："说，南宫敬叔，何忌，孟懿子，皆僖子之子。"而此云"鲁人南宫敬叔"，则非孟釐子之子矣。《仲尼弟子传》亦但云"鲁人"，又《弟子传》中无孟懿子。《论语》，孔子对弟子皆呼其名，而《为政篇·孟懿子章》，孔子语樊迟，不曰"何忌问孝于我"，而曰"孟孙问孝于我"。则孟懿子虽尝来问，未尝著籍为弟子也。又所引乃正考父食鼎之铭，观铭辞甚明。《集解》谓是正考父庙中之鼎，误。

　　又按：孔子适周见老子事，亦见《老庄申韩传》及《家语·观周解》。《庄子·天道篇》曰："孔子欲西藏书于周室。（疑当作"欲西观书于周室"）子路谋曰：'由闻周之征藏史有老聃者，免而归居，夫子欲藏书（疑当作"欲观藏书"），则试往因焉。'孔子曰：'善。'往见老聃，而老聃不许。"殆同一事而传闻异辞者。但《老子传》谓老子为楚人，如已免而归居，则已归楚，不复在周为征藏史矣。"试往因"者，欲因老聃之介绍以观书于周也。"老聃不许"，则孔子之适周观书，亦未尝因老聃矣。《史记》言孔子适周观书，见老子云云，与《庄子》所记完全不同。庄子道家也；苟孔子果曾见老子而问礼焉，《庄子》断无不载之理。此曰："盖见老子云。""盖"者疑词；"云"者，传说云尔也。则本非传信之辞矣。试更就老子之言按之，亦甚可疑。《晏子春秋·杂上》曰："晏子送曾子曰：'君子赠人以轩，不若以言。'"《说苑·杂言篇》曰："子路将行，辞于仲尼。仲尼曰：'赠汝以车乎？以言乎？'子路曰：'请以言。'"《索隐》出"送人以财"四字曰："庄周'财'作'轩'。"则《庄子》中似有相类之记载矣。因知此为当时流行临别赠言之绪语，故曰"吾闻……"也。但其告孔子者，皆为讥斥之辞。老子，楚人，且仕于周，与孔子本无一日之雅。奈何于其虚心请问之际，遽加讥斥乎？《老子传》所记规孔子语，亦类此。至所记孔子犹龙之赞，更可一望而知为道家增饰之辞矣。要之，孔子尝适周，尝见征藏史而观书焉，而问礼焉，宜若可信。但必谓所见之征藏史即老聃，则殊无实据；其因此而加以增饰，则更不足信矣。故此节应将"辞去……无以有己"八十三字删去。至于孔子适周之年，歧说亦多；以情理度之，当在三十以后，五十以前。

伯潜按："南宫敬叔言鲁君"句首所以衍一"鲁"字者，因上文"鲁大夫孟釐子……往学礼焉"一节；本与此节相连，后错简移前，而此处尚剩一"鲁"字也。《左传》及杜《注》均谓南宫敬叔名说，为孟僖子之子，误，当从《世家》及《弟子传》。孔子弟子有南宫绍，字子容者，即《论语·先进篇》所称"三复《白圭》，孔子以其兄之子妻之"之南容，《礼记·檀弓篇》言"南宫绍之妻之姑之丧，孔子诲之髽"。正以其为兄之子，故诲之也。观《周解》记孔子入周庙，见金人三缄其口，以慎言诫弟子。与孔子同适周之弟子，即南宫敬叔。《白圭》之《诗》，正与慎言之旨相合，则南宫敬叔即南容矣。氏南宫，简称则曰"南"；名绍，字子容；又称"敬叔"者，"敬"为谥，"叔"为伯仲之次，犹《论语》之叔孙武叔耳。孔子称之，且以兄之子妻之，其为高弟，不言可知。孟懿子与往学礼者，殆因南宫敬叔之介而往问礼也。南容没而有谥，则尝厕大夫之列矣。孔子时犹布衣，欲适周观书，非有地位者为之介绍不可，故南容为请于鲁君也。岂初欲因曾为周征藏史，已免而归居之老聃，老聃不许，乃又请于鲁君欤？经此一度周折，故有问礼老聃之传说，亦未可知。《庄子》所记，究为寓言，为实事，已无可考。即使可信，老聃既已免而归居，则孔子适周所见之征藏室史，亦非老聃矣。孔子好古敏求，不耻下问，故尝问官于郯子（见《左传》昭公十七年），问乐于苌弘。（见《观周解》，《乐记》亦载孔子与宾牟贾论《大武》，亦有"吾闻诸苌弘"之言。）其问礼于征藏史,正此类耳。

又按:孔子适周之年,各说不同,约举如下:

(一)在昭公七年,孔子年十七时。《索隐》曰:"孔子适周,岂访礼之时,即在十七耶?孔子见老聃云:'甚矣道之难行也。'此非十七岁人语,乃仕后之言耳。"梁玉绳《史记志疑》曰:"敬叔生于昭十一年,当昭七年,孔子十七时,不但敬叔未从游,且未生也。"按此说之误,最显而易见。盖由误以"孔子年十七"句连下文"鲁大夫孟釐子……"节读耳。孔子少贫贱,年十七时,往与季氏飨士,且为阳虎所绌,何由上达鲁君,得其力以适周耶?《索隐》据《庄子》为说,尚未得其据。

(二)在昭公二十四年,孔子年三十四时。阎若璩《先圣生卒年月考》曰:"《曾子问》,孔子曰:'昔者吾从老聃助葬于巷党,及堩,日有食之。'惟昭公二十四年夏五月乙未朔,日有食之,见《春秋》;此即孔子从老聃问礼时也。他若昭二十年,定九年,皆不日食。昭七年虽日食,亦恰入食限,而敬叔尚未从孔子游,何由适周?"冯登府《解春集》驳之曰:"春秋,昭公世凡七日食,不止二十四年。且二十四年二月,孟僖子卒,五月日食,此时僖子甫葬,敬叔方在虞祭卒哭之时,焉能与孔子适周?"《史记志疑》亦曰:"若昭二十四年,孔子三十四岁时,不但僖子方卒,敬叔未能出门从师,且生才十四岁,恐亦未能见于君,未能至周,而明年昭公即逊于齐,安所得鲁君而请之?"崔述《洙泗考信录》亦言:"敬叔是年方有父丧,且生于昭十二年,至是仅十三岁,未能远行;敬叔岂无车马,何以必待鲁君与之"云云。按此说较前说为可信。冯梁崔三氏驳之,皆以敬叔为孟僖子之子,因疑其年不相及,值父丧不能远行耳。但南宫敬叔即南宫绍,字子容者,非孟僖子之子也。梁氏云:"明年昭公即逊于齐,安所得鲁君而请之?"昭公于明年逊齐,则此年所请之鲁君,正昭公也。明年昭公出奔之后,乃真无鲁君可请矣。孔子鲁之布衣,欲观光王室,必以君命而行,方得观藏书耳,岂仅资其车马仆从而已。惟阎氏以《曾子问》为据,亦未尽可信。《曾子问》此下曰:"老聃曰:'丘,止柩就道右,止哭以听变;既明反而后行;曰礼也。'反葬,而丘问之曰:'夫柩,不可以反者也。日有食之,不知其已之迟数,则岂如行哉?'老聃曰:'诸侯朝天子,见日而行,逮日而舍;[奠]大夫使,见日而行,逮日而舍。'"按老聃以诸侯朝天子,大夫使为比,则老孔此次助葬,当亦送诸侯或大夫之丧。孔子以鲁之布衣,初至王畿,年德未崇,交游不广,不必参与送葬。老聃既为周之征藏史,位望年德较高,既主止柩听变,何以不径告丧主，而必呼孔子以告之？"巷党"之上，未冠国名。以其为孔子之言，曾子所记，疑是鲁地。《论语·子罕篇》，"达巷党人……"。康有为谓"达"字当连上章"子罕言利与命与仁"句读，则正与《曾子问》之"巷党"同指一地。虽老聃曾至鲁，不见他书，未可臆断"巷党"为鲁地；但其地果在东周否，亦一疑问。况《庄子》明言老聃时已免而归居乎？故曰《曾子问》亦未足为据也。

（三）在定公九年，孔子年五十一时。《史记志疑》曰："盖适周问礼，不知何年。……此本阙疑之事。必欲求其年，则《庄子》五十一之说，庶几近之。"按《庄子·天运篇》曰："孔子行年五十有一而未闻道，乃南之沛，见老聃。"此梁氏所本。然《庄子》明云"南之沛"，不云西适周也。孔子相定公，会齐侯于夹谷，在定公十年。前一年，已仕鲁矣。正将大有为，何暇适周？且已得君，又何必南官敬叔为言于君乎？

孔子自言："吾十有五而志于学，三十而立。"（见《论语·学而篇》）昭公七年，十七岁时，志学未久也；定公九年，五十一岁时，则学优而仕矣；一失之太早，一失之太迟。鲁为周公之后，文物之邦，藏有《易·象》《春秋》《诗》《乐》等官书。（晋韩宣子聘鲁，观书鲁太史，见《易·象》与《鲁春秋》，见《左传》昭公二年；吴季礼聘鲁，观乐于鲁太师，为之歌各国之风，见《左传》襄公二十九年）孔子好学，度已遍览。犹以为未足，乃欲远适东周，观王官之藏书。此事之年，本难确指，只能如梁氏所说，付之阙疑，约略计之，当在志学已久，三十而立之后也。观书归来，学益进，弟子益众，声望益高，乃始见用于鲁耳。

是时也，晋[平公淫]六卿擅权，东伐诸侯；楚[灵王]兵强，陵轹中国；齐大而近于鲁。鲁小弱，附于楚，则晋怒；附于晋，则楚来伐；不备于齐，齐师侵鲁。鲁昭公二十年，而孔子年盖三十矣。

按：《史记志疑》谓昭公二十年时，晋侯为顷公，去平公已二世；楚子为平王，去灵王死已七年。故"平公淫"三字，"灵王"二字，均当删去。此节撮叙当时国际大势，以见鲁国之地位，并点明孔子之年龄。盖以本篇文过冗长，故时加提点耳。此节适承上节之后，而末言"昭公二十年，孔子盖年三十矣"二句，故又有孔子于昭公二十年适周之说。前引阎若璩说，有"他若昭二十年……皆不日食"之言，即是因此。

齐景公与晏婴来适鲁。景公问孔子曰："昔秦穆公国小处辟，其霸何也？"对曰："秦国虽小，其志大；处虽辟，行中正；身举五羖，爵之大夫，起缧绁之中，与语三日，授之以政；以此取之,虽王可也,其霸小矣。"

按:《齐世家》记"景公与晏子狩鲁界,因入鲁,问礼于孔子",似即此事。但《春秋》经传此时无齐景公适鲁事。且孔子此时在鲁尚无声望,而邻邦大国之君,偶入鲁境,即往问礼,似不近情。殆儒者欲张大孔子,有此种传说耳。

孔子年三十五;而季平子与郈昭伯以斗鸡故,得罪鲁昭公。昭公率师击平子。平子与孟孙氏,叔孙氏三家共攻昭公。昭公师败,奔齐。[齐处昭公乾侯。]

按:孔子三十五岁时,正昭公二十五年也。此事详见《左传》。乾侯在今河北安成县。《史记志疑》引余有丁曰:"乾侯,晋地,乃晋以处昭公者。齐处公于郓,非乾侯也。"昭公二十五年九月奔齐次于阳州;齐侯唁之于野非。十二月,齐侯取郓,以处昭公。翌年,昭公居郓。二十八年,昭公始如晋,晋处之乾侯。自此之后,常往来郓与乾侯二地。三十二年十二月,薨于乾侯。本篇以记孔子事为主。昭公出奔,因与鲁国大局有关,其处乾侯,则与孔子无涉,故删。

[其后顷之,]鲁乱,孔子适齐。[为高昭子家臣,欲以通乎景公。]与齐太师语乐,闻《韶》音,学之,三月不知肉味;齐人称之。景公问政于孔子。孔子曰:"君君臣臣,父父子子。"景公曰:"善哉!信如君不君,臣不臣,父不父,子不子,虽有粟,吾得而食诸?"他日,又复问政于孔子。孔子曰:"政在节财。"景公说。[将欲以尼谿田封孔子。晏婴进曰:"夫儒者滑稽而不可轨法,倨傲自顺,不可以为下,崇丧遂哀,破产厚葬,不可以为俗,游说乞贷,不可以为国。自大贤之息,周室既衰,礼乐缺有间。今孔子盛容饰,繁登降之礼,趋详之节,累世不能究其学,当年不能究其礼。君欲用之以易齐俗,非所以先细民也。"后景公敬见孔子,不问其礼。异日,景公止孔子曰:"奉子以季氏,则吾不能。以季孟之间待之。"齐大夫欲害孔子。孔子闻之。景公曰:"吾老矣,弗能用也。"]孔子[遂行]反乎鲁。

按:此云"鲁乱",即指上文三家攻逐昭公事,非昭公出奔后又顷之而鲁始乱也,故"其后顷之"四字当删。《史记考证》引余有丁说,谓"孔子与晏婴善。孔子至齐,因晏子以通乎景公。为高昭子家臣云云,恐误"。余说是也,"为高昭子……"句当删。《论语·八佾篇》有"子语鲁太师乐曰……"一章。此云"齐太师",与《论语》异。但齐鲁各有太师,与孔子语乐者,固不限于鲁太师也。又《述而篇》曰:"子在齐闻《韶》,三月不知肉味,曰:'不图为乐之至于斯也。'"此多"学之"二字。"君君臣臣……"之对,亦见《述而篇》。又

《微子篇》曰:"齐景公待孔子曰:'若季氏,则吾不能。'以季孟之间待之。曰:'吾老矣,不能用也!'孔子行"与此略同。《洙泗考信录》谓孔子此时未尝仕鲁为司寇,声望未高,而景公遽愿以季孟之间待之;景公是时年仅四五十之间,此后又在位二十余年,而曰"吾老矣";均与情理未合云云。其说甚是。

伯潜按,景公欲以尼谿之田封孔子一事,不见于《论语》。《索隐》曰:"此说出《晏子春秋》与《墨子》,其文微异。"金履祥及崔述均以为不可信。《论语·八佾篇》记孔子曰:"晏平仲善与人交,久而敬之。"晏子沮孔子,殆非事实。《洙泗考信录》谓昭公奔齐时,晏子仕齐已四十年;次年,以论慧星见于《左传》,自后无闻;疑孔子去齐时,晏子已卒矣。故"将欲以尼谿田封孔子……弗能用也"及下句"遂行"二字不如删去。孟子言孔子去齐,接淅而行。去齐自有故,但已不可考耳。

孔子年四十二,鲁昭公卒于乾侯,定公立。

按:昭公在位三十二年卒,是年孔子年正四十二。旧以"孔子年四十二"连上文读,故《历聘纪年》谓孔子在齐凡七年也。《檀弓》记吴季札适齐,反,其长子死,葬于嬴博之间,孔子往观。此事在昭公二十七年,而其地近鲁,孔子盖自鲁往观。此昭公二十七年孔子已反鲁之证,孟子尝言,孔子未尝有所终三年淹也。故江永谓孔子在齐不过一年。又《孔子年谱》谓孔子适齐,先后凡三次,《洙泗考信录》已辨其误矣。

定公五年夏,季平子卒,桓子嗣立。[季桓子穿井,得土缶,中若羊。问仲尼,云得狗。仲尼曰:"以丘所闻,羊也。丘闻之:木石之怪,夔、罔阆;水之怪,龙、罔象;土之怪,坟羊。"吴伐越,得骨节专车。吴使使问仲尼:"骨何者为大?"仲尼曰:"禹致群神于会稽山。防风氏后至,禹杀而戮之,其骨节专车。此为大矣。"吴客曰:"谁为神?"仲尼曰:"山川之神足以纲纪天下,其守为神,社稷为诸侯,皆属于王者。"吴客曰:"防风何守?"仲尼曰:"汪罔氏之君守封禺之山,为釐姓。在虞夏商为汪罔,在周为长翟,今谓之大人。"客曰:"人长几何?"仲尼曰:"僬侥氏三尺,短之至也;长者不过十之,数之极也。"于是吴客曰:"善哉,圣人!"]

按:季桓子,季孙斯也。二事亦见《国语》,后一事又见《家语·辨物解》。桓子得坟羊,即实有其事,亦未必在嗣立之年。《史记志疑》谓吴入越在哀公元年,后一事当移置下文"吴败越王勾践会稽"句后,其说甚是。俗儒以为圣人"多学而识",无所不知,故有此类传说；史公采之亦以示孔子之博学；不知无稽之谈，言不雅驯，非正式之史料也，删此二事，方觉干净。

桓子嬖臣曰仲梁怀，与阳虎有隙。阳虎欲逐怀，公山不狃止之。其秋，怀益骄，阳虎执怀，桓子怒。阳虎因囚桓子，与盟而释之。阳虎由此益轻季氏。季氏亦僭于公室，陪臣执国政。是以鲁自大夫以下，皆僭离于正道。故孔子不仕，[退而]修《诗》《书》《礼》《乐》。弟子弥众，至自远方，莫不受业焉。

按：此事见《左传》定公五年。阳虎，《论语》作阳货，《孟子》阳虎阳货互见。崔述谓非一人，误。《墨子·非儒篇》曰："阳货乱乎鲁"，即阳虎也。公山不狃，《论语》作公山弗扰。《史记志疑》谓定公五年时，孔子未修《诗》《书》《礼》《乐》，"退而修《诗》《书》《礼》《乐》"句，疑衍。按此但言孔子不仕，隐居讲学，以《诗》《书》《礼》《乐》教弟子耳。惟既未尝仕，便不当云"退"，当删"退而"二字。

伯潜按：《论语·阳货篇》首章曰："阳货欲见孔子，孔子不见，归孔子豚。孔子时其亡也，而往拜之，遇诸涂。谓孔子曰：'来！予与尔言。'曰：'怀其宝而迷其邦，可谓仁乎？'曰：'不可。''好从事而亟失时，可谓知乎？'曰：'不可'。'日月逝矣，岁不我与！……'孔子曰：'诺，吾将仕矣。'"此章描绘阳货之态度神情，可谓刻画入微。洁身自好之士，处乱世而欲避人苟全，如此者固不少矣！此时孔子学养已深，弟子弥众，声望日高。昔季氏飨士时，尝面绌孔子之阳货，已执鲁政，亦改变态度，亟思罗致，以收人望焉。

定公八年，[公山不狃不得意于季氏，因]阳虎为乱，欲废三桓之嫡，更立其庶孽，阳虎素所善者，遂执季桓子。桓子诈之，得脱。阳虎不胜，奔于齐。是时孔子年五十。[公山不狃以费叛季氏。使人召孔子。孔子循道弥久，温温无所试，莫能己用，曰："盖周文武起丰镐而王。今费虽小，傥庶几乎？"欲往。子路不悦，止孔子。孔子曰："夫召我者，岂徒哉？如用我，其为东周乎？"然亦卒不行。]

按：阳虎之乱，见《左传》定公八年。其文曰："初，季寤，公鉏极，公山不狃，皆不得志于季氏，叔孙辄无宠于叔孙氏，叔仲志不得志于鲁，故五人因阳虎。至是，阳虎欲去三桓，以季寤更季氏，以叔孙辄更叔孙氏，已更孟氏。冬十月，作乱。阳虎败，遂入于讙阳关，以叛。"此五人皆党于阳虎。所谓"因阳虎"者，见阳虎以陪臣执国政，思因之以得志耳。非谓五人因阳虎以作乱也。此次叛乱，自以阳虎为主。本文乃曰"公山不狃氏不得意于季氏，因阳虎以为乱"，则误以公山不狃为此次叛乱之主矣，故删"公山不狃……因"十一字。定公八年，孔子正五十岁。又《论语·阳货篇》曰："公山弗扰以费叛，召，子欲往。子路曰：'末之也已！何必公山氏之之也？'子曰：'如召我者，而岂徒哉？如有用我者，吾其为东周乎？'"此史公所本。按公山不狃之叛，《左传》载之甚详。定公十二年夏，孔子为鲁司寇，与闻国政，主张堕三家之都。公山不狃为费宰，乃以费叛，攻定公。孔子命申句须乐颀伐而败之。公山不狃奔齐。是公山之叛，正因反对孔子堕费也。因反对孔子堕三家之都而叛，乃召所反对之执政；孔子正命人讨伐，乃闻召而欲往，甚至以东周许之；岂非怪事？即就本文所记言之，公山既党阳虎，如欲叛，当约期共举，何以必待阳虎败逃之后，始以费叛？如云与阳虎同时叛，何以阳虎败逃，公山仍能宰费，历四年之久，以迄定公十二年乎？此次叛乱，阳虎为主。阳虎久欲罗致孔子，何以此时不召孔子，而由公山召之？阳虎欲见，孔子且避之若浼；何以闻公山之召而又欣然？此事极可疑，不能以其曾见于《论语》而遽信之也。《史记志疑》及《洙泗考信录》均辨之甚详。吾意"公山不狃以费叛季氏。……然亦卒不行"一段，不如删却。其后，定公以孔子为中都宰。一年，四方皆则之。由中都宰为司空，由司空为[大]司寇。

按：中都，鲁邑，故城在今山东省汶上县西。《历聘纪年》谓定公九年，孔子为中都宰。狄子奇《孔子编年》谓孔子定公九年为中都宰，十一年为司空，十二年为司寇。惟《孔子年谱》谓定公五年为中都宰，次年迁司空。定公五年，季桓子嗣立，阳虎始渐专横。孔子是时不仕，已见上文。如已由中都宰一年而超迁司空，则阳虎亦不至以"怀其邦而迷其邦，好从事而亟失时"为言矣，故知《年谱》之说非也。又阎若璩谓诸侯司寇，无以"大司寇"称者，"大"字衍。此由陋儒欲尊孔子，妄加"大"字，当删。

定公十年春，及齐平。夏，[齐大夫犁鉏言于景公曰："鲁用孔子，其势危齐。"]乃使使告鲁，为好会于夹谷。鲁定公且以乘车好往。孔子摄相事，曰："臣闻有文事者必有武备，有武事者必有文备。古者诸侯出疆，必具官以从。请具左右司马。"定公曰："诺。"具左右司马，会齐侯夹谷。为坛位，土阶三等，以会遇之礼相见。揖让而登，献酬之礼毕。齐有司趋而进曰："请奏四方之乐。"景公曰："诺。"于是旍旄羽被矛戟剑拨，鼓噪而至。孔子趋而进，历阶而登，不尽一等，举袂而言曰："吾两君为好会，夷狄之乐何为而至？请命有司。"有司却之，不去，则左右视景公。[与晏子]景公心怍，麾而去之。有顷，齐有司趋而进曰："请奏宫中之乐。"景公曰："诺。"优倡侏儒，为戏而前。孔子趋而进，历阶而登，不尽一等，曰："匹夫而荧惑诸侯者，罪当诛！"有司加法焉，手足异处。景公惧而动，知义不若。归而大恐，告其群臣曰："鲁以君子之道辅其君，而子独以夷狄之道教寡人，使得罪鲁君，为之奈何？"有司径对曰："君子有过，则谢以质；小人有过，则谢以文。君若悼之，则谢以质。"于是齐侯乃归所侵鲁汶阳郓[汶阳]讙龟阴之田以谢过。

按：此事亦见《左传》《穀梁传》。夹谷，《穀梁传》作颊谷，在今山东省莱芜县境内。定公十年三月，鲁及齐平，故为此会以结好，非因犁鉏之言而有此会，故删"齐大夫犁鉏……其势危齐"十八字。《左传》言犁弥谋使莱人以兵劫鲁侯，又言齐侯将享公，孔子谓梁丘据，以为非礼，乃不果。《穀梁传》言齐人鼓噪而起，欲以执鲁君；又言罢会后，齐人使优施舞于鲁君之幕下，孔子使司马行法。均与此略异者，传闻不同也。犁弥或即犁鉏，但均无晏子，盖已前卒矣，故删"与晏子"三字。春秋时，两君相见，相必以卿。孔子未为卿，故云"摄"也。《春秋经》作"齐归郓讙龟阴田"。郓、讙、龟阴、皆在汶水之阳。《史记志疑》谓"汶阳"二字当移置"郓"字之上，"郓"字下又脱一"讙"字，是也。齐强鲁弱，初为好会，孔子相鲁君，卒使齐归所侵之田，自有其折冲樽俎之功。但会中情形，则传说显多夸饰耳。

定公十三年夏，孔子言于定公曰："臣无藏甲，大夫无百雉之城。"使仲由为季氏宰，将堕三都。于是叔孙氏先堕郈。季氏将堕费。公山不狃叔孙辄率费人袭鲁。公与三子入于季氏之宫，登武子之台。费人攻之，弗克，[入]矢及公侧。孔子命申句须乐颀下伐之。费人北。国人追之，败诸姑蔑，二子奔齐。遂堕费。将堕成，公敛处父谓孟孙曰："堕成，齐人必至于北门：且成，孟氏之保鄣；无成，是无孟氏也。子伪不知，我将弗堕。"十二月，公围成，弗克。

按：此事《春秋》经传皆在定公十二年；此作十三年，误。三都，三家之都也。郈，在今山东省东平县南，费即今山东省费城县，成在今山东省宁阳县东北。姑蔑在今山东省泗水县东。上云"攻之弗克"，下又云"入及公侧"，不合，当从《史记探原》改作"矢及公侧"。季氏方经阳虎之变，叔孙氏方经侯犯之变，故从孔子之言，堕费、堕郈。孟孙氏情形不同，故从公敛处父之计，伪为不知，使得据成弗堕耳。

定公十四年，孔子年五十六，由[大]司寇[行摄相事，有喜色。门人曰："闻君子祸至不惧,福至不喜。"孔子曰:"有是言也,不曰乐其以贵下人乎?"于是诛鲁大夫乱政者少正卯]与闻国政。三月,粥羔豚者弗饰贾,男女行者别于涂,道不拾遗,四方之客至乎邑者不求有司,皆[予之以]如归。

按:"司寇"上之"大"字衍,说已见前。毛奇龄《经问》曰:"'摄行相事',乃因上文夹谷之会孔子摄相事而误。周时无以'相'名官者。上文所云'相',乃傧相之相,非卿相之相。且是时季孙以司徒兼冢宰,孔子以异姓平民,骤至司寇,已是异数,岂能代季孙摄行相国之事哉?"其说甚是。《史记探原》谓"行摄"当作"摄行",尚非探本之论。诛少正卯事,并见《家语·始诛解》,《荀子·宥坐篇》,《淮南子·氾论训》,《说苑·指武篇》。但少正卯其人,不见于《春秋》经传及《论语》《孟子》《礼记》诸书。孔子所宣布之罪状,曰"心逆而险,言伪而辩,行僻而坚,记丑而博,顺非而泽"。甚且谓"少正卯居鲁,孔子之门三盈三虚"。似孔子因少正卯言辩行坚记博,足以号召徒众,嫉其声势过己,特以言行思想上莫须有之罪而杀之。故朱子及王若虚《五经辨惑》,尤侗《看鉴偶评》,均言决无此事。至摄相事而有喜色云云,亦甚鄙陋,与孟子之不动心大异,故删"摄行相事……少正卯"四十九字,径曰"由司寇与闻国政",则不枝蔓矣。又《索隐》谓"皆予之以归",《家语》作"皆如归",今从之。

齐人闻而惧,曰:"孔子为政,必霸;霸则吾地近焉,我之为先并矣。盍致地焉。"犁鉏曰:"请先沮之。沮之而不可,则致地,庸迟乎?"于是选齐国中女子好者八十人,皆衣文衣而舞康乐,文马三十驷,遗鲁君。陈女乐文马于鲁城南门外。季桓子微服往观再三,将受,乃语鲁君为周道游,往观终日,怠于政事。子路曰:"夫子可以行矣。"孔子曰:"鲁今且郊,如致膰乎大夫,则吾犹可以止。"桓子卒受女乐,三日不听政,郊又不致膰俎于大夫。孔子遂行,宿乎屯。师己送曰:"夫子则非罪。"孔子曰:"吾歌,可夫?"歌曰:"彼妇之口,可以出走;彼妇之谒,如以死败。盖优哉游哉,维以卒岁。"师己反。桓子曰:"孔子亦何言?"师己以实告。桓子喟然叹曰:"夫子罪我,以群婢故也夫?"

按:《论语·微子篇》曰:"齐人归女乐,季桓子受之。三日不朝,孔子行。"《孟子·告子篇》曰:"孔子为鲁司寇,不用,从而祭,膰肉不至,不脱冕而行。不知者以为为肉也,其知者以为为无礼也。乃孔子则愿以微罪行,不愿为苟去。君子之所为,众人固不识也。"此盖合二事记之尔。盖孔子因受女乐而去志已决,但又不欲扬其君之过,故借不致膰肉之细故而行，以示非苟去也。孔子去鲁之年有三说：此节连上文，盖谓孔子与闻国政及去鲁，均在定公十四年，此一说也；《十二诸侯年表》及《鲁世家》则在定公十二年，此又一说也；《卫世家》记卫灵公三十八年，孔子去鲁适卫，则又在定公十三年矣，此又一说也；《公羊传》定公十二年曰："孔子行乎季孙，三月不违。"定公十二年夏，堕郈堕费，即"行乎季孙"之时。惟仅"三月"，则去鲁当在定公十二年秋冬之间。是年十二月，定公围成不克，已在孔子去鲁之后矣。盖孔子既去，其政策已根本动摇，故围之弗克，遂置之耳。屯，鲁南地名。

伯潜按：齐人归女乐事，崔述以为不可信，《洙泗考信录》中辨之甚详。《论语·宪问篇》曰："公伯寮诉子路于季孙。子服景伯以告曰：'夫子固有惑志于公伯寮；吾力犹能尸诸市朝！'子曰：'道之将行也与？命也。道之将废也与？命也。公伯寮其如命何！'"孔子所以能行乎季孙者，以子路为季氏宰，为桓子所信任也。故诉子路于季孙，即所以离间孔子。季桓子已有惑志于公伯寮，则子路被谗而疏矣。孔子所以不得不去，殆因此耳。又春郊在寅月，为周正之三月，似去鲁在十三年春。但孟子仅言"祭"，不曰"郊"，则不致膰于大夫，未必果是春郊也。

孔子遂适卫，主于子路妻兄颜浊邹家。卫灵公问："孔子居鲁，得禄几何？"对曰："奉粟六万。"卫[人]亦致粟六万。[居顷之，或谮孔子于卫灵公。灵公使公孙贾一出一入。孔子恐获罪焉。]居十月，去卫。

按：《孟子·万章篇》曰："孔子于卫主颜雠由。"颜雠由，即颜浊邹。弥子瑕之妻与子路之妻为兄弟，而弥子瑕有宠于卫灵公。见孔子主颜浊邹家，故有"孔子主我，卫卿可得"之言。致粟，但须曰"卫"，不必云"卫人"，"人"字衍。孔子以鲁定公十二年秋冬间去鲁适卫，居卫十月，则其去卫当在鲁定公十三年夏秋之间矣。《孟子·万章篇》言孔子于卫灵公，际可之仕也。故"迎之致敬以有礼，则就之；礼貌衰，则去之"。（见《告子篇》）孔子去卫，殆因灵公礼貌已衰之故。若真被谮而恐获罪，则何为居十月而始去，且不久又反卫乎？故"居顷之……恐获罪焉"二十七字衍，当删。

将适陈，过匡。颜[刻]高为仆，以其策指之曰："昔吾入此，由彼缺也。"匡人闻之，以为鲁之阳虎。孔子状类阳虎。阳虎尝暴匡人。匡人于是遂止孔子，[孔子状类阳虎，拘焉]五日。颜渊后，孔子曰："吾以女为死矣！"颜渊曰："子在，回何敢死？"[匡人拘孔子益急，]弟子惧。孔子曰："文王既没，文不在兹乎？天之将丧斯文也，后死者不得与斯文也；天之未丧斯文也，匡人其如予何！"[孔子使从者为宁武子臣于卫，然后得去。]

按：匡在今河北省长垣县西南。《仲尼弟子传》谓颜刻少孔子五十岁。孔子以鲁定公十三年去卫，年五十五，则此年颜刻仅五岁，岂能从游执辔耶？以此推之，《左传》定公五年，鲁侵郑取匡时，颜刻犹未生，岂能隃缺入城？故《史记探原》谓"颜刻"乃"颜高"之误。"高"，篆文作"髙"，"克"篆文作"今"；"高"以形似误作"克"，又以音近误作"刻"耳。《左传》定公八年曰："颜高之弓六钧。"当即此人。此云"阳虎尝暴匡人"，又记颜高曰"昔吾入此，由彼缺也"，皆指定公五年取匡时事也。"孔子状类阳虎"句当移前。匡人以其状类阳虎，又闻颜高之言，故生误会，以为阳虎而止之也。畏匡事，并见《论语·子罕》《先进》二篇及《家语·困誓解》。《论语》但云"畏于匡"，不言被围拘；倘被围拘，则颜渊当同在一处，何以独后？疑但因误会而有戒心，或闻变趋避，故颜渊从而后，疑其已遭难耳。"拘焉"二字，"匡人拘孔子益急"七字，均当删去。又宁武子为卫成公之大夫。卫灵公三十八年，孔子去卫时，宁武子早卒，宁氏亦式微久矣。《史记探原》疑宁武子为孔文子之误，"孔子使从者……然后得去"十六字，亦以删去为宜。

伯潜按：《左传》："定公六年，鲁侵郑，取匡"，匡本郑邑，畏匡似当在下文适郑之前；《庄子·秋水篇》曰："孔子游于匡，宋人围之数匝。"则匡又宋地，畏匡似当在下文适宋之时矣。实则匡在宋之北，郑之东。《左传》哀公十一年曰："疾臣向魋纳美珠焉，与之城鉏。"城鉏在今长垣县北，正与匡近。向魋即桓魋。《论语·述而篇》记孔子曰："天生德于予，桓魋其如予何！"与此云"匡人其如予何"，语正相似。《庄子·秋水》又言宋人围孔子于匡。故崔述疑畏匡即宋司马桓魋嚇匡人止孔子，其说甚是。盖孔子本欲适陈，至宋之北境，即有畏匡之难，不得已折而西行以适郑也。本篇记桓魋事于适郑之前，本不误，但折畏匡与桓魋事而二之，则误耳。

去，即过蒲。月余，反乎卫，主蘧伯玉家。灵公夫人有南子者，使人谓孔子曰："四方之君子不辱欲与寡君为兄弟者，必见寡小君。寡小君愿见。"孔子辞谢，不得已而见之。夫人在绨帷中。孔子入门，北面稽首。夫人自帷中再拜，环佩玉声璆然。孔子曰："吾乡为弗见；见之，礼答焉。"子路不悦。孔子矢之曰："予所不者，天厌之，天厌之！"居卫月余，灵公与夫人同车，宦者雍渠参乘，出，使孔子为次乘，招摇市过之。孔子曰："吾未见好德如好色者也!"于是丑之,去卫,适曹。

按:孔子见南子、子路不悦,孔子矢之曰云云,见(《论语·雍也篇》)。"吾未见好德如好色者也"句,见《论语·子罕篇》。雍渠即孟子之痈疽。

伯潜按:孔子见南子、子路不悦,孔子不说明其所以然,而仅以天厌自矢,殊不可解。且以南子使告孔子之言观之,似在孔子初至卫时。第一次留卫至十月,南子未尝要其一见;此次留卫月余,乃必欲一见;亦似不合情理。故《论语集解》引孔安国说,已疑其事;《洙泗考信录》更直斥为不可信也。岂孔子中间未尝去卫,留卫十月,而南子迫使相见,又欲使为次乘,孔子俱力却之,因见礼貌已衰,而遂去耶?徒以主颜浊邹,主蘧伯玉,传说两歧,故史公误分为二次,亦末可知也。《洙泗考信录》据《左传》鲁襄公十四年,孙林父将叛,先谒蘧伯玉;是时孔子未生,蘧伯玉在卫已负人望。襄公十四年至定公十五年,凡六十五年。因疑蘧伯玉已前卒,主蘧伯玉为不可信云。按《论语·宪问篇》记蘧伯玉使人于孔子云云。岂尚在孔子未去鲁时乎?又匡在卫之南,蒲在卫之西。由匡反卫,不必经蒲也。下文记孔子去陈反卫,亦云"过蒲",陈亦在卫之南也。疑此"过蒲"二字,即涉下文而衍。

是岁,鲁定公卒。

按:鲁定公在位十五年。孔子以定公十二年去鲁适卫,至是去卫,行四年矣。孟子尝谓孔子未尝有所终三年淹,何也?本篇上文一则曰"居卫十月",再则曰"居卫月余",则又似前后居卫不及一年。岂中间去卫,行三年乎?以无可考,姑付阙疑。

伯潜按:定公卒于十五年五月。是年春,邾子来朝,执玉高仰;定公执玉卑俯。子贡观焉,谓二君皆将死亡。及五月,定公果卒。孔子曰:"赐不幸言而中,是使赐多言也。"见《左传》。又上文载吴伐越,堕会稽,得骨节专车,吴使来聘,问于孔子云云。吴入越,在鲁哀公元年。据此二事,则定公末年,哀公元年,孔子在鲁,显然可知。《庄子·让王篇》有"孔子再逐于鲁"之言。是孔子于定公末年曾一度反鲁,不久而又去也。

孔子去曹,适宋,与弟子习礼大树下。宋司马桓魋欲杀孔子,拔其树。(孔子去)弟子曰:"可以去矣。"孔子曰:"天生德于予,桓魋其如予何!"孔子去。适郑,与弟子相失。孔子独立郑东门。郑人或谓子贡曰:"东门有人,其颡似尧,其项类皋陶,其肩类子产,然自要以下,不及禹三寸;累累然若丧家之狗。"子贡以实告孔子。孔子欣然笑曰:"形状,末也；而似丧家之狗，然哉，然哉！"

按：桓魋事，见《论语·述而篇》。此叙于哀公元年，《十二诸侯年表》及《宋世家》均在哀公三年。"孔子去"三字衍，因下文明言"弟子曰可以去矣"也。下文"孔子适郑"句，当作"孔子去，适郑"。拔树云云，似不近情；桓魋为宋司马，方专横，欲杀孔子，径杀之可矣，拔树何为？适郑，《孔子编年》谓在定公十四年。被嘲云云，全为戏谑之辞，殆所谓齐东野人之语欤；然举世滔滔，所如不合，其皇皇然无所归，诚如丧家之狗也。

孔子遂至陈，主司城贞子家。

按：上文云去曹适宋，又适郑，而此云至陈。郑北陈南，相距颇远，而宋陈则相近。疑中间未必有适郑事。宋有司城氏，司城贞子疑为宋大夫。《孟子·万章篇》曰："孔子不悦于鲁卫，遭宋桓司马，将要而杀之。是时孔子当厄。主司城贞子，为陈侯周臣。"则主司城贞子，正遭桓魋当厄时事。此云至陈，主司城贞子者，误连下句"为陈侯周臣"读耳。惟按《陈世家》，此时陈侯名越，又与《孟子》异。

［岁余］吴王夫差伐陈，取三邑而去。赵鞅伐朝歌。楚围蔡，蔡迁于吴。吴败越王勾践会稽。

编者按：此处底本脱页。

用我者，期月而已可也，三年有成之叹，见《论语·子路篇》。此少"可也"二字。又按下文，孔子尚在卫，此节末"孔子行"三字衍，当删。

［佛肸为中牟宰。赵简子攻范、中行氏，伐中牟。佛肸畔，使人召孔子。孔子欲往。子路曰："由闻诸夫子：其身亲为不善者，君子不入也。今佛肸以中牟畔，子欲往，如之何？"孔子曰："有是言也。不曰坚乎，磨而不磷；不曰白乎，涅而不缁？我岂匏瓜也哉？焉能系而不食？"］

按：中牟在今河南省汤阴县西。此事亦见《论语·阳货篇》。赵鞅（即简子）与范吉射、中行寅同为晋卿，而相交恶。故《春秋经》于定公十三年夏，书赵鞅入晋阳以叛；冬，书赵鞅归于晋，荀寅（即中行寅）士吉射（即范吉射）入朝歌以叛。《左传》哀公五年曰："夏，赵鞅伐卫，范氏之故也，遂围中牟。"盖齐卫助范、中行氏，故寅与吉射败而奔齐，赵鞅遂伐卫而围中牟耳。《左传》仅言赵鞅围中牟，不云佛肸以中牟叛。则非此时之事，显而易见。据《韩诗外传》，佛肸以中牟叛赵，乃赵襄子时事，而赵襄子之立，在孔子卒后五年，则佛肸之叛，孔子卒久矣。故《洙泗考信录》以为不可信，辨之甚详，本节宜径删去。

伯潜按：此次抗日战争期中，无耻之徒，甘为虎伥者，往往借口维持生活，不得已而降敌。孔子答子路曰："吾岂匏瓜也哉？焉能系而不食？"其口吻抑何相类耶？孔子尝曰："志士仁人，无求生以害仁，有杀身以成仁。"（见《论语·卫灵公篇》）岂其出此？是类记载，不但厚诬孔子，抑且大坏人心，不知《论语》何以记之，《史记》何以又采录之也！

孔子击磬。有荷蒉而过门者，曰："有心哉，击磬乎！硁硁乎，莫己知也，而已矣！"

按：《论语·宪问篇》曰："子击磬于卫。有荷蒉而过孔氏之门者，曰：'有心哉，击磬乎！'既而曰：'鄙哉，硁硁乎！莫己知也，斯己而已矣！深则厉，浅则揭。'"较此所记，似为完全。

孔子学鼓琴师襄子，十日不进。师襄子曰："可以益矣。"孔子曰："丘已习其曲矣，未知其数也。"有顷，曰："已习其数，可以益矣。"孔子曰："丘未得其志也。"有间曰："已习其志，可以益矣。"孔子曰："丘未得其为人也。"有间，若有所穆然深思焉，有所怡然高望而远志焉，曰："丘已得其为人，黯然而黑，幾然而长，眼如望羊，心如王四国，非文王其谁能为此也？"师襄子辟席再拜曰："师盖云《文王操》也。"

按："不进"谓不进学他曲。"幾"同"颀"。"望羊"，《庄子》作"望洋"，《释文》作"盳洋"，昂举远视之貌。孔子嗜乐之笃，学习之专，不欲躐等而进，浅尝即止，均于此可见。

伯潜按：《论语·微子篇·太师挚章》有击磬襄。此节与上文击磬连类而及，岂师襄子即击磬襄，学琴在鲁而不在卫欤？

孔子既不得用于卫，将西见赵简子。至于河，而闻窦鸣犊，舜华之死也，临河而叹曰："窦鸣犊、舜华，晋之贤大夫也。赵简子未得志之时，须此二人而始从政；及其已得志，杀之乃从政。丘闻之也，刳胎杀夭，则麒麟不至郊；竭泽涸鱼，则蛟龙不合阴阳；覆巢破卵，则凤凰不翔。何则？君子讳伤其类也。夫鸟兽之于不义也，尚知辟之，而况丘乎哉？"乃还息乎陬乡，作《陬操》以哀之。而反乎卫，主于蘧伯玉家。

按：《家语》云："作《槃操》。"《孔丛子》及《琴操》《水经注》亦均记之。而其辞不同，疑皆出依记。

伯潜按：上文记孔子初去卫，月余而反，主蘧伯玉家，《洙泗考信录》已疑其不相及。此又云主蘧伯玉，则更晚矣。《索隐》曰："此陬乡非鲁之陬邑。"但《孔子编年》列此事于定公十四年,并谓此陬乡正鲁之陬邑,故曰"还息",以陬邑为孔子故里也。定公十五年,哀公元年,孔子均居鲁;二年,又适卫云云。按孔子此时曾反鲁,已见上。《孔子编年》是也。他日,灵公问兵陈。孔子曰:"俎豆之事,则尝闻之;军旅之事,未之学也。"明日,与孔子语,见蜚鸿,仰视之,色不在孔子。孔子遂行,复如陈。

按:问阵事,亦见《论语·卫灵公篇》。《孔子编年》列此事于哀公二年。《左传》哀公十一年曰:"孔文子将攻太叔,访于仲尼。仲尼曰:'胡簋之事,则尝学之矣;甲兵之事,未之闻也。'退,命驾而行。"其事其言,与此极相类,岂本为一事,而传闻两歧欤?灵公与语而仰视飞鸿,此孟子所谓"礼貌已衰",故去之。

夏,卫灵公卒,立孙辄,是为卫出公。六月,赵鞅内太子蒯聩于戚。[阳虎]使太子絻,八人衰绖,伪自卫迎者,哭而入,遂居焉。冬,蔡迁于州来。

按:蒯聩,卫灵公之太子。初,灵公为夫人南子召宋朝。蒯聩过宋,闻野人"既定尔娄猪,盍归吾艾豭"之嘲,耻之,欲杀南子。事泄,出奔。见《左传》定公十四年。及哀公二年,灵公卒,南子立蒯聩之子辄。赵鞅以范中行氏故,怨卫,故纳蒯聩。《左传》记此曰:"晋赵鞅纳卫太子于戚,宵迷。阳虎曰:'右河而南,必至焉。'使太子絻。……"阳虎之言只为宵迷而发。此省"宵迷"二字,"曰右河而南必至焉"八字,则似下文"使太子絻之",皆阳虎所为矣。故"阳虎"二字,亦当省去。此阳虎,当非鲁之阳虎。"蔡迁于州来",即上文所云"蔡迁于吴"。

是岁,鲁哀公三年,而孔子年六十矣。齐助卫围戚,以卫太子蒯聩在故也。夏,鲁桓釐庙灾燔。南宫敬叔救火。孔子在陈,闻之,曰:"灾必于桓釐庙乎?"已而果然。秋,季桓子病,辇而见鲁城,喟然叹曰:"昔此国几兴矣!以吾获罪于孔子,故不兴也。"顾谓其嗣康子曰:"我即死,若必相鲁;相鲁,必召仲尼!"后数日,桓子卒。康子代立。已葬,欲召仲尼。公之鱼曰:"昔吾先君用之不终,为诸侯笑。今又用之,不能终,是再为诸侯笑。"康子曰:"则谁召而可?"曰:"必召冉求。"于是使使召冉求。冉求将行。孔子曰:"鲁人召求,非小用之,将大用之也。"是日,孔子曰:"归乎,归乎!吾党之小子狂简斐然成章,吾不知所以裁之!"子贡知孔子思归,送冉求诚曰:"即用以孔子为招云。"

按:齐助卫围戚,鲁桓僖庙灾,季桓子卒,《春秋经》均书于哀公三年;故"是岁,鲁哀公三年而孔子年六十矣",当连本节读,不当连上节读。"归乎"之叹,重见,殆同一语而两记者。《孔子编年》记于在陈绝粮之后。季康子，季孙肥也。

伯潜按：冉求为季氏宰，哀公十一年始见于《左传》。疑冉求反鲁，不在哀公三年，季康子初立之时。岂此时曾召之，而未即反鲁耶？抑此乃因桓子之嘱，而预记以后之事耶？下文记哀公五年，公会吴于缯，太宰伯嚭召季康子，康子使子贡往云云；（亦见《左传》）又记季康子召孔子、孔子反鲁，于郎之战后，而郎之战在哀公十一年；（见《左传》）是子贡之反鲁，至少当早于孔子反鲁五年也。但子贡冉求之反鲁，孰先孰后，则难推断耳。

[冉求既去，]明年，孔子自陈迁蔡。蔡昭公将如吴，吴召之也。前昭公欺其臣，迁州来。及将往，大夫惧复迁。公孙翩射杀昭公。楚侵蔡。明年秋，齐景公卒。

按：公孙翩射杀蔡昭公，见《春秋》及《左传》哀公四年。"楚侵蔡"，即是年《左传》所云"楚人谋北方，叶公诸梁等致蔡于负函"也。而齐景公卒，则在哀公五年。故"秋齐景公卒"句上，当有"明年"二字，今误倒在下。

伯潜按：冉求反鲁，不在哀公三年，已见上，且与本节全无关系，故"冉求既去"四字衍，当删。

[明年，孔子自蔡如叶。]叶公问政。孔子曰："政在来远附迩。"他日，叶公问孔子于子路，子路不对。孔子闻之曰："尔何不对曰，其为人也，学道不厌，诲人不倦，发愤忘食，乐以忘忧，不知老之将至云尔？"[去叶，反于蔡。]

按：叶公，楚之叶令沈诸梁也。叶公二问，见《论语·子路》《述而》二篇。《左传》哀公四年："叶公诸梁等致蔡于负函。"致蔡于负函者，叶公在负函抚辑，故蔡之遗民也。蔡为吴所迁于州来，其臣惧再迁而弑昭公，则故蔡遗民之皇皇，不难想见；故叶公至负函抚辑之耳。十六年，楚有白公之乱，诸梁自蔡入楚，攻白公，平之，其后老于叶。是哀公四年至十六年间，诸梁盖坐镇负函，未尝反楚。叶，则诸梁之采邑，在楚者也。孔子自陈适蔡，自为故蔡，非迁于州来之蔡；其见叶公诸梁，与相问答，当亦在负函而不在叶。史公见与叶公问答，误谓孔子曾往叶，乃有"孔子自蔡如叶"及"去叶反于蔡"二语；其实，皆衍文也。又"明年"二字，当在上节末句"秋齐景公卒"句上，误倒在下，既移置上文，此亦当删。

长沮桀溺耦而耕。孔子[以为隐者]使子路问津焉。长沮曰："夫执舆者为谁？"子路曰："为孔丘。"曰："是鲁孔丘与？"曰："然。"曰："是知津矣。"桀溺谓子路曰："子为谁？"曰："为仲由。"曰："子，孔丘之徒与？"曰："然。"桀溺曰："悠悠者，天下皆是也，而谁以易之？且与其从辟人之士，岂若从辟世之士哉？”耰而不辍。子路以告孔子。孔子怃然曰：“鸟兽不可与同群。天下有道，丘不与易也。”他日，子路行，遇荷蓧丈人，曰：“子见夫子乎？”丈人曰：“四体不勤，五谷不分；孰为夫子？”植其杖而耘。子路以告。孔子曰：“隐者也。”复往，则亡。

按：二事均见《论语·微子篇》。“长沮”，“桀溺”，非真人名；“长”与“桀”状其貌之魁梧，“沮”与“溺”言其洳足；偶遇耦耕者而问津焉，固无由知其姓名也。“长沮”“桀溺”正与上文“荷蒉者”，下文“荷蓧丈人”相同。既非素识，何由知为“隐者”，且问津亦不择“隐者”而问之。《论语》亦无“以为隐者”四字，当删。又“鸟兽不可与同群”句下，《论语》多“吾非斯人之徒与而谁与”一句。今省此句，则似斥长沮桀溺为“鸟兽不可与同群”矣。《论语》记后一事，“植其杖而行”句下，远较此为详，文曰：“子路拱而立。止子路宿，杀鸡为黍而食之，见其二子焉”数句。下云：“子路行，以告，子曰：‘隐者也。’使子路反见之。至，则行矣。子路曰：‘不仕无义。长幼之节，不可废也；君臣之义，如之何其废之？欲洁其身而乱大伦。君子之仕也，行其义也。道之不行，我知之矣。’”此并省去。

[孔子迁于蔡三岁。]吴伐陈；楚救陈，军于城父。[闻]孔子在陈蔡之间，[楚使人聘孔子，孔子将往拜礼。陈蔡大夫谋曰：“孔子，贤者，所讥刺皆中诸侯之疾。今者久留陈蔡之间；诸大夫所设行，皆非孔子之意。今楚，大国也；来聘孔子。孔子用于楚，则陈蔡用事大夫危矣！”于是乃相与发徒役，围孔子于野，不得行。]绝粮，从者病莫能兴。孔子讲诵弦歌不辍。子路愠见曰：“君子亦有穷乎？”孔子曰：“君子固穷；小人穷斯滥矣。”子贡色作。[孔子曰：“赐，女以予为多学而识之者与？”曰：“然，非与？”孔子曰：“非也，予一以贯之。”]孔子知弟子有愠心，乃[召子路而问]曰：“《诗》云：‘匪兕匪虎，率彼旷野。’吾道非耶？吾何为于此？”子路曰：“意者吾未仁耶？人之不我信也。意者吾未知耶？人之不我行也。”孔子曰：“有是乎？由，譬使仁者而必信，安有伯夷叔齐？使知者而必行，安有王子比干？”[子路出，子贡入见。]孔子曰：“赐，《诗》云：‘匪兕匪虎，率彼旷野’，吾道非耶？吾何为于此？”子贡曰：“夫子之道至大也，故天下莫能容夫子。夫子盖少贬焉？”孔子曰：“赐，良农能稼而不能为穑；良工能巧而不能为顺；君子能修其大纲而纪之，统而理之，而不能为容。今尔不修尔道而求为容，赐，尔志不广矣！”[子贡出，颜回入见。]孔子曰：“回，《诗》云：‘匪兕匪虎，率彼旷野。’吾道非耶？吾何为于此？”颜回曰：“夫子之道至大矣，故

天下莫能容。虽然，夫子推而行之，不容何害？不容，然后见君子。夫道之不修也，是吾丑也。夫道既已大修而不用，是有国者之丑也。不容何病！不容，然后见君子。"孔子欣然而笑曰："有是哉？颜氏之子，使尔多财，吾为尔宰！"［于是使子贡至楚。楚昭王兴师迎孔子，然后得免。］

按：《左传》哀公六年春，吴伐陈，楚昭王救陈，师于城父；秋，楚昭王卒于城父。则本节所记，当在此年；首句"孔子迁于蔡三岁"句，衍。绝粮陈蔡之间及子路愠见一节，见《论语·卫灵公篇》。又见《家语·在厄解》及《困誓解》。楚聘孔子，见《孔丛子·记问》《记义》二篇。《记义篇》谓使楚者为宰我。《檀弓》曰："孔子将之荆，先之以子夏，申之以冉有。"亦与此异。《论语》记绝粮，不云被围。《孟子·尽心篇》曰："君子之厄于陈蔡之间也，无上下之交也。"亦不云被围。故《洙泗考信录》及全祖望《经史问答》均以被围绝粮为不可信，辨之甚详。故"军于城父"句下之"闻"字，及"楚使人聘孔子……围孔子于野不得行"九十字，"于是使子贡……然后得免"十九字，均当删。孔子与子贡"多学而识""一以贯之"问答一节，见《论语·卫灵公篇》。但其意与绝粮事全无关系，亦衍文也。又上文既言"子路愠见"，"子贡色作"，颜渊答语亦承子贡之言以为说，则三子明明均侍侧，不待召问，亦无所谓一出一入也。故"召子路而问"，"子路出，子贡入见"，"子贡出，颜回入见"亦均衍。

伯潜按：此言孔子绝粮，由陈蔡大夫合谋围之。朱子已辨其误矣。但朱子谓是时陈蔡皆服于楚，亦误。是时陈服楚，蔡服吴，故楚逼蔡，吴迁之于州来；吴伐陈，楚即救之也。陈蔡二国，一事楚，一事吴，势同水火；且蔡已迁州来，去陈已远；二国大夫，何由合谋耶？如果已兴二国之兵以围之，则孔子师生人数不多，杀之拘之，均甚易易；何以听其在围中弦诵问答乎？且楚方以救陈而来，陈如闻楚聘孔子，岂敢围之？楚命陈释之，一言可矣。又何必兴师迎之乎？又楚昭王之来，本为救陈，非专欲迎孔子也。闻孔子在陈，而往聘之，或有其事。但是年秋，昭王即卒于城父，未尝反楚，则孔子往见昭王，亦当在城父师次矣。往楚云云，亦不足信。《墨子·非儒篇》曰："孔丘穷于陈蔡之间，藜羹不糁，十日。子路为亨（同烹）豚，孔丘不问肉之所由来而食之；褫人衣以沽酒，孔丘不问酒之所由来而饮之。"此固墨家诋毁之辞，但绝粮当为实事。孟子言孔子厄于陈蔡之间，因无上下之交。但又言孔子为陈侯周臣。既为臣，焉得云无上下之交？殆此时已致为臣，而又栖连陈蔡之间，值吴楚构兵，乃乏食至绝粮耶？《论语集解·卫灵公篇·在陈绝粮章》注，引孔安国曰："吴伐陈，陈乱，故乏食。"庶几近之。

[昭王将以书社之地七百里封孔子。楚令尹子西曰："王之使，使诸侯，有如子贡者乎？"曰："无有。""王之辅相，有如颜回者乎？"曰："无有。""王之将军，有如子路者乎？"曰："无有。""王之官尹，有如宰予者乎？"曰："无有。""且楚之祖始于周，号为子男五十里。今孔丘述三王之法，明周召之业。王若用之，则楚安得世世堂堂方数千里乎？夫文王在丰，武王在镐，百里之君，卒王天下。今孔丘得据土壤，贤弟子为佐，非楚之福也！"昭王乃止。]其秋，楚昭王卒于城父。

按：此与上文晏婴沮齐景公封孔子事同类，盖后儒标榜孔子者之臆说耳。《论语·宪问篇》曰："或问子西。子曰：'彼哉，彼哉！'"因托于子西也。《史记志疑》引《经史问答·史刻》，谓为事理所必无，辨之甚详。又按上文曰："楚救陈，军于城父。"此又曰："其秋，楚昭王卒于城父。"则哀公六年，自春至秋，昭王未尝离城父而反楚矣。即使曾聘孔子，曾见孔子，亦当在城父而不在楚，则孔子实未尝至楚也，故"昭王将以书社之地七百里封孔子……昭王乃止"一大段，不如删去。

楚狂接舆歌而过孔子曰："凤兮，凤兮，何德之衰？往者不可谏兮，来者犹可追也。已而，已而，今之从政者殆而！"孔子下，欲与之言。趋而去，弗得与言。

按：此事见《论语·微子篇》。"接舆"非人名；此言楚之狂人高歌迎舆而来耳。孔子闻而下车，欲与之言，且以趋避而不可得，何从知其姓名？但众俱目为狂人，故曰"楚狂"。盖与荷蒉、荷蓧、长沮、桀溺、同为避世之士，未由知其姓名者也。

于是孔子[自楚]反乎卫。是岁也，孔子年六十三，而鲁哀公六年也。明年，吴与鲁会缯，征百牢，太宰嚭召季康子。季康子使子贡往，然后得已。

按：吴与鲁会于缯……，见《左传》哀公七年，与此合。由此可知是年子贡已返鲁。故《孔子编年》谓哀公六年，孔子自陈反鲁；十年，又自鲁适卫。《论语集解·子在陈章》，引孔安国注，末有"遂归"二字，正自陈反鲁之证。且孔子未尝真至楚，其见楚昭王，当亦在陈之城父也，此云"自楚"，误。自陈反鲁，亦当过卫，故"反乎卫"，未尝误也。

伯潜按：此言哀公六年反卫，至十一年始反鲁，则中间居卫约六年；《十二诸侯年表》及《卫世家》言哀公十年自陈反卫，则居陈约七年；朱子《论语序说》从《孔子世家》，而《论语集注·正名章注》又谓哀公十年自楚反卫，则居楚约五年；《孔子编年》则云哀公六年，孔子自陈经卫反鲁；四说不同，未知孰是。

孔子曰："鲁卫之政，兄弟也。"是时，卫君辄父不得立，在外，诸侯数以为让。而孔子弟子多仕于卫，卫君欲得孔子为政。子路曰："卫君待子而为政，子将奚先？"孔子曰："必先正名乎？"子路曰："有是哉，子之迂也！何其正也？"孔子曰："野哉，由也！名不正，则言不顺；言不顺，则事不成；事不成，则礼乐不兴；礼乐不兴，则刑罚不中；刑罚不中，则民无所措手足矣。夫君子，为之必可名，言之必可行；君子于其言，无所苟而已矣！"

按：孔子鲁卫之政之叹及对子路论正名，均见《论语·子路篇》。又《迷而篇》曰："冉有曰：'夫子为卫君乎？'子贡曰：'诺，吾将问之。'入曰：'伯夷叔齐何人也？'曰：'古之贤人也。'曰：'怨乎？'曰：'求仁而得仁，又何怨？'出曰：'夫子不为也。'"卫君辄欲得孔子为政，故子路、冉有、子贡各有所问。辄为南子所立，必借口祖母之命，以拒其父蒯聩。父子争国，此正所谓"父不父，子不子"也。夷齐兄弟让国，孔子称为"求仁得仁"。故子贡知其决不助卫君耳。但据上文哀公七年，吴会鲁于缯节，知子贡是年已反鲁。则子贡在卫之间，决不在哀公七年之后矣。子路之问，似亦当与子贡同时，则正名之论，亦不当记于会缯之后也。孔子之主正名，殆欲以父子之谊晓辄，调停于父子之间。未能见之实行，致其后有蒯聩反国，辄又出奔之祸耳。《洙泗考信录》论之甚详。又《孟子·万章篇》曰："于卫孝公，公养之仕也。"朱子《注》曰："孝公，即出公辄。"盖"孝"为其谥，因出奔，故又以"出公"称之耳。

其明年，冉有为季氏将师，与齐战于郎，克之。季康子曰："子之于军旅，学之乎？性之乎？"冉有曰："学之于孔子。"季康子曰："孔子何如人哉？"对曰："用之有名，播之百姓，质诸鬼神而无憾。求之至于此道，虽累千社，夫子不利也。"康子曰："我欲召之，可乎？"对曰："欲召之，则无以小人固之，则可矣。"而卫孔文子将攻太叔，问策于仲尼。仲尼辞不知，退而命载而行，曰："鸟能择木，木岂能择鸟乎？"文子固止。会季康子逐公华、公宾、公林、以币迎孔子，孔子归鲁。孔子之去鲁，凡十四年而反乎鲁。

按：郎之战在哀公十一年，见《左传》；此记于七年会缯之后，而曰"其明年"，似误。史公盖以上节所记正名云云为哀公十年在卫之语，故曰"其明年"耳。孔文子攻太叔，在哀公十一年十一月，见《左传》。则孔子归鲁，已岁暮矣。（《孔子编年》谓哀公六年，孔子反鲁;十年,又适卫,十一年,反鲁;亦与此合。)以本篇按之,孔子以定公十二年去鲁,哀公十一年反鲁,恰为十四年。

鲁哀公问政。对曰:"政在选臣。"季康子问政。子曰:"举直错诸枉,则枉者直。"季康子患盗。孔子曰:"苟子之不欲,虽赏之,不窃。"然鲁终不能用孔子,孔子亦不求仕。

按:《论语·颜渊篇》曰:"季康子问政。孔子对曰:'政者,正也。子率以正,孰敢不正?'"又《为政篇》曰:"哀公问曰:'何为则民服?'孔子对曰:'举直错诸枉,则民服;举枉错诸直,则民不服。'"又《颜渊篇》曰:"樊迟问政。子曰:'举直错诸枉,能使枉者直。'"均与此相似而有出入。殆史公采《论语》而未尝检原书耶?答季康子患盗,亦见《颜渊篇》。

孔子之时,周室微而礼乐废,《诗》《书》缺。追迹三代之礼,[序《书》传,上起唐虞之际,下至秦穆,编次其事。]曰:"夏礼吾能言之,杞不足征也;殷礼吾能言之,宋不足征也。足,则吾能征之矣。"观夏殷所损益,曰:"后虽百世可知也,以一文一质。周监二代,郁郁乎文哉!吾从周。"序《书》传,上起唐虞之际,下至秦穆,编次其事,故《书》传《礼》记自孔氏。

按:此节叙孔子定《礼》编《书》事。"序《书》传……编次其事"十七字,系错简,今依《史记探原》正。此节先记定《礼》,次记序《书》,次第甚明;因有错简,意遂间隔耳。《论语·八佾篇》:"子曰:'夏礼吾能言之,杞不足征也;殷礼吾能言之,宋不足征也;文献不足故也。足,则吾能征之矣。'"又《为政篇》:"子张问:'十世可知也?'子曰:'殷因于夏礼,所损益可知也;周因于殷礼,所损益可知也。其或继周者,虽百世可知也。'"均与此大同小异。"周监二代……"云云,亦见《八佾篇》。《尚书》为古代所传,故曰"书传";礼为时人所记,故曰"礼记",非指《尚书传》及《礼记》。"序"即"编次"之意。"上记唐虞",指以《尧典》为首篇;"下至秦穆",指以《秦誓》为末篇。

伯潜按:孔子所定之《礼》,即《士礼》十七篇,今称《仪礼》;所编之《书》,即今文《尚书》二十八篇。孔子作《书序》百篇之说,由误'序'为序跋之序,因依托之,不可信。又《尚书纬》曰:"孔子得黄帝玄孙帝魁之书,迄于秦穆公,凡三千二百四十篇,断远取近,定其可为世法者百二十篇为《尚书》。"更不可信。至今存《十三经》之《尚书》,则为东汉末,三国初,王肃所伪造,东晋梅赜(亦作枚颐)所献之伪《古文尚书》。详见拙著《十三经概论》。

孔子语鲁太师："乐，其可知也。始作，翕如；纵之，纯如、缴如、绎如也，以成。""吾自卫反鲁，然后乐正，《雅》《颂》各得其所。"古者《诗》三千余篇。及至孔子，去其重，取可施于礼义，上采契后稷，中述殷周之盛，至幽厉之缺。始于衽席，故曰《关雎》之乱以为《风》始，《鹿鸣》为《小雅》始，《文王》为《大雅》始，《清庙》为《颂》始。三百五篇，孔子皆弦歌之，以求合韶武雅颂之音。礼乐自此可得而述。[以备王道，成六艺。]

按：此节叙孔子正《乐》正《诗》事。末句"礼乐自此可得而述"，总结上两节。上两节所叙，仅《诗》《书》《礼》《乐》，未及《易》与《春秋》，故"以备王道成六艺"句当移后。与鲁太师论乐，见《论语·八佾篇》；"吾自卫反鲁……"，见《子罕篇》。孔子删古诗为三百五篇之说，为经学上聚讼之问题。信之者，有欧阳修、郑樵、王应麟、王崧、崔适诸人；疑之者，有孔颖达、朱彝尊、赵翼、崔述诸人。又《汉书·艺文志》及《儒林传》载王式说，均云"《诗》三百五篇"。《经典释文》始取《诗序》所云《南陔》《白华》《华黍》《由庚》《崇丘》《由仪》六篇计之。此六篇，旧说谓亡于秦火；朱熹等谓系笙诗，本有声无辞。（即仅是奏笙之乐谱，无歌辞者。《仪礼·乡饮酒》曰："工歌《鹿鸣》《四牡》《皇皇者华》，笙《南陔》《白华》《华黍》；乃间歌《鱼丽》，笙《由庚》；歌《南有嘉鱼》，笙《崇丘》；歌《南山有台》，笙《由仪》。""歌"与"笙"分别记之。）既是有声无辞，便不得有"义"，并不得列于《诗》篇之数矣。《诗序》本后汉人卫宏作，见《后汉书·儒林传》。而萧统《文选》云子夏作，《隋书·经籍志》云子夏所创，毛公卫宏润色，沈重云《大序》（总序，今与《关雎篇小序》混合）子夏作，《小序》（各篇之序）子夏毛公合作，程颐竟云《小序》国史旧文，《大序》孔子作，王安石又云诗人自制，皆非也。

伯潜按：《论语》屡言《诗》三百。《庄子》亦云"孔子诵《诗》三百，歌《诗》三百，舞《诗》三百。是三百五篇之《诗》，在孔子时已为定本矣"。《左传》襄公二十九年，记吴季札观乐，为之遍歌各国之风。时孔子尚在童年，而所歌之风，无出诗十三国以外者，更足证今本之《诗》，孔子前已如此矣。且书传所引之诗，现存者多，亡佚者少。如古诗有三千余篇，孔子仅删存十一，则书传所引，宜佚诗居多矣，故删诗之说，终不足信。此节《诗》《乐》同叙，盖以二者关系至切，乐为曲谱，诗乃歌辞；乐谱失乱，故《乐》缺而《诗》废。孔子反鲁不仕，乃为之正误补亡，于是《诗》复可歌，故曰"吾自卫反鲁，然后乐正，《雅》《颂》各得其所"。又曰"三百五篇孔子皆弦歌之"也。风本民间歌谣，初为徒歌，但既采于辀轩,献之太师,则亦以合乐矣。故季札观乐,《国风》并奏;大《戴记》亦列《魏风》之《伐檀》于可歌之八篇中;《晋书·乐志》记曹操破荆州,得汉雅乐郎杜夔于刘表所,所记雅乐四篇中亦有《伐檀》也。魏源梁启超均有正《乐》即所以正《诗》之说,庶几得之。(参阅拙著《十三经概论》)

[孔子晚而喜《易》,序《彖》系《象》,《说卦》《文言》;读《易》,韦编三绝,曰:"假我数年,若是,我于《易》则彬彬矣。"]

按:《史记探原》谓此节当移置下文作《春秋》节之前。盖读《易》作《春秋》均晚年事,且均未尝以教弟子;移去此节,则上文定《书》《礼》,正《诗》《乐》二节,与下文"孔子以《诗》《书》《礼》《乐》教"句相接,文意亦相联贯也。今从之。

孔子以《诗》《书》《礼》《乐》教,弟子盖三千焉。[身通六艺者七十有二人。]如颜浊邹之徒,颇受业者甚众。孔子以四教,文、行、忠、信。[绝四,毋意、毋必、毋固、毋我。所慎、斋、战、疾。子罕言利与命与仁。]不愤,不启;举一隅,不以三隅反,则弗复也。

按:此节叙孔子之教弟子。《仲尼弟子传》曰:"受业身通者七十有七人。"传中所记弟子,亦为七十七人。《家语·弟子解》亦为七十七人。均与此异。惟文翁《家庙图》作七十二。盖孔门高弟传有七十余人,而其确数则传说互异。但上文明云"以《诗》《书》《礼》《乐》教",则未尝以《易》《春秋》教矣。赞《易》、修《春秋》、均孔子晚年事,安能以《易》《春秋》教人?汉儒以兼通六艺为可贵,故有此说耳。故"身通六艺者七十二人"句可删。"四教","不愤不启……","子之所慎……",均见《论语·述而篇》。"子绝四……","子罕言……",均见《子罕篇》。"绝四……利与命与仁"二十三字,非教弟子事,与本节上下文不类,当移置下文"子不语……"句之下。

伯潜按:"三千"为汪中《释三九》中所谓"虚数",盖极言弟子之多,非必为三千人也。"颇受业"者,言尝来问业,未尝著籍为弟子者也;如孟懿子,当亦此类。此言其设教之盛也。"《诗》《书》《礼》《乐》",教授之材料也。"文、行、忠、信",教学之进程也。("文"为文章,《诗》《书》之类是;"行"乃行为,"礼"即所以训练人之行为者;"忠信"则为品性,"乐"即所以陶人之性情者;故二者可以相通。)"不愤不启",重在启发;"举一反三",贵能类推;此则教学之方法也。

其于乡党,似不能言者;其在宗庙朝廷,辩辩言,唯谨尔。朝,与上大夫言,訚訚如也;

与下大夫言，侃侃如也。入公门，鞠躬如也；趋进，翼如也。君召使摈，色勃如也。君命召，不俟驾行矣。鱼馁、肉败，割不正，不食。席不正，不坐。食于有丧者之侧，未尝饱也。是日哭，则不歌。见齐衰、瞽者，虽童子，必变。"三人行，必得我师。""德之不修，学之不讲，闻义不能徙，不善不能改，是吾忧也。"使人歌，善，则使复之，然后和之。子不语怪力乱神。绝四、毋意、毋必、毋固、毋我。子罕言利与命与仁。

按：此节叙孔子之为人。于其在朝在乡之生活态度，及待人修己之言行，均撮叙大概。"其于乡党……不坐"均见《论语·乡党篇》；"食于……不歌"，见《子罕篇》；"见齐衰……怪力乱神"，见《述而篇》。（《论语》作"子见齐衰者，虽狎必变；见冕者与瞽者，虽亵必以貌"。与此小异。）上文"绝四……与仁"与此相类，故移此。

子贡曰："夫子之文章，可得而闻也；夫子言性与天道，弗可得闻也已。"颜渊喟然叹曰："仰之弥高，钻之弥坚，瞻之在前，忽焉在后。夫子循循然善诱人，博我以文，约我以礼。欲罢不能；既竭吾才，如有所立卓尔，虽欲从之，末由也已！"达巷党人［童子］曰："大哉孔子，博学而无所成名。"子闻之曰："我何执？执御乎？执射乎？"牢曰："子云：吾不试，故艺。"

按：此节记时人赞孔子语。子贡颜渊语，见《论语·子罕篇》；记此以见弟子之悦服，此重在教人方面者。达巷党人及牢语，亦见《子罕篇》；记此以见孔子之博大，此重在博学多艺方面者。又《论语》"达巷党人"下无"童子"二字，此衍。又孔子语"执射乎"下多"吾执御矣"四字，此省。

孔子晚而喜《易》，［序彖、系象、说卦《文言》。］读《易》，韦编三绝，曰："假我数年，若是，我于《易》则彬彬矣。"

按：此节叙孔子之学《易》，自上文移此。"序彖系象说卦文言"八字，旧说以为指《易》传之《序卦》《象传》《系辞》《象传》（以上三篇各分上下）《说卦》《文言》，并《杂卦》称"十翼"者。果如此，则八字中无一动词，不能独立成句。如连上句读，则孔子所喜者即己之"十翼"矣，于理亦不可通。故疑"序《象》"谓按卦序作《象传》，"系象"谓每卦系以《象传》，"说卦《文言》"谓说乾坤二卦而成《文言》耳。《论衡·正说篇》，云："汉宣帝时，河内女子发老屋，得《逸易》一篇。"《隋书·经籍志》谓即《说卦》《序卦》《杂卦》合为一篇。是《说卦》《序卦》本晚出，不足信，司马迁亦不及见之也。

又按:《论语·述而篇》曰:"子曰:'加我数年,五十以学易,可以无大过矣。'"与此略异。或曰:"五十"二字乃"卒"字之误。此改《论语》以就《史记》耳。或曰:"易"字乃"亦"字之误,言"五十以学,亦可以无大过矣"。则此章所记,又与学《易》无涉矣。

伯潜按:如旧说,则《序》《彖》《系》《象》《说卦》《文言》六篇之次序,亦甚凌乱。崔适及康有为均谓此八字乃陋儒羼入,主删去,是也。删此八字,则"孔子晚而喜《易》,读《易》韦编三绝",文意均连贯矣。盖孔子所喜所读者,即为《易》之《卦辞》《爻辞》也。竹简韦编,至于三绝,可谓勤矣。玩索有得,乃加赞述,《彖传》《象传》、于是有作;后学又记所闻,为《系辞》《文言》;卜筮之《易》乃一变而为哲理之书矣。至于《说卦》《序卦》《杂卦》、则晚出而依托孔子者也。详见拙著《十三经概论》。

鲁哀公十四年春,狩大野。叔孙氏车子鉏商获兽,以为不祥。仲尼视之,曰:"麟也。"取之,曰:"河不出图,雒不出书,吾已矣夫!"颜渊死,孔子曰:"天丧予!"及西狩获麟,曰:"吾道穷矣!"喟然叹曰:"莫我知夫!"子贡曰:"何为莫知子?"子曰:"不怨天,不尤人,下学而上达;知我者,其天乎!"["不降其志,不辱其身,伯夷叔齐乎?谓柳下惠、少连、降志辱身矣。"谓"虞仲、夷逸、隐居放言,身中清,废中权"。"我则异于是,无可无不可。"]子曰:"弗乎,弗乎!君子病殁世而名不称焉。吾道不行矣,吾何以自见于后世哉?"乃因史记,作《春秋》,上起隐公,下讫哀公十四年,十二公。据鲁、亲周、故殷,[运]通之三代,约其文而指博。以备王道,成六艺。故吴楚之君自称王,而《春秋》贬之曰"子";践土之会实召天子,而《春秋》讳之曰"天王狩于河阳"。推此类以绳当世,贬损之义。后世王者起而推之,《春秋》之义行,则天下之乱臣贼子惧焉。孔子在位听讼文辞,有可与人共者,弗独有也。至于为《春秋》,笔则笔,削则削,子夏之徒不能赞一辞。[弟子受《春秋》。]孔子曰:"后世知丘者以《春秋》,罪丘者亦以《春秋》。"

按:此节记孔子作《春秋》。作《春秋》为孔子一生著述大事,故郑重记之。哀公十四年春获麟事,见《春秋》经传及《家语·辨物解》《孔丛子·记问篇》。《公羊传》谓采薪者获之。此与《左传》同。《论语·子罕篇》:"子曰:凤鸟不至,河不出图,吾已矣夫。"与此稍异。"天丧予"之叹,见《先进篇》;答子贡语,见《宪问篇》;论伯夷诸人语,见《微子篇》;"君子疾殁世而不称焉"句,见《卫灵公篇》。"不降其志……无可无不可"一段,与作《春秋》无关,与上下文亦不伦,当删。

又按:《春秋》本鲁史官所记,而孔子加以笔削,故孟子以鲁之《春秋》与晋之《乘》,楚之《梼杌》并举,又云孔子作《春秋》也。《春秋》以鲁君编年,自隐公元年起,至哀公十四年获麟止,所记凡十二公,即隐、桓、庄、闵、僖、文、宣、成、襄、昭、定、哀是。《春秋》据鲁史,故曰"据鲁","亲"读为"新"。(《书·金縢》以"新逆"为"亲迎",《礼记·大学》以"亲民"为"新民",亲新二字古通。)《公羊传》宣公十六年曰:"外灾不书;此何以书,新周也。"何休《解诂》曰:"孔子以《春秋》当新王,上黜杞,下新周而故宋。""以《春秋》当新王"者,言假设一新王而以《春秋》当之也。《春秋》之褒贬,即所以示新王之赏罚。既以《春秋》当新王,则周亦为故王之后矣。新为故王之后,故曰"新周"。周为故王之后新,则宋为故王之后旧矣,故曰"故宋"。宋为殷后,故又曰"故殷"也。周以杞宋存夏殷二王之后;《春秋》既以宋周为二王之后,故置杞不复论,何休云"上黜杞",即因此。"运"字为"通"字之形误。《春秋》成而六艺备,故上文"以备王道成六艺"句,当移置此处。践土之会,晋文公召王,见僖公二十八年《春秋》及《左传》。《孟子·滕文公篇》言"孔子作《春秋》而乱臣贼子惧"。又引孔子曰:"知我者其惟《春秋》乎?罪我者其惟《春秋》乎?"(二"惟"字均通借作"以"。《战国策·齐策》,冯煖谓孟尝君曰:"君家所寡有者以义耳。"则借"以"为"惟"。)乱臣贼子,尝有所借口以自文,以欺后世。孔子作《春秋》,明正其罪,故乱臣贼子惧也。但以布衣借褒贬以行王者之赏罚,亦僭也。故曰知我罪我,皆以《春秋》耳。孔子作《春秋》,笔削皆有深意,故虽长于文学如子夏之徒亦不能赞一辞。"不能赞一辞"者,言未尝赞助笔削,非谓子夏等受《春秋》后不能加一赞语也。且十四年春绝笔之后,十六年初夏即卒,亦不及授弟子。故"弟子受《春秋》"句赘,当删。

伯潜按:《左传》昭公二年,晋韩宣子来聘,观书鲁太史,见《易·象》与《鲁春秋》,曰:"吾今乃知周公之德与周之所以王也。"疑《鲁春秋》直自周公记起。孔子断自隐□者,盖犹《尚书》始《尧典》,示贵让国也。孔子之作《春秋》,盖因仕鲁三月,小试而未大成,周游归老,道不得行,故寓其政治理想于《春秋》,以自见于后世,所谓"微言大义"是也。

古以麟凤为圣人在位之瑞应。今凤鸟不至,麟见而被狩,故孔子见之,大为感伤,甚至"反袂掩面,涕沾袍"也。经此刺激,故无心著作而绝笔。此节所记,乃似孔子见获麟而始作《春秋》,疑与事实不符。《公羊》《穀梁》二传之《春秋经》,止于"十有四年春,西狩获麟"一条,是也。《左传》之《春秋经》,则获麟之后,本年尚有十四条,十五年尚有八条,十六年尚有三条,最后一条为"夏四月己丑孔丘卒",则孔子作《春秋》,非绝笔于获麟,乃绝笔于卒后矣。卒后岂尚能书此?如系预记,又何能预知是日死耶?且此后无经之传,直至鲁悼公四年。传所以释经,无经何必作传乎?故先儒疑《左传》,或以为《左氏春秋》乃记事之书,本与《春秋》无关;或以为左丘明只作《国语》(司马迁《史记·自序》及《报任安书》均但云,"左丘失明,厥有《国语》"),《左传》乃刘歆自《国语》中分出,以附《春秋》者;似亦不为无据。详见拙著《十三经概论》。

明岁,子路死于卫。

按:子路仕卫,死于蒯聩入卫,孔悝逐辄之难,见《左传》哀公十五年。孔子方食,闻子路被醢,命覆醢而哭之。见《礼记·檀弓篇》。

孔子病。子贡请见。孔子方负杖逍遥于门,曰:"赐,女来何晚也!"孔子因叹,歌曰:"太山颓乎?梁木摧乎?哲人萎乎?"因以涕下。谓子贡曰:"天下无道久矣!莫能宗予。夏人殡于东阶,周人于西阶,殷人两柱间。昨暮,予梦坐奠柱间。予,殷人也。"后七日,卒。孔子年七十三,以鲁哀公十六年四月己丑卒。

按:《檀弓》亦记孔子将卒事,与此大同小异。杜预注《左传》续经此条曰:"四月十八日乙丑四月无己丑。己丑为五月十二日,月日必有一误。"以长历推之,哀公十六年有闰月,故崔适谓"四月"当作"三月"。江永又谓己丑为周正四月十一日,即夏正之二月十一日,各说纷歧,未能考定。但周秦诸子生卒年月日可考者,惟孔子耳。

伯潜按:鲁哀公十六年壬戌,当周敬王四十一年,为公元前四七九年。

哀公诔之曰:"旻天不吊,不慭遗一老;俾余一人以在位,茕茕余在疚。呜呼哀哉!尼父,无自律。"子贡曰:"君其不没于鲁乎?夫子之言曰:'礼失则昏,名失则愆;失志为昏,失所为愆。'生不能用,死而诔之,非礼也;称余一人,非名也。"

按:此事亦见《左传》,末多"君两失之"一句。《檀弓》所记,诔文与此异。孔子葬鲁城北泗上。

按:《孔庭摘要》谓是年六月初九日,葬于泗上,与夫人亓官氏合葬。今曲阜县北二里有孔林,即孔子墓。其地背泗面洙,绕以墙垣。《皇览》谓孔子弟子多异国人,各持其地之树木来种,故多异树云。亓官氏,宋人,《家语》作上官氏。

弟子皆[服三年]心丧三年[心丧]毕,相诀而去,则哭,各复尽哀;或复留。惟子贡庐于墓上凡六年，然后去。弟子及鲁人往从冢而家者百余室，因名曰孔里。

按：《檀弓》曰："孔子之丧，门人疑所服。子贡曰：'昔者夫子之丧颜渊，若丧子而无服；丧子路，亦然。请丧夫子，若丧父而无服。'"朱子曰："事师者心丧三年，其哀如父母而无服，情之至而义有不得尽者也。"此处衍一"服"字，重"三年"二字，"心丧"二字又误倒，故费解。《孟子·滕文公篇》曰："昔者孔子没，三年之外。门人治任将归，入揖于子贡，相乡而哭，皆失声，然后归。子贡反，筑室于场，独居三年，然后归。"与此略同。孔子弟子，子贡最富。疑孔子之葬，得力于子贡者最多；筑室于场，当亦在初葬时，筑以居同门者。将去入揖，正以子贡为主人也。

伯潜按：孔门师生之谊最笃。私人讲学，孔子为第一人。其设教也，又特重人格之感化。故师生情谊之笃如此。求之后世，岂可复得哉？师生之谊，以分言，则如朋友；以情言，则如父子。此仅孔子与七十子为然耳。今则相视如路人，甚且为仇雠矣。师道之陵夷，责在弟子者小，责在师者大也。

鲁世世相传，以岁时奉祠孔子冢，而诸儒亦讲礼、乡饮、大射于孔子冢。孔子冢大一顷。故所居堂，弟子内，后世因庙，藏孔子衣冠琴车书。至于汉，二百余年不绝。高皇帝过鲁，以太牢祠焉。诸侯卿相至，常先谒，然后从政。

按：此节记后世之崇祀孔子。本篇记孔子事至此，以下附记孔子子孙。

孔子生鲤，字伯鱼。伯鱼年五十，先孔子死。

按：《家语·本姓解》谓孔子年十九，娶于宋之亓官氏，一岁而生子，适昭公以鲤赐孔子，因名之曰鲤而字伯鱼。孔子二十时，尚未达；昭公赐鲤云云，不足信。孔子二十岁生鲤，当昭公二十年。鲤年五十而卒，孔子年六十九，哀公十二年也。

伯潜按：《论语·先进篇》曰："颜渊死，颜路请子之车以为之椁。子曰：'才不才，亦各言其子也。鲤也死，有棺而无椁。吾不徒行以为之椁，以吾从大夫之后，不可徒行也。'"据此，则伯鱼卒于颜子之前，明甚。颜子死于哀公二年，孔子年五十九。（许慎谓"鲤也死有棺而无椁"乃假设之辞。子在而预言其死，岂人情乎？）疑"伯鱼年五十"，乃"四十"之误。伯鱼颜子同年卒，而伯鱼较早耳。时孔子正栖迟陈蔡之间，故颜路请货车以为椁，孔子谓不可徒行也。

伯鱼生伋，字子思，年六十二。尝困于宋，作《中庸》。

按:《中庸》在《小戴礼记》中。《汉书·艺文志·诸子略》儒家有《子思子》二十三篇。又相传子思为曾子弟子。

伯潜按:毛奇龄《四书剩言》引王复礼说,谓"年六十二"乃"八十二"之误。子思与鲁穆公同时,见《孟子·万章篇》。哀公在位二十七年,悼公在位三十年,元公在位二十四年。元公卒,穆公嗣立。穆公元年,上距孔子之卒,已六十六年。子思如仅享年六十二,则孔子卒后五年始生。无论伯鱼卒于孔子六十九岁时,或五十九岁时,均不相及也。子思最迟当生于伯鱼卒之年。以哀公二年,孔子年五十九推之,至穆公二年而卒,恰为八十二岁。毛王二氏之说是也。

又按:《中庸》曰:"吾学夏礼,杞不足征也;吾学殷礼,有宋存焉;吾学周礼,今用之,吾从周。"此言亦见《论语》。改"宋不足征"为"有宋存焉",殆以居宋时作,故为宋讳欤?

子思生白,字子上,年四十七。子上生求,字子家,年四十五。子家生箕,字子京,年四十六。子京生穿,字子高,年五十一。子高生子慎,尝为魏相。子慎生鲋,年五十七,为陈王涉博士,死于陈下。鲋弟子襄,年五十七,尝为孝惠皇帝博士,迁为长沙太守,长九尺六寸。子襄生忠,年五十七。忠生武。武生延年及安国。安国为今皇帝博士,至临淮太守,蚤卒。安国生卬。卬生驩。

按:此节记孔子子孙,直至汉武帝时。《家语后序》谓子上之子名傲,后又名永。"求"与"永"形近,未知孰是。子家,《家语后序》作子直,名棆;《汉书·孔光传》作子真。"直"与"真"形近,但与"家"形音均不相近。子慎,《孔光传》作子顺。"慎"与"顺"音近。鲋,《家语后序》云后又名甲,字子鱼;《汉书·儒林传》径作孔甲,颜注云,"名鲋,字甲"。子襄《家语后序》云名腾。《孔光传》曰:"鲋弟子襄,襄生忠。"下句云"襄",不云"子襄",则似以襄为鲋之侄矣。故以孔光为孔子十四世孙耳。《经典释文》《隋书·经籍志》《史通》,"忠"皆作"惠";"忠"与"惠"亦形似。《孔光传》又曰:"忠生武及安国,武生延年。"则安国为武之弟,延年为安国之侄矣。凡此异同,孰是孰非,已无从考。又《史记探原》谓"卬生驩"句,乃褚少孙所补。盖此云"安国早卒",则安国当卒于司马迁作此文之前。汉武帝元狩元年,获麟。《史记》仿《春秋》,止于获麟。则安国最迟当卒于获麟前一年之元朔末年。即迟,亦决不出此年后之十年外也。既云"蚤卒",年必不高。司马迁岂及见其有孙乎?《史记志疑》谓"卬"乃"印"字之误。

上《孔子世家》，为《史记》中最详赡之一篇。其所记孔子言行，大抵以《论语》为主，而旁搜博采，传说异闻，均成史料。惟《论语》所记亦有未尽可信者，况又采及异闻，驳杂自所难免；而字句之错乱衍脱尤多。兹故采集先贤之说，加以理董，考证既毕，略堪阅读矣。综其家世，则在宋为公族，在鲁为平民。孔子以前，平民中固未尝有此伟大之学者也。综其事业，则有政治教育著述三方面。政治方面，仅在鲁小试，未得大展抱负；教育著述方面，则孔子以前，固未尝有私人讲学，私家著述者也。

伯潜按：《论语·学而篇》记孔子自述之言曰："吾十有五而志于学，三十而立。"故孔子三十以前，为治学时期。《家语》谓孔子始教于闾里，颜渊之父颜路尝受业焉。《孔子世家》谓孔子适周观书反鲁以后，弟子益众。适周虽未能确定在何年，要去昭公二十四年不远。故三十以后，五十以前，为始教时期。定公九年，孔子为中都宰，由是而为司空，为司寇，与闻鲁政；以定公十二年五十四岁时去鲁。故此四年之间为从政时期。去鲁之后，周游卫、宋、曹、郑、陈、蔡诸国，栖栖皇皇，席不暇暖，畏于匡，厄于桓魋，绝粮于陈蔡，见讥于避世之士；虽其间曾反鲁，而终未得安居，至哀公十二年始归鲁终老焉。故此十四年间，为周游时期。周游之时，弟子从游者颇众，俨如现代之政党领袖，率其党徒，作政治活动者然。但一方面仍随时随地从事于讲学，虽在困厄之中，亦讲诵弦歌不辍。反鲁以后，乃专心于教育及著述，而尤致力于著述方面。编次《尚书》以存古代史料，定《士礼》十七篇以教弟子，正《乐》以正《诗》；此四者，孔子手定之教本也。读《周易》而传《彖》《象》，据鲁史以成《春秋》；此二者，孔子赞修官书以成其名山事业也。孔子虽自云"述而不作"，其实以述为作，其功且胜于作矣。故此四年，为著述时期。

孔子虽尝从政，而终未能实现其政治理想；虽尝著述，终是述而不作，后儒于孔子之纂述六经，歧说疑义亦多，故孔子一生最伟大之事业，实在教育；最伟大之精神，实在"学不厌，教不倦"六字。学，所以立己达己，成己之道也；教，所以立人达人，成物之道也。不厌不倦，忠也；己欲立而立人，己欲达而达人，由学而教，由不厌而不倦，恕也。故曾子曰："夫子之道，忠恕而已矣。"孔子之所以为大圣在此，弟子之所以心悦诚服亦以此。既悦服矣，故记其言论，行事，与夫态度、生活，纂成《论语》。弟子记纂师说以成专书，此其最早者。故曰诸子以孔子为第一人，诸子之书，以《论语》为第一部也。后人以"儒"名其学派，盖亦因此耳。

伯潜按：经今文家谓《六经》为孔子所作；古文家则谓《六经》为周公旧典，乃官书，非孔子所作，故云有歧说疑义。详见拙著《十三经概论》。《论语·学而篇》首章曰："子曰'学而时习之，不亦说乎！有朋自远方来，不亦乐乎！人不知而不愠，不亦君子乎'！"学者知新，习者温故，学习而有心得，则内心悦怿，欲罢不能，而不厌矣。《白虎通义》言"师弟子有朋友之道"。故"有朋自远方来"，即《世家》所云"弟子弥众，至自远方，莫不受业"也。朋来之乐，即孟子以得天下英才而教育之为君子三乐之一之意。"人不知而不愠"者，非谓遁世无闷，不患人之不我知也。盖承上文而言，朋自远来，智愚不一，有钝根人不知解者，亦不愠之也。不愠，则不倦矣。此孔子自道其"学不厌、教不倦"，故弟子纂《论语》时首列之。又《述而篇》曰："子曰：'默而识之，学而不倦，诲人不倦，何有于我哉？'"朱子《集注》曰："'何有于我'言何者能有于我也。三者已非圣人之极致，而犹不敢当，则谦而又谦之辞也。"按朱说非也。"何有于我哉"即"于我何有哉"，以今语译之，即"在我有什么呢"。《子罕篇》曰："子曰：'出则事公卿，入则事父兄，丧事不敢不勉，不为酒困，何有于我哉？'"正与此同。《雍也篇》，季康子问子路、子贡、冉有可使从政否，孔子答曰："由也果，于从政乎何有？""赐也达，于从政乎何有？""求也艺，于从政乎何有？""于从政乎何有"即"何有于从政乎"，与"何有于我哉"句法亦同。《述而篇》又曰："子曰'若圣与仁，则吾岂敢！抑为之不厌，诲人不倦，则可谓云而已矣'。公西华曰：'正唯弟子不能学也。'"《孟子·公孙丑篇》亦曰："子贡：'夫子圣矣乎？'孔子曰：'圣，则吾不能；我学不厌而教不倦也。'子贡曰：'学不厌，知也；教不倦，仁也；仁且知，夫子既圣矣！'"是"学不厌教不倦"为孔子所自承，而公西华以为正弟子所不能及，子贡以为此即仁知之圣也。尽己之谓忠，推己之谓恕。尽己以敬其事，忠也；推己以及于人，恕也。"己所不欲，勿施于人"，为消极的恕，《大学》所谓"絜矩之道"是也。"己之所欲，施之于人"，为积极的恕，《中庸》所谓"君子之道四"是也。忠为做事之精神，恕为待人之态度。能忠且恕，则庶足以尽为人之道，即孔子所谓"仁"也。孔子之道，是"人道"，即"仁道"。《中庸》云："忠恕违道不远。"即因此。故曾子曰："夫子之道忠恕而已矣。"

第二节　孔子弟子考

孔子开私人讲学之风，聚徒甚多，诲人不倦。其弟子承其遗风，蔚为学派，名曰"儒家"。战国初，为儒家全盛时期。故述战国初期诸子，自不得不及孔子之弟子。孟子屡称"七十子"，似孔子高弟凡七十人。《史记·孔子世家》曰："孔子以《诗》《书》《礼》《乐》教，弟子盖三千焉。身通六艺者七十有二人；如颜浊邹之徒颇受业者甚众。"则孔门高弟为七十二人矣。其《仲尼弟子列传》又曰："受业身通者七十有七人。"所谓"身通"，当即"身通六艺"。但省"六艺"二字，绝似缩脚绝后语，岂有脱文耶？检传中所录，确为七十七人，较《世家》又多五人，何耶？岂《世家》所云七十二人，指受业而又身通六艺者；《列传》所云七十七人，但以受业为限，不必尽通六艺欤？抑所增五人，即所谓"颇受业者"欤？而颜浊邹乃不见于传中，抑又何也？《索隐》曰："《孔子家语》亦有七十七人。惟文翁《家庙图》作七十二人。"似《世家》与《家庙图》合，《列传》与《家语》合。但今本《家语》篇名曰《七十二弟子碑》，篇末又曰"右夫子弟子七十二人，皆升堂入室者"，而所录人数则为七十七人，是《史记》及《家语》均各自相矛盾，抑又何也？《史记探原》曰："此传不载而见于《论语》者，一人，牢也；见于《世家》者二人，孟懿子，颜浊邹也。"又曰："孟懿子似非弟子；牢与颜浊邹，究为此传所遗；合之为七十九人。"则又当增二人矣。今按《弟子传》所载，不见于《论语》者甚多；见于《论语》，确非弟子者有之，在疑似间者亦有之。孔门记录，终以《论语》为较可信。孟子所称"七十子"，或但举成数言之尔。今以《论语》为主，参以《史记》《家语》，作《孔子弟子考》。

《史记·仲尼弟子列传》录孔子弟子七十七人，分为二类：第一类为有年名，受业见于书传者，凡三十三人；第二类为无年，受业不见于书传者，凡四十四人。其实，第一类中亦有八人不见于《论语》，曰公皙哀、商瞿、梁鳣、颜幸、冉孺、曹恤、公孙龙、伯虔。第二类中亦有二人见于《论语》，但姓名歧异耳，曰申党，即《论语》之申枨，曰原亢籍，即《论语》之陈亢。《论语》所记，亦有四人不见于《弟子传》，曰牢、林放、孺悲、孟懿子。今考孔子弟子，既以《论语》为主，故即以见于《论语》之先后为次焉。

（一）有若　《论语》第一篇《学而》，首章记孔子之言，次章即记有子之言。有子，名若。《集解》引郑玄曰："郑人。"（按郑玄有《孔子弟子目录》，亡。）《弟子传》曰："少孔子十三岁。"《正义》引《家语》曰："少孔子三十三岁。"今本《家语·弟子解》作"少孔子三十六岁"。《论语》邢昺《疏》《礼记·檀弓》孔颖达《疏》、并云"少孔子四十三岁"。诸说纷歧，未详孰是。《弟子传》曰："孔子既没，弟子思慕。有若状似孔子，弟子相与共立为师，师之如孔子时也。他日，弟子进问曰：'昔者夫子当行，使弟子持雨具，已而果雨。弟子问曰："夫子何以知之？"夫子曰："《诗》不云乎？'月离于毕，俾滂沱矣。'昨暮月不宿毕乎？"他日，月宿毕，竟不雨。商瞿年长无子，其母为取室。孔子使之齐，其母请之。孔子曰："无忧。瞿年四十后，当有五丈夫子。"已而果然。敢问夫子何以知之？'有若默然无以应。弟子起曰：'有子避之！此非子之席也！'"按弟子所举二事，并见《家语·弟子解》，预知天雨见巫马施条，预知商瞿有五子见陈鳣条，此皆齐东野人之语，为陋儒所艳称传说者耳。《论语》记诸弟子，全书称"子"者，仅有子曾子二人；有若固尝为同门所共尊。《礼记》尝谓有若之言似孔子。有若为同门所共尊敬，殆以此。《弟子传》乃云，以其状似孔子，故共立为师，则诚所谓"以貌取人"矣。且既共立为师，又叱之避席，此直儿戏矣，孔门弟子岂其有此？《孟子·滕文公篇》记孔子卒后曰："他日，子夏、子游、子张、以有若似圣人，欲以所事孔子事之。强曾子。曾子曰：'不可。江汉以濯之，秋阳以暴之，皓皓乎不可尚已！'"盖曾有此议，卒以曾子不可，有子不居而罢。然曾子仅言孔子之不可及，不能更推一人以继之，于有若固未尝有微辞也。《史记·孔子世家》常以多学而识，无所不知称孔子。此亦以孔子能预知天雨，预知商瞿有五子，为有若所不及，所见之陋，正复相类也。

按：有子氏有名若，似无疑问。《路史》谓有氏为有巢氏之后。但有巢氏实上古巢处树上，或发明房屋时代之拟人化，非上古实有此帝王也。即退一步，承认上古真有此有巢氏，则亦当如有熊氏、有娥氏、有扈氏、有苏氏、或有虞、有夏、有殷、有周之类，"有"字但为发语词耳。明初有有日兴其人，太祖赐改姓曰宥。此外，古今殆无氏有之闻人，则"有"殆非氏矣。《家语·弟子解》曰："有若，鲁人，字子有。"则名若而字有者也。按《说文》："若，择菜也。""有"字从又持肉，又即右手。是"若"为择取之义，"有"为持有之义，二义相近，故名若而字有；与冉求之名求字有，正复相类。字有名若而称有若者，字名连称，字居名上，犹孔子之父名纥字叔梁而称叔梁纥也。字有而称有子者，犹《左传》哀公十一年称冉有为有子,《孟子·离娄篇》称匡章为章子也。

又按:《论语》记有若者凡三章:二为《学而篇·其为人也孝弟章》《礼之用章》,均径记有若之言;一为《颜渊篇·哀公问年饥用不足章》,则记有若答哀公之言。此三章均非与孔子问答,其与孔子之关系,并不明显。《孟子·滕文公篇》责陈相背其已死之师陈良而从许行,斥为下乔木而入幽谷,乃引曾子反对子游子夏子张拟共师事有若为比。倘有若果为孔子弟子,则孟子直是拟人不于其伦矣。且有若如果以弟子而似圣人,则其于孔子亦可谓"具体而微"者。《公孙丑篇》称"子夏、子游、子张皆有圣人之一体,冉牛、闵子、颜渊则具体而微",何以不及有若乎? 又引宰我赞孔子曰:"以予观于夫子,贤于尧舜远矣。"子贡赞孔子曰:"自生民以来,未有夫子也。"有若赞孔子曰:"自生民以来,未有盛于孔子也。"宰我子贡均称"夫子",有若独称"孔子",亦颇可疑。窃疑有若殆为与孔子同时而年辈较次之一学者,未尝受业于孔子也。至其言所以屡入《论语》者,殆由子夏、子游、子张之门人记之。有若之年,多至四说,且相差竟至三十年,殆亦以其本非孔子弟子,故传闻多异辞欤?

(二)曾参 《论语·学而篇》第四章即记曾参之言,且亦称之曰曾子。参字子舆。《弟子传》及《家语》均云,少孔子四十六岁,南武城人。南武城在今山东省费县西南九十里。《索隐》曰:"武城属鲁。当时更有北武城,故曰'南'也。"则曾子亦鲁人也。曾子以孝著。《论语·泰伯篇》曰:"曾子有疾,召门弟子曰:'启予足,启予手。《诗》云:"战战兢兢,如临深渊,如履薄冰。"而今而后,吾知免夫,小子。'"此《孝经》"身体发肤,受之父母,不敢毁伤"之说所由来也。孟子亦言"曾子养曾皙,必有酒肉,将彻,必请所与,问有余,必曰有",称其与养口体者不同。《家语》曰:"齐尝聘之,欲以为卿,而不就,曰:'吾父母老。食人之禄,则忧人之事,故吾不忍远亲而为人役。'"诸如此类,皆足以见其孝。《家语》又载其以蒸梨不熟出妻,遂不复取云云,则似出好事者附会矣。《弟子传》《家语》《汉志》、均谓孔子为曾子陈孝道,作《孝经》。按《孝经》首云:"仲尼居,曾子侍。"则此书无论为孔子所作,曾子所记,均无举孔子之字称曾参为曾子之理。盖曾子以孝著,故依托之耳。孟子又谓曾子居武城为师,则亦尝设教矣。曾子在孔子弟子中,年少而又老寿,故大、小戴《礼记》诸篇,关于曾子者甚多。《论语·里仁篇》记孔子语曾子曰:"吾道一以贯之。"曾子告门人曰:"夫子之道,忠恕而已矣。"朱子因谓曾子独得道统之传;且以《礼记·大学篇》为曾子所述作,定为《四书》之一云。《汉志》儒家有《曾子》十八篇,今亡。

按:《元和姓纂》谓"春秋时莒灭鄫、鄫太子巫仕于鲁,去'邑'为曾氏,见《世本》;巫生阜,阜生皙,曾子父"云云。故曾子为鲁人。《礼记·檀弓》记曾子责子夏哭子丧明,有"退而老于西河之上,使西河之人疑汝于夫子"之言。子夏居魏之西河时,约距孔子卒五十余年,则曾子之年寿亦高矣。

(三)卜商　字子夏。《弟子传》及《家语》均云,"少孔子四十四岁"。《集解》引郑玄曰:"温国卜商。"《家语》谓是卫人。《礼记·檀弓》疏作魏人。温故城在今河南省温县西南。温本周畿内邑,后属卫。《疏》作魏人者,殆以子夏居魏之西河久耶?《弟子传》曰:"孔子既没,子夏居西河教授,为魏文侯师。"《隋图经志》谓安阴有西河,为子夏所居之地。其地在今汤阴县东三十里,羑水之南。《索隐》以属陕西省之同州当之,《正义》以在山西省汾阳县之西河郡当之,皆非也。《史记·儒林传》谓田子方、段干木、吴起、禽滑釐之属,皆受业于子夏之伦。西河设教之盛,于此可见。《论语·子路篇》言子夏为莒父宰。莒父,鲁邑,是子夏又尝仕于鲁也。《先进篇》曰:"文学,子游、子夏。"《子张篇》记其言曰:"日知其所亡,月毋忘其所能,可谓好学也已。"盖长于文学,而又能温故知新者也。《家语》记其正"晋师三豕涉河"为"己亥涉河"之误。此校雠之滥觞也。经学家又谓《六经》多子夏所传,故后儒以子夏为传经之儒,与曾子为传道之儒并列,而汉儒宗子夏,宋儒宗曾子也。至《子夏易传》,则作者又别为一人。

按:洪迈《容斋续笔》曰:"子夏既少孔子四十四岁,则孔子卒时亦已二十八岁矣。是年为周敬王四十一年,下距周威烈王二十三年,魏文侯为诸侯,已七十五年。则子夏为魏文侯师,即在文侯始列为诸侯之年,仍当百三岁"云云。按魏文侯斯立于周威烈王元年,立二十二年,始受命为诸侯。子夏为文侯师,度在文侯嗣立之后,受命之前。魏斯卒后,始谥曰"文"。此曰魏文侯,明为事后追记之辞。执之过拘,将谓子夏至魏文侯卒后始死耶?大约文侯嗣立,即聘子夏。故徙居于西河,去孔子之卒,不过五十余年尔。

(四)端木赐　字子贡,卫人。《弟子传》及《家语》均云少孔子三十一岁。《论语·先进篇》曰:"言语,宰我、子贡。"盖以言语见长者。《弟子传》又言齐将伐晋,子贡往说吴,纵越伐齐,又往晋,说击吴,故子贡一出,存鲁、乱齐、破吴、强晋、霸越。殆以其长于言语,故有此傅会,其实所记与《吴世家》《齐世家》均不合也。又谓尝相鲁卫,亦不足信。《先进篇》又曰:"赐不受命,而货殖焉,亿则屡中。"子贡以货殖累致千金,并见《弟子传》《货殖传》及《家语》。崔述以为"货殖"但谓其留心家人生产,非必经商。按春秋末商业已渐发达,崔氏徒以孔子弟子必不孳孳为利,故为是臆度耳,非有反证也。子贡之富,在同门中似首屈一指,而原宪之贫,则与箪瓢陋巷之颜渊同,故《家语》及《韩诗外传》均记有子贡访原宪之故事。此亦附会之言也。子贡推崇孔子之言论,见于《论》《孟》者已不少。故崔述曰:"孔子之遂显于当世,子贡之力居多。"

按:子贡自言"闻一知二",孔子亦尝以瑚琏比之(并见《公冶长篇》),则亦孔门之高弟矣。又《韩非子·五蠹篇》曰:"齐将攻鲁、鲁使子贡说之。齐人曰:'子之言非不辩也;吾所欲者土地,非斯言之谓也!'遂举兵伐鲁,去门十里以为界。故子贡知而鲁削。"正与《弟子传》所记相反。韩非亦但以此证空辩之无实用,非真有其事也。

(五)樊须 字子迟。《弟子传》及《家语》均云"少孔子三十六岁"。郑玄谓是齐人,《家语》谓是鲁人。《家语》又谓尝仕于季氏,不知何据。《论语·子路篇》记樊迟请学稼学圃,孔子斥为"小人"。此小人对在位之君子言,犹《孟子》所云"野人"也。

按:《白水碑》云:"樊须字子达,樊缓字子迟。"似樊须樊迟各为一人。按"须",古鬚字,借用为"需",乃须待之义。名须字迟,盖取须待之义耳。荷蓧丈人之讥孔子曰:"四体不勤,五谷不分。"孔子以前,未有以私人讲学,收取弟子之束脩者,亦未有以平民奔走各国,从事政治活动者,故避世之士以此讥之。樊迟之意,殆以惩儒者之"四体不勤,五谷不分"欤? 抑愤道之不行,故为此言欤? 抑尔时已有为神农之言者,而樊迟为所动欤?

(六)言偃 字子游。《弟子传》曰:"吴人,少孔子四十五岁。"《家语》曰:"鲁人,少孔三十五岁。"按《论语》《礼记》载子游与子夏曾子语较多,其年当相若,《弟子传》所记是也。孔子弟子,鲁人最多,卫人次之,宋人又次之。《孟子》言:"陈良楚产也,悦周公仲尼之道,北学于中国。"(见《滕文公篇》)但亦在孔子卒后。吴去鲁远,孔子未尝至吴,而子游独以吴人不远千里而来受业,《家语》之说是也。子游尝仕鲁,为武城宰。见《论语·阳货篇》。牛刀割鸡之戏,盖惜其大才小用耳。《礼记·礼运篇》记子游闻"大同""小康"之说。子游与子夏同以文学见称,而又长于《礼》。《礼运》,殆子游之门人所记也。

按:《论语·子张篇》:"子游曰:'子夏之门人,当洒扫应对,则可矣。抑末也。本之则无,如之何?'子夏闻之,曰:'噫! 言游过矣! 君子之道,敦先传焉,敦后倦焉? 譬诸草木,区以别矣。君子之道,焉可诬也? 有始有卒者,其唯圣人乎?'"二人对于教育主张之不同,于此可见。

（七）颜回 字子渊。《弟子传》及《家语》均云"鲁人"。一箪食,一瓢饮,不改其乐（见《论语·雍也篇》）,闻一知十（见《公冶长篇》）,且好学,不迁怒,不贰过（并见《雍也篇》）,故孔子称之曰:"吾见其进也,未见其止也。"（见《子罕篇》）同门亦多推崇之。（例如子贡自言"赐也何敢望回",见《先进篇》。）但不幸早死,故孔子哭之至恸,曰"天丧予,天丧予"。其悼痛之情,溢于言表也。盖颜渊为孔子最得意之弟子,故《先进篇》列于德行之首。至于颜渊之年,《弟子传》及《家语》均云"少孔子三十岁"。《弟子传》又曰:"回年二十九,发尽白,蚤死。"《家语》又曰:"颜子二十九而发白,三十二而蚤死。"《列子·力命篇》曰:"颜子之才,不出众人之下,而寿四八。"《三国吴志·孙登传》曰:"孙权立登为太子,年三十三,卒。临修上疏曰:'周鲁颜回有上知之才,而尚夭折;况臣年过其寿。'"则颜子年寿似为三十二矣。颜子少孔子三十岁,三十二岁而卒,时孔子正六十二岁,哀公五年也。伯鱼卒于哀公十二年,孔子年六十九,较颜子迟八年。但《论语·先进篇》记颜渊死,颜路请子之车以为之椁,孔子答语曾云"鲤也死,有棺而无椁",似伯鱼卒于颜子之前。许慎《五经异义》以为乃假设之辞,亦不近人情。故《史记探原》谓颜渊之年当作"少孔子四十岁"三十二岁而卒,孔子年七十二,在鲤卒后三年云。

按:《孔子世家》"伯鱼年五十",乃"年四十"之误,伯鱼与颜子同卒于哀公二年,孔子年五十九,前已言之。今按《弟子传》,"年二十九"为一读,"发尽白蚤死"五字连读,言颜子年二十九时,发尽白而蚤死也。《家语》谓二十九为发白之年,三十二为卒年,盖误读《弟子传》,以"年二十九岁发白"为一读"蚤死"二字为一句耳。孙登为三国时人,《列子》乃东晋晚出伪书,均谓颜子三十二而卒,可见此种传说,盛行于魏晋之时。《家语》出王肃伪造,肃亦三国初人,盖采当时之传说尔。颜子少孔子三十岁,二十九而卒,在孔子五十九岁时,哀公二年事也。故与伯鱼同年,卒,而略在其后。彼时适栖逢陈蔡,在困厄中。乃先丧伯鱼,继丧颜子,故哭之至哀,自以为天丧耳。颜子卒于旅次,旅次无他长物,故颜路请货子之车以为之椁也。伯鱼卒于旅次,且相去不远,故孔子举以为言也。盖以时方周游,时与诸国大夫往还,势不得舍车徒行,故曰:"吾不徒行以为之椁,以吾从大夫之后不可徒行也。"如传说所云,颜子年三十二,卒于哀公五年,孔子年六十二岁,相去不远,说尚可通。如从《史记探原》改作"少孔子四十岁，三十二而卒"，则卒年孔子已七十二，且已反鲁矣。此时颜路即须称贷于孔子以为其子之椁，何以必请其车？孔子已归鲁杜门，又何以不肯徒行而吝惜其车耶？

（八）仲由　字子路，亦曰季路。《弟子传》及《家语》均云"少孔子九岁"。卞人。（"卞"《家语》作"弁"）卞，鲁邑，故城在今山东省泗水县东，则子路亦鲁人也。其为人好勇进取，有闻未之能行，唯恐又闻。（见《论语·公冶长篇》）但不知"临事而惧，好谋而成"，故孔子以"暴虎冯河，死而无悔者，吾不与也"斥之。（见《述而篇》）又尝叹曰："若由也，不得其死然。"（见《先进篇》）后仕卫，卒死蒉聩逐辄之难。孔子方食，闻子路被醢，遂命覆醢，且哭之曰："天祝予，天祝予！"（见《弟子传》及《礼记·檀弓》）孔子尝称其"片言可以折狱"（见《颜渊篇》），又称"千乘之国可使治赋"（见《公冶长篇》），故《论语》曰："政事，冉有季路。"季桓子时，尝为季氏宰。孔子仕鲁，得行乎季孙者，子路之力也。

按：子路仅少孔子九岁，据《弟子传》所载之年考之，孔子弟子，除颜路外，殆以子路为最长矣。（曾点之年不明。）《论语》记孔子赞子路之言凡五见，贬子路之言凡四见（按"不得其死然"，非贬辞），足征其瑕不掩瑜矣。《先进篇》曰："门人不敬子路。子曰：'由也升堂矣，未于入室也。'"子路虽未入室，但已升堂，则亦孔门之高弟，较之彼"不得其门而入"者，其相去又奚啻径庭哉？

（九）颛孙师　字子张。《弟子传》及《家语》均云，"少孔子四十八岁，陈人"。《索隐》引郑玄曰："阳城人。"阳城本属陈。《吕氏春秋·尊师篇》曰："子张，鲁之鄙家。"则又以为鲁人。按颛孙氏出陈公子颛孙，见《通志·氏族略》。《左传》昭公二十五年，颛孙来奔。昭公二十五年，孔子年三十五，子张未生也。殆子张为颛孙之子欤？颛孙氏以陈公子徙鲁，故子张有鲁人陈人两说也。《论语·先进篇》曰："子贡问师与商也孰贤？子曰：'师也过，商也不及。''然则师愈欤？'曰：'过犹不及。'"盖子夏性情笃实，气度未免狭小；子张气度阔大，性情未免浮夸，并有凉薄之嫌也。《论语·子张篇》曰："子夏之门人问交于子张。子张曰：'子夏云何？'对曰：'子夏曰："可者与之，其不可者拒之。"'子张曰：'异乎吾所闻。君子尊贤而容众，嘉善而矜不能。我之大贤与，于人何所不容？我之不贤与，人将拒我，如之何其拒人也？'"此章可以见二子气度之不同。《礼记·檀弓篇》曰："子夏既除丧而见，予之琴，和之而不和，弹之而不成声，曰：'哀未忘也；先王制礼而弗敢逾也。'

子张既除丧而见，予之琴，和之而和，弹之而成声，曰：'先王制礼，不敢不至焉。'"此章可以见二子性情之不同。曾子曰："堂堂乎张也！难与并为仁矣。"盖亦以此。

按：据《弟子传》，子夏少孔子四十四岁，子游少孔子四十五岁，曾子少孔子四十六岁，子张少孔子四十八岁。此四子为同门中之少年，年相若，而子张最少。孟子尝言，孔子既没，子夏子游子张以有若似圣人，欲以所事孔子事之，强曾子，曾子不可。（见《滕文公篇》）可见孔子卒时，四子盖为同门之领袖也。《荀子·非十二子篇》抨击子张、子夏、子游三派之"贱儒"犹不及曾子，盖以曾子一派为正统耳。《论语》所记孔子弟子发表己意之言，曾子凡十三见，子夏凡十二见，子张凡二见，子游凡四见。此四子在同门中年齿最少，似为孔子后期弟子中之佼佼者。前期弟子，如颜子之言仅一见，为赞孔子者；子贡之言凡七见，赞孔子者五，发表己意者二，则后期弟子发表己意之言论较多也。子张与曾子之母同时死，见《檀弓》。盖亦早世者，故《论语》记其发表己意之言特少欤？子张尝学干禄矣（见《为政篇》），尝以"在邦必闻"为"达"矣。（见《颜渊篇》）但终未尝从政，未尝有闻者，亦以其早世也。

（十）冉求　字子有，鲁人。《家语》谓为仲弓之宗族。《弟子传》及《家语》均云，"少孔子二十九岁"。孔子称其千室之邑，百乘之家，可使为宰（见《论语·公冶长篇》），故与子路同以政事见长。冉有言志，自谓"求也为之，比及三年，可使足民"，盖长于理财者。尝为季氏聚敛，孔子曰："求，非吾徒也，小子鸣鼓而攻之可也！"盖长于理财，其弊往往流为聚敛也，其个性恰与子路相反。故孔子曰："求也退，故进之；由也兼人，故退之。"（见《先进篇》）冉有尝曰："非不欲子之道，力不足也。"子曰："力不足者，中道而废；今汝画！"自诿为力不足，自画而不求进，此即所谓"退"也。（《孔子世家》记季康子先召冉有反鲁，卒以其言迎孔子归老。孔子之得反鲁终者，冉有之力也。

按：子路为季氏宰，在季桓子时，孔子方仕鲁；冉有为季氏宰，在季康子时，孔子已反鲁；前后相去十四五年。然《论语·季氏篇·季氏将伐颛臾章》所记乃似二子同时仕于季氏者，其误显然。《洙泗考信录》辨之甚详。

（十一）宰予　字子我。《家语》及郑玄均云，"鲁人"。与子贡同以言语见称。（《论语·先进篇》）《弟子传》及《家语》均谓宰我仕齐，为临淄大夫，与田常作乱而夷其族。孔子耻之。按（《齐太公世家》有阚止，亦字我（《齐世家》作监止，同为此人），为田常所杀。

《李斯传》曰:"田常阴取齐国,杀宰予于庭,即弑简公于朝。"误阚我为宰我,与《弟子传》同。惟《弟子传》又误以为田常所杀之人为与田常作乱之人。一误再误,遂使孔门弟子蒙不白之冤耳。《古史》《容斋续笔》《史记考证》,均已辨之。宰我昼寝,孔子斥为"朽木不可雕,粪土之墙不可朽"。(见《公冶长篇》)宰我欲短三年之丧,孔子斥为"不仁"。(见《阳货篇》)又曰:"始吾于人也,听其言而观其行;今吾于人也,听其言而信其行;于予,予改是。"则宰我之被训斥,亦甚多矣。

按:田常即《论语·宪问篇》之陈恒。陈恒弑其君,孔子沐浴而朝,请讨之。则田常弑简公时孔子固尚在也。冉有为季氏聚敛,孔子尚命小子鸣鼓而攻。苟宰我与田常作乱,孔子何以默无一言?子路死卫难,孔子哭之。苟宰我死田常之乱,孔子又何以默无一言?其为误记,显然可知已。

(十二)公冶长 《弟子传》曰:"齐人,字子长。"《索隐》曰:"鲁人,名芝。范宁云:'字子芝。'"(《论语释文》引《家语》,作"字子张"。《邢疏》引《家语》作"字子长"。《释文》引范宁作"名芝字子芠"。《白水碑》又作"字子之"。《论语集解》引孔安国曰:"公冶长,弟子,鲁人。姓公冶,名长。"子长与子张,子芠之与子芝,当由形音俱近而误歧;子芠与子芝,当由同从草而互歧也。《国语注》曰:"季氏族子季冶、字公冶、为季氏属大夫;子孙以公冶为氏。"则公冶长岂季氏之旁支欤?公冶长见《论语》,仅《公冶长篇》之首章。孔子以其子妻之,则长为孔子婿矣。

按:古代名字多仅一字,如孔子本名丘字尼,曰仲尼者,幼名冠字,五十以伯仲,"仲"乃后来所加也。又如颜回本字渊,仲由本字路,宰予本字我,言偃本字游,卜商本字夏……,而各书所记多加一"子"于其上。公冶长如果字子长,则是名曰长,字亦曰长矣。古人尽有仅知其名,不闻其字者,付之阙疑可也。

(十三)宓不齐 字子贱。《家语》及《论语集解》均云"鲁人"。《弟子传》云,"少孔子四十九岁"。《索隐》引《家语》作"少孔子三十岁"。今本《家语》作"少孔子四十岁"。尝为单父宰,鸣琴不下堂而治。《弟子传》及《吕氏春秋》,《说苑·杂事篇》,均记其为宰时之轶事。孔子称之曰:"君子哉若人!尚德哉若人!"则亦孔门之高弟也。《汉志》儒家有《宓子》十六篇,亡。

按:宓与虙同,音伏。故《正义》引《颜氏家训》谓兖州永城县即旧单父县,东有《子贱

（十四）冉雍　字仲弓。《集解》引郑玄云："鲁人。"《索隐》引《家语》曰："伯牛之宗族，少孔子二十九岁。"《论语·雍也篇》："子谓仲弓曰：'犁牛之子，骍且角；虽欲弗用，山川其舍诸？'"《家语》曰："生于不肖之父。"《弟子传》曰："仲弓之父贱人。"盖皆由《论语》臆度之。《先进篇》亦列于德行。《雍也篇》孔子称其"可使南面"则亦深契之矣。然尝为季氏宰（见《子路篇》），而政绩不见载籍，抑又何也？

按：《雍也篇》"伯牛有疾"，注以为有恶疾。《论衡·自纪篇》论父子不相似曰："伯牛有疾，仲弓洁全。"则以仲弓为伯牛之子矣。

（十五）漆雕开　字子开。《集解》引《郑玄》曰："鲁人。"《正义》引《家语》曰："蔡人，字子若，少孔子十一岁。"《汉志》儒家有《漆雕子》，《自注》曰："孔子弟子漆雕启后。"《古今人表》亦作漆雕启。《先经大训》云名凭。《白水碑》云字子修。《论语·公冶长篇》曰："子使漆雕开仕。对曰'吾斯之未能信'，子悦。"漆雕开见于《论语》，仅此一章。

按：阎若璩《四书释地》谓漆雕子本名启，《史记》避景帝讳，故改"启"为"开"。《论语》亦作开，殆亦汉人所改矣。但名开字开，与公冶长之名长字长，同为不合理之说。名凭，字子若、字子修，传说纷歧，但无实据。盖亦仅传其名未闻其字者也。《韩非·显学篇》谓儒分为八，有漆雕氏之儒。

（十六）公西赤　《弟子传》曰："字子华，少孔子四十二岁。"《集解》引郑玄曰："鲁人。"孔子称其"束带立于朝，可使与宾客言"（见《论语·公冶长篇》），华亦自言"宗庙会同，愿为小相"（见《先进篇》），则外交之才也。《论语集解》马融曰："华有容仪，可为行人。"又《雍也篇》记子华使于齐，冉子为其母请粟，孔子有周急不继富之言。此事当在孔子为司寇，与闻鲁政之时；但以孔子时年五十二计之，则子华仅十岁耳，《弟子传》误。

（十七）原宪　字子思。《集解》引郑玄曰："鲁人。"《家语》曰："宋人，少孔子三十六岁。"《论语·雍也篇》曰："原思为之宰。与之粟九百，辞。"《家语》亦曰："孔子为鲁司寇，原宪尝为孔子宰。"孔子未闻有采邑，此宰乃家宰，非邑宰也。金鹗《礼说》疑原宪当少孔子二十六岁，《家语》"三"字为"二"字之误；盖如《家语》所说，孔子为司寇时，宪仅十六岁也。原宪之贫，见《家语》及《韩诗外传》。

按：《论语》记弟子，皆举其字，惟记孔子呼弟子方用名。而《宪问篇》首章首句曰：

（十八）闵损　字子骞,鲁人。《弟子传》曰:"少孔子十五岁。"《家语》作"少孔子五十岁"。孔子弟子,曾子子张最少,"五十"显为"十五"误倒。《论语·雍也篇》记季氏使闵子为费宰,力却之,其清可见。《先进篇》孔子又称其孝,故以德行见称,列于颜子之次。《韩诗外传》《艺文类聚》所载芦衣故事,则由后人附益者也。

（十九）司马耕　字子牛,宋人。《论语集解》孔安国曰:"牛,弟子司马犁。"似又名犁。牛为宋司马桓魋之弟。魋专横,宋君讨之。魋败,奔曹,又奔卫。牛致邑而奔齐。魋亦奔齐。牛复去齐适吴。吴人恶之,北归,过鲁,卒于郭门之外。故孔子告以"君子不忧不惧",而牛又有"人皆有兄弟,我独无"之叹也。（见《论语·颜渊篇》）

按:"牛"与"犁",形义俱似,殆"牛"误为"犁",非有二名。

（二十）冉耕　字伯牛,鲁人。《阙里广志》及《圣门志》均言少孔子七岁。《论语·先进篇》亦列德行。《雍也篇》曰:"伯牛有疾。子问之,自牖执其手,曰:'亡之,命矣夫!斯人也,而有斯疾也。'"其悼惜之深,情见乎辞矣。伯牛见于《论语》,仅此二章。

按:《论语》仅言"伯牛有疾"。《弟子传》及《家语》均言"伯牛有恶疾"。《淮南子·精神训》曰:"伯牛为厉。""厉"借为"疠"。《说文》曰:"疠,恶疾也。"按"疠"即癞,二字为双声。盖即今大麻风之类。又名天刑病,极难治,极易传染,故名曰恶疾。孔子亲往视疾,伯牛家恐传染,故不令入室,仅于牖问窥之。伯牛适卧牖下;孔子见其垂危,情不自禁,故自牖执其手而按其脉息也。"亡"读作"无"。脉搏已停,故曰"亡之"耳,此章可以见孔子对弟子情感之真挚。

（二十一）巫马施　《家语》曰:"字子期,陈人,少孔子三十岁。"《论语》亦作巫马期。（见《述而篇》）《弟子传》曰:"字子旗。"《汉书·古今人表》及《吕氏春秋·具备览》亦作巫马旗。"期""旗"音同,或以致误。

按:《说文》曰:"施旗也。"故名施字旗。齐有栾施,亦字子旗。作"期"者,同音假借也。楚令尹子旗,见《左传》昭公十三年;《国语·楚语》作子期,亦借"期"为"旗"。巫马期,鲁人。《论语》:"陈司败问:'昭公知礼乎?'孔子曰:'知礼'子退。揖巫马期而进之曰:'吾闻君子不党;君子亦党乎?'君取于吴,为同姓,谓之吴孟子。'君而知礼,孰不知礼',巫马期以告。子曰:'丘也幸,苟有过,人必知之。'"《家语》谓是陈人,殆因陈司败而误。

（二十二）颜无繇　字子路，少孔子六岁。以《弟子传》及《家语》考之，孔子弟子，颜路最长矣。《家语》曰："颜由，字季路，颜渊之父。孔子始教于闾里，尝受学焉。"《先进篇》记颜渊死，颜路请子之车以为之椁云。颜路见于《论语》，仅此一章。以此章观之，颜路究曾受业与否，亦未明言也。

（二十三）高柴　字子羔。《檀弓》作"子皋"。《弟子传》曰："齐人，少孔子三十岁。"《集解》引郑玄曰："卫人。"《家语》曰："少孔子四十岁。"《论语·先进篇》尝谓子路使子羔为费宰。《家语》谓尝为武城宰。又《致思解》又记其为卫士师，尝刖人之足，而蒯聩之乱，被刖者脱之于难云云。

按：子路使子羔为费宰，当在定公十一二年为季氏宰时。如从《家语》，少孔子四十岁，则是时年仅十余耳，于情理殊不合。当从《弟子传》，少孔子三十岁。子羔方二十余岁，子路即欲使为费宰，故孔子曰，"贼夫人之子"也。

（二十四）曾点　字皙。《弟子传》作"曾蒧"。《说文》曰："黫，虽黑而皙也，从黑，咸声。"字皙，故名黫，作"蒧"者省字，作"点"者借字也。《论语·先进篇·侍坐章》记子路、冉有、公西华，已各言其志，方问曾皙曰："点，尔何如？"鼓瑟希，铿尔，舍瑟而作，曰"异乎三子者之撰"。子曰："亦各言其志也。"曰："春服既成，冠者五六人，童子六七人，浴乎沂，风乎舞雩，咏而归。"《檀弓》又记其季武子丧，曾皙倚其门而歌云云。故孟子答万章，以与琴张牧皮为孔子所谓"狂士"云。（见《尽心篇》）

按：颜路、颜渊、曾皙、曾子、相传皆父子受业于孔子。颜路是否受业，《论语》无明文。曾皙见于《论语》，亦仅一章，而此章殊可疑。《论语》之例，弟子称孔子均但曰"子"，对他人言孔子，方曰"夫子"。此章曾子问孔子曰："夫子何哂由也？"则面称孔子曰"夫子"矣。与《论语》之例不合，一也。孔子方命弟子言志，而曾皙自鼓瑟不辍。与情理不合，二也。孟子以曾皙为狂，而此章所记曾皙之言，则是"有所不为"之狷。与《孟子》不合，三也。故崔述疑之。又季武子卒于昭公七年，孔子方十七岁。曾皙之年，当更少于孔子。孔子与飨士，且被斥；曾皙于其丧时倚门而歌，何以得不被斥乎？若云童子无知，歌出儿戏，则有何价值而记之乎？疑曾皙在当时为一颇著名之避世狂士，故传说甚多。至其曾否受业孔门，则殊未可必也。

《论语》所记孔子之弟子，以上列二十四人为最著，此外尚有须加考证者九人，录之如次：

（一）南容　《论语·公冶长篇》曰"子谓南容，邦有道不废，邦无道免于刑戮，以其兄之子妻之"。《先进篇》又曰："南容三复白圭，孔子以其兄之子妻之。"《论语集解》引王肃曰："南容，弟子南宫縚，鲁人也。"《释文》曰："'縚'，本又作'韬'。"《家语》曰："南宫縚字子容，以智自将，世清不废，世浊不污，孔子以其兄之子妻之。"与《论语》合。此一说也。《弟子传》曰："南宫括，字子容。"《论语·宪问篇》记南官适羿善射，奡荡舟，禹稷躬稼之问。《集解》引孔安国曰："适，南宫敬叔。"《汉书·古今人表》颜《注》及崔述《洙泗考信录》亦均以南宫适与南宫敬叔为一人。此又一说也。郑玄《礼记·檀弓》注谓南宫縚即孟僖子之子南宫阅。（亦作说）《世本》亦曰："仲孙貜生南宫縚。"《左传》及杜《注》以为与孔子适周之南宫敬叔为孟僖子之子。则南官敬叔又即南宫縚矣。此又一说也。但《汉书·古今人表》则又明以南宫敬叔与南容为二人。故南容南宫适，南宫縚南宫敬叔，仲孙阅之关系究如何，说至纷歧，殊难确定。

按：《檀弓》曰："南宫縚之妻之姑之丧，孔子教之髽。"南宫縚即南容，其妻即孔子之兄之女，故教之耳。盖名縚字容，谥曰敬叔，非仲孙阅，已详上文《孔子世家》考。南宫适则别为一人，毛奇龄《四书賸言》已详辨之。南宫适见于《论语》，仅此一章。虽曾来问，未必为弟子也。

（二）申枨　《论语·公冶长篇》曰："子曰：'吾未见刚者。'或对曰：'申枨。'子曰：'枨也欲，焉得刚？'""枨也欲"与"柴也愚，参也鲁，师也辟，由也喭"（见《先进篇》），语气全同。《集解》包成曰："申枨，鲁人。"《弟子传》无申枨，有申党，字周。《正义》曰："鲁人。"朱彝尊《弟子考》引文翁《礼殿图》，云有申傥。《汉王政碑》曰："无申堂之欲。"《论语释文》及邢《疏》引《家语》曰："申续，字周。"《史记索隐》引《家语》，又作申缭。《困学纪闻》引《家语》，又作申绩。今本《家语》则作申绩，字子周。申枨固孔子之弟子，而其名纷歧至此，则无从考定矣。

按："枨""党""傥""堂"皆属阳韵，但平仄异耳。此以音近而变者。"缭""绩""续""绩"皆从糸，此以形似而变者。《家语》本无申枨及公伯缭。王肃《家语》加入一申缭，盖以二人并字周，遂误合为"申缭"耳。见臧庸《拜经日记》。申绩、申续、申绩、则又因申缭而致误者也。详见刘宝楠《论语正义》。

（三）陈亢　字子禽。见于《论语》，凡三章，一为《学而篇·子禽问于子贡章》，一为《季氏篇·陈亢问于伯鱼章》，一为《陈子禽谓子贡章》。郑玄注《论语》及《檀弓》，皆云孔子弟子。《弟子解》无陈亢，有原亢籍。《家语》曰："陈亢，陈人，字子元，一字子禽，少孔子四十岁。"又曰："原亢，字子籍。"则陈亢与原亢非一人。《檀弓》谓"陈子车死于卫；其妻与其家大夫谋以殉葬，定而后陈子亢至"。郑玄《注》曰："子车，齐大夫；子亢，子车弟。"则陈亢又为齐人矣。《汉书·古今人表》分陈亢、陈子禽、陈子亢为三人，均不云孔子弟子。

按：《家语》云"字子元"者，"亢"字因形近误为"元"也。但名亢字亢，亦不合。"籍"者，"雒"之借字，故字子禽，一字子籍也。《春秋》庄公二十七年曰："公子友如陈，葬原仲也。"原氏出于陈氏，故陈亢亦称原亢；曰"原亢籍"者，氏名字连举也。陈氏之在齐，始自陈公子敬仲。故或云陈人，或云齐人耳。子禽谓子贡曰："子为恭也，仲尼岂贤于子乎？"此非弟子之语也。且与子贡语而曰"仲尼"，亦不似弟子口吻。其他二章，对孔子之闻诸国之政与其教子，均为疑辞，故《汉表》不云为孔子弟子。

（四）牢　《论语·子罕篇》曰："牢曰：'子云：吾不试，故艺。'"牢见《论语》，仅此一章。《集解》郑玄曰："牢，弟子子牢也。"其氏不详。《庄子·则阳篇》曰："长梧封人问子牢。"《释文》引司马彪曰："即琴牢，孔子弟子。"《汉书·古今人表》亦有琴牢。王念孙《读书杂志》谓琴牢为琴张之误。因《左传》及《孟子》有琴张，《庄子》有子琴张，无作琴牢者也。琴牢字张，始见于《家语》。后人因据以改《汉书》云。

按：《左传》昭公二十年曰："琴张闻宗鲁死，将往吊之。"杜《注》曰："琴张，字子开，孔子弟子，名牢。"孔《疏》曰："《家语》云：'孔子弟子琴张与宗鲁友。'《七十子篇》云：'琴牢，卫人，字子开，一字子张。'则以氏配字为琴张，即'牢曰子云……'是也。贾逵郑众皆以为子张即颛孙师。服虔云：'案《七十子传》云：子张少孔子四十余岁。'孔子是时年四十，知未有子张。郑贾之说，不知所出。"

（五）澹台灭明　字子羽，武城人。《弟子传》曰："少孔子三十九岁。"《家语》曰："少孔子四十九岁。"《论语·雍也篇》记子游为武城宰，孔子问以得人否，子游举澹台灭明以对。《弟子传》言子羽状貌甚恶，欲事孔子，孔子以为材薄；已受业，身修名立。孔子曰：

"吾以言取人,失之宰予;以貌取人,失之子羽。"《家语》则谓其有君子之容,而其才不副,正与《弟子传》相反。

按:澹台灭明见于《论语》,仅一章。详其语意,似为子游宰武城时所访得之地方贤士,非孔子之弟子。"以貌取人,失之子羽",孔子或曾有此语。但子羽是否果指澹台灭明,亦未可臆断。《史记》《家语》各据此语以敷设故事,乃相反耳。

(六)公伯寮　公伯,复姓,见《广韵》。《弟子传》作公伯缭,字子周。《论语集解》马融曰:"鲁人。"《家语》无此人。按《论语》记公伯寮仅《宪问篇》一章,盖诉子路于季孙也。朱子《论语或问》谓"此事正在堕三都出藏甲之时",是也。公伯寮之诉子路,意在间孔子耳。其非弟子,显而易见。

按:孔子尝曰:"匡人其各予何?""桓魋其如予何"? 此云"公伯寮其如命何"? 语气正同。《论语注》及《弟子传》,乃均以为孔子弟子,诚百思不得其解矣!

(七)林放　《论语·八佾篇》记林放问礼之本,孔子赞为"大哉问"。又记季氏旅泰山,孔子又有"曾谓泰山不如林放乎"之言。注不云为弟子。《弟子传》亦不载。惟文翁《礼殿图》以为弟子云。

(八)孺悲　《论语·阳货篇》记孺悲欲见孔子,孔子辞以疾。将命者出户,取瑟而歌,使之闻之。《礼记·杂记》曰:"恤由之丧,哀公使孺悲学士丧礼于孔子。《士丧礼》于是乎书。"则确为弟子矣。

(九)孟懿子　《论语·为政篇》有《孟懿子问孝章》。《注》但曰"鲁大夫",不言为弟子。《弟子传》亦不载。惟《孔子世家》则言受其父僖子遗命,往学礼于孔子云。

上所考凡三十三人,除公伯寮绝非弟子外,可疑者亦极多。清人考孔子弟子,竟有滥增至百零九人者,此诚所谓"买菜求益"矣。孟子曾斥陈仲,高诱《淮南·氾论训》注竟以为孟子弟子;尝与告子辩,赵岐《孟子注》即以为孟子弟子;亦此类耳。

第五章 《论语》其书

第一节 《论语》的名称、形成与流传

一、《论语》释名：lúnyǔ 还 lùnyǔ

"论语"之名，始见于《礼记·坊记》：

子云："君子弛其亲之过而敬其美。"《论语》曰："三年无改于父之道，可谓孝矣。"

可见战国时期，《论语》已经成书，其后弟子可能又有损益。至于文本章句的整理工作，则一直延续到西汉中期。

"论语"一词，自古就有不同的解释，主要有三种。现在比较通行的是采用班固《汉书·艺文志》的解释："《论语》者，孔子应答弟子时人及弟子相与言而接闻于夫子之语也。当时弟子各有所记，夫子既卒，门人相与辑而论纂，故谓之论语。"则班固以为"论"就是论纂之义，盖以论为抡之假借。《说文》："抡，择也。"在这个意思上，"论"读平声 lún。

第二种意见，认为"论"就是议论、讨论的论。皇侃《论语集解义疏·叙》载此说云："言此书出自门徒，必先详论，人人金允，然后乃记，记必已论，故曰论也。"就是说《论语》一书，是门徒经过充分的讨论，大家都同意之后才记载下来的言论。因为所记的话语，都是经过论证的，所以称"论语"。在这个意义上，"论"读去声 lùn。

第三种意见，认为"论"是伦理，有理智的意思。此说也见于皇侃《论语义疏·叙》，云论读为伦："伦者，理也，言此书之中，蕴含万理也。"

这些解释都有一定道理，不过，我认为第三种意见最值得重视。先秦古书命名，往往

是抽取开头的话中的几个字，或者用学派的创始者的名字，或者根据内容。上面对"论语"的前两种解释都不是古书命名的通例。"论语"这个名字，可能根据的是内容的特点。《论语》记录的是孔子及其弟子的言论，间有少量有关孔子的行为。所记之言论，言简意赅，多富含哲理，耐人寻味。何晏《论语集解叙》引刘向云："《鲁论语》二十篇，皆孔子弟子记诸善言也。"所谓"论语"，就是蕴含伦理的话语，犹刘向所谓"善言"，今日所谓"格言""箴言"或者"哲理之言"。论字从仑，从仑之字多含理致之义。刘熙《释名·释典艺》云："论，伦也，有伦理也。"《说文》："仑，思也。"段注："龠下云：'仑，理也。'思与理，义同也。思犹鳃也，凡人之思，必依其理。伦、论字皆以仑会意。"《说文》："论，议也。"段注："论以仑会意。凡言语循其理，得其宜谓之论。故孔门师弟子之言谓之论语。皇侃依俗分去声平声异其解，不知古无异义，亦无平去之别也。《王制》'凡制五刑，必即天论'，《周易》'君子以经论'，《中庸》'经论天下之大经'，皆谓言之有伦有脊者。"班固说"论"为论纂，论纂则必有一定的条理，可能也是兼包"理致"之义而言。

《论语》的编纂跟佛经类似。释迦牟尼涅槃之时，没有留下任何文字记录。弟子们恐怕时间久远之后，佛陀的教义会失传，所以曾经举行一些聚会，互相讨论、整理和印证佛陀生前的言论，把那些可靠的、重要的言论汇集起来，成为各种佛经。所以佛经的编纂，也有"议论"和"论纂"的过程。每一部佛经的开头，都写上"如是我闻"，表示这些言论都是从佛陀那里听来的。《论语》每一章的开头，都记上"子曰"，也是这个意思。

二、《论语》的编者

《论语》的编者是孔门弟子，这一点是毋庸置疑的。但是具体地说，到底是由哪些人编纂的？前人有过很多推测，主要方法是考察书中对孔门弟子的称谓细节。影响比较大的有三种意见：

（1）郑玄在《论语序》中说是仲弓、子游、子夏等人编纂的，但是并没有说明理由。推测郑玄的意思，可能是说《论语》是由孔子的那些高才弟子编定的，并不见得就只是这两三个人。

（2）唐柳宗元《论语辨》认为是曾子的弟子，因为《论语》所记弟子中，曾子最后死，而且曾子跟有子称子。他认为有子称子,是因为他长得像孔子,所以弟子尊敬他;曾子称子,则是因为《论语》就是他的弟子乐正子春、子思之徒所记。

(3)宋程颐《经说》认为《论语》的编撰者是有若和曾子的门人。《论语》中孔子的弟子一般都以字称,称"子"的,只有有若和曾子,其他闵子、冉有各称子一次。

另外,南宋胡寅《论语详解》认为《宪问》一篇为原宪所记,因为弟子一般都称字,而此篇一开始就说"宪问耻",称名,故为原宪自记。

诸如此类的说法,虽然有一定的道理,但都没有坚强的证据。我的意见是:我们只要知道《论语》一书,并非成于一人之手,亦非成于一时,就可以了,而这正是先秦古书流传的通例。所以《论语》中常常会出现前后重出的现象。例如"子曰:巧言令色,鲜矣仁"一章,既见于《学而》,又见于《阳货》。"三年无改于父之道,可谓孝矣",既见于《学而》,又见于《里仁》。"子曰:不在其位,不谋其政"一章,既见于《泰伯》,又见于《宪问》。

三、《论语》探源

《论语》之源,包含两个方面的问题:

第一,从体裁上讲,《论语》是一部语录体书,来源于古代的格言体著作。

中国古代有很浓厚的历史意识,非常重视对于以往经验的总结,因而史书很发达。先秦时代的史书有记言和记事二体。《汉书·艺文志》云:"左史记言,右史记事。事为《春秋》,言为《尚书》,帝王靡不同之。"记言的代表是《尚书》《国语》。这类书在古代有非常重要的地位,而且很发达。《战国策》,以及马王堆出土帛书中有《春秋事语》,也都是类似的书。

在记言体的史书中,有一种别体,是古代格言、谚语的汇编。这类书以往没有得到足够的重视,但确实源远流长。《老子》就是古代格言的汇编,老子曾任周的史官,古代史官有整理和编纂格言的传统。例如《逸周书》有《周祝》篇,也是古代格言的汇编,而名为"周祝",祝即是史官的一种,主言辞。在马王堆帛书中有一篇《称》,也是格言汇编。郭店楚简中有《语丛》,共四篇,也是同类的作品,有些内容直接见于《论语》。例如《语丛三》:"志于道,狎于德,比于仁,游于艺。"即《述而》:"子曰:'志于道,据于德,依于仁,游于艺。'"《语丛三》:"毋意,毋固,毋我,毋必。"见于《子罕》:"子绝四:毋意,毋必,毋固,毋我。"古人非常重视搜集和整理这些格言或谚语,因为这是以往经验和知识的结晶。在先秦古籍中,例如《诗经》《易经》《国语》《左传》以及最近出土的郭店楚简、上博楚简中,经常出现"谚曰""君子曰""古人有之曰""闻之曰"等引文,说明这些格言被大量引用。

《论语》的编纂思想,也是出于同样的格言汇编传统。其特殊之处,仅仅在于这些格言或者说"善言"(刘向语),都是孔子说过的话,都是孔门弟子从老师那里听到的格言。值得注意的是,孔子本身也可能是从别处听来的,不见得是他自己的发明创造。例如《颜渊》篇:"颜渊问仁。子曰:'克己复礼为仁。'"《左传》昭公十二年:"仲尼曰:'古也有志:克己复礼,仁也。'"可见《论语》所谓"克己复礼",是孔子引用了古代的《志》书。

对于格言的重视,世界各地都是如此。《圣经》中专门有一部分叫作《箴言》,也是类似的东西。

第二,从内容上讲,《论语》讲的都是孔门弟子的事迹和言论,来源于春秋战国时代儒家的传记类著作。

孔子之后,儒家形成,儒门弟子多所撰述。这些著作大致可以分为两类,一类是对于经典的阐释和学说的发挥,例如春秋三传、大小戴《礼记》等。这是古代意义上的"传记",即对于经典的阐释。另一类是对于儒家创始时代的孔子及其弟子们生平事迹的记述,《论语》就是其中的典型代表。因此,司马迁作《史记》,就大量采用了《论语》的材料来撰写《孔子世家》和《仲尼弟子列传》。这是现代意义上的"传记"。

在先秦时代,这一类的书不止《论语》这一种。《汉书·艺文志》"论语"一类的书,除了《论语》之外,还有《孔子家语》二十七卷,《孔子三朝》七篇,《孔子徒人图法》二卷。其他还有孔子《弟子籍》等。今本《孔子家语·后序》云:"《孔子家语》者,皆当时公卿士大夫及七十二弟子之所诹访,交相对问言语者。既而诸弟子各自记其所问焉,与《论语》《孝经》并时。弟子取其正实而切事者,别出为《论语》,其余则都集录,名之曰《孔子家语》。"这是认为《孔子家语》是《论语》选编之余。这一看法虽然不见得正确,但如果说《论语》和《孔子家语》是同类的著作,应该是没有问题的。今本《孔子家语》历来被认为是魏晋间人伪造,一般把伪造者定为王肃,其实这是偏见,不可信。1973 年河北定县八角廊汉墓出土《论语》和《儒家者言》两种古籍,其中《儒家者言》可以跟今本《家语》的内容对起来,可证今本《家语》虽然经过了后人的改编整理，但是其材料都是有较古的来源的，绝非后人伪造。二者同出一墓，《论语》抄于16.2厘米长的竹简上（约合当时七寸），《儒家者言》抄于11.5厘米长的简上（约合当时五寸），可见二者之间的密切关系，以及当时地位的差别。《孔子三朝》今有存于《大戴礼记》者，颜师古注云："盖孔子对鲁哀公语也。三朝见公，故曰三朝。"《孔子家语》中也有孔子对鲁哀公问的篇章，因此，《孔子三朝》也是记载孔子言论的书，与《家语》《论语》性质相同。

这些材料，都是孔门弟子各记孔子言行，逐渐汇编而成。原始《论语》的编纂，当是从这些材料中选择辑录而成，在流传过程中可能又经过不同的人增损。

上述孔门弟子的两类"传记"之间，是有交叉的。记述孔子及其弟子的生平事迹，不可避免地会有很多阐发他们思想学说的材料；而阐发儒家思想的著作中，也不可避免地会牵涉很多孔门弟子的生平事迹。例如《孔子家语》中就有很多与大小戴《礼记》相重的内容。《论语》中的很多言论，是有关为人处世的基本原则和教养，这一类东西，都跟礼有关。所以有些学者会注意到《论语》与《礼记》类著作有关。《论语》中的《乡党》一篇，与其他篇的体裁迥异，是夫子日常言谈举止的记录，跟《仪礼》的性质相同，区别只是《仪礼》是官方规定的礼仪规范，而《乡党》则是孔子对于礼仪的实践，弟子仰慕之，汇编而成为门人的行为规范。《论语》跟一般的礼记类著作相比，一个重要的差别，也在于它专门记载孔子及其弟子的言行。

四、《论语》的传承

《论语》成书虽然在战国时期，但是秦以前《论语》的流传情况，今天已不可知，我们只能从汉代讲起。

（一）《论语》在汉代的地位

汉初儒家经典有五经、六经之称，《论语》类的著作在汉代只能算作传记类。杨雄《法言·孝至》："吾闻诸传：老则戒之在得。"此语出《论语·季氏》，而称传。《汉书·杨雄传》赞曰："传莫大于《论语》。"也称传。《后汉书·赵咨传》载赵咨之遗书云："记曰：'丧，与其易也宁戚。'"此语出《论语·八佾》，称为记。赵岐《孟子题辞》："孝文皇帝欲广游学之路,《论语》《孝经》《孟子》《尔雅》皆置博士。后罢传记博士,独立五经而已。"则笼统称为传记。

汉代《论语》虽被称为传记,但是其实际地位却与经相去不远。《汉书·艺文志》"六艺略"有九类,六经之后,有《论语》《孝经》、小学。《汉书·宣帝纪》载甘露三年(公元前51年),汉宣帝命令在石渠阁:"诏诸儒讲五经同异,太子太傅萧望之等平奏其议,上亲称制临决焉。"而《汉志》"论语"类中又有《议奏》十八篇,班固自注云:"石渠论。"则所谓"讲论五经同异"的同时,也讲论《论语》。可见汉代《论语》无经之名,却有经之实。

《论语》和《孝经》是汉代儿童小学阶段的必读书,学完了《论语》和《孝经》之后,才开始读五经。东汉崔寔的《四民月令》云:"十一月,研水冻,命幼童(谓九岁以上十四以下)读《孝经》《论语》篇章,入小学。""正月,农事未起,命成童以上,入大学,学五经。"西汉的情况也大体如此。因此,汉代学者没有不修习《论语》的。王国维云:

汉人就学,首学书法,其业成者,得试为吏,此一级也。其进则授《尔雅》《孝经》《论语》。……汉时但有受《论语》《孝经》小学而不受一经者,无受一经而不先受《论语》《孝经》者。《汉书·昭帝纪》诏曰:"朕通《保傅传》《孝经》《论语》,《尚书》未云有明。"《宣帝纪》霍光议奏曰:"孝武皇帝曾孙病已,有诏掖庭养视,师受《诗》《论语》《孝经》。"《景十三王传》:"广川王去师受《易》《论语》《孝经》,皆通。"《疏广传》:"皇太子年十二岁,通《论语》《孝经》。"《后汉书·范升传》:"九岁通《论语》《孝经》。及长,受梁邱《易》,皆通。"是通经之前,皆先通《论语》《孝经》。亦有但云《论语》者。《汉书·王尊传》"受《汉书》《论语》",《后汉书·邓皇后纪》"十二通《诗》《论语》",《梁皇后纪》"九岁能诵《论语》,治《韩诗》",《马严传》子续"七岁能通《论语》,十三明《尚书》",《荀爽传》"年十二,通《春秋》《论语》",《论衡·自纪篇》充"手书既成,辞师受《论语》《尚书》"。此数事,或举《论语》以该《孝经》,或但受《论语》而不及《孝经》,均不可考,要之,无不受《论语》者。(汉人受书次第,首小学,次《孝经》《论语》,次一经。此事甚明。诸书或倒言之,乃以书之尊卑为次,不以受书之先后为次。受书时由卑及尊,乃其所也。)《汉官仪》所载博士举状,于五经外,必兼《孝经》《论语》,故汉人传《论语》《孝经》者,皆他经大师,无以此二书专门名家者。

汉以后有"七经"之称,《后汉书·赵典传》李贤注引谢承《后汉书》:"典学孔子七经、河图、洛书,内外艺术,靡不贯综。"又《三国志·蜀书·秦宓传》:"蜀本无学士,文翁遣相如东受七经,还教吏民,于是蜀学比于齐鲁。"所谓"孔子七经"和司马相如所受"七经",很可能就是五经加上《论语》和《孝经》。徐复观《中国经学史的基础》说:

《论语》及《孝经》皆传而非经,未立于学官,故《儒林传》未记其传授情形。然两书在两汉所发生之作用,或且超过五经,实质上汉人即视之为经,故五经皆有纬,而《论语》《孝经》亦有纬。纬对经而言,东汉遂有七经、七纬的名称。刘歆《七略》即以《论语》《孝经》入六艺略,《汉志》因之。

看来,很可能东汉末期就已经有"七经"的说法了。

（二）汉代的三家《论语》

战国时代,七国疆域的划分对于汉代的影响非常大,在学术上也是如此。汉代学术是战国时代学术的延续和发展,战国几百年国别的划分,使得学术的传承在七国各自呈现出某些特色。汉代学术以儒家为主,儒学在战国时代就是齐鲁最盛,到了汉代依然如此。秦始皇焚书,汉兴,学术皆复兴于齐鲁之间。汉代依然有齐学和鲁学之别,另外,燕学也颇有影响,可能因为地近齐鲁,相互渐靡既久,又自成风气。当时《诗》有齐诗、鲁诗、韩诗三家,韩诗即燕学。《尚书》传自齐人伏生。《礼》自鲁高堂生。言《易》则皆本之齐人淄川田生。《公羊》学有齐人胡毋生,后有赵人董仲舒。《谷梁》传自鲁人申培,齐人瑕丘江公名家。而《公羊》学称为齐学,《谷梁》学称为鲁学。《汉书·儒林传》云:"宣帝即位,闻卫太子好《谷梁春秋》,以问丞相韦贤、长信少府夏侯胜及侍中乐陵侯史高,皆鲁人也。言谷梁子本鲁学,公羊氏乃齐学也,宜兴《谷梁》。"

鲁地之学与齐地之学在风格上有很大的差异。孔子之学本兴于鲁,鲁学较近孔子之原始。大致而言,鲁学较纯朴,谨守先师之学,比较接近于文本本意的追求。齐学可能受了燕齐海岱之间方士的影响,好言命理,多采杂说,善于与时俱进.根据现实需要说解经义。蒙文通《经学导言》说:"鲁学是谨守旧义的,齐学是博采杂说的,一个纯笃,一个浮夸。"推其源,盖鲁国在孔子时代即已沦为小国,其国谨守周公之礼乐制度,至孔子而整理之,改革之以切实用,后世沿袭之。终鲁之亡,其国之学术不出儒学之范围。世人褒之谓之纯粹,贬之谓之守旧,迂远而阔于事情。而齐国自太公以来,其学即杂采百家,为我所用;自管子以下,以务实强国;威宣以下,又成开放之心态,广邀天下之学者,聚于稷下,各派学者,相互争论激励,各采所长。故齐学乃开放之体系,博大而杂,而鲁学乃相对封闭之体系,以礼乐为宗,不贪多务得,而求精深谨慎。齐学开放,故易变化,容易融合;鲁学封闭,故易保守,而其特性反为鲜明。

汉代《论语》的传授主要也是齐论和鲁论,后来又有古论。刘向《别录》云:"鲁人所学谓之鲁论,齐人所学谓之齐论,孔壁所得谓之古论。"另外《汉志》又有"燕传说三卷",可见燕地也有《论语》的学说流传,不过,似乎对后世没有什么影响。

1.齐论和鲁论

《汉书·艺文志》:"汉兴,有齐鲁之说。传《齐论》者,昌邑中尉王吉、少府宋畸、御史大夫贡禹、尚书令五鹿充宗、胶东庸生,唯王阳名家。传《鲁论语》者,常山都尉龚奋、长信少府夏侯胜、丞相韦贤、鲁扶卿、前将军萧望之、安昌侯张禹,皆名家。张氏最后而行于世。"结合《汉书》各学者的传记、何晏《论语集解叙》、陆德明《经典释文叙录》,汉代齐论和鲁论的传承大致如下(虚线表示不一定是直接传授):

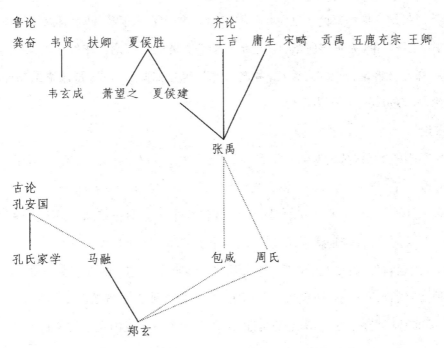

齐论只有王吉一个名家,可见影响并不大。而鲁论名家众多,最后张侯论行于世,其影响应当比较大。《汉书·张禹传》云:当时鲁扶卿及夏侯胜、王阳、萧望之、韦玄成等学

者都讲说《论语》，所讲篇目次第等有所不同。张禹先后向王阳、庸生学习，后来成为汉成帝（当时还是太子）的老师。汉成帝不好经常当面向他请教疑问，于是张禹博采众家之长，撰成《论语章句》以献之。因此，他的书在众名家中最后出而尊贵。当时诸儒之间流传着"欲为《论》，念张文"的谚语。从此学者多从张氏，其他各家逐渐衰微。汉代人非常"势利眼"，谁的官做得大，谁的弟子就多，往往成千上万。张侯官做得大，又是帝王的老师，所以影响非常大。到东汉，盛行的是张侯论。东汉官方刻熹平石经，作为经书的定本，采用鲁论，宋翔凤《师法表》认为即张侯论。20世纪，洛阳太学旧址出土《论语·尧曰》残石二，马衡考定为张侯论。

值得注意的是，张侯论虽然融合了齐鲁，但是古人并没有把它看成是齐鲁两家之外的新版本。《汉书·艺文志》著录《论语》版本，只有齐鲁古三家，没有张侯本，张侯论只有"鲁安昌侯说二十一篇"的记载，可见它不但没有独立的版本，即使是其说解，也仍然属于鲁论的范畴。郑玄以张侯或包周之本为底本，而何晏《集解序》称其"就鲁论篇章考之齐古"，也是把张侯论称作鲁论。皇侃《义疏序》云："鲁论有二十篇，即今日所讲者是也……今日所讲，即是鲁论，为张侯所学，何晏所集者。"也是把张侯论称作鲁论。又陆德明《释文序录》"郑玄就鲁论张包周之篇章，考之齐古"，也是如此。可见，张侯论虽然糅和了鲁论和齐论，并不妨碍它仍称为鲁论。

2.古论

古文《论语》，是汉代的"考古发现"，出孔子壁中。《汉书·艺文志》："武帝末〈初〉，鲁共王坏孔子宅，欲以广其宫，而得古文《尚书》及《礼记》《论语》《孝经》，凡数十篇，皆古字也。……孔安国者，孔子后也，悉得其书。"据《汉书·鲁恭王传》说，坏孔子宅时，曾经听到钟磬琴瑟之声，可能是感到惊奇，于是停止了破坏。

古文《论语》的特殊之处，在于它原来是用一种叫作"古文"的古文字书写的。汉代人认为这种文字的来源很早，把它叫作仓颉古文，认为这种文字就是孔子用来书写经书的文字，因而非常尊崇。经过王国维的考证，结合最近的一些战国文字的考古发现，我们今天已经知道这些文字其实就是战国时代的齐鲁文字，没有什么神秘的。

3.三家差异

齐、鲁、古三家之间根本的差异，当然是三家各有师说，对经文的解释不一样。从文

本上说,其差异,大致有三点:

(1)字读不同。例如《学而》篇"未若贫而乐,富而好礼者也",《古论》"乐"下有"道"字;《乡党》篇"车中内顾",《古论》作"车中不内顾"。

(2)篇目不同。根据《汉志》和何晏《论语集解·序》:鲁论二十篇,齐论二十二篇;齐论较之鲁论,多《问王》《知道》二篇。皇侃《论语集解义疏·序》谓"齐论题目与鲁论大体不殊,而长……篇内亦微有异"。何晏云古论二十一篇,较之鲁论,分《尧曰》"子张问于孔子曰何如斯可以从政"以下为《子张》一篇,这样就有两篇《子张》,并且篇次与齐鲁都不同。具体的篇次差异,皇侃也略有记载:"(古论)篇次以《乡党》为第二篇,《雍也》为第三篇,内倒错不可具说。"

(3)章数不同。《卫灵公》篇"子曰:'父在观其志,父没观其行。'"郑云"古皆无此章"。《尧曰》篇"不知命无以为君子"章,郑云"《鲁论》无此章",则齐、古有此章。齐论较之鲁论,篇目相同的二十篇中,章句又颇多于鲁论。

(三)古论的注本

《隋书·经籍志》载"梁有《古论语义注谱》一卷,徐氏撰,亡"。这本书应当是记载古《论语》的各种注本源流的,可惜不传。今天知道的古《论语》注本,主要是孔安国传、马融注、郑玄注三家。

1.孔安国传

孔安国是孔子的嫡系子孙。孔壁中书发现后,鲁恭王把书还给了孔家。孔安国对这些古文书籍进行了整理和研究,并为《论语》作注,世称"孔传"。孔传《汉志》未载,最早的记载见于三国时何晏《论语集解·序》:"古论唯博士孔安国为之训解,而世不传。"因此前人多有疑为后人伪造者。如清代沈涛《论语孔注辨伪》说:"既云世不传矣,平叔所集,又从何得?"其实这里有误解。所谓的"世不传",是当世不流行的意思,而不是没有流传下来的意思。陆德明《经典释文·叙录》说:"古文《孝经》世既不行,今随俗用郑注十八章本。"何晏的"世不传",也就是陆德明的"世不行"。孔安国的传,虽然世间没有流行,但是并没有失传。何晏所见的孔传,应当是汉魏孔氏家学累世传承的结果,因此《汉志》没有著录。传承过程中,也可能经过了孔氏后人的改动和整理,按照当时的学术惯例,题名孔安国是很正常的。这种情况,跟古文《尚书》、古文《孝经》孔传的流传情况相似。

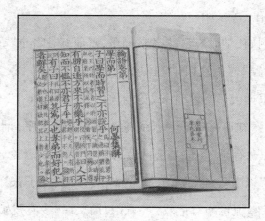

三国魏何晏《论语集解》书影

2.马融注

古论在西汉虽有孔安国为之注,但并未流行,直到东汉顺帝时,南郡太守马融为之作注,才开始有影响。马融,字季长,陕西扶风人。马融是当时的大贵族,学问非常好,但是生活却非常"腐化"。据说他教学的时候,常常有歌舞伎陪同,垂帘设教:"常坐高堂,施绛纱帐,前授生徒,后列女乐,弟子以次相传,罕有入其室者。"马注原本也已经失传,今天部分地保存在《集解》中。

3.郑玄注

郑玄,字康成,汉末北海高密人,是马融的学生。郑玄很年轻的时候就已经博通经籍,又在京师洛阳游学多年,觉得关东已无足问,于是西入关,找马融学习。马融弟子众多,他只亲自传授几个大弟子,再让这些大弟子传授别的弟子。郑玄到马融门下,三年不得见。后来马融有一个算学问题解决不了,弟子推荐郑生,郑玄才得以当面向马融请教,问完几个疑难问题之后,就回山东老家去了。据说马融当时对弟子们说:"郑生既行,吾道东矣。"郑玄遍注群经,对于儒学的贡献非常大。据说他死前,还梦见孔子来通知他的死期。

何晏《集解序》云:"汉末,大司农郑玄就鲁论篇章考之齐古,为之注。"皇侃《义疏序》:"建安中,大司农北海郑玄,字康成,又就鲁论篇章,考齐验古,为之注解。"看来,郑玄注本是综合了鲁齐古三家的版本。郑注在宋代以后就亡佚了。20世纪敦煌发现《论语》郑注残卷,伯希和2510号,存《述而》《泰伯》《子罕》《乡党》四篇。《述而》篇首缺,余篇首则题"泰伯篇第八""子罕篇第九""乡党篇第十",篇下皆题"孔氏本郑氏注"。《乡党》篇后有后题云"论语卷第二"。又日本橘瑞超氏于吐鲁番吐峪沟得《论语》断片,存《子路》篇末及《宪问》篇首十行。《宪问》篇题下亦有"孔氏本"三字,其注亦郑注。另外,吐鲁番阿斯塔那一八四、三六三号墓出土《论语》残卷,篇题下也题"孔氏本,郑氏注"。王国维根据伯2510号的材料(王氏所见吐鲁番本唯日本藏)以及《经典释文》反映的情况,考证郑注本《论语》篇章从《鲁论》,而字句全从古文本。

概括起来说,郑玄的注释,融合了齐论、鲁论(包括张侯论)、古论各家之所长。其特点是:以古文《论语》为底本,文字上的差异以古论为准,其篇章次第依据鲁论,兼采三家说解。

郑注融合今古,对后世影响很大。但其后何晏《论语集解》出,对郑学的冲击也很大。据《隋志》,梁陈之时,唯郑玄、何晏立于国学,而郑氏甚微;周、齐,郑学独立;至隋,何郑并行,郑氏盛于人间。其大势为北朝尚郑学,南朝尚何学。《新唐书·艺文志》尚著录"《论语》郑玄注十卷",宋代《十三经注疏》以何氏《集解》为疏解对象,郑注遂亡。20世纪敦煌、吐鲁番等地陆续发现有郑注,罗、王以来,国内外学者多有汇集,迄今最完整的材料见于王素《唐写本论语郑氏注及其研究》(北京:文物出版社,1991年第一版)。

(四)《集解》系统(鲁论)的注本

何晏,字平叔,是曹魏的女婿,曾任吏部尚书,后为司马昭所杀。《三国演义》中提到的汉末大将军何进,就是他的祖父。

魏正始年间(240—248),何晏搜集了前代孔安国、包咸、周氏、马融、郑玄、陈群、王肃、周生烈诸家之说,也加入了自己的看法,撰成《论语集解》一书。此后盛行于世,影响很大。到了梁代,皇侃为之作疏,名曰《论语集解义疏》。二者所用的底本都是鲁论之张侯论的版本。皇侃《叙》云:"魏末吏部尚书南阳何晏,字平叔,因鲁论集季长等七家,又采古论孔注,又自下己意,即世所重,今日所讲即是鲁论,为张侯所学、何晏所集者也。"在河北定县竹简本发现之前,皇侃的《义疏》本是现存最早的《论语》版本。邢昺疏出之后,此书渐亡佚,而犹存于日本,清代又传回中国,收入《四库全书》。2005年,作为"儒藏"工程的一部分,由北京大学出版社出版。

宋真宗咸平年间(998—1003),邢昺在皇氏《义疏》的基础上作《论语注疏》,此即《十

《宋史·儒林传》：咸平二年，"始置翰林侍讲学士，以昺为之，受诏与杜镐、舒雅、孙奭、李慕清、崔偓佺等校定《周礼》《仪礼》《公羊》《谷梁》《春秋传》《孝经》《论语》《尔雅》义疏。及成，并加阶勋，俄为淮南两浙巡抚使"。邢昺之疏，当成于此时。此疏当作于其为翰林侍讲学士之后，为淮南两浙巡抚使之前。考《宋史·真宗本纪》：咸平三年，"秋七月己亥，以翰林侍读学士夏侯峤、侍讲邢昺为江浙巡抚使"。则邢疏之作，在咸平二年与三年之间。《四库总目提要》云："今观其书，大抵翦皇氏之枝蔓，而稍傅以义理。"比较皇疏与邢疏，不难发现邢疏只是在皇疏的基础上作了一些删改，故费时不多，一二年内即告成功。

邢昺之疏虽然已经"稍傅以义理"，但是仍然继承了皇疏详于训诂名物的特点。在宋代理学的大氛围下，这部注疏虽然被列为《十三经注疏》之一，却并不能成为宋代学术的主流。四库馆臣云："迨伊洛之说出而是疏又微。故《中兴书目》曰：'其书于章句训诂名物之际详矣'，盖微言其未造精微也。"宋以后，理学占了主导地位，因此，朱子《四书集注》出后，很快就流行开来，成为宋学经典之作，且成为科举考试之标准。此汉宋之分野。宋以下皆宗朱子之说。

宋元时代还有不少学者有研究。到了明代永乐年间，钦命胡广、杨荣等编集前代学者郑玄以下 106 人的成果，汇成《四书集注大全》，作为科举的标准。从今天的经验来看，什么东西经过教育部的"钦定"，其影响就会很大，《四书集注大全》的影响也可想而知。

明人空谈义理，不务实际，"束书不观，游谈无根"，以至于亡国。"平日静坐谈心性，临危一死报君王。"清代学者痛定思痛，开始转向务实质朴的考据学，也称"朴学"。朴学重名物典章制度之考证，实事求是，无征不信。对于《论语》的研究也逐渐从理学转向朴学，如刘台拱《论语骈枝》、焦循《论语通释》等，其中以刘宝楠《论语正义》最为精审。此书实为刘宝楠与其子刘恭冕合力撰成，书未成而宝楠卒。它沿袭清代考据学的朴实学风，无征不信，言必有据，考证精审，是目前为止最好的注疏本。近人程树德又有《论语集释》，搜集材料极其丰富，虽不以创获见长，然而兼采汉宋，力求不受门户之囿，于学者亦颇有裨益。

（五）关于定州竹简本

1973 年，河北定县八角廊西汉中山怀王刘修墓出土一批竹简，其中有《论语》。刘修死于汉宣帝五凤三年,公元前55年。这是今天能见到的时代最早的本子。可惜残缺很厉害,约相当于今本的二分之一弱。当时齐鲁古三家之本皆存,这本《论语》的性质,学者有鲁论和齐论之争,也有学者认为"此本当保留了古文《论语》的一些面貌"。李学勤《八角廊汉简儒书小议》首先排除了张侯论的可能性,因为当时张侯论尚未形成;又根据它与传本分章的差别较大,推测为齐论的可能性大些。但是传本本身早已是融合了齐鲁甚至古论差异的本子,把简本与传本比较似乎不足以定其原始系统。另外,当时流行的各种抄本是否都是那么严格地按照各家的本子抄写,也是一个问题。此本存7576字,与今本的文字差异达七百多处,占了十分之一。按照这个比例,全本当有一千四百多处。邢昺疏引桓谭的《新论》说,古文《论语》与齐鲁论之间"文异者四百余字",齐鲁同属今文,相信其间的差异当小于是。因此,竹简本恐怕不一定是属于当时某一家的传本。也许我们不必追究它属于哪一家,仅仅把它看成是某一个个别的抄本就可以了。近些年来的出土发现告诉我们,汉代流传的各种古书的传本是非常多样的,往往不与史籍记载的任何一家相同。例如马王堆帛书《周易》,其各卦的排列次序有条不紊,与传本完全不同,是另外一种《周易》;阜阳汉简的《诗经》,与齐鲁韩毛都不同,也是另外一种写本。因此,对于新的发现,不见得都要归入某一家,尤其不能用排除法,认为不是齐,也不是鲁,就一定是古。

第二节　《论语》传世文本的错误

古代典籍在传抄和翻刻的过程中,不可避免地会产生一些错误。《论语》也不例外,今本《论语》中有不少地方其实是有问题的。有些错误我们可以通过语言或文献的考证来发现其不合理之处,进而做出校正;但是很多错误,如果没有更早或更好的版本,我们是很难甚至是不可能发现的。

1973年,河北定州八角廊汉墓出土了竹简本《论语》,为我们理解传世本《论语》提供了可靠的材料。墓主人为西汉的中山怀王刘修,死于汉宣帝五凤三年,即公元前55年。这是迄今为止最早的《论语》版本,可以直接看出汉代《论语》的流传状况,显得弥足珍贵。

另外，其他的晚近发现的文献，如敦煌遗书、郭店楚简等，也同样可以为我们正确地理解《论语》提供一些新的线索或考虑问题的角度。通过这些出土文献，一方面，我们可以发现今本《论语》的一些错误或可疑之处；另一方面，也可以为前代学者的校勘提供新的佐证。

在阅读文本的过程中，常常会出现这样一种情况，就是我们并不一定对一句话中的所有成分都理解得很准确，但是整个句子的意思却是明白的。过去在《论语》的释读上也有这种情况，虽然对于整个句子意思的解释是正确的，但是却误解了句子中的某些成分或结构，经不住推敲。例如《为政》篇云：

子贡问君子。子曰："先行其言而后从之。"

孔子的话"先行其言而后从之"，大家都知道他表达的意思无非是言行要一致，说到做到。这一点没有什么问题。例如《论语集解》引孔安国注："疾小人多言而行之不周。"这种意思在古书中也很常见，《论语·里仁》："子曰：'君子欲讷于言而敏于行。'"《大戴礼记·曾子制言》："君子先行后言。"

但是这句话应该怎么句读，却很成问题。皇侃疏："君子先有其言，而后必行，行以副所言，是行从言也。"则皇侃的句读是："先行其言，而后从之。"过去的句读一直如此，例如

竹简本《论语》书影

朱子《集注》："先行其言者，行之于未言之前。而后从之者，言之于既行之后。"现代的注译本也多这样理解，例如杨伯峻《论语译注》："对于你要说的话，先实行了，再说出来。"但是仔细推敲一下，就不难发现问题。按照皇侃的理解，是先说后做，"先行其言"就等于"先言"，"行"字在前半句中等于没有，却成了后半句的主语。这样的句法是不成立的。

按照朱子的理解，是先做后说，"先行其言"等于"先行"，"其言"在前半句中等于没有，却是后半句的主语，而且把"其言"说成未言之前，把"之"说成既行之后，无论在语义还是语感上，多少让人觉得别扭。现代的学者可能也都隐约地意识到了这一点，因此一般的注本对这句话干脆不加标点，模糊过去了。

好在我们现在看到定州八角廊竹简本，这个问题就非常清楚了，竹简本作：

先行其言从之。

毋庸置疑，应当读作"先行，其言从之。"文从字顺，没有任何问题。所以竹简本才可以代表《论语》的原始面貌，传世本"而后"二字应是误衍，如果一定要标点的话，也应该是"先行，其言而后从之"。

如果没有竹简本，也许我们还会觉得朱子的解释勉强可以接受；但有竹简本的证据，我们就可以肯定传统的理解在语句结构上并未得其读。

《述而》篇还有一个例子，很有代表性：

子曰："述而不作，信而好古，窃比于我老彭。"

这一章中的"老彭"，过去有不同的说法。东汉的包咸说，就是商代的贤大夫彭祖（见《论语集解》），而郑玄则认为是老子和彭祖两个人。不管怎么理解"老彭"，对于"窃比于我老彭"这句话却没有异说，都认为是将"我"和"老彭"相比。例如包咸就说："我若老彭，但述之耳。"郑玄说："比于此二人者，谦。"按照这两种理解，"窃比于我老彭"这句话其实是不合语法的，正确的应该是"窃比我于老彭"。但是中国传世的《论语》版本都作"窃比于我老彭"。18世纪，日本学者篁敦吉《论语集解考异》引日本卷子本、大永本就做"窃比我于老彭"，并云："二本字法与包咸注合，为正。"又云皇侃疏本有作"窃比于我于老彭"，恐怕多一"于"字。此说应该是正确的。但是敦煌唐写本郑氏注《论语》就已经与今本相同了，可见其误已久。幸赖定州竹简本正作"窃比我于老彭"，可证今本确实是错误的。

《为政》篇的一句名言，也很值得商榷：

子曰："由，诲汝知之乎？知之为知之，不知为不知，是知也。"

孔子在教给子路什么是真正的"知"，这一点，自来没有疑义。但仔细推敲，就会发现"诲汝知之乎"一句中的"之"字似乎多余，意思不好落实。所以有人认为应该这样读：

子曰："由,诲汝!知之乎?知之为知之,不知为不知,是知也。"

如果拿现代汉语来说,就是:"子路啊,我来教你吧!你知道吗?知之为知之,不知为不知,才是真正的知啊。"翻译以后,听起来好像挺通顺的,但是"由,诲汝!"这样的话,未免太生硬了,而且多余。要表达同样的意思,没有这两个字,说成"由,知之乎"才是合理的。所以.这种读法其实是很勉强的。好在定州竹简本又帮了我们的忙。简文此句作"诲女智乎",没有"之"字(简文"智"和"知"的写法没有区别),文从字顺,应该是原始面貌,"之"字是后人传抄误加。根据简文,这句话的意思可以表述为:"子路啊,告诉你什么是真正的'知'吧,知之为知之,不知为不知,就是'知'啊。"

《论语》的文本,常常是隐去了说话的背景,语言本身也很简洁,所以会给理解造成困难。但是,在别的文献中,很可能会出现类似的话,而且较为详细。仔细参读,往往能够发现《论语》的真正意思。例如《子路》篇:

子曰:"南人有言曰:'人而无恒,不可以作巫医。'善夫!""不恒其德,或承之羞。"子曰:"不占而已矣。"

这一章过去有两种理解。一种是说,无恒之人,巫医都没法给他治病,也不能让人为他占卜。《论语集解》引郑玄注:"言巫医不能治无恒之人。《易》所以占吉凶,无恒之人,《易》所不占。"皇侃《论语义疏》云:"人若用行不恒者,则巫医为治之不差,故云不可作巫医也。"另一种意见是,无恒之人,不能当巫医给人治病,不能为别人占卜。皇侃的《义疏》引或说云:"言不可使无恒之人为巫医也。"朱子也如是说。

郑玄的解释不太容易理解,为什么无恒之人,巫医都不能治?在远古时代,对于充当巫的人,要求有非常高的品德,例如《国语·楚语下》:"古者民之精爽不携贰者,而又能齐肃中正,其知能上下比义,其圣能光远宣朗,其明能光照之,其聪能听彻之,如是则神明降之,在男曰觋,在女曰巫。"但是对于病人却并没有什么限制。这一点,正好符合第二种意见。因此很多学者都不相信郑注,而用第二种意见。例如朱子就说:"巫,所以交鬼神,医,所以寄死生。故虽贱役,而犹不可以无常。"刘宝楠《论语正义》也不取郑说,云:"龟曰卜,蓍曰筮,二者皆有守职,宜以有恒之人为之。"

既然如此,为什么郑玄和皇侃要提出一种难以理解的解释呢?这首先是因为,今本《论语》的文本就有问题。此章的上半章"人而无恒,不可以作巫医",讲的是治病的事情,下半章“不占而已矣”讲的是占卜的事情，上下不相应。相似的话，也见于《礼记·缁衣》：

　　子曰：“南人有言曰：‘人而无恒，不可以为卜筮。’古之遗言与？龟筮犹不能知也，而况于人乎？《诗》云：‘我龟既厌，不我告犹。’”

　　《论语》和《缁衣》的“南人”所言，显然是同一句话，在传抄过程中产生了差异。相应于“巫医”的字作“卜筮”。“卜筮”与下文讲占卜是一致的，《缁衣》的文本比较合理，所以《论语》的“巫医”应该是“卜筮”之误。前人因为古代巫医跟卜筮同源，认为巫医就是巫，不包含治病的意思，所以并不怀疑，但是古代医可以称巫，而占卜的巫却不能称医，在《周礼》中，巫和医的差别已经非常明显。所以，说“医”只是占卜，不是治病的意思，很牵强。以前只有清代毛奇龄的《论语稽求篇》有所怀疑：“先仲氏曰：‘《缁衣》前后所引，皆卜筮之事，故曰不占而已。不占者，正言不可为卜筮也。’则似‘巫医’为‘卜筮’之误。易‘卜筮’二字，则‘不占’句更较明白。”

　　不过，根据《礼记》校改《论语》，可能缺乏说服力，因为很多人认为，《礼记》的时代多半晚于《论语》，而且多经汉人的改编。所以毛奇龄也只是疑而不断。不过，幸运的是，此文也见于郭店楚简《缁衣》：

　　子曰：“宋人有言曰：‘人而无恒，不可以为卜筮也。’其古之遗言与？龟筮犹弗知，而况于人乎？《诗》云：‘我龟既厌，不我告猷。’”

　　与今本《缁衣》大致相同，可见《缁衣》作“卜筮”是非常可靠的。校正后的《论语》就成为：

　　子曰：“南人有言曰：‘人而无恒，不可以作（为）卜筮。’善夫！”“不恒其德，或承之羞。”子曰：“不占而已矣。”

　　所以，这一章跟治病没有关系。

　　郑玄认为，《论语》说的是，无恒之人，不能为自己占卜；而朱子则认为无恒之人不能为别人占卜。从《论语》本身的上下文来看，两种理解似乎都有道理，但是如果联系《缁衣》来看，就只能采取郑玄的理解了。“龟筮犹不能知也，而况于人乎？”这句话透露了“人而无恒，不可以为卜筮”的真正含义。“龟筮犹不能知”，只能理解为龟筮都不能知道无恒之人，而不可能理解为人连龟筮都不能知道。所以郑玄注云：“不可为卜筮，言卦兆不能见其情，定其吉凶也。”一个没有恒心的人，不可以去让人为他占卜，因为占卜是对未来的预测，无恒之人善变，连乌龟和菁草这些有神灵的东西都无法预测，现实中的一般人就更无法相信他了。《论语》下文"不恒其德，或承之羞"，出自《周易·恒卦》，言人无常，则羞辱承之，正与郑注相合。又《周易·蒙卦》："匪我求童蒙，童蒙求我。初筮告，再三渎，渎则不告。"无恒之人多变，每次卜筮的结果都不会相同，自己也不相信，再三让人占卜，反而亵渎了神明。这讲的也是类似的意思。相反，朱子的解释只能适用于《论语》，却解释不了《缁衣》"龟筮犹不能知也，而况于人乎"这句话。所以，第二种解释不如第一种优越。

为什么《论语》的"卜筮"会讹成"巫医"？就是因为在《论语》的语境中，可以有两种解释，把"为卜筮"理解成替别人占卜也可以讲通。而为别人占卜的，通常都是巫医一类人，尤其是结合《国语·楚语》描述的对于巫的品德的要求，很容易使人把"作卜筮"理解为"作巫医"替别人占卜，这样，"卜筮"传讹成"巫医"也就很容易理解了。但这终究不是宋人之言的本意。

出土文献对于《论语》的某些章句的分合也有启发。例如《公冶长》篇第十章和第十一章：

宰予昼寝。子曰："朽木不可雕也，粪土之墙不可杇也，于予与何诛？"

子曰："始吾于人也，听其言而信其行。今吾于人也，听其言而观其行。于予与改是。"

这两章皇侃疏本、邢疏本都合成一章。但是根据《集解》所记的章数29，何晏原本应该是分开的，皇疏用的是何晏的本子，应该也是分开的才对。定州竹简本第十章"与何诛"三字之下，整简都是空白，可以证明竹简本也是分为两章的。不过，汉代《论语》就有齐鲁古三家，内部篇目、章数都有差异，也可能汉代本来就有不同的分合情况。

出土文献可以帮助我们判定某些不太合理的分章。例如《泰伯》篇：

子曰："恭而无礼则劳，慎而无礼则葸，勇而无礼则乱，直而无礼则绞。君子笃于亲，则民兴于仁，故旧不遗，则民不偷。"

此章"君子笃于亲"以下，讲的是君子当以身作则，为民表率，上行下效，风化下民。这一意思与上半章的意思不相连贯，好像说的是两件事情。因此，宋代吴棫《论语续解》认为，"君子"以下应当别为一章，是曾子所言。朱子《集注》也云："愚按，此一节与上文不相蒙，而与首篇'慎终追远'之意相类，吴说近是。"敦煌唐写郑注本，在"君子"之上又有"子曰"二字,而且与"直而无礼则绞"之间有章与章之间的空白,证明这个唐抄本确实分为二章。可见宋人分为二章之说确无可疑,只是判为曾子之言,则远矣。

对于学者来说,最富于挑战性的,莫过于出土文献能够直接检验他们的学说是否正确。清代学者对于《论语》的校读,往往有一些精微的见解,能够被今天的出土文献所证明。最精彩的莫过于俞樾对"乐则韶舞"的校读。《卫灵公》篇:

> 颜渊问为邦,子曰:"行夏之时,乘殷之辂,服周之冕,乐则韶舞。放郑声,远佞人,郑声淫,佞人殆。"

"乐则韶舞",《集解》云:"韶,舜乐也,尽善尽美,故取之。"未释"舞"字。俞樾的《群经平议》认为,舞当读为武,武是周代文武之乐,韶与武常并称。"舞"跟"武"在先秦古书中有通假的用例,例如《周官·乡大夫》"五曰兴舞",《论语·八佾》马融注引作"兴武"。《左传》庄公十年经文"以蔡侯献舞归",《谷梁传》作"献武"。他说:"'乐则韶武'者,则之言法也,言乐当取法韶武也。子于四代之乐,独于韶武有尽美之论。……夏时、殷辂、周冕,皆以时代先后为次,若韶舞专指舜乐,则当首及之。惟韶武非一代之乐,故列于后。且时言夏,辂言殷,冕言周,而韶舞不言虞,则非止舜乐明矣。"俞说虽然有一定道理,但毕竟只是推理,没有版本依据,不见得能让人信服。但是定州竹简本出土后,我们可以看到,对应于今本的"舞"字正作"武",可证俞说确然不可易。

有些很细微的差别,如果没有出土文献提供的证据,可能很难让人认识到有这种差别。例如《阳货》篇:

> 宰我问:"三年之丧,期已久矣!君子三年不为礼,礼必坏,三年不为乐,乐必崩。旧谷既没,新谷既升,钻燧改火,期可已矣。"

其中"期已久矣"的"期",一般认为是"一周年"的意思。但《经典释文》云一本作"其",刘宝楠《正义》认为当作其,"其已久矣,谓三年太久。《史记·弟子列传》作'不已久乎',可证也。下文'期可已矣',方读如基"。作"期"与"其"的差别非常细微,我们一般不大会去辨析。仔细推敲起来,确实不一样:如果作"期",表示一年都太久了,下文又说"期可已矣",表示一年就可以了,程度上多少有点不一致;如果作"其",表示三年太久了,所以下文说一年就可以了。比较起来,"其已久矣"确实比"期已久矣"更合理。虽然这样,"期已久矣"也不能说一定不对,如果没有可靠的版本,读"期"为"其",也很难让人

　　清代学者辨析之细致、立说之精审，于此也可见一斑，令人钦佩。阮元的《十三经注疏校勘记》，也常有很精到的校勘成果。《微子》篇第六章：

　　长沮、桀溺耦而耕。孔子过之，使子路问津焉。长沮曰："夫执舆者为谁？"子路曰："为孔丘。"曰："是鲁孔丘与？"曰："是也。"曰："是知津矣。"问于桀溺，桀溺曰："子为谁？"曰："为仲由。"曰："是鲁孔丘之徒与？"对曰："然。"曰："滔滔者，天下皆是也，而谁以易之？且而与其从辟人之士也，岂若从辟世之士哉？"耰而不辍。

　　子路行以告，夫子怃然曰："鸟兽不可与同群，吾非斯人之徒与而谁与？天下有道，丘不与易也。"

　　第七章云：

　　子路从而后，遇丈人，以杖荷蓧。子路问曰："子见夫子乎？"丈人曰："四体不勤，五谷不分，孰为夫子？"植其杖而芸。子路拱而立。止子路宿，杀鸡为黍而食之，见其二子焉。

　　明日，子路行以告，子曰："隐者也。"使子路反见之，至则行矣。子路曰："不仕无义。长幼之节，不可废也，君臣之义，如之何其废之？欲洁其身，而乱大伦。君子之仕也，行其义也。道之不行，已知之矣。"

　　这两章中都有"子路行以告"一语。但是第六章的"子路行以告"，汉石经无"行"字。阮元《十三经注疏校勘记》据此认为今本涉下章而误衍。仔细分析上下文，就会领悟阮说应该是正确的，因为孔子就在子路附近，不必用"行"字。定州竹简本也没有"行"字，又为阮说提供了一个确凿的证据。

　　又如《尧曰》篇：

　　宽则得众，信则民任焉，敏则有功，公则说。

　　这一章与《阳货》篇的"子张问仁"一章有相重合的部分：

　　子张问仁于孔子，孔子曰："能行五者于天下，为仁矣。""请问之。"曰："恭、宽、信、敏、惠。恭则不侮，宽则得众，信则人任焉，敏则有功，惠则足以使人。"

　　《尧曰》篇的"信则民任焉"，汉石经、皇侃本、足利本、高丽本都无。它在《阳货》篇中肯定是有的，因为这一章讲的就是"恭宽信敏惠"，不可能少了"信"。陈鳣《论语古训》、阮元《十三经注疏校勘记》都推测《尧曰》篇是涉《阳货》"子张问仁"章而衍。古人对于

《论语》非常熟悉,抄写到《尧曰》时,自然而然想起《阳货》篇的话来,不觉书之笔端。定州竹简本也没有这一句,可证陈氏与阮氏的校读非常正确。

有时候,出土文献也不一定能证明某些问题的正确与否,但是却能提出一些新问题,例如《子张》篇:

子游曰:"子夏之门人小子,当洒扫、应对、进退则可矣,抑末也,本之则无,如之何?"

其中"门人"与"小子"并用,显得有点重复,所以清代潘维城《论语古注集笺》认为当读作"子夏之门人,小子当洒扫、应对、进退则可矣",云:"不然,小子即门人,经文复出,无谓矣。《周礼·隶仆》注、《大戴礼·卫将军文子》篇注引并无'小子'字。"潘氏的看法有一定道理,但是他自己提供的读法却更不通顺。不过,定州竹简本作"门小子",这就提醒我们,"门人"与"小子"好像确实不应当并出。诸如此类,就有待于更进一步的研究或更多新材料的佐证了。

第三节 《论语》传统注释的错误

多闻阙疑。多见阙殆。

在先秦古籍中,《论语》的语言相对比较浅显,虽然是一种文学语言,但是非常接近当时的口语,理解起来也比较容易,所以汉代以后,就作为学童入小学的必读教材了。但即便如此,一则因为时代久远,语言毕竟发生了很大的变化,不可避免地会产生一些理解上的障碍;二则由于传抄过程中产生的错误,或者释读过程中产生的误解,也使得这部经典中存在着很多问题。跟其他的儒家经典一样,从汉代到今天,解释《论语》的文献之多,也可谓"浩如烟海"。智者千虑,必有一失,再高明的学者,也会囿于个人的学识和时代的局限,出现这样那样的问题或错误。指出这些问题或错误,不仅有助于我们正确地理解《论语》,也是训诂学的宝贵经验和教训。

有些问题,前人其实已经得出了正确的解释,但是后人由于种种原因,并没有真正理解前人所说的意思,因而继续有新的说法,反而偏离了正确的方向。《论语·卫灵公》:

子张问行,子曰:"言忠信,行笃敬,虽蛮貊之邦行矣。言不忠信,行不笃敬,虽州里行乎哉？立则见其参于前也，在舆则见其倚于衡也，夫然后行。"子张书诸绅。

这一章中的"参"字，并不好理解，过去有很多解释，主要有以下几种：

（1）《集解》引包咸注："言思念忠信，立则常想见，参然在目前，在舆则若倚车轭也。"这是把参理解为"参然"。但是"参"在句中应该是个动词，不是状态词，这一解释在语法上就不能成立。不过，皇侃的《论语义疏》本这一句作"立则见其参然于前也"，多一个"然"字，疏云："参犹森也。森森满旦于己前也。"则此字读为森。但"见其参然于前也"，与下文"见其倚于衡也"就不平行了。定州汉墓竹简本也没有"然"字。"然"字应该是后人觉得参字义不可通，而根据包咸注或皇疏加上去的衍文。所以读为森之说是不能成立的。

（2）《礼记·曲礼》："离坐离立，毋往参焉。"孔疏："离，两也。若见彼或二人并坐，或两人并立，既唯二人，恐密有所论，则己不得辄往参预也。"朱子《论语集注》认为《论语》的"参"就是《曲礼》的"参"。但《曲礼》的参，据孔疏，是参预的参，很难用于《论语》，所以清代学者还是不信，继续有新说。

（3）王念孙曰："参字可训为直，《鄘风·柏舟》释文引《韩诗》曰：'直，相当直也。'今作值。故《墨子·经篇》曰：'直，参也。'《论语·卫灵公》篇'立则见其参于前也'，谓相直于前也。包咸曰'参然在目前'，《释文》'参，所今反'，皆未安。"《柏舟》："实维我特"，《韩诗》"特"作"直"，这个"直"只是"值"的假借字，"值"与"特"上古音义都非常相近。所以训"参"为"直"，其实只有《墨子》一个孤证。但是《墨子·经篇》的"直，参也"这句话缺乏上下文，具体是什么意思，谁也不清楚。所以王氏的解释也没有坚强的证据，恐怕是站不住的。

（4）俞樾《群经平议》谓参字也作厽，厽也是累土为墙的厽字（音垒）。参于前，即积累在前的意思。这种解释是改字了，实际是认为参字是厽字的误读。而且，说忠信、笃敬积累在前，也有点不像话。

以上各家的解释，即使改动原文，也还是诘屈难通，难以成立。所以，我们有必要寻求一种新的理解。

要理解《论语》的"参于前"，关键是先要理解在人前面的，其实是两个东西，一个是忠信，一个是笃敬，加上人，就是三者。所谓"参于前"，就是忠信与笃敬立于人前，与人并立为三,所以说"参于前"。这个"参"仍然是动词,与"倚于衡"正相对。在先秦时代,参字有并立的意思,它表示三者并列。《战国策·齐策二》云,犀首欲败张仪连横之谋,设计假说与张仪有怨,请卫君调停:"卫君为告仪,仪许诺,因与之参坐于卫君之前。"高诱注:"参,三人并也。"参字在先秦时代经常用为数词"三",表示"三者并立"的意思是从它作为数词的意义引申而来的。《礼记·曲礼》:"离坐离立,毋往参焉。"其中的参其实也是这个意思,离通丽,是两者在一起;如果再加一个,就成为三者。《曲礼》是说,只有两个人在一起的时候,可能会说些很私密的话,所以"毋往参焉",不要去加入他们,成为三人在一起。孔疏释为参预虽不能说错,但并不准

朱熹《论语集注》书影

确,没有揭示其真正内涵。朱子《论语集注》说:"读如'毋往参焉'之参,言与我相参也。"其实朱子的意思,很可能也是"和我成为三",而不是孔疏"参预"的意思,因为朱子是知道"参"字有"三者并立"的意思的。《中庸》:"唯天下至诚,为能尽其性;能尽其性,则能尽人之性;能尽人之性,则能尽物之性;能尽物之性,则可以赞天地之化育;可以赞天地之化育;则可以与天地参矣。"朱子《中庸集注》:"与天地参,谓与天地并立为三也。"因此,朱子的《论语集注》也很可能已经得出了"与我并立为三"的正确解释。这是参的最直接的训释,文从字顺。后人可能是受了孔疏"参预"之说的干扰,忽略了朱子的正确解释,所以继续有新说。

有时候,一个词语所指的对象可能包含着几个不同的组成部分,但是单独的任何一个组成部分都不是这个词语的意思,只有这几个组成部分构成的整体才是它的真正意思。清代小学发达,学者对于词语的意义往往辨析得非常细致,也非常精确。但有时候原文的意思可能很简单,阅读者考虑得太多,辨析过细,误以为有很特殊的意思,反而做出了错误的解释。孔子说"过犹不及",就是对这种现象的最好的评价。大概这种"求之过深"的错误,学问好、善于思考的人往往反而容易犯。《雍也》篇:

子曰:"贤哉回也!一箪食,一瓢饮,在陋巷,人不堪其忧,回也不改其乐。贤哉回

也！"

"陋巷"，是指简陋或狭窄的巷子。一条巷子由两部分构成，一是巷子的小路，二是小路两边的住宅区，这两者是一个整体，缺一不可。在具体的语言运用中，由于着眼于不同的角度，具体的所指可以不同，有时候指的是这条小路，有时候指这个巷子两边的住宅区。例如说某个人住在某条小巷里，当然不是说他住在巷子的道上，而是指他住在路边的住宅中。所以《广雅·释诂》云："巷，居也。"《释宫》又云："巷，道也。"巷可以指巷子两旁的住宅区，这一点没有任何问题，但是如果因此就认为"巷"有一个意思，是指巷子中人所居住的具体某一间宫室，就有问题了。王念孙说：

> 古谓里中道为巷，亦谓所居之宅为巷。故《广雅》曰："巷，居也。"《论语·雍也》篇："在陋巷。"巷即谓隘狭之居，即《儒行》所云"一亩之宫，环堵之室"也。故曰："一箪食，一瓢饮，在陋巷"。而《孟子·离娄》篇亦言颜子居于陋巷也。曹植《谏取诸国士息表》曰："蓬户茅牖，原宪之室也；陋巷箪瓢，颜子之居也。"应璩《与尚书诸郎书》曰："陋巷之居，无高密之宇；壁立之室，无旬朔之资。"则陋巷为隘狭之居明矣。《庄子·列御寇》篇："处穷间陋巷。"间亦居也。故穷间或曰穷巷。《秦策》曰："穷巷堀门，桑户棬枢之士。"《楚策》曰："堀穴穷巷。"《韩诗外传》曰："穷巷白屋。"《史记·陈丞相世家》曰："家乃负郭穷巷，以獘席为门。"则巷为所居之宅亦明矣。今之说《论语》者，以陋巷为街巷之巷，非也。

王念孙是因为人所居不可能在巷子的道路上，因此不取巷子"里中道"的意思（也就是街巷之巷），而说成是居住的宫室。这是把街巷的两个组成部分割裂开来看。人当然只能是住在某一间宫室里，但这并不说明"巷"的意思就是指那间宫室，而不是指整个道路和两边的住宅区构成的整体区域。这是词语的概念和所指之间的差别。《论语》说"在陋巷"，是从颜子所居的大环境（巷子）着眼的，《儒行》说"一亩之宫，环堵之室"，是从所居的小环境（宫室）着眼的，这是从不同的角度说的，并不能说明"巷"的意思就是"宫"或"室"。曹植说"蓬户茅牖，原宪之室也；陋巷箪瓢，颜子之居也"，居也只是居住的地方，并不确指宫室；应璩说"陋巷之居，无高密之宇"，更可以说明"陋巷"指的是这个住宅区，而不是哪一个宫室；《庄子》"处穷间陋巷"，间是里门，巷是里中道，这是用里门和里中道来指代居住的地方，是借代的修辞手法，也不能说明间和巷都有宫室的意思；《秦策》和《楚策》的"穷巷"都是指巷子，"堀门"才真正指代所居宫室；《韩诗外传》"穷巷白屋"，穷巷中包含白屋，而不是重复的并列关系；《史记》把"穷巷"与城郭连言，也不可能指宫室。所以，王氏所举的例证，都不足以证明巷子有宫室的意义。王说混淆了居住的整个区域和具体的某间宫室之间的关系，割裂了一个意义的两个不可分割的方面，是不能成立的。这大概也可算是智者千虑之失吧。

语言是人类社会最重要的交际工具，它必须有一定的语法规则，才能方便人们之间的相互理解。语法规则受到人的逻辑思维的制约，总的来说，它不应当违背人类思维的逻辑。但是语言现象是错综复杂的，现代语言学已经注意到，语言的表达虽然受到逻辑的制约，但是语言与逻辑并不是一回事，不是所有的语言现象都完全符合逻辑，语言当中存在着很多将错就错，不能用逻辑解释的约定俗成的现象，例如现代汉语中常说的"恢复疲劳""打扫卫生""告诉他别去，他非去"等等。在古代汉语中，其实也会有这种现象。《阳货》篇就有这样一个例子：

子曰："鄙夫可与事君也与哉！其未得之也，患得之，既得之，患失之。苟患失之，无所不至矣。"

"患得之"的意思，不是害怕得到，而是担心得不到。从逻辑上讲，这是错误的表达，正确的应该是"患不得之"。《荀子·子道》："小人者，其未得也，则忧不得；既已得之，又恐失之。"与《论语》意思相同，而言"不得"。又王符《潜夫论·爱日》："孔子病夫未之得也，患不得之，既得之，患失之者。"也是"患不得之"。宋代沈作喆《寓简》："东坡解云：'患得之'，当作'患不得之'。予观退之《王承福传》云：'其贤于世之患不得之而患失之，以济其生之欲者'，则古本必如是。"这就是根据逻辑判断语法。但是，这一判断是否可取，却值得怀疑。何晏《论语集解》："患得之者，患不能得之，楚俗言。"何晏很尊重语言现象，他说楚地方言如此。焦循《论语补疏》说：

古人文法有急缓。不显，显也，此缓读也。《公羊传》"如勿与而已矣"，何休注云："如即不如，齐人语也。"此急读也。以得为不得，犹以如为不如。何氏谓楚俗语，孔子鲁人，何为效楚言也？

焦说很有道理，《公羊传》的例子说明，古代汉语确实有肯定与否定表示同一意思的现象。不过焦循对何晏的批评也许还可以商榷。何晏说楚地方言如此，应该是何晏那个时候，楚地方言中还有这样的说法，并不是说孔子用了楚语。这种肯定和否定表示相同

意思的现象,在现代汉语中也有,例如:

他那一脚那么狠,差一点踢死他。

他那一脚那么狠,差一点没踢死他。

这两句的意思完全一样,都是没把人踢死。但一句说"差一点",一句说"差一点没"。所以《论语》的这个"患得之",表示"患不得之"的意思,也是可以成立的。在《论语》中,还有一个很相似的例子,《里仁》篇:

子曰:"富与贵,是人之所欲也,不以其道得之,不处也。贫与贱,是人之所恶也,不以其道得之,不去也。君子去仁,恶乎成名?君子无终食之间违仁,造次必于是,颠沛必于是。"

富贵,是人所欲得,贫贱,却不是人所欲得,但本章都说"不以其道得之"。从逻辑的角度讲,也有问题,正确的应该是:贫与贱"不以其道去之,不去也"。但是这并不意味着"不以其道得之"一定不符合语法,不能说。

从语言交际的实用性来看,这种用肯定和否定表达同一种意义的现象,并不利于交际,因此语言中不会很多。在古代汉语中,有些本来是肯定意义的情态动词,也可以表示否定的意义,但是这种意义是通过反问语气表示的,例如"敢"。《左传·庄公二十二年》载,陈公子完奔齐,齐侯使之为卿,辞曰:"羁旅之臣,幸若获宥,及于宽政,赦其不闲于教训而免于罪戾,弛于负担,君之惠也。所获多矣,敢辱高位,以速官谤?"杜预注:"敢,不敢也。"《国语·晋语八》:"今执政曰,不从君者为大戮。臣敢忘其死而叛其君,以烦司寇?"韦昭注:"敢,不敢也。言不敢忘死而叛其君,烦君司寇以刑臣也。"《公羊传·隐公元年》"如勿与而已矣"这句话,如果在口语中直接说出来,也许会伴随着某些特定的语气,可惜今天已经无法知道了。

语言单位都是处在一定的上下文中。有时候,要理解一个语词、一句话的意思,关键并不在于这个词、这句话本身,而在于找到它所处上下文中的另一个与之相互制约的语言单位。这种单位往往是整个段落或篇章的关键部分,我们可以叫它"文眼"。找到了文眼,我们就知道了整个段落或篇章的中心意思,从这个中心意思出发,再来考察要研究的这个词、这个句子的意思,可能就会恍然大悟了。《子张》篇:

子游曰:"子夏之门人小子,当洒扫、应对、进退则可矣,抑末也,本之则无,如之何?"

子夏闻之，曰："噫！言游过矣！君子之道，孰先传焉，孰后倦焉。譬诸草木，区以别矣。君子之道，焉可诬也？有始有卒者，其惟圣人乎！"

这一章的"孰先传焉，孰后倦焉"这句话并不好理解，古代的注释也都含糊其词。《集解》引包咸注："言先传大业者，必先厌倦，故我门人先教以小事，后将教以大道也。"此注似乎没有涉及"孰后倦焉"。皇侃疏："言先王大道即既深且远，而我知谁先能传，而后能倦懈者邪？故云：孰先传焉孰后倦焉。"邢昺疏："言君子教人之道，先传业者必先厌倦，谁有先传而后倦者乎？"邢疏是采皇疏。朱子《集注》："言君子之道，非以其末为先而传之，非以其本为后而倦教。"此注增加了很多意思，与原文相差较大，而且把"倦"解释为"倦教"，也是增字为说。刘宝楠《正义》："言谁当为先而传之，谁当为后而倦教。"并引"诲人不倦"以证倦有倦教的意思。但是"诲人不倦"的倦也只是疲惫的意思，"教"的意思是"诲"传达的，不是"倦"。因此，朱子与刘氏之说并不能成立。

要正确理解这句话，我们必须注意到与它相关的另一句话，就是本章总结性的最后一句话："有始有卒者，其惟圣人乎！"这是本章的"文眼"，是子夏要表达的中心意思。子夏认为，普通人是很难善始善终的，很难坚持到最后；有始有终，只有圣人才能做到。从这个意思出发，来看"孰先传焉，孰后倦焉"，我们就知道只有皇侃和邢昺的解释才是比较接近原意的。但即便意思正确，在语言上总觉得还是缺了点什么，有点不太通顺。这是因为他们没有指出这句话其实是用了互文的修辞方法，完整的表达应该是"孰先传焉，孰先倦焉。孰后传焉，孰后倦焉"，意思是：先传授的，就会先厌倦；后传授的，就后厌倦。所以开始的时候先教弟子最基本的东西，等到一定程度的时候再教以大道，这样就能使弟子不容易对大道产生厌倦情绪。如果一开始就教以大道，可能很快就会对大道厌倦了，所以下文说："有始有卒者，其惟圣人乎！"子夏认为应该有一个对于教学次序的选择。《大学》云："物有本末，事有终始，知所先后，则近道矣。"也是对教学次序的论述。包咸云："言先传业者，必先厌倦，故我门人先教以小事，后将教以大道。"他只解释了一半，即"孰先传焉，孰先倦焉"，不过，基本的意思还是正确的。

另外，"本之则无，如之何"这句话的读法似乎也还可以商榷，我认为比较合理的读法应该是："本之则无如之何。"这不是个问句，而是陈述句，"无如之何"是一个语言单位，表示"拿他们没办法"的意思。言子夏之门人，都学些微末小节，至于根本性的大道，就没法再要求他们了。《卫灵公》篇："子曰：'不曰如之何、如之何者，吾末如之何也已矣。'"无如之何，也就是"末如之何"。

有些错误的解释是因为根据了错误的版本。《雍也》篇：

子曰："不有祝鮀之佞，而有宋朝之美，难乎免于今之世矣。"

孔子曾经说"御人以口给，焉用佞"（《公冶长》），"是故恶夫佞者"（《先进》），它是很讨厌佞的。但是当时世道太坏，如果一个人有宋朝那样的美，就不得不用祝鮀那样的佞，才能保护自己免受伤害。这一章本来很容易理解，其中的"而"字是表示转折的连词，文从字顺，但是王引之《经传释词》卷七"而"下引《论语》此文，却说"而"犹"与"：

言有祝鮀之佞，与有宋朝之美也。皇侃疏："'言人若不有祝鮀之佞，及有宋朝之美，则难免今之患难也。'及亦与也。"

这一解读真可谓诘曲聱牙，非常别扭，它必须把原来的句子理解为"不有祝鮀之佞，而有宋朝之美"，但是这一解释在语言上很勉强。既然"而"按照通常意思解释完全是通的，为什么王氏要别立新说？

王氏根据的是皇侃的《论语义疏》。在国内，皇侃《论语义疏》在宋代以后就失传了，今天能见到的《义疏》，是清代从日本传回来的。日本怀德堂本《义疏》云：

祝鮀，能作佞也。宋朝，宋国之美人，善能淫欲者也。当于尔时，贵佞重淫，此二人并有其事，故得宠幸而免患难。故孔子曰：言人若不有祝鮀佞，反宜有宋朝美，若二者并无，则难免今世之患难也。

皇侃的意思可以明白："祝鮀之佞"与"宋朝之美"本来都不是好事，但是在那个时代，却为人所看重，二者都可以使人免于祸患；所以孔子说，一个人如果没有祝鮀之佞，反而应该具备宋朝之美，如果两者都没有，就难免被人害了。值得注意的是，如果把"而"解释成"及"的意思，那么疏中"反宜"二字就不应该出现，因为经文的"而"字，要么解释成"反而"，要么解释成"及"，但不可能同时既解释成"及"，又解释成"反而"。可见今本的皇侃疏也是有问题的，在逻辑上就不能成立。

我们知道，"疏"是对于"注"的解释。皇侃《论语集解义疏》，是为何晏的《集解》而作，要理解皇疏，不妨先看看《集解》所用的孔安国的注：

佞，口才也。祝鮀，卫大夫子鱼也，时世贵之。宋朝，宋之美人而善淫。言当如祝鮀之佞,而反如宋朝之美,难乎免于今之世害也。

可见孔注也是把"而"解释为"反"的。皇疏与孔注显然不一致。为什么?因为孔注有一个错误的版本。怀德堂本孔注"而反如宋朝之美"中的"反"字,有作"及"的,下有校勘的小注云:"一本云'反如宋朝之美也'。通者云,佞与淫异,故云反也。"这么一来,我们就明白了,原来皇侃看到的孔注,一定是把"反如宋朝之美"的"反"错成了"及","若二者并无"的这个意思,是从"及"来的,而不是像王引之所说,是把"而"理解成了"及"。事实上,无论是在语言上还是在上下文的意思上,"及"字都应被判为"反"的错字。皇侃没有校正这个错字,弄得王引之也错了,后人又有重蹈覆辙的。

有些问题,如果没有出土文献的比较,我们也许不会察觉到前人某些解释的不合理性,出土文献的异文可以帮助我们突破这种思维的惰性,让我们发现问题,启发我们去寻找更合理的解释。例如《雍也》篇云:

伯牛有疾,子问之,自牖执其手,曰:"亡之,命矣夫!斯人也而有斯疾也!斯人也而有斯疾也!"

"亡之,命矣夫",《集解》引孔安国注云:"亡,丧也。疾甚,故持其手曰丧之。"皇侃疏云:"亡,丧也,孔子执其手而曰丧之,言牛必死也。"其后的解释都没有异议。但是定州竹简本此句作"末之命矣夫",亡与末的差别还是挺大的,这就提醒我们考虑是否还有别的解释,比原来的解释更合理?一旦仔细反省传统的解释,就不难发现有问题。中国人本来就多忌讳,去探望一个将死的病人时,尤其谨慎小心,注意不要刺激病人,尤其不能让病人绝望。现在孔子去看望重病的学生,拉着他的手,说:"活不成了!""要死了!""我要失去这个人了!"从一般的人情考虑,也是讲不通的。杨伯峻《论语译注》翻译成:"难得活了,这是命呀,这样的人竟有这样的病。"孙钦善《论语注译》说:"没命了,命该如此啊!这个人竟得了这种病!"病人听了这种话,本来不会死大概也得被气死了。而《论语》恰恰是最讲人情世故的,所以传统的解释恐怕是站不住的。

另外,"斯疾"到底是什么病,汉代有记载。包咸云:"牛有恶疾,不欲见人,故孔子从牖执其手也。"《淮南子·精神》云"冉伯牛为疠",疠即癞,毛奇龄《四书剩言》说"古人以恶疾为癞"。所谓癞,就是麻风病。麻风病虽然是恶疾,但未必就会死,则把"亡之"解释为"丧之"就更不通了。

所以,我们应该考虑"末"字。

作"末"字的不只是定州竹简本。敦煌唐写本郑玄注本此处正文残,但注文云"末,无也",可见此本亦作"末之"。又《汉书·楚元王传》:"夫子所痛,曰:'蔑之命矣夫。'"《新序》:"君子闻之,曰:'末之命矣夫。'"二者皆本《论语》此文。我认为这里末、蔑都通勉,是勉力、努力的意思。末、蔑,都是明母月部字,勉,明母元部字,声母相同,韵母是阳入对转,末之、蔑之都是"勉之"的意思。亡字是明母阳部字,元、阳只是韵尾不同,末、蔑音转而为亡。《说文》:"慔,勉也。"慔是明母鱼部字,与亡也是阴阳对转。《淮南子·缪称》:"犹未之莫与?"注:"莫,勉之也。"可见末、蔑、亡、莫、慔、勉古音都非常相近,训为勉是没有问题的。孔子在这里说了两个意思:先是勉励伯牛要努力好起来,然后才是感叹这么好的人怎么会得这种病。这才是符合人情物理的话。像过去的解释,简直不堪入耳,绝非正常人所说的话。

用"勉之"来勉励别人,《左传》也很常见,例如:

齐侯见保者曰:"勉之! 齐师败矣!"(《成公二年》)

初,伍员与申包胥友。其亡也,谓申包胥曰:"我必复楚国。"申包胥曰:"勉之! 子能复之,我必能兴之。"(《定公四年》)

擐甲执兵,固即死也,病未及死,吾子勉之! (《成公二年》)

(吴公子札)将行,谓叔向曰:"吾子勉之! 君侈而多良,大夫皆富,政将在家。吾子好直,必思自免于难!"(《襄公二十九年》)

《史记·仲尼弟子列传》用此文,云:"伯牛有恶疾,孔子往问之,自牖执其手,曰:'命也夫! 斯人也而有斯疾,命也夫!'"这与本文的理解是一致的。

出土文献也可以为我们找回一些常用词的已经消失了的义项,从而更准确地理解古书的内容。例如《尧曰》篇的"简"字:

曰:"予小子履,敢用玄牡,敢昭告于皇皇后帝:有罪不敢赦,帝臣不蔽,简在帝心。朕躬有罪,无以万方,万方有罪,罪在朕躬。"

此"曰",据郑玄说,是舜命禹的话,据《集解》所引孔注,则是商汤告天之辞。古书所见汤之名为履,所以这里从孔注。我们这里要讨论的是其中"简在帝心"的"简"字。邢昺疏引郑玄云:"简阅在天心,言天简阅其善恶也。"

简训为简阅,简阅人的善恶,用在这里也大致能讲通。不过,为什么人的善恶可以说"简阅","简阅"的本来意思是什么? 其实还可以继续探讨。马王堆帛书《五行》篇告诉我们,"简"有另外一个意思,不但用在这里更准确,还可以反过来帮助我们更清楚地理解"简"在"简阅"一词中的意思:

(不简,)不行。不匿,不辩于道。有大罪而大诛之,简。有小罪而赦之,匿也。有大罪弗诛,不行。有小罪弗赦,不辩(于)道也。简之为言也犹贺(加),大而罕者。匿之为言也犹匿匿,小而轸者。简,义之方也,匿,仁之方也。刚,义之方也;柔,仁之方也。《诗》曰"不勰不救,不刚不柔",此之谓也。

有大罪弗□诛,不行也。有小罪弗赦,不辩于道也。间为言犹衡也。大而炭者,直之也。不周□者,不辩于道也。有大罪而大诛之,间。匿之为言也犹匿匿,小而轸者,直之也。间,义之方也。匿,仁之方也。言仁义之用心之所以异也。义之尽,间也,仁之尽,匿。大□加大者,大仁仁小者,故义取间而仁取匿。

帛书的这两段文字,讲的是对于罪人的处理,有两种不同的方式:简和匿。所谓"简"就是指"有大罪而大诛之";与之相对的是"匿",所谓"匿"就是指"有小罪而赦之"。简针对的是大罪,匿针对的是小罪。简表现的是大义,而匿表现的是仁爱。《论语》的这段文字,讲的正是对罪人的处理,商汤告上帝,强调的就是要对夏桀这样的大罪人大诛之,恭行天罚,"帝臣不蔽"的"蔽",就相当于匿,"不蔽"就是不匿,也是"简"的意思。整句话是说:"对于有罪的人我不敢擅赦,我不敢隐匿他的罪恶,诛罚他们的原则在您上帝的心中。如果我(在伐夏这件事情上)有什么罪过的话,不要连及天下诸侯,如果天下诸侯(因为这件事而)有罪的话,罪过在我。"

在《五行》篇中,由于"简"的这个意思是跟"匿"相对而言的,这就启发我们,简阅的简,原来就是明察的意思。郑玄的注,跟《五行》篇处理罪人的原则是一致的。《周礼·地官·遂大夫》:"简稼器,修稼政。"郑玄注:"简,犹阅也。"《周礼·地官·鄼长》:"岁时简器。"郑玄注:"简器,简稼器也。"也可以说明"简阅"的意思。

马王堆《五行》篇也见于郭店楚简,对应的文章是:

不柬(简),不行。不匿,不察于道。有大罪而大诛之,柬也。有小罪而亦(赦)之,匿也。有大罪而弗大诛也,不行也。有小罪而弗亦(赦)也,不察于道也。柬之为言犹练也,大而晏者也。匿之为言犹匿匿也，小而访（诊）（轸）者也。柬，义之方也，匿，仁之方也。

这虽然不能证明在商汤的时候，"简"就有这种含义，但是《五行》篇的时代与《论语》的时代相去并不远。"简"的这种含义，用于解释《论语》，还是可以的。

断狱的这种"简"和"匿"的思想，其实在《论语》的其他篇章中也有，只不过没有直接使用这两个词而已。例如《子路》篇："仲弓为季氏宰。问政，子曰：'先有司，赦小过，举贤才。'"所谓"赦小过"，就是匿。《子张》篇："子夏曰：'大德不踰闲，小德出入可也。'"所谓"大德不踰闲"，就是简的原则，"小德出入可"就是匿的原则。在《大戴礼记·子张问入官》篇中有更明确的表述："古者冕而前旒，所以蔽明也，统绒塞耳，所以弇聪也。故水至清则无鱼，人至察则无徒。故枉而直之，使自得之；优而柔之，使自求之；揆而度之，使自索之。民有小罪，必以其善以赦其过，如死使之生，其善也。是以上下亲而不离。"另外，郭店楚简《尊德义》："苟无大害，小节出入可也。"也是这个意思。

在语言的层面上，我们基本上可以有一个是与非或合不合语法的判断，因为语言毕竟是一个社会现象。但是在思想的层面上，就会出现多种解释的可能，而且每一种解释可能都是合理的，我们也很难判断到底哪一种解释符合思想家原来的思想。这并不意味着对思想的解释是徒劳无益的。一方面，至少我们可以从多个不同的角度去理解文本，从多方面探讨思想家思想的可能性，这样的理解也许更完善、更有价值。例如《雍也》篇：

樊迟问知。子曰："务民之义，敬鬼神而远之，可谓知矣。"问仁。曰："仁者，先难而后获，可谓仁矣。"

"先难而后获"，前人解释为先劳苦，后得到收获，即"先事后得"（《颜渊》）之意。例如《集解》引孔安国说："先劳苦而后得功，此所以为仁。"这种解释在语言上没有任何问题，但是在思想上似乎境界并不高，先干活，后享受，一般人也都是先事后得，是不是能够算"仁"，可能仁者见仁，智者见智。不过，这句话还可以有更好的解释，就是劳苦之事在人之先，收获之事在人之后，也就是范仲淹"先天下之忧而忧，后天下之乐而乐"（《岳阳楼记》）的境界。郭店楚简《性自命出》篇云："凡忧患之事欲任，乐事欲后。"《荀子·修身》："劳苦之事则争先，饶乐之事则能让。"《礼记·坊记》："君子贵人而贱己，先人而后己。"证明先秦儒家确实早已有这种思想。这种思想够得上"仁"的标准，恐怕就没有人会怀疑了。

另一方面,对文本思想的解释本身,也是产生新思想的途径,因此,不论古今中外,后代的思想家往往会通过阐释前代思想家的作品来表述自己的思想。例如戴震的《孟子字义疏证》,就是借《孟子》的字义训诂来阐发自己的哲学思想的杰作。《论语》也是宋儒阐释其理学的重要文献依托。不过,这方面已经超出了本文讨论的范围,兹不赘述。

第四节 《论语》中隐含的礼制

《论语》是礼乐制度下的产物,礼乐又是孔子本人特别强调的内容,所以《论语》中大量涉及了当时的礼制。有些言论很明显,指明了就是在谈礼制,这种情况相对比较容易处理,我们只要直接去查找相关的礼制材料,就不难理解文本的意义。例如《八佾》篇:

子贡欲去告朔之饩羊。子曰:"赐也,尔爱其羊,我爱其礼。"

在文献中不难找到有关告朔之礼的记载。每年季秋,周天子把第二年的历书颁给诸侯,诸侯把历书藏在祖庙,每月初一,杀一只羊以祭祖庙,就叫"告朔",然后回朝听政,叫作"听朔"或"视朔"。孔子非常看重告朔之礼,因为授时在古代是非常重大的事情,从天子的角度讲,它象征着王权;从诸侯的角度讲,奉正朔表示他仍然臣属于周天子。周衰落以后,天子实际上无法班朔,诸侯也根本不再重视此礼。春秋时期,鲁国国君经常不亲自告朔。例如《春秋》载文公十六年,公四不视朔,大概此后就更加荒废了。子贡觉得此礼已名存实亡,因此想把告朔杀羊的仪式也免了。孔子认为有羊还可以说明有告朔之礼存在,如果连羊也免去了,那就真的是把整个礼仪都废弃了。

但是,《论语》中还有很多内容,表面上好像没有谈到礼,可是其中隐含着礼制。如果不结合这种礼制的背景去读《论语》,可能就会觉得孔子的很多行为难以理解,甚至不知所云。这种情况相对比较难,因为开始的时候我们常常意识不到其中隐含的礼制,往往会产生理解的偏差。下面我们就对《论语》中这种隐含性的礼制作一些探讨。

孔子见阳货的故事,就很有代表性,也非常有意思,《阳货》篇:

阳货欲见孔子,孔子不见。归孔子豚,孔子时其亡也而往拜之,遇诸涂。谓孔子曰:"来!予与尔言。"

曰："怀其宝而迷其邦,可谓仁乎?"

曰："不可。"

"好从事而亟失时,可谓知乎?"

曰："不可。"

"日月逝矣,岁不我与。"

孔子曰："诺,吾将仕矣。"

阳货即阳虎,货与虎古音相近,可以通假。刘宝楠《正义》怀疑货是名,虎是字。阳虎是季氏家臣,曾经操纵季氏,把持了鲁国朝政。阳虎有心除掉三桓而自代,后来失败,逃往齐国,又逃到晋国。他拉拢孔子,可能是因为知道孔子也反对三桓,但是孔子虽然也反对"政在大夫",却更反对"陪臣执国命",所以不可能跟阳虎合作。阳虎有一句"名言",说:"为富,不仁矣;为

清末北京平民拜年图,沿袭了古代"告朔之礼。"

仁,不富矣。"(《孟子·滕文公上》)《左传·定公九年》也说他"亲富不亲仁",可见他跟孔子真是属于"道不同,不相为谋"的一类。

这样说来,孔子不愿意见阳货,是很容易理解的。但是,既然不愿意见,为什么还要回拜他呢?回拜他,偏偏还要等他不在的时候去,结果又在路上遇到了。也许很多人会觉得孔子是不是太矫情了?好在《孟子》帮我们回答了这个问题,《滕文公下》云:

古者不为臣不见。段干木逾垣而走,泄柳闭门而不纳,是皆已甚。迫,斯可以见矣。阳货欲见孔子而恶无礼。大夫有赐于士,不得受其家,则往拜其门。阳货瞰孔子之亡也而馈孔子蒸豚,孔子亦瞰其亡也而往拜之。当是时,阳货先,岂得不见?

段干木不见魏文侯,泄柳不见鲁缪公,这都是做得比较过分的。如果在上位者一定要求见他们,也是可以见的。阳货想见孔子,又怕人们说他强迫孔子,背上"无礼"的骂名,所以趁孔子不在家的时候馈孔子豚。按照当时的礼制,大夫有赐于士,如果没有在家亲自接受,就要去上门回拜。所以这是阳虎很高明的一着。孔子并不愿意见阳货,但也

不愿意违背礼制，所以也故意趁他不在的时候去答拜。没想到正好在路上撞见了。故事就这样发生了。

《孟子》讲得很具体，其实我们还可以从更大一点的原则来理解，《礼记·曲礼上》说得很明白："礼尚往来。往而不来非礼也，来而不往亦非礼也。"阳货有来，孔子就应有往。

这一章的句读，前人有一些不同意见。明代的郝敬、清代的毛奇龄、阎若璩、王引之、俞樾等学者都认为，文中的两个"曰：'不可'"，并不是孔子的回答，而是阳虎自问自答；因此，从"来！予与尔言"一直到"日月逝矣，岁不我与"，都是阳虎在说话，孔子只是最后敷衍了一下，说"诺，吾将仕矣"。今天也有很多学者赞成这么读。

如果我们认真地比较一下，不难承认传统的读法其实文从字顺，并没有什么问题；而这种新的读法并不比传统的读法通顺，阳虎一个人在那里自问自答，反而显得很别扭。之所以会有这种新的读法，推测起来，可能是因为大家觉得阳虎说话很没有礼貌，孔子每问必答，显得太老实恭顺了。但是阳虎与孔子之间的对答，是符合古代传统的礼貌原则的。阳虎是孔子的长辈。《史记·孔子世家》说，孔子母亲去世不久，有一次季氏宴飨士，孔子也去了，正碰到阳虎，阳虎斥责他说："季氏飨士，非敢飨子也。"阳虎阻拦孔子，有人认为是因为孔子的母亲刚去世，孔子"要绖"，腰上的麻带还没有去掉，不应出现在这种场合；也有人说是因为孔子那时太年轻。不管怎样，阳虎在年纪和官位上都比孔子高；因此，他跟孔子说话，一开口就说"来！予与尔言"，有明显的居高临下的口气，这是可以理解的；孔子处在晚辈和下级的地位，对他有问必答，双方都不违礼。

论证这种新读法的那些证据，其实也大有问题。最重要的例证是《史记·留侯世家》张良劝阻刘邦立六国之后，毛奇龄、俞樾等学者认为其句读应为：

张良对曰："臣请藉前箸为大王筹之。"曰："昔者汤伐桀而封其后于杞者，度能制桀之死命也。今陛下能制项籍之死命乎？"曰："未能也。其不可一也。""武王伐纣，封其后于宋者，度能得纣之头也。今陛下能得项籍之头乎？"曰："未能也。其不可二也。武王入殷，表商容之闾，释箕子之拘，封比干之墓。今陛下能封圣人之墓，表贤者之闾，式智者之门乎？"曰："未能也。其不可三也。……"汉王辍食吐哺，骂曰："竖儒几败而公事！"

张良一共说了八个"不可"，毛氏等认为都是张良一个人在那里自问自答。但这并不见得合理，正确的句读应如下：

张良对曰："臣请藉前箸为大王筹之。"曰："昔者汤伐桀而封其后于杞者，度能制桀之死命也。今陛下能制项籍之死命乎？"曰："未能也。""其不可一也。武王伐纣封其后于宋者，度能得纣之头也。今陛下能得项籍之头乎？"曰："未能也。""其不可二也。武王入殷，表商容之闾，释箕子之拘，封比干之墓。今陛下能封圣人之墓，表贤者之闾，式智者之门乎？"曰："未能也。""其不可三也。……"汉王辍食吐哺，骂曰："竖儒几败而公事！"

毛氏等可能拘泥于刘邦最后"辍食吐哺"四字，认为之前他不可能说话，这与一般的吃饭经验也是不符合的。我们经常一边吃饭一边说话，何况刘邦说的话就几个字而已。上文讲张良从外来，"汉王方食，曰：'子房前！客有为我计桡楚权者。'具以郦生语告，曰：'于子房何如？'"则汉王本来就是一边在吃饭，一边说话。所以，我认为新说并不可取。

孔子不见孺悲的故事，也跟当时的礼制有关。《阳货》篇说：

孺悲欲见孔子，孔子辞以疾。将命者出户，取瑟而歌，使之闻之。

乍读此章，人们很可能会想，孺悲可能是跟阳虎类似的人物，所以孔子不愿意见他。其实孺悲不但不是什么坏人，他还是一个对儒家很有贡献的人。《礼记·杂记下》："恤由之丧，哀公使孺悲之孔子学士丧礼，士丧礼于是乎书。"可见士丧礼能够流传下来，孺悲功不可没。

孺悲欲见孔子，孔子为什么不想见？不想见也就算了，为什么还要弹琴唱歌，故意让对方知道自己不想见他？这里面一定有原因。

原来孺悲当时也属于"士"，古代士相见之礼，必须由中介介绍。《仪礼·士相见礼》："相见之礼，贽冬用雉，夏用脯，左头奉之，曰：'某也愿见，无由达，某子以命命某见。'"郑注："无由达，言久无因缘以自达也。某子，今所因缘之姓名也。以命者，称述主人之意。""某子以命命某见"的"某子"，就是某个中间介绍人。贾公彦《仪礼》疏云："孺悲欲见孔子，不由绍介，故孔子辞以疾。"

《韩诗外传》卷二有这方面的一个具体的例子：

传曰：孔子遭齐程本子于郯之间，倾盖而语终日。有间，顾子路曰："由！束帛十匹以赠先生。"子路不对。有间，又顾曰："束帛十匹以赠先生。"子路率尔而对曰："昔者由也闻之于夫子：士不中道相见，女无媒而嫁者，君子不行也。"孔子曰："夫《诗》不云乎：'野有蔓草，零露溥兮，有美一人，清扬婉兮，邂逅相遇，适我愿兮。'且夫齐程本子，天下之贤士也，吾于是而不赠，终身不之见也。大德不踰闲，小德出入可也。"

孔子故意弹琴唱歌，让孺悲知道不是真的有病，而是不想见他，《集解》说孔子这么做，是为了让孺悲自己去思考自己的过失。《孟子·告子下》："教亦多术矣，予不屑之教诲也者，是亦教诲之而已矣。"程颐认为："此孟子所谓不屑之教诲，所以深教之也。"这倒是很符合孔子"不愤不启，不悱不发"的教学方法。

所谓"将命"，是指在宾主之间传递话语的行为，其实也是一种礼仪。《宪问》篇：

阙党童子将命。或问之曰："益者与？"子曰："吾见其居于位也，见其与先生并行也。非求益者也，欲速成者也。"

孔子对于阙党童子的评价，就是基于有关童子的礼仪要求。当时的童子是不能以独立的身份参与礼仪活动的，只能依附于成人。例如《仪礼·既夕记》："朔月，童子执帚，却之，左手奉之，从彻者而入。"郑玄注："童子不专礼事。"胡培翚《仪礼正义》云："谓童子不得以礼事自专，故从彻者而入也。方氏苞云：'《玉藻》：见先生，从人而入。平时且然，丧事纵纵，故进退皆从职事之人。'"只有在行"冠礼"之后，才有成人行礼的资格。这就是古代冠礼的意义。

因为"童子不专礼事"，所以童子没有专位，侍于长者，或坐在一旁角落里，或立而不坐。孔注所谓"童子隅坐无位"。古人席地而坐，所谓隅坐，当是指坐在成人所坐的席子的一角，没有专门的席位。《礼记·檀弓上》："童子隅坐而执烛。"郑玄注："隅坐，不与成人并。"《礼记·玉藻》："无事则立主人之北，南面。"平时走路都不能与成人并行。《礼记·曲礼上》："五年以长，则肩随之。"郑注："肩随者，与之并行差退。"《王制》："父之齿随行，兄之齿雁行。"随行即跟在后面，雁行即并行而稍靠后。

阙党童子"居于位"，并且"与先生并行"，这是把自己看作成人，以成人之礼与成人交往，所以孔子说他是欲速成者。

《论语》的《乡党》一篇，所记多为孔子的日常生活，涉及的礼仪方面的问题就更多了。其中所记孔子的一些行为方式，其实并不是孔子故意要与众不同，而是他严格遵循流传下来的礼书行事。例如"君命召，不俟驾行矣"。根据《孟子·公孙丑下》有个叫景子的人说："《礼》曰：'父召无诺，君命召，不俟驾。'"可见这是有礼的根据的。如果不明白这是礼制的要求，可能会觉得孔子很谄媚。孔子说过："事君尽礼，人以为谄也。"（《八佾》）当时礼制正在崩坏,严格按照礼制来办事的孔子,有时反而让人觉得奇怪。《乡党》一篇,是记孔子之言行合乎礼,而不是孔子在制礼作乐。

又如《乡党》篇讲到孔子的饮食,有很多讲究,其中有一条叫作"割不正不食"。一般人可能会觉得孔子是不是太挑剔了。以前的学者把这解释为祭祀时对于切割牲体的要求,可是上下文说:"失饪不食,不时不食,割不正不食,不得其酱不食,唯酒无量,不及乱。"显然说的是日常生活的事情,跟祭祀并无关系,过去的解释很牵强。其实古代有一条礼制,既适用于祭祀所馈,也适用于日常饮食。《仪礼·特牲馈食礼》:"主人升,入,复位,俎入,设于豆东,鱼次,腊特于俎北。"郑玄注:"腊特,馔要方也。凡馔必方者,明食味,人之性所以正。"张尔岐云:"俎入,设于豆东,豕俎当菹豆之东也。鱼次,鱼又次豕东也。腊特俎北,则与醢相直而正方。"这是说,古人吃饭时摆放食物,一定要尽量摆放成方形,这是因为饮食之正直接影响到人性之正。郑玄"食味,人之性所以正",就可以解释孔子为什么这么"挑剔"了。胡培翚《仪礼正义》指出:"郑云明食味人之性所以正者,是解馔要方之义也。《乡党》割不正不食,义亦由此。"又《士昏礼》:"赞设黍于酱东,稷在其东,设湆于酱南。"郑玄注:"馔要方也。"又《少牢馈食礼》:"佐食上利升牢心舌,载于肵俎,心皆安下切上。"郑玄注:"安,平也,平割其下,于载便也。凡割本末,食必正也。"可见"割不正不食",并非孔子对饮食吹毛求疵。

郑玄已经注意到,《仪礼·聘礼》的一段记文可以跟《论语·乡党》篇对于孔子的记载对照起来。《乡党》云:

执圭,鞠躬如也,如不胜;上如揖,下如授。勃如战色,足蹜蹜如有循。

摄齐升堂,鞠躬如也,屏气似不息者。出,降一等,逞颜色,怡怡如也。没阶,趋进,翼如也。

《聘礼记》云:

上介执圭如重,授宾。宾入门,皇;升堂,让;将授,志趋。授如争承,下如送,君还而后退。下阶,发气,怡焉,再三举足,又趋,及门正焉。

我们可以把相关的部分对比起来看:

《聘礼记》

上介执圭如重

升堂,让,将授,志趋

授如争承,下如送

下阶,发气,怡焉

再三举足,又趋

《乡党》

执圭,鞠躬如也,如不胜

摄齐升堂,鞠躬如也,屏气似不息者

上如揖,下如授。勃如战色,足蹜蹜如有循

出,降一等,逞颜色,怡怡如也

没阶,趋进,翼如也

这种一致,也许可以证明《仪礼》记文的作者跟《论语》的编者之间存在着某种传承关系。

孔子的官做得最大的时候,也只是大夫的级别,但是孔子以知礼著称,所以常常受命担当只有卿才有资格担当的相礼之事,叫作"摄"。《乡党》也有一些记载:

君召使摈,色勃如也,足躩如也。揖所与立,左右手,衣前后襜如也。趋进,翼如也。宾退,必复命曰:"宾不顾矣。"

这里记载的就是孔子摄摈之事,所记为聘礼一类。某些记载与《仪礼·聘礼》也能对照,例如《聘礼》云:"宾出,公再拜送,宾不顾。"

根据《聘礼》,送宾出门,复命于公,这是上摈之事。所以郑注《聘礼》云:"公既拜,客趋辟,君命上摈送宾出,反告宾不顾。于此君可以反路寝矣。《论语》说孔子之行曰:'君召使摈,色勃如也,足躩如也。宾退,必复命曰,宾不顾矣。'"贾疏:"此送宾是上摈,则卿为上摈。孔子为下大夫,得为上摈者,以孔子有德,君命使摄上摈。若定十年夹谷之会,令孔子为相,同也。"

《乡党》云:"趋进,翼如也。"江永云:"趋进,庙中相礼时也。庙中相礼,上摈之事,卿为之。孔子,大夫也,而相礼,摄相也。夹谷之会,孔子摄相,此亦重其知礼而使摄,故《论语》特记'君召使摈'。此趋进宾退复命,皆上摈相礼之事。""孔子摄上摈之说,不可不知。知是摄上摈,则召是特召,君命尤重矣。"

　　了解了孔子摄相，在礼制上属于"破格"采用，对于《论语》的记载就会有更加深刻的体会。原来《乡党》记此事，是荣君之召，一如孔子给儿子取名为鲤，是荣君之赐。

　　上摈是卿为之，其他的相礼之人就不一定了。所以子路、曾皙、冉有、公西华侍坐，孔子让学生们各言其志，公西华对曰："非曰能之，愿学焉。宗庙之事，如会同，端章甫，愿为小相焉。"（《先进》）会同是诸侯朝见天子之礼，会同之礼在天子的宗庙举行，所以孔子评价公西华说："宗庙会同，非诸侯而何？"其上摈也得是卿的级别，公西华不是卿大夫一级，所以他说"愿为小相焉"。小相大夫、士都可以充当。但是孔子认为，公西华的才能做个大相也是绰绰有余，所以他说："赤也为之小，孰能为之大？"

　　《论语》中有一章很独特，记的是如何称呼诸侯国君的夫人：

　　邦君之妻，君称之曰夫人，夫人自称曰小童，邦人称之曰君夫人，称诸异邦曰寡小君，异邦人称之亦曰君夫人。（《季氏》）

　　这一章在整部《论语》中都显得很特殊，不但所记的事情很琐碎，而且是女子之事。《论语》的编者记载这一条，是因为这一条体现了孔子"正名"的思想，其中包含着礼制的背景。这一条针对的是当时诸侯以妾为夫人的现象。《礼记·曲礼》："天子之妃曰后，诸侯曰夫人。"所以按照礼制，只有嫡妻才能称夫人，妾属于娣媵之属，地位较卑，不能称夫人。

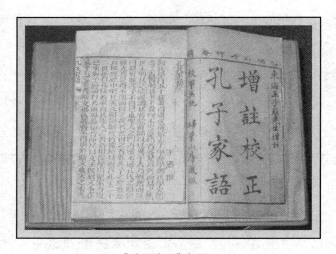

《孔子家语》书影

　　《集解》引孔注："当此之时，诸侯嫡妾不正，称号不审，故孔子正言其礼也。"刘宝楠

《正义》："春秋时，嫡妾之礼不正，多以妾为夫人。故《左传》言鲁文公有二妃，齐桓公有三夫人，郑文公有夫人芈氏、江氏，宋平公纳其御，步马者称君夫人，及左师受馈，亦改命曰君夫人，是当时妾称夫人也。"

孔子对于"夫人"的名分这么看重，是因为在古代宗法制度下，嫡庶之别是非常严格的。嫡妻所生的儿子才有资格当嫡长子，这关系到继承权的问题。《左传》所载诸多国家内部的动乱，往往因为继承权产生问题而引起。由此我们也可以对孔子"必也，正名乎"（《子路》）的思想有更深入的理解。

《论语》语言简洁，但是背后的信息量很丰富，要准确地理解也并不容易，常常会产生一些有争议的读法。有时候，根据礼制所描述的情况，可以帮助我们解决一些这方面的问题。例如《八佾》篇：

子曰："君子无所争，必也射乎！揖让而升下，而饮，其争也君子。"

此章"揖让而升下而饮"一句，自古相传有两种读法，这里采用的是《论语集解》的句读。《集解》引王肃曰："射于堂，升及下皆揖让而相饮。"《礼记·射义》引此章，郑玄注云："下，降也。饮射爵者，亦揖让而升降，胜者袒，决、遂、执张弓；不胜者袭，说决、拾，却左手，右加弛弓于其上，而升饮。君子耻之，是以射则争中。"从"亦揖让而升降"一句来看，郑玄的读法与《集解》是一致的。

不过，郑玄还有另外一种读法，他的《毛诗》笺与他的《礼记》注不同，《诗经·小雅·宾之初筵》笺云："射之礼，胜者饮不胜，所以养病也。故《论语》曰：'下而饮，其争也君子。'"据此，则应读为"揖让而升，下而饮"。后来，朱熹《论语集注》也是这么读的。

第二种读法虽然在音节上比较顺一些，但是在意义上却很难讲通。如果根据射礼的全过程来考虑，这个问题其实不难解决。升，是升堂；下，是下堂。古代射礼比赛的双方，互相揖让而升堂，而射，然后揖让而下堂；分出胜负之后，要上堂饮罚爵，二者又相揖上堂，负者饮罚爵，然后又相揖下堂。这一过程在《仪礼》中有详细的记述，例如《大射》篇饮罚酒的礼仪：

胜者皆袒，决、遂、执张弓；不胜者皆袭，说决、拾，却左手，右加弛弓于其上，遂以执弣。司射先反位。三耦及众射者皆升，饮射爵于西阶上。小射正作升饮射爵者，如作射。一耦出，揖如升射，及阶，胜者先升堂，少右。不胜者进，北面坐，取丰上之觯，兴，少退，立,卒觯,进坐,奠于丰下,兴,揖。不胜者先降,与升饮者相左,交于阶前,相揖。适次释弓,袭,反位。仆人师继酌射爵,取觯实之,反奠于丰上,退,次于序端。升饮者如初,三耦卒饮。

按照这一过程,《论语》要表达的意思是:揖让而升下,揖让而饮,其所争是君子之争。因此,"揖让而升下,而饮",才是合理的读法。

除了这些句读方面的问题,还有一些训诂上的争议,也需要从礼制上去考虑,才有可能得以解决。例如《乡党》云:

见齐衰者,虽狎必变。见冕者与瞽者,虽亵必以貌。凶服者式之。式负版者。

凶服就是丧服,负版是什么?《集解》引孔注:"持邦国之图籍。"即国家的版图户籍等文书。这一解释有一点问题。孔子在车上,怎么能知道谁的身上背的是国家的版图户籍?而且把"负"解释成"持",也并不合适。

古代丧服中有一种叫作"负"的。《仪礼·丧服记》:"负,广出于適一寸。"郑玄注:"负,在背上者也。適,辟领也。负出于辟领外旁一寸。"贾公彦疏:"以一方布,置于背上,上畔缝著领,下畔垂放之,以在背上,故得负名。"负也叫作负版。《仪礼·丧服记》:"衰长六寸,博四寸。"郑玄注:"前有衰,后有负版,左右有辟领。"这种负版的丧服,只有齐衰以上才有。"式负版者"的"负版",应该就是这种丧服。

其实宋代的翟巽已经有这种说法了,可是前人都不相信。可能是因为前面已经讲了"凶服者式之",再说"负版"为丧服,有点重复。不过,"凶服者"是泛言,"负版"是子为父母服丧才有,而且背在背上,比较明显,所以二者所言可看成递进关系,而不是重复。另外,"凶服"是从人的前面经过时所见,"负版"则是从人的后面经过时所见,二者相辅相成,互为补充,较之旧说,确实为优。

值得注意的是,定州竹简本"凶服者式之"作"六者式之",整理者认为"六"可能读为"戮"。此读很有道理。戮是受过刑的人。古代很多受刑的人都可以从外表上看出来,例如墨刑刺字、劓刑割鼻、刵刑割耳、髡刑剃发等。孔子"轼之",也是"哀矜而勿喜"之意。从竹简本来看,"凶服"与负版重复的问题,就完全不存在了。

《论语》所记的孔子的话,有很多并不是孔子第一个这么说,而是古代的谚语、成语等。例如他对颜渊说的"克己复礼为仁",见于《左传》昭公十二年:"仲尼曰:'古也有志,

克己复礼,仁也。'"可见是古书上的成说。还有些话也不是孔子的发明,只是孔子表达了古礼的要求而已。例如《卫灵公》篇:

子曰:"辞,达而已矣。"

孔子是非常重视语言修辞的,他曾经说:"《志》有之:'言以足志,文以足言。'不言,谁知其志? 言之无文,行而不远。"(《左传·襄公二十五年》)《季氏》篇:"不学诗,无以言。"《宪问》篇也说:"为命,裨谌草创之,世叔讨论之,行人子羽修饰之,东里子产润色之。"又如《周易·乾卦·文言》:"修辞立其诚,所以居业也。"《礼记·儒行》:"言谈者,仁之文也,歌乐者,仁之和也。"

那为什么孔子又要强调"辞达而已矣"呢? 其实孔子的这话是有条件的。《仪礼·聘礼》:"辞多则史,少则不达。辞苟足以达,义之至也。"可见所谓"辞达",是话不要说得太多的意思,并不是言辞不要文饰的意思。其中"辞多则史"一句,又很容易让人想到孔子说过:"质胜文则野,文胜质则史。文质彬彬,然后君子。"(《雍也》)如果把"辞达而已矣"作为孔子文学思想的代表,并将之与"文以载道","言之有物","文章合为时而著,歌诗合为事而作"联系起来,乃是曲解。

有些言辞,表面上可能看不出与礼有什么关系,但深入研究就会发现不然。例如孔子要求读《诗》要做到能"专对",《子路》篇:

子曰:"诵诗三百,授之以政,不达;使于四方,不能专对。虽多,亦奚以为?"

在春秋时代的外交场合中,常常用诗来婉转地表达各方的意思,显得风雅、有教养,这在《左传》中很常见。所以熟读诗,是作为外交官的前提条件。一个外交官,当然要在不同的场合说不同的话。这种话,有些是程序化的客套话,背下来就行了,例如《仪礼·聘礼》:"至于朝,主人曰:'不腆先君之祧,既拚以俟矣。'宾曰:'俟间。'"这就是套语,是需要背下来的。但是具体论事的时候,就需要根据事态的变化做出敏捷的反应。

专对,就是要求外交官根据当时的情势,自己独立地应对外交辞令,不受任何人的干扰。《集解》:"专犹独也。"所谓独,就是独立做主的意思。所以《仪礼·聘礼记》:"辞无常,孙而说。"郑注:"大夫使,受命不受辞。"《公羊传》云:"出竟有可以安社稷利国家者,则专之可也。"胡培翚以为此《论语》言专对之证。能否专对,是一个国家是否有人才的标志,可以显示国家的实力,《左传·襄公二十七年》有一个故事,很能说明问题:

　　壬午，宋公兼飨晋楚之大夫，赵孟为客，子木与之语，弗能对，使叔向侍言焉，子木亦不能对也。乙酉，宋公及诸侯之大夫盟于蒙门之外。子木问于赵孟曰："范武子之德何如？"对曰："夫子之家事治，言于晋国无隐情，其祝史陈信于鬼神无愧辞。"子木归以语王。王曰："尚矣哉！能歆神人，宜其光辅五君以为盟主也。"子木又语王曰："宜晋之伯也，有叔向以佐其卿，楚无以当之，不可与争。"晋荀盈遂如楚莅盟。

　　孔子的弟子们所说的话，也有不少是古礼的反映。例如《里仁》篇：

　　子游曰："事君数，斯辱矣；朋友数，斯疏矣。"

　　这也不见得是子游的发明，而是古代礼制的要求。所谓"数"，是频繁、过于亲密的意思。

　　《仪礼·乡射礼》云，乡射礼之"明日，宾朝服以拜赐于门外。主人不见，如宾服，遂从之，拜辱于门外，乃退"。宾拜主人，为什么主人不见？郑玄注："不见，不亵礼也。"贾公彦疏："礼不欲数，数则渎，主人不见，恐相亵也。"

　　可见，子游的话，是很符合古代礼的精神的，孔子的态度也是一样，他说："所谓大臣者，以道事君，不可则止。"（《先进》）子贡问友，子曰："忠告而善道之，不可则止，毋自辱焉。"（《颜渊》）君臣、朋友之间要保持一定的距离，不能靠得太近。臣事君太近，则不易保持君臣之分，容易自取其辱。朋友之间太近，则易狎，狎则反疏。

　　叔本华的《副业与补遗》有一个比喻：有一群豪猪，在冬天想凑在一起，用体温来御寒。但他们紧靠在一起时，马上又觉得各自身上的刺扎得彼此都很疼，于是赶紧又离开。一离开又觉得冷，于是又靠近，又被扎得很疼。但慢慢地他们找到了彼此之间比较合适的距离，都能够过得很平安，又能取暖。人是社会性的动物，必须相互交往，但是又因为各有可厌的缺陷，必须要保持一定的距离才能够和平共处，英语中也有"Keep your distance!"这样的话。可见古今中外，对于人性的观察结果还是非常相似的，只是具体的处理方式不同而已。

　　《论语》中记载孔子的一些言行，表面上看来，好像孔子不知礼或者违背了礼制，但实际上孔子遵循的是另一条更重要的礼。例如《八佾》篇云：

　　子入太庙，每事问。或曰："孰谓鄹人之子知礼乎！入太庙，每事问。"子闻之曰："是礼也。"

《论语集解》引孔安国注，认为太庙祭礼复杂，孔子虽知而复问，是谨慎之至。这本身就是礼。也许是孔子的名声太大了，他常常受到别人的一些试探，例如：

陈司败问昭公知礼乎？孔子曰："知礼。"孔子退，揖巫马期而进之，曰："吾闻君子不党，君子亦党乎？君取于吴，为同姓，谓之吴孟子。君而知礼，孰不知礼？"巫马期以告。子曰："丘也幸，苟有过，人必知之。"（《述而》）

这位陈司败（郑玄说是齐国大夫，名御寇，孔安国注认为是陈国大夫）明知道鲁昭公违礼，还要问这么个问题，显然是想试探一下孔子的态度。周代的婚姻制度是"同姓不婚"。鲁国始祖周公是文王之子，姬姓。吴国始祖泰伯，是文王的伯父，也是姬姓。按照礼制，昭公是不能娶吴女的，所以陈司败说昭公不知礼。

按照当时的惯例，夫人的称呼是国名加姓，所以昭公娶吴女，本来应该叫"吴姬"。讳娶同姓，所以称吴孟子。

孔子说昭公知礼，其实并不是党不党的问题，而是遵循另外一条礼制。《左传》僖公元年："讳国恶，礼也。"昭公娶吴女，这是国恶，孔子礼应讳之。陈司败的批评其实并不合适，但是孔子却说"丘也幸，苟有过，人必知之"，这是一种很高的姿态，不为自己辩解，承认自己有错。不过，孔子以后删改《春秋》，照样为君讳，《春秋·哀公十二年》："夏五月甲辰，孟子卒。"《公羊传》云："其称孟子何？讳娶同姓。"还是一仍其旧，颇有"虚心接受，死不悔改"的意思。

这莫非也是孔子权的精神——"无可无不可"——的表现吗？

我们也许还应该注意，即使那些原文指明了是在谈礼制的内容，也可能包含着一些"言外之意"。例如《子罕》篇：

子曰："麻冕，礼也，今也纯，俭，吾从众。拜下，礼也，今拜乎上，泰也，虽违众，吾从下。"

麻冕，是麻布做的冕。郑玄注："纯当为缁，古之缁字以才为声。此缁谓黑缯也。俭，约也。绩麻卅升以为冕，其功难成，今人用缯，其功约，故从众。"麻冕比丝冕难做，孔子从俭。拜下与拜上，是指臣见君之礼。臣见君，先在堂下拜，然后升堂，成礼。孔子时，臣子骄泰，先升堂，而后拜。孔子认为这是原则问题，虽然违背众人，但还是遵从拜下。

这里值得注意的是，孔子讲"俭，吾从众"，倒并不是因为他真的觉得"俭"好，而是不得已才从众的。《八佾》篇云：

> 林放问礼之本。子曰："大哉问！礼，与其奢也，宁俭；丧，与其易也，宁戚。"

奢，是奢侈，礼数过头；俭，是礼数不到。易，是简单，礼数不到；戚，是悲痛，礼数过头。准确理解此章的意思，关键在"与其 A 宁 B"这个关联词组上。它蕴含的前提是，A 和 B 都不是理想的选择，只是比较起来，B 要好一点。因此，奢、俭、易、戚在这里都是不理想的。孔子认为，礼的最根本的要求就是得中，不能过，也不能不及，过犹不及。这就是礼之本。《礼记·檀弓上》有一句话可以参考：

> 子路曰："吾闻诸夫子：丧礼，与其哀不足而礼有余也，不若礼不足而哀有余也。祭礼，与其敬不足而礼有余也，不若礼不足而敬有余也。"

所以，孔子对于丝冕的俭，也并不满意，只不过他觉得比较起来还能接受而已。如果拿这个来证明孔子在礼的问题上善于"与时俱进"，就更是差之毫厘，失之千里了。

附：关于三年之丧

在众多的古礼之中，最让古代人头疼、也最受现代人非议的，大概要数三年之丧了。三年之丧，一般是指子为父所服之丧，此外，臣为君、妻为夫，也是三年。三年之丧的内容非常复杂，我们这里只讨论一些跟《论语》相关的内容。

根据《仪礼·丧服》，父死，子服斩衰（截断麻布，不缝边，所谓不缉〔qì〕）之丧三年："斩衰裳，苴绖、杖、绞带，冠绳缨，菅屦。"衰是一块长六尺、宽四尺的布，缀于上衣的心口处，连带也把衣服叫作衰。穿斩衰服，还要戴上用麻做的首绖和腰绖，杖竹杖，用麻做绞带，丧冠用麻绳作缨，穿草鞋。

除了服饰之外，在睡觉和吃饭方面也有严格的限制。《丧服传》："居倚庐，寝苫枕块，哭昼夜无时。歠粥，朝一溢米（二十两曰溢），夕一溢米。寝不脱绖带。既虞（既葬始祭），翦屏柱楣，寝有席，食疏食，水饮，朝一哭，夕一哭而已。既练（十三月时的祭祀），舍外寝（指垩室，见下文"谅阴"的解说），始食菜果，饭素食，哭无时。"炼祭，又称小祥，炼是经过炼制的丝帛，丧满一年，第十三个月时，除首之麻绖，戴练布冠。二十五个月时举行大祥之祭，除丧服，穿正常的服装。隔一个月，第二十七个月，举行禫（dàn）祭，即合祭于宗庙。

至此，三年之丧完毕。所以，三年之丧，实际上是二十七个月。

三年之丧，也许仅仅存在于书面上，在现实中实行情况怎么样，一直很有争议。据孔子说，三年之丧，在商代以前早就如此了：

子张曰："《书》云：'高宗谅阴，三年不言'，何谓也？"子曰："何必高宗？古之人皆然。君薨，百官总己以听于冢宰三年。"（《宪问》）

"高宗谅阴，三年不言"，见于今本《尚书·无逸》："其在高宗，时旧劳于外，爰暨小人。作其即位，乃或亮阴，三年不言。"高宗，殷高宗武丁，商代中期的著名君主。商朝盘庚迁殷之后，比较强盛，盘庚死后，弟弟小辛、小乙相及，国势又衰落。小乙的儿子武丁即位以后，国家中兴，是盘庚之后商代最著名的明君。

谅阴，又写作亮阴、梁闇等，有两种解释：（1）沉默。则正字当作"谅阴"。马融《尚书》注云："谅，信也，阴，默也。"孔安国注同。（2）指居丧的倚庐。则正字当作"梁闇"，闇即庐。其制：士于寝门外、大夫以上在中门外、大门内的东墙下，在离墙五尺的地方，与墙平行放一根木头，再用几根木头，一端斜靠在东墙上，另一端都平行钉在这根长木头上，形成半个屋顶状的空间。这根长木头就好像是横梁，又叫楣。用茅草结成草苫，覆盖在斜木上。初居丧时，从北面出口出入。既葬之后，则以柱把地上的梁支起来，乃西向开户，好像半间屋子，仍用草苫遮蔽，草苫上涂泥，以避风寒。既练之后，累砖为墙，称垩室，仍然西向开户。这就是倚庐，或称梁闇之制。

传说高宗的父亲帝小乙死后，高宗居丧三年，三年之内没有说过话。大臣很着急，让他赶快出命令。于是他写给大臣们说，梦见上帝送给他一个优秀的辅佐大臣，并画了像，让大臣们到处去找，果然在一个叫傅岩的地方找到了傅说，商朝大治。事见晚出的《古文尚书·说命》。据《礼记·丧服四制》《杂记》等篇，古代居父母之丧，不主动与人说话。子张觉得天子三年不言不可思议，所以有此问。从孔子的话来看，他认为天子居父母之丧，三年不理政事，这是古代的礼制。不过，郭沫若就已经指出，从商代甲骨文中还看不出有三年之丧的记载，商王在先王死了之后的三年间还是在正常活动，所以三年之丧并非殷制。他怀疑高宗三年不言是得了一种叫作"不言症"的病。

不过，不管商代的真相如何，孔子是非常相信"古之人皆然"的，所以他多次强调"三年无改于父之道"：

子曰:"父在观其志,父没观其行。三年无改于父之道,可谓孝矣。"(《学而》)

父死,有三年之丧,故三年无改于父道,谓在丧期间。居丧不改父道,孔子以为孝。

曾子曰:"吾闻诸夫子:孟庄子之孝也,其它可能也,其不改父之臣与父之政,是难能也。"(《子张》)

孟庄子是孟献子仲孙蔑之子仲孙速。马融注:"谓在谅阴之中,父臣及父政虽有不善者,不忍改也。"俗话说:"一朝天子一朝臣。"孔子说孟庄子不改父之臣与父之政为难能,看来那时候就已经流行一朝天子一朝臣的改制了。

在孔子的时代,可能已经很少有人守这三年之丧了。不但社会上的一般人如此,连孔子的学生都觉得过分:

宰我问:"三年之丧,期已久矣!君子三年不为礼,礼必坏,三年不为乐,乐必崩。旧谷既没,新谷既升,钻燧改火,期可已矣。"子曰:"食夫稻,衣夫锦,于女安乎?"曰:"安。""女安则为之。夫君子之居丧,食旨不甘,闻乐不乐,居处不安,故不为也。今女安,则为之。"宰我出,子曰:"予之不仁也! 子生三年,然后免于父母之怀。夫三年之丧,天下之通丧也,予也有三年之爱于其父母乎?"(《阳货》)

宰我认为,三年之丧,实在太长。他的理由有二:一是君子三年不为礼乐,必定礼坏乐崩;二是天道一年一个轮回,旧谷尽,新谷已经端上饭桌,钻燧改火,也就一年罢了。所以,服丧一年也就可以了。

孔子也提出了他坚持三年之丧的根据,也是两个方面。一是子女内心的不安:父母之死,吃好的也不觉得好吃,听音乐也不会觉得快乐,住好地方也不会心安,所以宁愿睡稻草、枕土块、吃薄粥。二是报恩:子女生下来,三年才能离开父母的怀抱,所以服丧三年是对父母养育之恩的最低限度的报答。但凡是人,都是如此,所以说是"天下之通丧"。

宰我认为三年之丧太长,这是当时的普遍观念,不只是宰我这么想。《孟子·滕文公上》载,滕定公薨,世子,即滕文公,想行三年之丧礼,派然友去向孟子咨询。然友之邹,问于孟子:

孟子曰:"……诸侯之礼,吾未之学也。虽然,吾尝闻之矣:三年之丧,齐疏之服,飦粥之食,自天子达于庶人,三代共之。"然友反命,定为三年之丧。父兄百官皆不欲,曰:"吾宗国鲁先君莫之行,吾先君亦莫之行也。至于子之身而反之,不可。"

可见,三年之丧,在孟子时代,已经只是一种传说。大概也只有部分孔门弟子才会遵守。

不过,从孔子说"天下之通丧"来看,似乎当时应该有人遵行。《孟子·尽心上》说:"齐宣王欲短丧,公孙丑曰:'为期之丧,犹愈于已乎?'"比"期"长的,就是三年之丧,倘若当时真没有人遵行,齐宣王似乎也没有必要"短丧"了。大概当时三年之丧礼文俱在,虽然人们多不认真执行,约束力还在,所以齐宣王有此一举。

孔子斥责宰予不仁时,他是把父母之丧相提并论的。但事实上,父母亲的丧服是不一样的。在宗法社会中,男女地位不平等,例如妻为夫服斩衰三年,夫为妻服齐衰期。父亲与母亲的地位也是如此。对于母亲,只是服齐衰(截断麻布为衣,缉边),如果父亲还在,只服齐衰一年,所谓"期";如果父亲已经先去世了,则服三年。据《礼记·杂记》,为母之期丧,十一月而练,十三月而祥,十五月而禫。武则天当了皇帝之后,改礼制,即使父亲还在,也要为母亲服三年之丧。

不知道孔子本人会对父母亲的不平等丧服有什么解释。不过,他对于父母之丧都是尽心尽力的。曾子曾说:"吾闻诸夫子:人未有自致者也,必也,亲丧乎。"(《子张》)所谓"致",就是极尽情性。马融注:"言人虽未能自致尽于他事,至于亲丧,必自致尽。"但是我们知道,孔子是非常讲究中庸之道的,对于丧事也是如此,诸如"不以死伤生"这样的原则,都是非常有人性的。曾子的话,是不是符合孔子的思想,还很难说,"自致"是否极尽情性的意思,也还可以讨论。

第五节　《论语》诸"君子"

一、君子与小人

《论语》是一本关于"君子"的书。与君子相对的,是小人。在《论语》中,君子和小人都有两种意义。一是指社会地位,君子指那些出身高贵、地位高的统治者,例如:

子夏曰："君子信而后劳其民，未信则以为厉己也。信而后谏，未信则以为谤己也。"（《子张》）

周公谓鲁公曰："君子不施其亲，不使大臣怨乎不以。故旧无大故则不弃也，无求备于一人。"（《微子》）

第一例中，"君子"与"民"相对而言，第二例中，"君子"和"大臣"是同类，可见都是指贵族。相应地，小人指社会地位低下的人，例如：

子曰："君子怀德，小人怀土，君子怀刑，小人怀惠。"（《里仁》）

子曰："色厉而内荏，譬诸小人，其犹穿窬之盗也与？"（《阳货》）

二是指道德修养，君子指那些有较高的道德修养、能够遵循礼乐的人。《论语》中的君子，主要是在道德的层面上说的，例如：

人不知而不愠，不亦君子乎？（《学而》）

子曰："君子无所争，必也射乎！揖让而升下，而饮，其争也君子。"（《八佾》）

子谓子贱："君子哉若人！鲁无君子者，斯焉取斯？"（《公冶长》）

相应地，小人指那些缺乏道德、不遵守礼乐的人，例如：

子曰："君子易事而难说也，说之不以道，不说也，及其使人也，器之。小人难事而易说也，说之虽不以道，说也，及其使人也，求备焉。"（《子路》）

子曰："君子成人之美，不成人之恶，小人反是。"（《颜渊》）

第一例很能说明问题，其中的君子和小人都可以"使人"，可见都是贵族，他们的差别就在于道德修养。

一般来讲，只有那些有一定地位的人，才有时间和财富去提升自己的道德，修身养性。所以在比孔子更早的时代，君子和小人的这两种意义，其实是合而为一的。古代的人们认为，那些在上位的贵族统治者，也就是那些有道德的人。所以他们把古代的王者，如黄帝、尧、舜等，也看成是道德的最高典范。"君子"从字面意思上讲，就是"君之子"。古代不仅天子和诸侯国君可以称"君"，凡是有土地的人都可以称"君"。《仪礼·丧服传》："君至尊也。"郑玄注："天子诸侯及卿大夫有地者，皆曰君。"这些有土地的人，至少也是大夫的级别。可见"君子"的本义，就是对贵族子弟的尊称。听起来似乎道德也是会代代相传的，印度电影《流浪者》中主人公拉兹的父亲有一句"名言"说："好人的儿子永远是好人,贼的儿子永远是贼。"与此颇有相似之处。

而那些下层的老百姓,既没有知识,也谈不上文化,当然也就谈不上有道德。古人认为,"民"就是无知的文盲。贾谊《新书·大政下》:"夫民之为言萌也,萌之为言盲也。"《尚书·多士》郑玄注:"民,无知之称。"在西周金文中,"民"字写作"𰀀",像一根针刺瞎人的眼睛,非常形象的隐喻,我们今天还有"睁眼瞎"这样的说法。孔子也是这么看的,他说:

生而知之者,上也;学而知之者,次也;困而学之,又其次也;困而不学,民斯为下矣。(《季氏》)

所以他会说"民可使由之,不可使知之"(《泰伯》)这样的话。前人都觉得这话不像圣人应该说的话,这是不了解孔子所处的时代。所以小人既是地位低下的人,同时也是没有道德修养的人。

但是这两种意思后来逐渐分离,特别是到了孔子的时代,差别就很明显了。原因也很简单,贵族也会腐化堕落,而下层的一些士人,如果具备了较高的才能和道德,也可以成为贵族,比如伊尹、姜子牙、百里奚等,孔子自己就说"吾少也贱"(《子罕》)。不过,虽然这两个社会阶层之间会有一些流动,但是孔子还是认为,要让那些社会底层的愚夫愚妇拥有较高的道德,是不可能的,《论语·宪问》说:

子曰:"君子而不仁者有矣夫,未有小人而仁者。"

可见二者之间的地位界限始终还是存在的。

与"小人"相对的还有"大人"一词,大人指的不是一般的贵族,而是地位显赫的王公大臣,例如:

孔子曰:"君子有三畏:畏天命,畏大人,畏圣人之言。小人不知天命而不畏也,狎大人,侮圣人之言。"(《季氏》)

郑玄注:"大人,谓天子诸侯为政教者。"《礼记·礼运》:"大人世及以为礼。"这里的大人至少是卿大夫以上。《孟子·尽心下》:"说(shuì)大人,则藐之。"孟子讲的是,劝说当时的王公大人,就要藐视他们,不要把他们看得很高大。与君子相似,大人也可以指道德非同一般的人,例如《周易·乾卦》:"飞龙在天,利见大人。"《文言》曰:"大人者,与天地合其德,与日月合其明,与四时合其序,与鬼神合其吉凶。先天而天弗违,后天而奉天

二、贵族之"子"

《论语》是关于孔子的书,开卷满是"子曰"。我们知道,"子"的本义是小孩子或儿子,子又为什么可以用于尊称对方?孔子为什么也称"子"?

这个问题其实并不简单,它涉及古代的家族制度。商周时代的家族制度叫作宗法制度,这是当时封建制度的核心支柱。最高统治者是天子,天子把天下的土地都分封给他的亲属和功臣,世代相传。天子的嫡长子继承王位,世代为天子,这是天下的大宗;其他的儿子分封为诸侯,是小宗。诸侯的嫡长子继承父位,是诸侯的大宗;其他的儿子分封为卿大夫,为小宗。诸侯相对于天子为小宗,相对于卿大夫则为大宗。卿大夫的嫡长子继承父位,为其大宗;其他的儿子也各封有采邑,为小宗。天子分封功臣为诸侯,被封的也就是本国的始祖,他的嫡长子继承父位为大宗;其余众子又分封为卿大夫,为小宗。整个社会就是通过这样的家族统治的方式建立起来的,家族制度本身就是国家制度。所以《大学》说:"古之欲明明德于天下者,先治其国;欲治其国者,先齐其家。""家齐而后国治,国治而后天下平。"治理天下和国家,跟治理家族内部事务相差不远。

在这样的社会制度下,最重视的就是家族子嗣的延续,尤其是嫡长子。其实每一个所谓的"父亲",也是这一继承链条上的一个"嫡长子"。当时家族的族长,就是嫡长子,族长也被称为"宗子",宗子也可以单称为"子"。例如《左传·哀公二十七年》载悼公四年:

晋荀瑶帅师围郑。……将门,知伯谓赵孟入之,对曰:"主在此。"知伯曰:"恶而无勇,何以为子?"对曰:"以能忍耻,庶无害赵宗乎!"

知伯让赵襄子攻城,赵襄子说,你是主帅,为什么不自己先攻进去?知伯骂赵襄子貌丑而无勇(赵襄子是当时著名的"丑男子"),何以为赵氏之宗子?赵襄子的回答很有意思,他说,因为我大肚能容,能够忍受耻辱,所以我当宗子,就不会使我们赵氏宗族受到危害。这段文字中,"子"为宗子的意思很明白。

宗子是一个宗族之长,又是祖先血统的延续,以之为男子的尊称,非常合适。"子"的地位,在宗法制度下,跟"父"是对等的:当时,父亲死了,儿子要服三年之丧;嫡长子死了,父亲也要为他服三年之丧，因为他们都是祖先血脉的直接继承者。因此，"父"可以用作古代男子的尊称(也写作"甫")，"子"也可以。用族长、宗子的"子"来表示一个学派的宗师，真是再合适不过了。因为他们都是"掌门人"，同时又承担着谱系传承的重任。这就是为什么先秦诸子都称"子"。

另外还有"夫子"一词，也是尊称。不过，这个词只能用来称呼那些曾经担任过大夫以上高官的人。孔子曾经做过鲁国的司空和司寇，所以也常被称为"夫子"。

三、"志士"与"仁人"

按照宗法制度，统治阶层可以分为天子、诸侯、卿大夫、士。士是贵族阶级的底层。在宗法制度下，贵族的子孙不断增多，实际上不可能每个人都得到分封，因此，又有一个规定，大宗百世不迁，小宗五世则迁，意思是每个家族的亲戚关系只能延续五世，高祖、曾祖、祖父、父亲、本人。从本人的儿子以下，与高祖就不属于同一宗族了。这样，随着时间的推移，越来越多的贵族子弟逐渐沦落为贫穷的士或庶人。另外，国家之间的战争、贵族之间的冲突等等，也会让很多贵族走向没落。孔子的祖先就是宋国的公族，到他的六世祖孔父嘉的时候还是卿大夫，孔父嘉被宋国的另一个大贵族华父督攻杀，子孙沦落到鲁国，到孔子的时候就已经沦落为贫穷的"士"阶层了。所以孔子说"吾少也贱"(《子罕》)。但是这些"士"，虽然贫穷，却有着很高贵的出身，多半也受过相当的教育。孔子的学生，估计基本上都是当时的贵族子弟，以及这些已经沦落为贫穷的"士"的贵族子弟。

士虽然是统治阶级的底层，但是人数众多，他们负有保卫社稷、保卫领主的义务，平时要练习射御的技术，还要诵读诗书、学习礼乐。所以古代的士都是文武全才的。他们不仅有自己的义务和职责，而且形成了自己的一些道德价值观。他们把荣誉看得重于生命；不以贫穷为耻，而把能否实现自己的技艺和理想视为最高目标，因此，他们非常看重知遇之恩，士为知己者死；崇尚勇敢；重然诺，轻生死；同时也很有小贵族的魅力，生性风流，善于谈恋爱。《诗经》的《国风》里有很多关于他们恋爱的记载，例如《召南·野有死麕》：

野有死麕，白茅包之。有女怀春，吉士诱之。

林有朴樕,野有死鹿,白茅纯束。有女如玉。

舒而脱脱兮,无感我帨兮,无使尨也吠。

这一点,与欧洲中世纪的骑士有共通之处。英文有 gallant 一词,既有"勇敢的""侠义的"意思,又有"对妇女献殷勤的""好色的"意思,这个词就来源于古代的"骑士"一词,因为这些骑士既是打仗的主力,又善于谈恋爱,向女士献殷勤。我们今天还称善于讨好女士的人"有骑士风度"。

不言而喻,典型的"士"是很有男性气概的勇士。郭沫若曾说,甲骨文中"士"这个字,就是男根的象形。不管郭说是否符合事实,"士"具备男子汉气概这一点是毋庸置疑的。孔子心目中的理想人格是"仁人",在他看来,仁人必定都是"士"以上的阶层,与小人是无缘的,所谓"君子而不仁者有矣夫,未有小人而仁者"(《宪问》)。他说:

志士仁人,无求生以害人,有杀身以成仁。(《卫灵公》)

"仁"与士的男性气概之间可能是有联系的。《诗经》中有两个"仁"用来赞美猎人,《郑风·叔于田》:

叔于田,巷无居人。岂无居人? 不如叔也,洵美且仁。

叔于狩,巷无饮酒。岂无饮酒? 不如叔也,洵美且好。

叔适野,巷无服马。岂无服马? 不如叔也,洵美且武。

《齐风·卢令》:

卢令令,其人美且仁。

卢重环,其人美且鬈。

卢重鋂,其人美且偲。

有学者认为,在这个语境中,"仁"指的就是某种类似于有男人气或健壮的意思。这一论证本身没有多少道理,因为我们不能把"好""鬈""偲"都解释为勇壮的意思。但是,这个说法倒是能给人一点启发,史华兹(Benjamin I.Schwartz)说,在拉丁文中,名词 vir 表示男子、丈夫,派生出拉丁文 virtus,意为成年、精力充沛,又派生出英文的 virtue,表示道德、美德的意思。古代的士,都精于礼乐射御书数,文武双全,孔子所讲的"志士"与"仁人"之间,未必就没有这种联系,因为孔子说过:"仁者必有勇,勇者不必有仁。"(《宪问》)

四、圣人

在孔子的思想中,仁人已经是一个非常高的标准了。像尧舜这样的古代圣王,称为仁人大概是没有问题的;在《论语》中,孔子提到的够得上仁人称号的,却屈指可数。当然,如果用朱子"本心之全德"的标准来衡量,这一点也不算奇怪。《述而》:

(子贡)曰:"伯夷、叔齐何人也?"曰:"古之贤人也。"曰:"怨乎?"曰:"求仁得仁,又何怨?"

孔子称伯夷、叔齐得到了"仁",大概这两个人可以算仁人了。《宪问》:

子路曰:"桓公杀公子纠,召忽死之,管仲不死,"曰:"未仁乎?"子曰:"桓公九合诸侯,不以兵车,管仲之力也。如其仁,如其仁。"

又《微子》篇云:

微子去之,箕子为之奴,比干谏而死。孔子曰:"殷有三仁焉。"

在孔子的弟子中,他最欣赏的颜回,也只是能在短时间内达到仁的标准。《雍也》云:

子曰:"回也,其心三月不违仁,其余则日月至焉而已矣。"

可见成为仁人的难度。

孔子说仁是"爱人",这是仁的核心,贯穿仁的各个方面,其他的好品德都是爱人的具体表现:爱父母,就是孝;爱兄弟,就是弟;爱他人,就是对人忠;爱人之人必遵礼而行,所以,"克己复礼为仁";爱人者,见义勇为,所以义勇也是仁;对人恭敬(恭)、宽容(宽)、守信(信)、做事勤奋(敏)、乐善好施(惠)、言语谨慎(讱),都是爱人的表现。如果只就仁的某一方面而言,大概仁人就多了。例如子贡曾经问仁,孔子回答说:"居是邦也,事其大夫之贤者,友其士之仁者。"(《卫灵公》)"士之仁者"就是从仁的某一方面的品质而言的。

尽管仁人已经可以算是孔子心目中的完美人格了,但他似乎认为,在这之上,还有更高等的君子,就是圣人,《雍也》篇说:

子贡曰:"如有博施于民而能济众,何如? 可谓仁乎?"子曰:"何事于仁? 必也,圣乎! 尧舜其犹病诸。夫仁者,己欲立而立人,己欲达而达人。能近取譬,可谓仁之方也已。"

孔子在其他地方也提到过圣人,但是并没有显示出比仁人高的意思:

子曰："圣人，吾不得而见之矣；得见君子者，斯可矣。"（《述而》）

孔子曰："君子有三畏：畏天命，畏大人，畏圣人之言。小人不知天命而不畏也，狎大人，侮圣人之言。"（《季氏》）

在商代甲骨文、西周金文中，圣字写作"𦔻"，像一个人竖起耳朵听的样子，还特别突出一张口，表示询问、说话。一个人能够认真地听、勤快地问，就会有知识、有学问，人就会聪明。古代的知识和智慧，都在口耳相传之间。《诗经》和《尚书》中常常提到"圣"：

母氏圣善，我无令人。（《邶风·凯风》）

召彼故老，讯之占梦，具曰予圣。（《小雅·正月》）

皇父孔圣，作都于向。（《小雅·小旻》）

人之齐圣，饮酒温克，彼昏不知，壹醉日富。（《小雅·小宛》）

人之有技，若己有之，人之彦圣，其心好之。（《尚书·秦誓》）

惟圣罔念作狂，惟狂克念作圣。（《尚书·多方》）

所以，圣人本来是指非常聪明的人，并没有什么神圣含义。例如当时就有人称鲁国大夫臧武仲为圣人，《左传·襄公二十二年》：

臧武仲如晋。雨，过御叔。御叔在其邑，将饮酒，曰："焉用圣人？我将饮酒而已。雨行，何以圣为？"

《国语·楚语下》记载楚庄王的大臣观射父称古代的巫觋"其圣能光远宣朗"。《孟子·万章下》："伯夷，圣之清者也；伊尹，圣之任者也；柳下惠，圣之和者也；孔子，圣之时者也。"具有明显的道德色彩。但孔子在这里把"圣"变成了一个超越现实人格的完美的人格模型。不过，《雍也》篇的这段话多少有一点随机性的夸张，因为孔子没有提到过还有什么人比尧舜更伟大。如果连尧舜这样的伟大先王都不足以称为圣人的话，圣人的概念也就没有什么现实意义了，"畏圣人之言"也就成了一句空话。

所以，孔子讲的"尧舜其犹病诸"的"圣人"，肯定不是圣人的本义。这个圣人，是孔子的一个临时性的发挥。

后学把孔子称为圣人，但是孔子自己从来不说自己是圣人，《述而》：

子曰："若圣与仁，则吾岂敢？抑为之不厌，诲人不倦，则可谓云尔已矣。"公西华曰："正唯弟子不能学也。"（《述而》）

这一点也不足为怪。在我看来，孔子从不自称圣人这一点，恰恰是他可以成为圣人的前提。焉有圣人而自称圣人者乎？正如孔子自己所言："如有周公之才之美，使骄且吝，其余不足观也已！"（《泰伯》）

五、成人

在《论语》中，有很多接近于完美人格的表述，除了我们提到过的圣人、仁人、善人、有恒者之外，还有一种叫作"成人"的人。孔子只有一处谈到成人的概念，这还是缘于子路的发问：

子路问成人，子曰："若臧武仲之知，公绰之不欲，卞庄子之勇，冉求之艺，文之以礼乐，亦可以为成人矣。"曰："今之成人者何必然？见利思义，见危授命，久要不忘平生之言，亦可以为成人矣。"（《宪问》）

臧武仲，鲁国大夫臧孙纥，以智慧闻名。公绰，鲁国大夫孟公绰，以淡泊名利闻名。卞庄子，鲁国卞邑大夫，以勇力闻名，《史记·陈轸传》记载他刺虎的故事。冉求，孔子弟子冉有，以多才多艺闻名。

"成人"这个词，颇有意味。我们知道，古代男子二十举行冠礼，表示已经成人了，拥有成人世界的各种权利，也必须尽成人的义务。成人是相对于未成人而言的，未成年人始终是父母的附庸，还不能独立，需要父母的指导。孔子认为成人不仅仅是成年，在道德上也应当达到一定的高度。但是孔子赋予成人的道德含义接近于完美人格，这不是一般人都能做到的。从道德的意义上讲，一般人只能理解为未成人。这一隐喻与古代的一个重要观念相符合：就是把在上位的君子，看成民之父母，而老百姓当然就成了他们的儿女，需要照顾和教育。《诗·小雅·南山有台》："乐只君子，民之父母，乐只君子，德音不已。"《大雅·泂酌》："岂弟君子，民之父母。"《礼记·孔子闲居》一篇，对于君子何以为民之父母有很深入的阐发，可见后来把当官的叫作老百姓的"父母官"，其观念由来已久。

在孔子的思想中，所谓的未成人无非是指缺乏礼乐修养的人。成人的德性，主要就是从礼乐的角度来说的。孔子说："兴于诗，立于礼，成于乐。"（《泰伯》）一个人有了各种特长，还不够，最重要的是能够立足于礼乐，用礼乐来指导自己的行为，这样的人才可以叫成人。所以《左传·昭公二十五年》记载郑国子太叔的话说："人之能自曲直以赴礼者，谓之成人。"所以成人有赖于学习。"成"，也含有通过学习而成就的意思，没有学成之前只能叫"学者"，学成以后才能叫"成人"。《论语》中把求学的人都叫作"学者"：

子曰："古之学者为己，今之学者为人。"（《宪问》）

所谓"为己"，是指自己的学问修养；"为人"，是指为人所用或人前显扬。我们今天把做研究的人叫作学者，倒也很恰当。

孔子对于成人的标准也有高低两种。高标准是不仅要具备智慧、无欲、勇敢、才能，还要以礼乐来修饰自己。但是他说完之后，可能自己也觉得太理想化了，因此话锋一转，又说，在现在这个世道，能够做到"见利思义，见危授命，久要不忘平生之言"，也已经算是很完美了。

汉代有"成学"一词，与此类似。《史记·十二诸侯年表》云：

于是谱十二诸侯，自共和讫孔子，表见《春秋》《国语》学者所讥盛衰大指著于篇，为成学治古文者要删焉。

不过，这个"成学"的境界，较之孔子所说的"今之成人"的境界，是每况愈下了。

六、隐士之狂与狷

《论语》中还有一种很重要的人，叫作逸民，也就是隐士。这是一群在混乱的时代怀抱理想，不愿意舍己从人、同流合污，宁愿默默无闻，也不愿出来为当局效力的人。《论语》中记载了很多这样的人，《微子》一篇最多：

逸民：伯夷、叔齐、虞仲、夷逸、朱张、柳下惠、少连。子曰："不降其志，不辱其身，伯夷、叔齐与？"谓柳下惠、少连："降志辱身矣，言中伦。行中虑，其斯而已矣。"谓虞仲、夷逸："隐居放言，身中清，废中权。""我则异于是，无可无不可。"

从孔子的评论看起来，这些人之所以成为逸民，主要是因为其志向与当时的世道不合，或者说是持不同政见者。他们不但有自己的处世原则，还可以放言评论时政。

逸民的根本特点是他们虽在民间，但是名声很大。这些人中不乏我们熟悉的人，例如伯夷、叔齐、柳下惠等，也有很多人今天鲜为人知，例如夷逸、朱张、少连等，但是在当时，他们可都是大名鼎鼎的。这多少有一些反讽意味：本来是要把自己隐藏起来，可是名声反而很大。所以后世对于隐士，总不免要怀疑他们是不是想走"终南捷径"——想要当官有困难，就先上终南山做隐士去，用不了多久，就以高士著称，于是朝廷就会主动来请他出山，做官的梦想也就实现了。

不过，孔子时代的隐士好像还比较单纯，还没有这么深远的谋略，很多确实也没有留下自己的名字，比如石门的晨门、卫国批评孔子击磬的荷蒉者等。

总起来说，这些隐士，在当时属于狂狷两类。狂人的行为比较古怪，有些癫狂，其思想可能比较激进。例如著名的楚狂接舆：

楚狂接舆歌而过孔子，曰："凤兮凤兮，何德之衰？往者不可谏，来者犹可追。已而已而，今之从政者殆而！"孔子下，欲与之言。趋而辟之，不得与之言。（《微子》）

李白的诗说："我本楚狂人，凤歌笑孔丘。"接舆被称为狂人，倒并不是因为他唱歌笑话孔子。《楚辞·涉江》说："接舆髡首兮，桑扈裸行。"髡首就是剃发，可见他行为乖僻，是一个典型的狂人。这与我们现代的诗人不同，他们喜欢留长发，接舆也是诗人，却偏偏喜欢把头发剃了。倒是今天有很多对现实不满的人（愤青），常常自残身体或剃光头（蒋介石也剃光头，他说是象征革命），与接舆相似。

屈原把接舆和桑扈并列，桑扈更是惊世骇俗。即使我们现代社会，也只有美国这样的发达国家才有"裸奔"的习俗，没想到两千五百年前的桑扈是他们"裸帮"帮主。这个桑扈，就是《论语·雍也》的子桑伯子：

仲弓问子桑伯子。子曰："可也，简。"仲弓曰："居敬而行简，以临其民，不亦可乎？居简而行简，无乃大简乎？"子曰："雍之言然。"

狂常常与"简"有关，简是质朴无礼文，不讲繁文缛节，回归自然，这是这些狂士的共同特点，恰好与孔子的礼文冲突。不过孔子说"可也简"，对子桑伯子的简有一定的认同。《说苑·修文》有一个生动的故事，可以让我们理解子桑伯子之简：

孔子曰："可也，简。"简者，易野也。易野者，无礼文也。孔子见子桑伯子，子桑伯子不衣冠而处。弟子曰："夫子何为见此人乎？"曰："其质美而无文，吾欲说而文之。"孔子去，子桑伯子门人不说，曰："何为见孔子乎？"曰："其质美而文繁，吾欲说而去其文。"故曰：文质修者，谓之君子，有质而无文，谓之易野。子桑伯子易野，欲同人道于牛马，故仲弓曰太简。

著名的长沮、桀溺，可能也属于这类人：

长沮、桀溺耦而耕。孔子过之，使子路问津焉。长沮曰："夫执舆者为谁？"子路曰："为孔丘。"曰："是鲁孔丘与？"曰："是也。"曰："是知津矣。"问于桀溺，桀溺曰："子为谁？"曰："为仲由。"曰："是鲁孔丘之徒与？"对曰："然。"曰："滔滔者，天下皆是也，而谁以易之？且而与其从辟人之士也，岂若从辟世之士哉？"耰而不辍。（《微子》）

长沮、桀溺回答子路的话，明显透着狂气。孔子还有一个"老而不死"的朋友，也是这一类狂人：

原壤夷俟。子曰："幼而不孙弟，长而无述焉，老而不死，是为贼！"以杖叩其胫。（《宪问》）

单从这一章，还看不出原壤的狂来，《礼记·檀弓下》说：

孔子之故人曰原壤，其母死，夫子助之沐椁。原壤登木，曰："久矣，予之不托于音也！"歌曰："狸（lí）首之斑然，执女手之卷（quán）然。"夫子为弗闻也者而过之。

这就活脱脱一个狂生的形象了。据说庄子的夫人去世以后，庄子鼓盆而歌，跟原壤有点类似。

另一类是狷。狷是狷介，自视清高，不愿意被世俗污染。荷蓧丈人就是一个典型的狷者：

子路从而后，遇丈人，以杖荷蓧。子路问曰："子见夫子乎？"丈人曰："四体不勤，五谷不分，孰为夫子？"植其杖而芸。子路拱而立。止子路宿，杀鸡为黍而食之，见其二子焉。明日，子路行以告，子曰："隐者也。"使子路反见之，至则行矣。子路曰："不仕无义。长幼之节，不可废也，君臣之义，如之何其废之？欲洁其身，而乱大伦。君子之仕也，行其义也。道之不行，已知之矣。"（《微子》）

"欲洁其身"，这是狷者的特点。据说尧的时候，有一个叫许由的隐士，尧想把天下让给他，他觉得尧的话污染了他的耳朵，跑到黄河边上去洗耳朵。孔子提到的伯夷、叔齐，义不食周粟，宁愿饿死在首阳山，也可谓狷之极矣。

这些逸民散居在民间，有的还亲自耕种。例如孔子碰到长沮、桀溺时，两人正在"耦而耕"（《微子》）；子路问荷蓧丈人，丈人"植其杖而芸"（《微子》）。

这些散居在民间的逸民,对于当地的人民可能是有很大影响的,如能为邦家所用,也足以移风易俗,因此孔子说:

> 兴灭国,继绝世,举逸民,天下之民归心焉。(《尧曰》)

孔子对这些逸民的态度多少有一些矛盾心理。一方面,他对于这些隐士是非常尊重的,他自己曾经说过:"天下有道则见,无道则隐。邦有道,贫且贱焉,耻也。邦无道,富且贵焉,耻也。"(《泰伯》)"邦有道,谷;邦无道,谷,耻也。"(《宪问》)孔子认为自己所处的是一个"礼坏乐崩"的时代,在这个时代做隐士,其实是符合他的一贯主张的。所以当曾皙说出他的理想"莫春者,春服既成,冠者五六人,童子六七人,浴乎沂,风乎舞雩,咏而归"时,夫子喟然叹曰:"吾与点也!"大有归隐之志。

但另一方面,孔子又很想改变这个世界,实现他所谓的道。他回答长沮、桀溺的批评时说:"鸟兽不可与同群,吾非斯人之徒与而谁与? 天下有道,丘不与易也。"(《微子》)他让子路告诉荷蓧丈人说:"不仕无义。长幼之节,不可废也,君臣之义,如之何其废之? 欲洁其身,而乱大伦。君子之仕也,行其义也。道之不行,已知之矣。"(《微子》)这种矛盾的心态,被石门的晨门一语道破:"是知其不可而为之者。"

不过,我们应该注意到,孔子认为他与这些隐士的差别在于"无可无不可",似乎坚信自己的这一态度才是最高的境界。这实际上是一种"执中权变"的思想,就是根据具体情况决定到底该怎么做,也就是他不遗余力地倡导的中道、中庸思想,是他指导自己行为的最高准则。跟孔子所提出的很多概念一样,这是一般人所做不到的:

> 子曰:"中庸之为德也,其至矣乎! 民鲜久矣。"(《雍也》)

我们可以理解,孔子活着应该是感觉到很寂寞的,因为他说的圣人,他没有见过;仁人,也没有见过;善人,也没有见过;刚者,也没有见过;就连好学者,除了他自己之外,也就只有一个颜回。所以孔子自己也经常感叹没有人理解他:

> 子曰:"莫我知也夫!"子贡曰:"何为其莫知子也?"子曰:"不怨天,不尤人,下学而上达,知我者,其天乎?"(《宪问》)

他说的能够实行中道的人,在现实世界中,他也同样找不到。所以,他只能退而求其次:

> 子曰:"不得中行而与之,必也狂狷乎? 狂者进取,狷者有所不为也。"(《子路》)

子在陈，曰："归与归与！吾党之小子狂简，斐然成章，不知所以裁之。"（《公冶长》）

《孟子·尽心下》记载万章与孟子的问答：

万章问曰："孔子在陈，曰：'盍归乎来！吾党之士，狂简进取，不忘其初。'孔子在陈，何思鲁之狂士？"孟子曰："孔子不得中道而与之，必也狂狷乎！狂者进取，狷者有所不为也。孔子岂不欲中道哉？不可必得，故思其次也。""敢问何如斯可谓狂矣？"曰："如琴张、曾皙、牧皮者，孔子之所谓狂矣。""何以谓之狂也？"曰："其志嘐嘐然，曰：'古之人，古之人。'夷考其行而不掩焉者也。狂者又不可得，欲得不屑不洁之士而与之，是狷也。是又其次也。"

按照孟子的说法，狂者与狷者是有等级的：中道之人是最高境界，其次是狂者，其次是狷者。

七、子之所恶

孔子是很有宽容精神的，他一般不讨厌别人。但有时候生起气来，他也会说某些人的坏话。在《论语》中，孔子也有一些讨厌的人，例如一些很麻烦的女子与小人：

子曰："唯女子与小人为难养也，近之则不孙，远之则怨。"（《阳货》）

还有一些巧言乱德的"佞人"：

子路使子羔为费宰，子曰："贼夫人之子。"子路曰："有民人焉，有社稷焉，何必读书，然后为学？"子曰："是故恶夫佞者。"（《先进》）

孔子还提到过"鄙夫"：

子曰："鄙夫可与事君也与哉！其未得之也，患得之，既得之，患失之。苟患失之，无所不至矣。"（《阳货》）

不过，鄙人或鄙夫原来是个中性词，并没有贬义，贬义是后来引申的。鄙的本义是边鄙，例如《左传·襄公二十五年》："春，齐崔杼帅师伐我北鄙。"古代城邑郊外的居民编制也有叫鄙的，《周礼·遂人》："五家为邻，五邻为里，四里为酂（zàn），五酂为鄙，五鄙为县，五县为遂。"孔子的弟子中也有一些就是属于"鄙人"，例如《吕氏春秋·尊师》云："子张，鲁之鄙家。"《荀子·大略》："子贡、季路，故鄙人也。"《尸子》上："子路，卞之野人也。"所以鄙夫就是住在郊野的人，野外的鄙夫见识少，文化程度低，因此引申为低贱、粗鄙的意思，类似今人说的"乡巴佬"。例如《左传》曹刿说："肉食者鄙，未能远谋。"（《庄公十年》）《论语》说：

子闻之曰："太宰知我乎！吾少也贱，故多能鄙事。"（《子罕》）

君子所贵乎道者三：动容貌，斯远暴慢矣；正颜色，斯近信矣；出辞气，斯远鄙倍矣。（《泰伯》）

子击磬于卫。有荷蒉而过孔氏之门者，曰："有心哉，击磬乎！"既而曰："鄙哉，硁硁乎！莫己知也，斯己而已矣。深则厉，浅则揭。"（《宪问》）

所以，鄙夫就是那些缺乏教养、道德低下的人。

孔子最讨厌的大概要数一种叫作"乡原"的人了：

子曰："乡原，德之贼也。"（《阳货》）

乡原，是指那些表面忠厚，不得罪人，其实是媚俗阿世之流。《孟子·尽心下》云："阉然媚于世也者，是乡原也。"朱子《集注》云："阉，如奄人之奄，闭藏之意也。媚，求悦于人也。孟子言，此深自闭藏以求亲媚于世，是乡原之行也。"据《孟子》，乡原的原即"愿"，是老实的意思；乡愿，是一乡之人都称为老实人的那种人。《尽心下》云：

万子曰："一乡皆称原人焉，无所往而不为原人，孔子以为德之贼，何哉？"曰："非之无举也，刺之无刺也；同乎流俗，合乎污世；居之似忠信，行之似廉洁；众皆悦之，自以为是，而不可与入尧舜之道，故曰德之贼也。孔子曰：'恶似而非者：恶莠，恐其乱苗也；恶佞，恐其乱义也；恶利口，恐其乱信也；恶郑声，恐其乱乐也；恶紫，恐其乱朱也；恶乡原，恐其乱德也。'"

按照《孟子》的解释，则"乡愿"是一个偏正结构的词，表示"一乡之愿人"。这类人有点像后来讲的"好好先生"。三国时候有个名士司马徽，就是向刘备推荐伏龙、凤雏的那位水镜先生。他住在荆州时，知道当时荆州刺史刘表性格阴暗，常害善人，所以不敢随便评论人。每当有人问他某人怎么样时，他一概说"好"。他的太太看不惯了，说人家向你咨询，是要你给个中肯的意见，你怎么谁都说"好"？他说："你这样说，也很好啊。"其谨慎如此。孔子讨厌这样的人，证明他还是一个很有原则的人。

另外有不同的解释。《集解》引周氏曰："所至之乡，辄原其人情而为意以待之，是贼乱德也。一曰:乡,向也,古字同。谓人不能刚毅,而见人辄原其趣向,容媚而合之。"这里有两种解释,都把原看成是动词,是推究的意思,前一说是推究所至之乡的人情,后一说是推究别人的趣向,两者都是一个被动式的主谓结构的词。

我个人认为《孟子》的解释比较合理,主要有两个原因:一是语言上比较顺,二是时代上也与孔子比较接近。不过,这些解释虽然对"乡原"一词的成分有不同的分析,但对"乡原"这个词义的解释却是一致的。

第六节 《论语》中的难解之谜

《论语》中有不少话,我们今天读起来不知所云,有点一头雾水的感觉,就好像谜语一样。要理解它们,找不到切实的证据,只能依靠猜测。这种"谜语"的产生,有主观和客观两个方面的原因。一方面,《论语》多格言警句,言辞本来就比较简略,又省略了说话的背景,加上在流传过程中可能产生的错误,客观上造成了难题;另一方面,孔子和弟子、时人的某些对话,本身就很含蓄,有点打哑谜的色彩,当时的听话人就需要一定的悟性,隔了两千五百多年,要想猜透其中的意思,更是难上加难了。因此,这里要讨论的问题,真正是、也只能是探讨性质的。也许,也正是因为这种不确定性,多少增加了阅读《论语》的趣味性。

《八佾》篇就有一个明显是打哑谜的例子:

王孙贾问曰:"'与其媚于奥,宁媚于灶',何谓也?"子曰:"不然。获罪于天,无所祷也。"

王孙贾是卫灵公的大夫。看来此章的问答是在孔子居卫时。

室中西南隅谓之奥,是室中最尊贵的地方,为尊者所居,凡祭祀都在奥。郑注:"宗庙及五祀之神皆祭于奥。"灶就是灶神。"与其媚于奥,宁媚于灶",应该是当时人的俗语。大概奥是尊神,但是离人较远,灶是小神,但是与人的关系密切。俗语认为,灶虽是小神,但是能够带来实际的利益或危害,所以与其巴结尊贵然而遥远的奥神,不如先巴结低级然而切身的灶神更实际。今天还有"县官不如现管""官不在高,有权则行"这样的话。孔子认为不然,尊贵的神莫过于天,如果违反天理,得罪了天,那就向谁祈祷都没有用了,所以不能只顾眼前的利益。

王孙贾问的问题很有意思,他不会不懂这句俗谚的意思,既然拿来问孔子,应该有弦外之音。由于缺乏语境,王孙贾的话究竟是什么意思,不得而知。前人也有很多猜测,见仁见智。这件事情可能跟见南子有关。子见南子,子路不说,逼得孔子对天发誓:"予所否者,天厌之,天厌之。"王孙贾的问题可能也是针对这件事而问。王孙贾把奥比作执政的大臣,把灶比作南子,他问的是,您不直接与卫国执政的大臣交往,却与南子见面,是不是想通过巴结南子来得到官位?这可不是君子的办法。您自己不也说"富与贵,是人之所欲也,不以其道得之,不处也"(《里仁》)吗?王孙贾的话很有艺术性,是很高明的"外交辞令"。在当时的情境下,孔子当然知道他的真正所指,回答说,我没有什么不正当的行为,并非如您所想的那样,上天可鉴,得罪了上天的话,无处容身。这也是"天厌之"的意思。两人的问答在我们看来好像是猜谜语,但是王孙贾的问话很符合他的身份,既不失礼貌,又不失责备之意,跟《左传》中所记载的那些外交辞令如出一辙。

王孙贾的哑谜还是出于礼貌问题,只是一种谈话的艺术,有一些哑谜却是出于政治安全的考虑,不得不如此。例如《八佾》篇:

哀公问社于宰我。宰我对曰:"夏后氏以松,殷人以柏,周人以栗,曰使民战栗。"子闻之曰:"成事不说,遂事不谏,既往不咎。"

成事和遂事都是已经做成了的事情,但是遂事强调的是当事人根据事件发生时的形势临时做出决断。

宰我的回答不符合立社的实际情况。古代社主所用之木,并无一定,而是根据各地的情况不同,因地制宜。《周礼·大司徒》云:"设其社稷之壝而树之田主,各以其野之所宜木。"故孔安国注云:"凡建邦立社,各以其土所宜之木。宰我不本其意,妄为之说。因周用栗,便云使民战栗。"

一般认为宰我并不知道社的真实情况,他对哀公是胡说八道(如孔注和郑注)。如果是这样的话,孔子对他的评论就显得有些无可奈何。

不过,当时的社是国家非常重要的祭祀,从朝廷到普通老百姓都有祭祀社的活动,这是当时人的常识。哀公和宰我竟然都不知道立社之意,似乎也有点不合情理。如果他们南宋胡安国《春秋传》说,社有主杀之意,例如古代军队打仗时,常要祭祀社,《尚书·甘誓》:"弗用命,戮于社。"这段话是哀公想要除掉三桓,假借问社来向宰我请教。宰我言"使民战栗",是劝哀公痛下决心,三桓可杀。果真如此,则此章的意义就非常丰富了。孔子大概觉得三家势力太大,已经无法挽救了,他是在委婉地提醒宰我和哀公不要再重蹈昭公的覆辙。鲁昭公的时候,就想除掉三桓,可惜没有成功,反而被三家逐出了鲁国。当时鲁国政权完全掌握在三家的手中,很可能哀公的左右还有不少三家的耳目,所以商量这种事情本身就是很危险的。哀公与宰我之间的这种对话也只能依靠打哑谜的方式来展开。

鲁国君弱臣强,国君反对季氏的斗争不敢公开化,往往很有权谋。例如《公羊传·昭公二十五年》经云:"秋七月,上辛,大雩。季辛,又雩。"传:"又雩者何? 又雩者,非雩也,聚众以逐季氏也。"何休注:"一月不当再举雩。言又雩者,起非雩也,昭公依托上雩,生事聚众,欲以逐季氏。"

《论语》的主要内容是关于为人处世的基本修养,但并不限于此。子不语权谋,但《论语》所记载的言论涉及当时社会上的很多事件和人物,而且不乏大事件、大人物,因此不可避免地会沾染上一些政治谋略的色彩。

孔子对于管仲的评价就是这方面的一个非常有意思的问题。一方面,孔子认为管仲真够得上仁人的标准:

子路曰:"桓公杀公子纠,召忽死之,管仲不死。"曰:"未仁乎?"子曰:"桓公九合诸侯,不以兵车,管仲之力也。如其仁,如其仁!"(《宪问》)

子贡曰:"管仲非仁者与? 桓公杀公子纠,不能死,又相之。"子曰:"管仲相桓公,霸诸侯,一匡天下,民到于今受其赐。微管仲,吾其被发左衽矣。岂若匹夫匹妇之为谅也,自经于沟渎而莫之知也。"(《宪问》)

可是,另一方面,孔子曾经明确地批评过管仲不知礼:

子曰:"管仲之器小哉!"或曰:"管仲俭乎?"曰:"管氏有三归,官事不摄,焉得俭?""然则管仲知礼乎?"曰:"邦君树塞门,管氏亦树塞门。邦君为两君之好,有反坫,管氏亦有反坫。管氏而知礼,孰不知礼!"(《八佾》)

这一章很重要,牵涉到孔子评价人物的标准。孔子认为管仲器小、奢侈,又不知礼,但是他又把"仁"的评价给予管仲,这是为什么?在孔子看来,管仲是一位了不起的英雄,"微管仲,吾其被发左衽矣",因此,孔子把管仲看成是一位文化英雄。他并不因为管仲器小、奢侈、不知礼而否定他的伟大,可见孔子并不是一个非常拘泥的人。郭店楚简《尊德义》云:"苟无大害,小节出入可也。"这很符合孔子的思想。

不过,《左传》对于管仲的记载有所不同。管仲辅佐齐桓公成就霸业,靠的就是仁义礼智。在具体的问题上,他也是非常注重上下尊卑的礼仪的,例如僖公十一年云:

冬,齐侯使管夷吾平戎于王,使隰朋平戎于晋。王以上卿之礼飨管仲。管仲辞曰:"臣,贱有司也,有天子之二守国、高在,若节春秋来承王命,何以礼焉?陪臣敢辞。"王曰:"舅氏!余嘉乃勋,应乃懿德,谓督不忘。往践乃职,无逆朕命!"管仲受下卿之礼而还。君子曰:"管氏之世祀也宜哉!让不忘其上。《诗》曰:'恺悌君子,神所劳矣。'"

可见管仲其实是非常守礼的。那么,为什么管仲在那些私人问题上会"犯错误"呢?这里面是有一些政治上的谋略的。

齐桓公把整个国家的政权都交给了管仲,从古代君主的权谋术出发,他对管仲恐怕不能完全没有顾虑。《战国策·东周策》:"《春秋》记臣弑君者以百数,皆大臣见誉者也。故大臣见誉,非国家之美也。"所以很多著名的大臣都会故意损坏自己的名誉,表示自己无意收买民心,以此来取得君主的信任。管仲的奢侈和违礼行为,正是他要消除桓公疑虑的保身之计,免得有收买人心的嫌疑。汉初黥布谋反,刘邦和黥布在前线打仗,让萧何治理后方,经常派人看看萧何在干什么。萧何起初严于律己,克己奉公,勤勤恳恳,后来有人告知其中奥妙,他才恍然大悟,开始大置产业,强买民田。汉高祖这才放心。可见,这里面是有微妙的君臣之术的。孔子虽然评价管仲不知礼,但还是许之以仁,他应该是很明白其中的奥妙的。《说苑·臣术》有一个故事可以参考:

子路为蒲令,备水灾,与民春修沟渎。为民烦苦,故人与一箪食,一壶浆。孔子闻之,使子贡复之。子路愤然不悦,往见夫子曰:"由也以暴雨将至,恐有水灾,故与民修沟渎以备之,而民多匮于食,故与人一箪食,一壶浆,而夫子使赐止之,何也?夫子止由之行仁也?夫子以仁教而禁其行仁也,由也不受。"子曰:"尔以民为饿,何不告于君,发仓廪以给食之;而以尔私馈之,是汝不明君之惠,见汝之德义也。速已则可矣,否则尔之受罪不久矣!"子路心服而退也。

孔子告诫子路，如果要给老百姓粮食，就要以君的名义，不能凭自己的私惠，这是掩盖君主的恩惠，而彰明自己的德义，是收买民心的行为。如果不赶快停止，就会招来罪愆。这是对子路的关心和爱护。

所以，孔子责管仲以非礼，是就实际发生的事实而言；他许管仲以仁，是看到管仲的实质，深明大义。

孔子做过大官，对于政治事件的理解力应该也不差。所以他晚年能够当鲁国的国老，以备顾问。对于时事，他还是很有洞察力的。

《季氏》篇载季氏将伐颛臾，孔子把辅佐季氏的冉有、子路叫去责问，冉有起初想含糊过去，可是孔子不依不饶，最后冉有只好说了实话："今夫颛臾，固而近于费，今不取，后世必为子孙忧。"孔子责备他说：

今由与求也相夫子，远人不服而不能来也，邦分崩离析而不能守也，而谋动干戈于邦内，吾恐季孙之忧，不在颛臾，而在萧墙之内也。

萧墙是大门内的屏风。郑玄注："萧之言肃也，墙谓屏也。君臣相见之礼，至屏而加肃敬焉，是以谓之萧墙。"因此借代指自己家族内部。

"吾恐季孙之忧，不在颛臾，而在萧墙之内也"，这句话过去有两种理解：(1)季孙的真正忧患，在自己的家中。《集解》引郑玄注："后季氏家臣阳虎果囚季桓子。"但郑注有问题，因为冉有和子路为季氏臣，在鲁哀公十一年之后，阳虎囚季桓子在鲁定公八年。季桓子被囚远在谋伐颛臾之前。所以郑注所引之事不合史实。(2)萧墙之内指鲁君。此清代方观旭《论语偶记》之说。方氏认为：按照古代礼制，天子外屏，诸侯内屏，大夫帘，士帷而已。萧墙非季氏所当有，萧墙之内当指鲁君。季孙长期把持朝政，与鲁君之间的矛盾由来已久，鲁君曾多次想除去三桓。季孙怕鲁君对他下手时，颛臾帮助鲁君。颛臾"固而近于费"，一旦与鲁君联合，对季孙的威胁非常大，所以季孙想先把它吃掉，以免后顾之忧。孔子的意思是，季孙攻打颛臾的真正忧虑是鲁君。

方氏的分析确实有一定道理，很有政治权谋。这样理解，也可以显示曾经谋求"堕三都"的孔子的战略眼光，不失为一种很有智慧的解释。细想起来，正是因为季孙的行为对鲁君不利，所以孔子才会那么担心伐颛臾这件事。不过，方氏说萧墙非季氏所当有，却可商。当时礼坏乐崩，既然管仲也可以学邦君"树塞门"，季氏未必就没有萧墙。

孔子的话，有时候也是有一些幽默的意味在里面的，就好像我们平常说话都爱开一些玩笑。《论语》是孔子的语录，其中有一些这种幽默的话语也并不奇怪。不过，这也牵涉到怎么解读的问题。《子罕》：

达巷党人曰："大哉孔子！博学而无所成名。"子闻之，谓门弟子曰："吾何执？执射乎？执御乎？吾执御矣。"

达巷是党名，五百家为党。此达巷党人，古论认为就是传说中的天才童子项橐。《史记·孔子世家》作"达巷党人童子"，可能是本孔安国古文《论语》的解释。《汉书·董仲舒传》："臣闻：良玉不瑑，资质润美，不待刻瑑，此亡异于达巷党人不学而自知也。"孟康曰："项橐也。"皇甫谧《高士传》："达巷党人，姓项名橐。"

在孔子看来，无所成名是很伟大的事。《泰伯》篇说："唯天为大，唯尧则之。荡荡乎，民无能名焉。"又说："泰伯，其可谓至德也已矣。三以天下让，民无得而称焉。"因此，一般认为，达巷党人的话，是夸奖孔子，博学而不专守一艺。

但是孔子的回答很奇特，不知道他想说什么。过去认为孔子自谦，言自己有所执，而且所执的还是六艺中较卑微的驾车而已，他们认为射跟御相比，是比较高级的技术。然而，古代驾车的技术非常复杂，射箭的人能不能射中目标，很大程度上是靠赶车的人能不能把车控制好，所以射与御同为六艺之一，未必射比御更高级。

顾立雅对于这一章有一个很有意思的看法。他认为达巷党人并不是在夸奖孔子，而是在挖苦孔子：孔子真是伟大呀！那么博学，可是却没有一样能够让自己成名的本事，"大哉孔子"是冷嘲热讽。因此，孔子的回答也是挖苦式的，他说：好吧，我来看看我干些什么来让自己成名呢，去赶车呢，还是去射箭呢？我看还是去赶车吧。言下之意，是自己不屑于去成就那些普通人所认为的好"名"。

不可否认，顾氏的解读非常有幽默感，而且也的确比传统的解释来得文从字顺。他之所以愿意这样来解读，跟他对孔子的印象有关。他不无幽默地评论孔子说：

孔子并不常讲笑话，但却一定经常眨眼睛。他所说的许多事情有一种不马上显露的幽默之处。当然，孔子的幽默也会让用心善良的解释者做出糟糕的评论，因为他们中的一些人断然认为，开玩笑有损于圣人的尊严。

顾氏对于孔子的看法是否可取,当然可以讨论,但是我认为,承认孔子也会开玩笑,也有幽默感,至少比起以往所理解的总是严肃呆板、一丝不苟的圣人形象更有人情味,也更符合日常生活中的人的情理,是一条值得肯定的思路。

孔子遭到当时人的挖苦,大概是很经常的事。《宪问》篇:

子击磬于卫。有荷蒉而过孔氏之门者,曰:"有心哉,击磬乎!"既而曰:"鄙哉,硁硁乎!莫己知也,斯己而已矣。深则厉,浅则揭。"子曰:"果哉!末之难矣。"

对于这些责难,孔子也没有什么好辩解的。不过,孔子并不是什么时候都好脾气,他有时候也会反唇相讥。《宪问》:

微生亩谓孔子曰:"丘何为是栖栖者与?无乃为佞乎?"孔子曰:"非敢为佞也,疾固也。"

固是固陋、偏执,这是孔子所不取的。《子罕》篇说:"子绝四:毋意,毋必,毋固,毋我。"

孔子在这里是不是说,我不敢妄逞口才,我只是想改变这个固陋偏执的世界?这样理解比较符合"圣人"的形象,温良恭俭让。

不过,如果我们从日常生活的孔子的角度来理解这一章,也许更有意思。这一章所记录的,是我们难得一见的圣人是怎么进行"舌战"的。微生亩对孔子直呼其名,看来是孔子的前辈。他问的话也很不客气,直接斥责孔子成天栖栖遑遑,像个奸佞小人。这话含有轻蔑的意味。孔子在这种情况下,并不发怒,但也并不退让,而是反唇相讥:"不是我敢妄逞口才,而是痛恨那些固陋而又偏执的人。"这次两人斗嘴,微生亩显得缺乏修养,而孔子的话虽然显得客气,可是客气之中蕴含着战斗力。孔子说"以直报怨,以德报德",还真不是盖的。

孔子对别人的挑衅能够反唇相讥,不过,有时候也会碰到更高明的挖苦,让他无可奈何。《颜渊》篇有一段对话,前人都是从正面的角度看待孔子的,我倒是建议换一个角度来看一看:

齐景公问政于孔子,孔子对曰:"君君,臣臣,父父,子子。"公曰:"善哉!信如君不君,臣不臣,父不父,子不子,虽有粟,吾得而食诸?"

这是孔子一贯的"正名"思想的反映。孔子至齐,在鲁昭公二十五年、齐景公三十一这段对话的背景,尚不是很清楚。根据孔注,当时田氏(陈氏)势力大,控制了齐国,颇有君不君臣不臣的局面。孔子的回答是针对田恒,告诉齐景公警惕田氏。但是据《左传》,此时田氏在位者为田无宇之子田武子开。武子死,弟田乞立,乞卒,子田恒立,故孔注与史实不合。不过,此时田氏势力正在膨胀,却也是事实,孔子的话,也确实有可能是针对田氏而发。

我们必须承认,孔子讲的,确是一个真理,谁也没法否认,齐景公当然也不能否认。不过,真理并不是总是有意义的。假如别人告诉你,人不吃饭是要饿死的,这就是一个没有信息量的真理。齐景公向孔子问政,没想到得到的就是这么一个没有信息量的真理。我想,齐景公的回答,可不是真的在称赞孔子说得好,而是在挖苦孔子讲的就是一些废话而已:"要真是君不君,臣不臣,父不父,子不子,饭都没法吃了,还谈什么政治呢?"这是一个跟"人不吃饭就要死"一样没有意义的真理。齐景公不用孔子,多半是他自己本身就不欣赏孔子,未必就是晏子这些大臣的反对。

我们可以拿齐景公的态度跟子路的态度做一个比较。《子路》云:

子路曰:"卫君待子而为政,子将奚先?"子曰:"必也,正名乎!"子路曰:"有是哉,子之迂也! 奚其正?"子曰:"野哉由也! 君子于其所不知,盖阙如也。名不正则言不顺,言不顺则事不成,事不成则礼乐不兴,礼乐不兴则刑罚不中,刑罚不中则民无所错手足。故君子名之必可言也,言之必可行也。君子于其言,无所苟而已矣。"

孔子的正名思想,连子路都无法理解,何况是齐景公。不过,子路性格直率,他直斥孔子迂腐,气得孔子也受不了,骂他粗野。齐景公是国君,说话需要有风度,当然不能像子路那么直斥孔子,但是他还是非常委婉地表达了他对孔子的失望情绪。

《老子》说:"下士闻道,大笑之,不笑不足以为道。"如果我们对孔子的正名思想抱欣赏的态度,我们也可以认为,齐景公和子路都属于这种"大笑之"的"下士"。

《论语》中的有些话,字面的意思都没有问题,甚至是很容易理解的。但是因为缺乏说话的背景,很难知道它们要表达的真正意思是什么,常常令人莫名其妙。例如《雍也》:

子曰:"觚不觚,觚哉,觚哉!"

觚有两种,一是酒器。古书中没有留下酒觚的形制,宋代以来,把那种圆形、中间束腰、两头作喇叭形、一般为细长状的酒器定名为觚。许慎《五经异义》引韩诗说："一升曰爵，二升曰觚，三升曰觯，四升曰角，五升曰散。"二是儿童学字用的正六面体或正八面体的竹觚，也有用玉做的。每一个面上写上要学习的字，竖立在桌上，便于儿童照着习字。

不过，孔子叹的到底是什么，为什么要感叹？今天已不得而知。《论语》的记载有点没头没脑，我们只能做一些猜测。孔子这里感叹的觚，可能是酒器，礼仪场合多用。孔子的时候，可能形制有些变化，孔子叹其不觚。他也许是觉得当时礼坏乐崩，什么东西都不古，因而对周围的事物很敏感，看到觚也能发一通感慨。

类似例子还有《先进》篇：

子张问善人之道。子曰："不践迹，亦不入于室。"

践迹，一般认为是循规守辙的意思。令人不解的是，"不践迹，亦不入于室"，与善人有什么关系？这句话自古解释纷纭，但是都不知所云，没有能讲通的。

我个人认为，要理解这句话，解铃还须系铃人，还要从发问的子张说起。孔子曾说子张"过"，又说"师也辟"。子张才华过人，所以经常不遵循旧迹，流于一偏，有邪僻之病。所以孔子在这里的回答是有针对性的，就是要让他多循规蹈矩一点。善人虽然才质美好，但是如果不循规守辙的话，也入不了室，成不了大器。

因此，"不践迹，亦不入于室"，这是一个条件句，并不是两个并列的短句。以前的解释基本上都是看成两个并列的短句。

宋代以前，这一章跟它的下一章本来是合为一章的：

子曰："论笃是与，君子者乎？色庄者乎？"

定州竹简本也是合为一章，朱子《集注》把它们分开。不管是分还是合，其实都不太好解释。比较起来，也许还是分开好。如果要勉强解释这一章，也许下面的解释还是可以选择的："论笃是与"，即"与论笃"，"是"是宾语提前的标记。论笃，议论笃实；与，赞同。这章的意思是，有些人总是赞同那些议论笃实的人，这样的人是君子吗，还是那些仅仅是表面上装得庄重的人？

《论语》中有不少章节的分合也存在着疑问。有些章节，如果分开来看，就很好解释，可是合在一起，就很费解。例如《子罕》：

（1）子曰："可与共学，未可与适道。可与适道，未可与立。可与立，未可与权。"

（2）"唐棣之华，翩其反而。岂不尔思，室是远而。"子曰："未之思也，夫何远之有？"

如果我们把这两段话分为两章，其实不难理解。（1）说的是学习过程中的共学、适道、立、权几个等级。（2）说的是兄弟之间的思念。

唐棣是一种树，又作"棠棣"，有赤棣和白棣之分。《诗经·召南·何彼襛矣》："何彼襛矣，唐棣之华。"毛传："唐棣，栘也。"陆玑《毛诗草木鸟兽虫鱼疏》说为鬰李。古代名物，名实纷扰，难以确知为何物。《小雅》有《常棣》（常通棠）之诗，歌咏兄弟之情。后人以"常棣"比喻兄弟。

唐棣之花比较特别。皇疏："夫树木之花，皆先合而后开，棠棣之花，则先开而后合，是华反而后合也。"这是说，一般的花，刚开的时候都是一个含苞待放的花骨朵，然后开放；而棠棣花则是一开始长出几个分开的花瓣，然后慢慢合拢，即所谓"翩其反而"。郝懿行《尔雅义疏》引牟愿相说，棠棣即小桃白，其花初开反背，终乃合并。

但是把这两章分开，是朱子《集注》的做法，此前这两章都是合为一章。敦煌唐写郑注本也是合为一章。

合为一章并不好解释。勉强要解释，可以认为"翩其反而"针对的是权。权与经不同，是离开原则（经）的权宜之计。但是权的目的，就是为了更好地伸张正义，最后一定要返回到原则上来，所谓棠棣之花，先开而后合，就是比喻先权，而后合于经。

由于权变的使用需要很高的要求，不仅要有公正之心，也需要处理问题的能力，所以是很难的事情。但是孔子说，未之思尔，如果认真去做，有公正之心，那么并不难。郑玄说："权道可思而得之也。"这大概也就是孔子所说的："仁远乎哉？我欲仁，斯仁至矣。"（《述而》）

有些谜一样的话语之所以成为谜语，也许是因为我们过去求之过深了。如果我们从更朴实的角度去看它们，也许非常简单，并不成其为谜语。《乡党》篇：

色斯举矣，翔而后集。曰："山梁雌雉，时哉时哉！"子路共之，三嗅而作。

色斯举矣，人一变色，野鸡就飞走了；色是动词，指人变色。《公羊传·哀公六年》："皆色然而骇。"马王堆帛书《五行》："见贤人而不色然，不知其所以为之，故谓之不知。"

翔，《说文》："回飞也。"集，停留。翔而后集，指野鸡飞了一圈又停了下来。这些野鸡善于辨人颜色，适时而作，所以孔子说"时哉"。

此章的问题在于"子路共之,三嗅而作"一句。此句古来奇特的解说非常多,例如孔注、郑玄说,子路把野鸡抓了起来,煮熟了给孔子吃,孔子嗅了三下,就站起来走了,没有吃。这是把共读成供,表示供具。不过,这种解释显得想象力过于丰富了。

比较有道理的是朱子《集注》引刘勉之之说:"嗅当作臭 jú,张两翅也。见《尔雅》。"按《尔雅·释兽》记载动物的动作:"鸟曰臭。"郭璞注:"臭,张两翅。"这是把共读成拱,子路对野鸡拱手作揖,野鸡振了振翅膀,飞走了。此说虽有道理,但是改字立说,认为嗅字是个错字。

其实这一章如果只按照字面的意思,并不难解释。共,是供具的意思,谓供食。子路听到孔子称赞那些野鸡"知时",因此喂给它们一点食物,但是这些野鸡只是嗅了几下,就飞走了。这样解释虽不敢说一定正确,却是最直截了当、也很通顺的解释。

有些话各个部分都很简单,分开来看,一望而知是什么意思,但是放在一起,反而有点莫名其妙了。《卫灵公》篇:

子曰:"吾犹及史之阙文也,有马者借人乘之,今亡矣夫!"

"吾犹及史之阙文也",这话并不难理解。孔子经常说要多闻阙疑,"君子于其所不知,盖阙如也"(《子路》)。他说自己还见到过史书上因为有疑问而阙如的做法,所谓"信以传信,疑以传疑"。

"有马者借人乘之",孤立地看,也很容易理解,但是它与"吾犹及史之阙文也"放在一起,就有问题了,有点牛头不对马嘴。二者之间到底有什么内在联系,至今是一个谜,没有人知道答案。《汉书·艺文志》引此文,作:"子曰:'吾犹及史之阙文也,今亡矣夫!'"没有中间的一句。宋叶梦得《石林燕语》据此认为"有马者借人乘之"是衍文。不过,定州汉墓竹简本早于《汉志》,已经跟今本一样了,所以《汉书》的引文实在不足以证明衍文之说。

何晏《集解》引包咸云:"有马不能调良,则借人乘习之。孔子自谓及见其人如此,至今无有矣。言此者,以俗多穿凿。"此说也很勉强,并没有说清与"史之阙文"之间的关系。

蔡节《论语集说》引刘安世之说,认为"有马者借人乘之"一语就是史书上的话,是史书之阙文的一个例子。这句话本身很简单,不值得写在史书上,而史书上有,说明它的上下有阙文,后人存而不敢削。而今人则都删削,所以"今亡矣夫"。刘说颇有道理。

孔子说"吾犹及史之阙文也",有意思的是,在《论语》当中,也有一些颇类似"史之阙文"的疑问。《微子》:

周有八士:伯达、伯适、仲突、仲忽、叔夜、叔夏、季随、季骊。

这八个人非常奇特,按照伯仲叔季两两排列,而且两两押韵(古音达、适,月部;突、忽,物部;夜、夏,铎鱼合韵;随、骊,歌部)。《集解》引包咸说,此八人是四对双胞胎。难道有一个母亲生了四胎,每一次都是一对双胞胎?虽说世界之大,无奇不有,但这毕竟有点匪夷所思。

由于缺乏上下文,这八个人的具体情况一无所知。前人也有一些解释,看来也都是一些猜测,并没有可靠的证据。《经典释文》引郑玄云此八人在成王时,刘向、马融皆以为宣王时。卢文弨《释文考证》云:

《圣贤群辅录》(徐案:陶潜著)云:"周八士,见《论语》。贾逵以为文王时。"《晋语》说:文王即位,询于八虞。贾、唐云:"八虞,周八士,皆在虞官。"《汉书·古今人表》载周八士在中上,列成叔武、霍叔处之前,二人皆文王子,则班固亦以为文王时。

可见自古以来,就是聚讼纷纭。孔广森《经学卮言》:

《逸周书·和寤》篇曰:"王乃励翼于尹氏八士。"《武寤》篇曰:"尹氏八士,太师三公。"是八士皆尹士,为武王时人,有明证也。或疑"十乱"之南宫适,即此伯适。又《克殷》篇曰:"乃命南宫忽振鹿台之财,巨桥之粟。乃命南宫百达、史佚迁九鼎三巫。"古者命士以上,父子皆异宫,故《礼》曰有东宫,有西宫。盖达、适、忽,尹氏之子,别居南宫者,犹南宫敬叔本孟氏子,而以所居称之尔。《国语》文王询于八虞,贾侍中云:"周八士,皆在虞官。"《君奭》言文王之臣,有若南宫适,然则八士且逮侍文王矣。

似乎伯达、伯括、仲忽于史有证。另外,宋代《宣和博古图》有叔液鼎铭,云:"叔液之名,不见经传,惟《语》记周八士,则有叔夜焉,岂其人与?"

这种情况,难以置词,我们也只好学习孔子"多闻阙疑"的态度了。

《微子》的这一章也类似:

太师挚适齐,亚饭干适楚,三饭缭适蔡,四饭缺适秦,鼓方叔入于河,播鼗武入于汉,少师阳、击磬襄入于海。

此章所载的各个人,也都没有任何背景,无法详考;而且跟周之八士一样,所记的名字也都很奇特。

挚、干、缭、缺、方叔、武、阳、襄，皆乐官之名。孔安国注云："鲁哀公时，礼坏乐崩，乐人皆去。"则以此章所论皆鲁哀公时人，大概是因为把其中的"太师挚"等同于《泰伯》篇"师挚之始，《关雎》之乱，洋洋乎盈耳哉"中的"师挚"。

刘宝楠《正义》云："《汉书·古今人表》太师挚等同在智人之列，次序在殷末周前。颜师古注：'自师挚以下八人，皆纣时奔走分散而去。'又《礼乐志》：'《书序》殷纣断弃先祖之乐，乃作淫声，用变乱正声，以说妇人。乐官师瞽抱其器而奔散，或适诸侯，或人河海。'师古注引《论语》此文。"又云："《董仲舒传》对策曰：'至于殷纣，逆天暴物，杀戮贤知，残贼百姓。伯夷、太公皆当世贤者，隐处而不为臣。守职之人，皆奔走逃亡，入于河海。'师古注：'谓若鼓方叔、播鼗武、少师阳之属也。'然则以太师挚等为殷人，董氏先有此义，而班氏承之。"

不过，把这些人看成是纣王时人，有一个问题，就是此章中的地名齐、楚、蔡、秦都是周代的诸侯国。颜师古认为这是后人的追记，所以用了后来的地名。毛奇龄《论语稽求篇》则认为，周代的这些诸侯国都是沿袭了前代的地名："周成王封熊绎于楚蛮，孝王封非子为附庸，而邑之秦，皆先名其地，而后封之者。《国语》：'文王诹于蔡原。'注：'蔡公，殷臣。'《乐记》：'齐者，先代之遗声也。'则齐在夏殷已先有之。"

亚饭、三饭、四饭，据说古代天子一日四饭，吃饭要奏乐，奏乐的乐官有叫亚饭、三饭、四饭的。《白虎通·礼乐》："《传》曰：'天子食时举乐。'王者所以日四食何？明有四方之物，食四时之功也。四方不平，四时不顺，有彻膳之法焉，所以明至尊著法戒焉。王平居中央，制御四方。平旦食，少阳之始也；昼食，太阳之始也；晡食，少阴之始也；暮食，太阴之始也。《论语》曰亚饭干适楚，三饭缭适蔡，四饭缺适秦。诸侯三饭，卿大夫再饭，尊卑之差也。"但不知为什么，独不见"一饭"？也许是太师司之？

入于河，指在黄河边上居住。

播鼗，摇小鼓的。播，摇。鼗，小鼓.类似今之拨浪鼓。

击磬，《周礼·春官·叙官》："磬师，中士四人，下士八人，府四人，史二人，胥四人，徒四十人。"孙诒让《周礼正义》谓：

磬师，《燕礼》注谓之磬人。《国语·晋语》云："籧篨蒙璆。"韦注云："蒙，戴也，璆，玉磐也。不能偯,故使之戴磐。"盖即此磐师之工也。《论语·微子》篇有击磐襄,亦即此。

则击磐襄可能也是残疾人。

《论语》中还有一些没头没脑的话,不知道是简策脱烂,还是别有所指。《宪问》:

子曰:"贤者辟世,其次辟地,其次辟色,其次辟言。"子曰:"作者七人矣。"

这一章是讲古代的隐士的。辟世,躲避乱世。辟地,即所谓"危邦不入,乱邦不居"。辟色,避开人不善的脸色,所谓"色斯举矣"。"辟色",也有称"辟人"的。《吕氏春秋·先识览》:"凡国之亡也,有道者必先去,古今一也。"高诱注引本章作"辟人"。"辟色"与"辟人"义近,如《微子》:"与其从辟人之士也,岂若从辟世之士哉!"(18.6)也称"辟人"。辟言,有恶言就离开。

孔子行教图

"作者七人"的意思不清楚,也许是"这么做的人有七个"的意思。我们不知道孔子所谓的"作者七人"是哪七个人。过去的注家有各种猜测,但都没有什么根据,只是凑数而已。包咸说是长沮、桀溺、荷蓧丈人、石门、荷蒉、仪封人、楚狂接舆。皇侃疏引王弼说为伯夷、叔齐、虞仲、夷逸、朱张、柳下惠、少连。郑玄则认为七当作十,伯夷、叔齐、虞仲是辟世者,荷蓧、长沮、桀溺为辟地者,柳下惠、少连为辟色者,荷蒉、楚狂接舆为辟言者。多少有点"对号入座"的意思。

《先进》篇:

子曰:"先进于礼乐,野人也。后进于礼乐,君子也。如用之,则吾从先进。"

这一章的意思也很模糊,不好理解,古往今来有很多不同的解释。比较有意思的,主要有以下四种:

(1)传统的解释是:先进是先做官的人,后进是后做官的人。礼乐因世损益,与时俱进,先进对于礼乐有些过时,后进正与礼乐同时。所以先进有古风,后进得礼乐之中。孔子说,如用之,则用先进的古朴。此《集解》引包咸说。

(2)刘宝楠《正义》说,先进是指野人,他们必须先学礼乐,才能做官。后进是贵族君子,他们因为地位关系,可以先做官,而后学礼乐。孔子主张还是先学,然后为官,而不是边做官边学习。所以他说:"如用之,则吾从先进。"孔子之时,很多官员都不是"学而优则仕",而是由于贵族的地位,世卿世禄。所以子路说:"有民人焉,有社稷焉,何必读书,然后为学?"但孔子厌恶其佞。

不过,按照古代的制度,无论贵族还是野人,都是先学习,然后再为官。《礼记·王制》:"乐正崇四术,立四教,春秋教以礼乐,冬夏教以诗书。王大子、王子、群后之大子,卿大夫元士之适子,国之俊秀皆造焉。凡入学以齿。……大乐正论造士之秀者,以告于王,而升诸司马,曰进士,司马辨论官材,论进士之贤者,以告于王,而定其论。论定然后官之,任官然后爵之。"又《尚书大传》:"古之帝王者,必立大学小学,使王子公卿大夫元士之适子,十有三年始入小学,见小节焉,践小义焉,年二十,入大学,见大节焉,践大义焉。……小师取小学之贤者,登之天子,大师取大学之贤者,登之天子,天子以为左右。"这与孔子的主张是一致的。

(3)钱穆认为,先进与后进指的是孔门弟子入门的先后。孔子周游列国之前收的弟子为先进,如颜回、闵子骞、仲弓、子路等;其于礼乐,务其大体,有纯朴之风,所以称野人。出游归来后之弟子,为后进,如子游、子夏等;于礼乐讲求愈细密,有文胜质之意,所以称君子。这个看法虽然有一定道理,但是用"野人"来称呼自己纯朴的弟子,还是比较可疑。

（4）傅斯年认为，这一章是描述了周取代商的历史进程。商原来文化程度很高，比较早开化，所谓先进于礼乐；周比较落后，取代商之后，礼乐文化才开始兴盛起来，所谓后进于礼乐。周灭商之后，商朝遗民失去了地位，成为野人，周人成为贵族统治者，成为君子。孔子是说，那些先到了开化程度的，是乡下人；那些后到了开化程度的，是"上等人"。如问其何所取，则是站在先开化的乡下人一边的。不过，孔子明说："周监于二代，郁郁乎文哉，吾从周。"他为什么要站在商遗民这边？傅氏认为，孔子对商周文化采取的是一视同仁的态度，"从周"的话，只是因为"后王灿然"的缘故，不曾有他意。但按照傅氏的说法，"从周"与"从先进"明显互相矛盾，很难自圆其说。

究竟是什么意思？不知道。

有些难解之谜，属于古代的名物制度。时间推移，这些名物制度中有很多已经不清楚了，自古就有异说。《论语》中最著名的，可能要算管仲的"三归"了：

子曰："管仲之器小哉！"或曰："管仲俭乎？"曰："管氏有三归，官事不摄，焉得俭？""然则管仲知礼乎？"曰："邦君树塞门，管氏亦树塞门。邦君为两君之好，有反坫，管氏亦有反坫。管氏而知礼，孰不知礼！"（《八佾》）

三归到底是什么？过去有很多解释：（1）包咸注认为是"娶三姓女"。（2）俞正燮《癸巳类稿》根据《礼记·祭义》"卜三宫之夫人"，认为国君有三宫，置三妻，管仲三归也是三宫夫人。（3）俞樾《群经平义》认为管仲家有三处。（4）包慎言《论语温故录》认为，归通馈，三馈指祭祀时同时用牛羊豕三牲。（5）翟灏《论语考异》、梁玉绳《瞥记》认为三归是管仲采地的地名。（6）朱子认为三归是台名。武亿《群经义证》进而认为台是府库之属，以藏泉布。（7）郭嵩焘《释三归》（《养知书屋文集》卷一）认为是市租。

古书关于三归的材料，主要有以下五条：

（a）《战国策·东周策》：齐桓公宫中七市，女闾七百，国人非之。管仲故为三归之家，以掩桓公非，自伤于民也。

（b）《晏子春秋》卷六：晏子相景公，老，辞邑。公曰："……昔吾先君桓公，有管仲恤劳齐国，身老，赏之以三归，泽及子孙。今夫子亦相寡人，欲为夫子三归，泽至子孙，岂不可哉！"

（c）《韩非子·外储说左下》：管仲相齐，曰："臣贵矣，然而臣贫。"桓公曰："使子有三归之家。"曰:"臣富矣,然而臣卑。"桓公使立于高、国之上,曰:"臣尊矣,然而臣疏。"乃立为仲父。孔子闻而非之,曰:"泰侈,偪上。"一日管仲父出,朱盖青衣,置鼓而归,庭有陈鼎,家有三归。孔子曰:"良大夫也,其侈偪上。"

按,《说苑》卷八《尊贤》所载与此相似,可资比较:齐桓公使管仲治国,管仲对曰:"贱不能临贵。"桓公以为上卿,而国不治。桓公曰:"何故?"管仲对曰:"贫不能使富。"桓公赐之齐国市租一年,而国不治。桓公曰:"何故?"对曰:"疏不能制亲。"桓公立以为仲父,齐国大安,而遂霸天下。

(d)卷十一《善说》:桓公……乃谓管仲:"政则卒归于子矣,政之所不及,唯子是匡。"管仲故筑三归之台,以自伤于民。

(e)《管子·山至数》:"今上敛谷以币,民曰:无币以谷。则民之三有归于上矣。"

材料 e 是(7)郭嵩焘的主要根据,但是它其实不一定跟三归有关。按郭沫若的解释,"三有归"是管仲的平籴之法,购入其剩余收获的四分之三,留其四分之一。而郭嵩焘认为这就是三归,并从材料 c 的比较,推论《韩非子》的三归相当于《说苑》的市租。此说颇工巧,今人多从之(如杨伯峻《论语译注》、孙钦善《论语注译》等)。但此说其实最不能成立。因为就算《管子》"民之三有归于上"可以省称"三归",这三归也是指国家平籴收入之谷,根本就不是一年的市租,这从《管子》本文不难看出来。把国家平籴的收入都给管仲,也是不合常理的。因此《管子》的这句话与《论语》的三归应该没有什么关系。如果从材料 c 中《韩非子》的"一曰"来看,三归也不像是一年的市租,市租的说法也不能解释其他几条材料。因此,据《说苑》证《韩非》也是有问题的。二者也完全可能是传闻异辞,并不完全对应。

(1)(2)两种意见相似。(4)并无根据,不足辨。(6)朱子的主要根据就是材料 d,不过,刘宝楠《论语正义》认为《说苑》三归之台是刘向误解了《战国策》的材料 a。另外,从材料 b 来看,三归似指管仲老时,封给他的三个采邑,所以说"泽及子孙",则(3)比较接近,(5)虽不正确,但是也有些接近。

总起来说,如果从上述 5 条材料出发,那么尚可参考的意见有:A.管仲娶三妻,家有三宫。B.有三处家。C.有三采邑。D.家有三归之台。哪一种解释也不能完全解释所有的材料。三归之说,只能存疑。

康子馈药，拜而受之，曰："丘未达，不敢尝。"

传统的理解是，药性很特殊，不可以轻易服用。孔子怕季康子送的药跟他的病情不吻合，所以说"丘未达，不敢尝"，未达，可能是还不知道药性的意思。如果是这样的话，季康子根本就不应该送药给孔子。

另一种可能是，孔子是不喜欢季康子才故意这么说的。但是如果真的不喜欢季康子，他应该可以辞而不受，或者受而不食，为什么接受的时候又说不敢尝？难道他怀疑季康子所送的药有问题吗？古代皇帝送大臣药，往往是责其自裁的意思，难道孔子也怕季康子害他？

第七节 《论语》所涉孔子的日常生活

怎么，到了最后，我们要"八卦"孔子的私生活吗？其实不是的。虽说《乡党》一篇让我们看到了圣人生活的很多生动的场面，但是说到孔子生活的"隐私"，还基本上够不着边，何况我们生活在两千五百多年之后，"狗仔队"是没有希望的。我们这里所谓的孔子的日常生活，无非是指与孔子衣食住行相关的一些文化史常识方面的问题。因此，这基本上是圣人的"公生活"问题，多半是些枯燥的几乎要失传的名物制度，没什么隐私……

一、"衣冠中，动作慎"——服饰

在各种服饰之中，古人最重视的，可能要数帽子了，当时叫冠，或称元服。元的本义就是头。冠是成人的象征，《礼记·曲礼上》："男子二十，冠而字。"《仪礼·士冠礼》："令月吉日，始加元服。"男子二十岁时，要选择吉日良辰，举行冠礼，表示他已经成人了。行礼时必戴冠，所以冠也是礼仪的象征，据说当时的少数民族，即蛮夷，是不冠披发的。所以《宪问》篇孔子说："管仲相桓公，霸诸侯，一匡天下，民到于今受其赐。微管仲，吾其被发左衽矣。"

戴冠之前，要先束发，并盘成一个发髻，用一块黑色的帛布把发髻包住，叫作。这是一块二尺二寸宽、六尺长的黑帛。

冠是帽子的通称。当时的冠，可以分为冕、弁、冠三类。

冕是天子、诸侯、大夫祭祀时戴的，最为尊贵。所以孔子见到穿冕服的人，都要有所表示：

子见齐衰者、冕衣裳者与瞽者。见之，虽少必作，过之必趋。（《子罕》）

见冕者与瞽者，虽亵必以貌。（《乡党》）

冕套住脑袋的一圈布（一般是丝制的）叫作武，也叫冠卷、冠圈。上面有一块木板，用麻布包起来，外面黑色，里面红色，延伸出武的前后，所以叫作延。延后高前低，稍稍倾斜，冕之名，源于"俛"，就是俯的意思。武与延不直接连在一起。在延的两旁有纽，用丝带做成圈状；在武的两旁有小孔；戴冕时，用一根玉笄连贯武之两孔、延之两纽以及发髻，由此固定。又用一根红色丝绳，系在冕的右侧笄上，下垂，绕过额下，向上系在左侧的笄上，加固，垂其余以为饰。这根加固的丝绳叫作纮，或叫缨。所垂之余叫作，其末端系一块玉，叫作瑱，俗称塞耳。天子用十二根五彩丝绳（叫作缫），每一根串十二片五彩玉，挂

古冕图

在延前，叫作十二旒。诸侯九旒，每缫九玉；卿七旒，每缫七玉；大夫五旒，每缫五玉。旒和玉瑱（塞耳）是有象征意义的，是告诫君主，不要看得太清楚，也不要听得太清楚，要包容臣下的某些缺点。《大戴礼记·子张官人》："古者冕而前旒，所以蔽明也，黈（黄色）纩

塞耳，所以弁聪也。故水至清则无鱼，人至察则无徒。"

冕本来是用麻布做的，不过孔子的时候，已经改为用丝了，所以《子罕》篇云：

子曰："麻冕，礼也，今也纯，俭，吾从众。"

麻冕粗，丝冕细，但是从制作工艺讲，用麻做冕反而更麻烦，所以孔子说丝冕"俭"。

弁是皮帽，皮又叫韦。用爵韦做的叫爵弁。爵通"雀"，因为颜色赤中带黑，如麻雀头，故名。用白鹿皮做的叫皮弁，用韎做的叫作韦弁，韎是赤色的意思。

弁的外形像半个西瓜。它用几块三角形的皮缝合成半圆状，顶点叫作邸，用象骨装饰，缝合的接缝叫作会，其中都镶上五彩玉，叫作璂。其他有玉笄、纮、璂等，与冕同。《诗经·卫风·淇澳》："有斐君子，充耳琇莹，会弁如星。"

冠通常是指玄冠，这是最常用的礼服之冠，以黑缯（黑中略带赤色，所谓玄）为之，又称委貌。玄冠用一冠圈围住前额与发髻，又有一块布条，从前到后，经过头顶，两端属于武，叫作冠梁，冠梁有襞积，横缝。武之左右两端各垂一丝绳，即缨，在颌下打结固冠，垂其余以为饰，叫作。玄冠是上朝时候戴的。

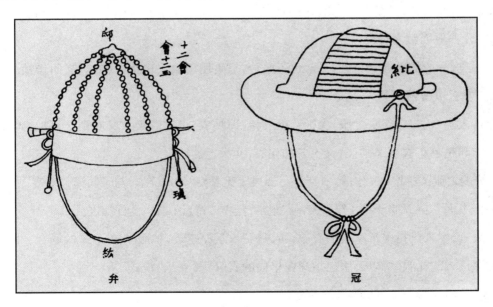

古代弁冠图

据说商代常用的礼帽叫作章甫，夏代叫作毋追，而周代就是玄冠，当时人也因此有把玄冠叫作章甫的。所以诸弟子侍坐于孔子，孔子让他们各言其志时，公西华说：

宗庙之事,如会同,端章甫,愿为小相焉。(《先进》)

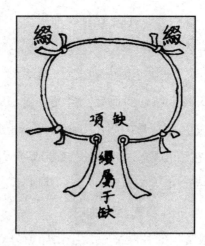

古代缺项图

另外还有一种特殊的冠,叫作缁布冠,其形制大致与玄冠同,但是以布为之,不用笄,而用一种叫作缺项、又名頍的东西连接冠武与发髻。在缺项的四角上有丝带,系在武上固定。这种缁布冠只是在举行冠礼的时候用一次,以后就再也不戴了,所以《仪礼·士冠礼记》云:"冠而敝之可也。"

不过,一般的普通老百姓,平常也不戴冠,只是用一块头巾把发髻遮住,叫作帻。《说文》:"发有巾曰帻。"

古人穿衣,先穿亲身之服,次则春秋加袷,即夹衣,帛质的夹衣又叫褶。夏加绤绤(细葛布衣和粗葛布衣),冬加裘,又次各加裼衣,又次上加礼服。

贴身之服,也叫泽,又作襗。《诗经·秦风·无衣》:"岂曰无衣,与子同泽。"郑笺:"泽,亵衣,近污垢。"汉人又叫汗衣,《释名·释衣服》:"汗衣,《诗》谓之泽,受汗泽也。"

亵衣,本来是指平常家居的衣服,所以《说文》云:"亵,私服。"在正式的场合,外边一般得穿正式的礼服,所以亵服也指穿在里面的衣服。《乡党》说:

君子不以绀緅饰,红紫不以为亵服。

绀,深青中带红的颜色。《说文》:"绀,深青而扬赤色也。"緅,玄色,黑中带红的颜色,比绀更接近黑色。饰,指衣服的缘边。郑玄注:"亵衣,袍泽也。"泽即襗,袍也是一种亵服。《礼记·丧大记》:"袍必有表,不禅。"郑玄注:"袍,亵衣,必以表之,乃成称也。"

《子罕》篇云：

子曰："衣敝缊袍，与衣狐貉者立，而不耻者，其由也与？'不忮不求，何用不臧？'"子路终身诵之。子曰："是道也，何足以臧？"

缊袍，里面塞旧棉絮的棉衣。缊，旧棉絮，古代没有木棉，都是丝棉。孔注："缊，枲著。"就是在麻布衣里面塞上绵。如果里面塞的是新棉絮，即纩，那就叫作茧。狐，狐狸。貉本来念（mò），《说文》："北方貉种也。"是北方少数民族的名称，但是古书中经常假借作"貈"（hé），貉字的本义反而很少用；貈是像狐狸的一种毛皮动物。衣狐貉者，指贵族。

古代衣服中最贵重的是祭服，祭服的颜色以玄（黑而带红）、纁（浅红色）为正色。绀、缬、紫与玄的颜色非常接近，红与纁的颜色也非常接近。郑玄认为是"尊其类"，爱屋及乌，所以不用它们来缘边，也不用来做亵服。

孔子曾说："恶紫之夺朱也，恶郑声之乱雅乐也，恶利口之覆邦家者。"（《阳货》）似乎孔子对紫色没有什么好感。《集解》引孔注："朱，正色，紫，间色之好者。恶其邪好而夺正色。"按照古代的五行说，天玄，地黄，东方青，南方赤，西方白，北方黑，这些是正色。赤即朱，属南方正色，故天文四象，南方曰朱雀。其他绿、红、碧、紫、骊黄，分别为东西南北中五方间色。《孟子·尽心下》："孔子曰：'恶似而非者：恶莠，恐其乱苗也；恶佞，恐其乱义也；恶利口，恐其乱信也；恶郑声，恐其乱乐也；恶紫，恐其乱朱也；恶乡原，恐其乱德也。'"所言与此章意思相近。孔子说恶紫之夺朱，倒不见得是因为颜色本身的相像，而是因为当时人多好紫。江永《乡党图考》："当时尚紫亦有渐，玄冠紫緌，自鲁桓公始。《战国策》云：'齐紫败素也，而价十倍。'盖齐桓公有败素，染以为紫，下令贵紫，人争买之，价十倍。《管子》言齐桓公好服紫，齐人尚之，五素而易一紫。其贵紫有由来矣。哀十七年，卫浑良夫紫衣狐裘，太子数其三罪杀之，紫衣居一。杜注：'紫衣，僭君服。'可见当时君服紫。"孔子不以红紫为亵服，不知道究竟是"尊其类"，还是不喜欢。

衣有单衣，有夹衣。《礼记·玉藻》："禅曰䌹，帛曰褶。"郑注："禅，有衣裳而无里。褶，有表里而无著。"春秋两季穿的袷或褶都是夹衣。所以曾皙有"春服"之言：

莫春者，春服既成，冠者五六人，童子六七人，浴乎沂，风乎舞雩，咏而归。（《先进》）

夏天穿的缔绤是单衣：

当暑，袗缔绤，必表而出之。

衿，单衣，单衣是指没有里子的衣服，相对袷、褶等有里子的衣服而言。絺，细葛布做的衣服。绤，粗葛布做的衣服。衿絺绤，就是细葛布和粗葛布的单衣。必表而出之，外面一定要加一件外衣，才能出去，这是当时的礼节。《礼记·玉藻》："振絺绤不入公门。"郑注："振，读为衿，衿，单也。"

冬天则要在夹衣上再加裘。裘衣即毛皮大衣，穿时皮在里、毛在外，所以外面都罩一件衣服，就是裼衣。裼衣的颜色必须与裘服的颜色同。孔子是大夫，作为礼服的裘衣有羔裘、麑裘、狐裘，《乡党》篇：

缁衣，羔裘。素衣，麑裘。黄衣，狐裘。

这里的缁衣、素衣、黄衣都是裼衣。羔裘，黑色的羊裘，缁衣也是黑色的衣服，卿大夫助祭于君的时候穿。麑裘，白色的鹿裘，素衣是白色的丝衣，天子视朔时候穿。狐裘，黄色的狐裘，罩黄衣，大蜡，即年终祭祀各路与丰收有关的神仙时候穿。这些礼服都是吉服，不用于凶丧之礼。《乡党》云：

羔裘玄冠不以吊。

羔裘玄冠，都是祭祀的礼服，黑色。吊是丧服。孔注："丧主素，吉主玄，吉凶异服。"

平常家居的时候，穿一种狐貉皮做的裘衣，叫作亵裘，《乡党》：

亵裘长，短右袂。

与礼服的狐裘不同的是，亵裘长，为了保暖，而礼服之裘不能太长，否则妨碍行礼。袂，袖子，短右袂，是为了便于做事。另外，亵裘裼衣用深衣。

深衣也是平常家居时穿的便服。一般男子的衣服都是衣裳分开，深衣上下相连，体积较深，故称深衣。凡衣服的裳下沿的周长比腰的周长大一倍。一般的衣服用正幅（规整的长方形）缝制，布的上下宽度相同（一幅二尺二寸），所以在腰间襞积褶迭以收杀之，使腰小于下沿一倍。这也就是《乡党》篇所说的"帷裳"。郑玄云："帷裳，谓朝祭之服，其制正幅如帷也。"朝祭之服用正幅缝制，郑玄说像帷，所以称帷裳。《乡党》云：

非帷裳，必杀之。

"非帷裳"，就是指深衣，因为深衣用正幅斜裁之，直接使腰小于下沿一倍，所以不用襞积。所谓"杀之"，谓斜裁之（杀，减少）。

《乡党》又云："狐貉之厚以居。"此句有不同的理解。郑玄云："在家所接宾客。"这是

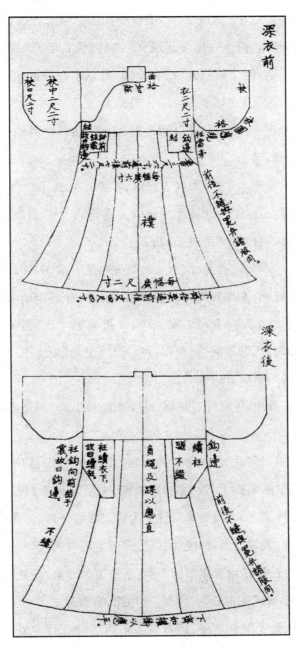

古代深衣图

说狐貉之厚就是家居的裘,即上文之亵裘。刘宝楠《正义》引毛凤韶、阎若璩说,认为居有坐义,狐貉之厚指的是用狐貉皮做坐垫。《论语》:"居,吾语女。"《孝经》:"坐,吾语女。"《孟子》:"坐,吾明语子。"毛、阎认为居、坐错出,居有坐义。可备一说。

下衣叫作裳,裳就是裙子。《说文》:"裳,下帬也。""帬,下裳也。"我们今天叫作裤的,是从古代的袴变来的。袴也写作绔,《说文》:"绔,胫衣也。"《释名》:"袴,跨也,两股各跨别也。"当时的袴只有两个腿筒,上端有丝绳,可以系在腰间。跟现在的裤基本相同的,叫作裈,又作㡓。《说文》:"㡓,㡓也。裈,㡓或从衣。"

上衣外有带。《礼记·深衣》:"带下毋压髀,上毋压胁(肋骨),当无骨者。"这与我们今天扎腰带的部位相同。《公冶长》:

子曰:"赤也,束带立于朝,可使与宾客言也,不知其仁也。"

带有二,一是大带,是丝做的,《诗经·曹风·鸤鸠》:"淑人君子,其带伊丝。"以大带束腰,一端下垂以为饰,叫作绅,《卫灵公》篇:

子张问行,子曰:"言忠信,行笃敬,虽蛮貊之邦行矣。言不忠信,行不笃敬,虽州里行乎哉? 立则见其参于前也,在舆则见其倚于衡也,夫然后行。"子张书诸绅。

绅之制,据《礼记·玉藻》,士长三尺,有司二尺又五寸。《玉藻》说:"凡侍于君,绅垂。"这是因为在君前时,人弯腰磬折,所以带垂。《乡党》说:

疾,君视之,东首,加朝服,拖绅。

孔子生病,鲁君来看他,他就穿着朝服,绅本来应该下垂,但是因为生病躺着,所以是拖绅。

大带上还要系一根革带,用以佩带各种装饰,如佩玉、佩巾、韨等,就是过去一般所说的鞶带。有时候也把鞶带叫作大带,《说文》:"鞶,大带。"段玉裁注云:"古有大带,有革带。革带以系佩韨而后加之大带,则革带统于大带。故许于绅,于鞶皆曰大带。"这是说,分而言之,鞶带是革带,大带是丝带;统而言之,鞶带也可以叫大带。

鞶还有另外一个意思,是指装佩巾的小囊,系于革带之上。《礼记·内则》:"男鞶革,女鞶丝。"郑注:"鞶,小囊盛帨巾者,男用革,女用缯,有饰缘之。"

鞶带上所佩之物,除了鞶囊之外,还有很多东西。《内则》:"左佩纷帨、刀、砺、小觿、金燧,右佩玦、捍、管、遰、大觿、木燧。"郑注:"纷帨,拭物之佩巾,今齐人有言纷者。刀、砺,小刀及砺砀也。小觿,解小结也,觿貌如锥,以象骨为之。金燧,可取火于日。捍,谓拾也,言可以捍弦也。管,笔弢也。遰,刀鞞也。木燧,钻火也。"这些各种各样的佩饰,可以统称为杂佩。《诗经·郑风·女曰鸡鸣》:"知子之来之,杂佩以赠之。知子之顺之,杂佩以问之。知子之好之,杂佩以报之。"

最重要的佩饰是市,又作韨,俗称蔽膝,这是两腿之前下至遮住膝盖的饰物,皮制。远古时代的人,只知道遮蔽身前而已,后来才有衣服,所以市是太古原始衣服的遗像。《诗经·小雅·采菽》:"赤市在股,邪幅在下。"毛传:"市,大古蔽膝之象也。"孔疏引郑玄《易乾凿度》注云:"古者田渔而食,因衣其皮。先知蔽前,后知蔽后。后王易以布帛,而犹存其蔽前者,重古道不忘本。"统而言之,市又名韍,析而言之则有别,市只与冕服相配,与其他服相配的叫韍。《采菽》郑笺:"冕服谓之市,其他服谓之韍。"所以古书经常韍冕并称,例如《泰伯》篇:

子曰:"禹,吾无间然矣。菲饮食而致孝乎鬼神,恶衣服而致美乎黻冕,卑宫室而尽力乎沟洫。禹,吾无间然矣。"

黻本来是花纹,这里是"韍"的假借字,黻冕就是韍冕,代指祭祀的服饰。

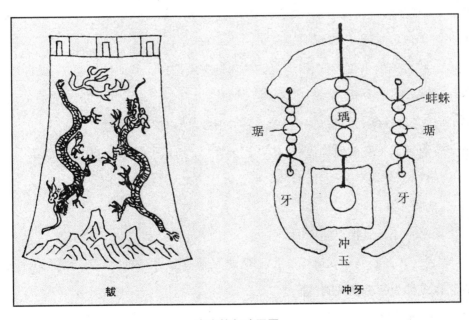

古衣韍与冲牙图

市的形制古书略有记载。《礼记·杂记下》:"韠长三尺,下广二尺,上广一尺,会去上五寸,纰以爵韦六寸,不至下五寸,纯以素,纰以五采。"上边的缘边叫作会,会去上五寸,是说会的宽度为五寸。两边的缘边叫作纰,纰六寸,中折之,表里各三寸。下边的缘边叫作纯,纯也是五寸。纰是缝中用以装饰的五彩丝。《礼记·玉藻》:"韠,君朱,大夫素,士爵韦,圆、杀、直。天子直,公侯前后方,大夫前方,后挫角,士前后正。綼下广二尺,上广一尺,长三尺,其颈五寸。"郑注:"天子四角直,无圆杀。公侯杀四角,使之方,变于天子也,所杀者去上下各五寸。大夫圆其上角,变于君也。綼以下为前,以上为后。"

其次要数玉了。这是因为古人常用玉来比喻君子之德。《礼记·礼器》:"君子于玉比德焉。"《诗经·秦风·小戎》也说:"言念君子,温其如玉。"古人常用玉比君子之德。《礼记·玉藻》:"古之君子必佩玉。""君子无故玉不去身。""故君子在车则闻鸾和之声,行则鸣佩玉。"佩玉的佩带有独特的方式:上有一横玉(或者稍有弧度,如璜),叫作珩,珩系三根丝绳,串以蚌珠。中间一根的1/2处串一块叫作瑀的玉石,末系一琚玉,方形圆孔,名曰冲玉。两边的两根丝绳,其1/2处各系一块叫作琚的玉石,末端各系一弧形的玉,一头粗,一头细,犹如月牙,就叫作牙,缺口相向。人行动时,中间的冲玉就碰撞两侧的牙,发出玉石之声,冲牙之名由此起。

另外,未成年者还常佩香囊,又称容臭,其中多放一些香草或香料。《内则》:"男女未冠笄者⋯⋯皆佩容臭。"

还有一些特殊的东西,可以根据自己的喜好有所选择。例如《韩非子·观行》:"西门豹之性急,常佩韦以自缓。董安於之心缓,常佩弦以自急。"韦是经过加工之后的皮革,质地柔软,所以象征性缓;弦是张在弓上的,绷得很紧,所以象征性急。

孔子也有自己特殊的佩饰。《大戴礼记·保傅》:"孔子佩象环,五寸而綦组。"象是象牙。据卢辩注,象牙是有文理者,而环取可循环无穷之意。《乡党》云:

去丧,无所不佩。

可见他平常还是有很多佩饰的。

孔子上朝的时候,就穿朝服。通常上朝的衣服应该是玄冠、缁衣、素裳、缁带、素綼,这套衣服也统称为玄端,《先进》篇:

"赤,尔何如?"对曰:"非曰能之,愿学焉。宗庙之事,如会同,端章甫,愿为小相焉。"

端即玄端,用正幅(布广二尺二寸)布为之,不杀,黑色。在一些具体的场合下,裳有玄裳、黄裳、杂裳之分。章甫即玄冠,穿玄端时所戴的礼帽。

如果是在初一上朝,因为有视朔之礼,所以稍有不同,《乡党》:

吉月,必朝服而朝。

郑玄注朝服云："皮弁服。"皮弁服是鹿皮帽、白布衣、素裳、缁带、素韠。每月初一是诸侯视朔，视朔之后即朝，皮弁服是视朔时所穿，所以孔子穿皮弁服上朝。

关于孔子穿什么样的鞋子，《论语》中没有说明。当时的鞋子有屦、蹻（又作屩、屫）、舄、屐等名称。

屦是鞋子的通名，有草鞋、麻鞋、葛鞋、丝布鞋、皮鞋等。战国以后，作为鞋子的通称的"屦"，逐渐被"履"取代了。履本来是动词，是践履的意思，逐渐用为名词。

蹻就是草鞋。《孟子·尽心上》："舜视弃天下，犹弃敝蹻也。"敝蹻就是破草鞋。

麻鞋用麻绳编织而成，葛鞋是用葛藤编织的，这些鞋都是夏天穿的，《诗经·小雅·大东》："纠纠葛屦，可以履霜。"穿着葛屦履霜，这是贫穷的表现。冬天一般穿皮鞋。《仪礼·士冠礼》："屦，夏用葛，冬皮屦可也。"皮鞋又叫作鞮，不过这可能是个"外来词"，《说文》："鞮，革履也。胡人履连胫，谓之络鞮。"这种络鞮有点像今天的长统靴子了。

舄是在一般的屦的鞋底下加一层木头的底，这样就可以在雨天或潮湿的地上行走了。舄的外形有点像鸟的形状，舄字的本义就是一种鸟。

屐是在鞋底下加一层厚木板，并且有齿，便于在泥泞的路上行走。

跟鞋子相关的还有一些名称。鞋头上有两个环，既是装饰，也可以穿鞋带固定，叫作。鞋带叫作綦。鞋帮和鞋底缝合处的缝中也有装饰的丝线，叫作，或者繶。鞋子的口沿有缘边，叫作纯。

当时已经有袜子。袜子有丝织的，也有用韦的。古人以脱袜为敬，登席必脱袜。《左传·哀公二十五年》载卫侯与诸大夫饮酒，"褚师声子袜而登席，公怒。辞曰：'臣有疾，异于人，若见之，君将殼（呕吐）之，是以不敢。'"褚师声子因为脚有病，怕国君看了他的脚会呕吐，所以不脱袜。但不脱袜是不礼貌的行为，所以引起了卫君的愤怒。

晚上睡觉的时候盖的被子，叫作寝衣。《乡党》：

必有寝衣，长一身有半。

一般认为寝衣是小被子，大被子叫作衾。《说文》："被，寝衣也，长一身有半。衾，大被也。"一身有半，人身高的 1.5 倍。但如果是这样的被子，恐怕不能算小被子了，因此前人也怀疑寝衣不是被子，例如刘宝楠《正义》说寝衣为睡衣。而王引之说身有另外一个意思，指颈之下、大腿之上（不含颈与大腿），则一身有半的长度，大致是在膝盖以上。但王引之所说的"身",是从《周易·艮卦》:"艮趾、艮腓(小腿)、艮身、艮辅(脸颊)"之次序推测,并无确据。所以这仍然是一个有待研究的问题。

孔子在斋戒的时候,还穿一种叫作"明衣"的衣服,《乡党》:

> 齐必有明衣,布。

明衣也是贴身的衣服,以布为之。贴身的衣服必洁清,所以称明衣。《仪礼·士丧礼》:"明衣裳,用布。"郑玄注:"所以亲身为圭洁也。"孔安国注《乡党》认为是沐浴衣,恐非。

二、"食不厌精,脍不厌细"——饮食

常言道"民以食为天",古人也这么说。《管子》云:"王者以民为天,民以食为天。"粮食永远是民生的根本。《颜渊》篇:

> 子贡问政,子曰:"足食,足兵,民信之矣。"子贡曰:"必不得已而去,于斯三者何先?"曰:"去兵。"子贡曰:"必不得已而去,于斯二者何先?"曰:"去食。自古皆有死,民无信不立。"

尽管孔子的话听起来很"迂腐",但是他也没有否认"食"的重要性。《尧曰》:

> 所重:民、食、丧、祭。

孔子所吃的粮食,当时有"五谷"之称:

> 子路从而后,遇丈人,以杖荷蓧。子路问曰:"子见夫子乎?"丈人曰:"四体不勤,五谷不分,孰为夫子?"植其杖而芸。(《微子》)

这位荷蓧丈人显然是隐居民间的"逸民",他还亲自务农。蓧是一种耘田的工具。《说文》:"蓧,耘田器。"段玉裁注认为丈人拿蓧来除草,孔注"竹器",可能有脱误。有意思的是,在我的老家浙江农村,荷蓧丈人的话,就是农民们经常取笑我们这些读书人的话。

谷也用来代指俸禄,《宪问》云:

> 宪问耻,子曰:"邦有道,谷;邦无道,谷,耻也。"

五谷,泛指谷物,具体说法不一。《孟子·滕文公上》:"树艺五谷,五谷熟而民人育。"

赵岐注：“五谷谓稻、黍（黄米，黏的小米）、稷（高粱）、麦、菽（豆）也。”这是五种主要的粮食作物。《周礼·天官·疾医》：“以五味、五谷、五药养其病。”郑玄注：“五谷，麻、黍、稷、麦、豆也。”《楚辞·大招》：“五谷六仞。”王逸注：“五谷，稻、稷、麦、豆、麻也。”说法虽然有出入，但都把麻当作五谷之一。麻子也可以吃。麻有雌雄，无实者曰牡麻，名枲，有实者曰苴，名苴。麻之实曰蕡。《诗·豳风·七月》：“九月叔苴。”毛传：“苴，麻子也。”《周礼·天官·笾人》：“朝事之笾，其实麷蕡。”麷是面，蕡即蕡，可见麻子还可以用来祭祀。

周人以稷为五谷之长，其先人就是尧舜时代掌管农业的官，所以始祖名后稷。稷为何物，古今多异说，清人程瑶田《九谷考》以为即今人所说的高粱。高粱于诸谷之中，最为高大，且一年之中最先种，所以得为五谷之长。稷与社并称，代指国家。

黍的起源也很早，商代甲骨文中已有此字。黍即今之黄米，黏，北方人称为黍子，可以酿酒，是比较好的食物。《说文》：“黍，禾属而黏者也，以大暑而种，故谓之黍。从禾，雨省声。孔子曰：黍可以为酒，故从禾入水也。”黍是当时的好米，所以《微子》篇荷蓧丈人“止子路宿，杀鸡为黍而食之”，这是用来招待宾客。

黍与稷是当时最重要的两种作物，经常并称。《诗·秦风·鸨羽》：“王事靡盬，不能艺黍稷，父母何食？”

北方最普遍的作物是禾，就是今天的小米，俗称谷子。禾与黍非常像，区别是禾的穗聚而下垂，而黍的穗稍稍分散。禾又是五谷的总称。《七月》：“十月纳禾稼，黍稷重穋，禾麻菽麦。”禾稼的禾是总称。先种而晚熟的叫作重，晚种而先熟的叫作穋。禾麻的禾就是谷子。禾的米粒叫作粱，这是北方的精米。

禾与黍的米粒都可以叫作粟，《诗·小雅·黄鸟》：“交交黄鸟，无止于谷，无啄我粟。”《雍也》：

原思为之宰，与之粟九百，辞。子曰：“毋，以与尔邻里乡党乎！”

粟也用来代指粮食，《颜渊》：

齐景公问政于孔子，孔子对曰：“君君，臣臣，父父，子子。”公曰：“善哉！信如君不君，臣不臣，父不父，子不子，虽有粟，吾得而食诸？”

五谷中的麦就是今天的小麦。甲骨文中写作“来”，可能因为它是外来品。大麦叫作麰。《诗·周颂·思文》：“思文后稷……贻我来麰。”《孟子·告子上》：“今夫麰麦，播种而糗之。"

稻就是今天的水稻，《诗·豳风·七月》："八月剥枣，十月获稻。"稻是南方最重要的作物，在古代北方属于美食。稻子是精米，不是日常吃的。所以《阳货》篇载宰我想要废除三年之丧，孔子反问他：

食夫稻，衣夫锦，于女安乎？

稻有黏的，有不黏的。统而言之，稻既可以指黏的，也可以指不黏的，析而言之，则黏的称稻，不黏的叫秔（又作粳）。有一个词叫作秫，凡稷、黍、稻之黏者都可以叫秫。

菽是豆。统言之则大豆小豆都叫菽，分言之则大豆曰菽，小豆曰荅。《诗·小雅·采菽》："采菽采菽。"郑笺："菽，大豆也。"《说文》："荅，小未也。"未通菽。

古人也常做一些干粮。《周礼·笾人》："羞笾之实，糗饵、粉餈。"郑注："此二物皆粉稻米黍米所为也。合蒸曰饵，饼之曰餈。糗者，捣粉熬大豆，为饵餈之黏着以粉之耳。饵言糗，餈言粉，互相足。"

肉食中有牛、羊、猪、鸡、鱼、雁（鹅）等。《周礼·天官·膳夫》："膳用六牲。"郑注："六牲，马牛羊豕犬鸡也。"王引之《经义述闻》卷八不同意，认为郑注把《周礼》牧人掌管的六牲当成了膳羞的六牲，膳羞之六牲当为牛羊豕犬雁鱼。

猪肉和鸡肉可能是最常吃的肉。《阳货》："阳货欲见孔子，孔子不见，归孔子豚。"《微子》篇荷蓧丈人"止子路宿，杀鸡为黍而食之"。

六牲之外，也吃狗肉，所以《孟子·梁惠王上》："鸡豚狗彘之畜无失其时，七十者可以食肉矣。"

当时养的牲口叫作畜，将用以祭祀之畜叫作牲。熟肉叫作饪，生肉叫作腥：

君赐腥，必熟而荐之。君赐生，必畜之。（《乡党》）

"生"即"牲"。刚杀的叫作鲜，干肉叫作腊。腊肉薄切之，叫作脯，切成长条状，叫作脩。一根脩叫作脡，十脡为一束。《述而》篇说：

子曰："自行束脩以上，吾未尝无诲焉。"

当时还有很多蔬菜水果。《黄帝内经·素问》有"五菜"之称：葵、藿、薤、葱、韭。葵是当时很重要的蔬菜，《诗·豳风·七月》："七月烹葵及菽。"葵即葵菜，菽这里指豆叶，即藿。《战国策·韩策》："民之所食，大抵豆饭藿羹。"薤像葱，是有辛味的菜，又称藠头，因为它的茎白色，像蒜头，也是很常用的调味料。韭菜也见于《豳风·七月》："四之日其蚤，献羔祭韭。"

其他的蔬菜也有一些，例如《诗·邶风·谷风》："采葑采菲。"葑与菲就是萝卜一类的食物。《谷风》："谁谓荼苦，其甘如荠。"提到荼菜和荠菜。荼有苦荼和甘荼，《大雅·緜》："周原膴膴，堇荼如饴。"这是甘荼。又《诗经》有《采薇》之篇，伯夷、叔齐采薇于首阳山，薇是一种苦菜。还有藜，是灰菜。《豳风·七月》："八月断壶。"毛传："壶，瓠也。"即瓠瓜。《阳货》篇：

佛肸召，子欲往。子路曰："昔者由也闻诸夫子曰：'亲于其身为不善者，君子不入也。'佛肸以中牟畔，子之往也，如之何？"子曰："然，有是言也。不曰坚乎，磨而不磷；不曰白乎，涅而不缁。吾岂匏瓜也哉，焉能系而不食？"

匏瓜即瓠瓜。瓠瓜有甘瓠和苦瓠两种。《诗·小雅·南有嘉鱼》："南有樛木，甘瓠累之。"这是甘瓠。《国语·鲁语》："苦匏不材于人，共济而已。"韦昭注："材读若裁也，不裁于人，言不可食也。"这是苦瓠，只能用来供人渡河，不能吃。《论语》本章的匏就是苦瓠，所以孔子说"系而不食"。

羹也是当时餐桌上的常客，一般是带汁的肉。《说文》："羹，五味盉羹也。"《左传·昭公二十年》："和如羹焉，水、火、醯、酱、盐、梅，以烹鱼肉，燀（炊）之以薪，宰夫和之，齐之以味，济其不及，以泄其过。"这是讲做羹的方法。普通老百姓大概只能吃点菜羹，即《韩非子·五蠹》所谓"粝粢之食，藜藿之羹"。

古代基本的调味品，有盐、酱、醋、梅等。酱是用米、面等发酵而成的，也有用鱼肉捣烂加上调料制成的，叫作醢。古人非常注重酱跟食物的搭配，所以孔子"不得其酱不食"（《乡党》）。这一点，在今天的日本还保留着：日本人吃饭的时候有很多种酱，吃不同的菜和肉时要用不同的酱。我们今天已经不太注重这种搭配了。醋又叫醯（《公冶长》）：

子曰："孰谓微生高直？或乞醯焉，乞诸其邻而与之。"

用醋可以做菹，相当于今天的酸菜、泡菜一类。另外，古代也常常用各种菜来调味，例如苦味可以用荼，甜味可以用甘草，辛味可以用葱姜蒜等。

当时已经有甜瓜一类的瓜果，《乡党》云：

虽疏食、菜羹、瓜祭，必齐如也。

古人吃饭之前，先把每一样菜都拿出少许，放在笾豆之间，算是祭祀先农，以示不忘本。瓜祭一般是取瓜的顶端部分，即连着藤的部分。"瓜"字鲁《论》作"必"。齐如，庄重之貌。

水果很多，苹果、橘子、枣子、李子、梅子、木瓜、杏儿、桑椹、栗子等。

《八佾》：

哀公问社于宰我。宰我对曰："夏后氏以松，殷人以柏，周人以栗，曰使民战栗。"

既有栗树，就有栗子。

孔子不但非常注重自己的身体，注意饮食，而且是一个美食家，他对自己的食物有严格的要求，色香味都有讲究，《乡党》篇：

食饐而餲，鱼馁而肉败，不食。色恶不食。臭恶不食。失饪不食。不时不食。割不正不食。不得其酱不食。

饐，餲，都是饭坏变味，只是程度不同，餲重于饐。馁，腐败，鱼腐臭叫馁，肉腐臭叫败。臭是气味。失饪，指食物生熟火候不当。郑注："失生熟之节。"不时，不到吃饭的点。郑注："非朝、夕、日中时。"

古人平时一般也是三餐，朝时、日中、夕食。大夫以上，在早饭的时候杀牲，午饭、晚饭时继续吃。士则用鱼。但是在斋戒期间，每餐都杀牲，不吃上一餐剩下来的，而且不饮酒，不吃荤。荤是指有刺激性味道的食物，如葱、姜、蒜、韭等。斋戒时所食与平时不同，所以称变食：

齐必变食，居必迁坐。（《乡党》）

斋戒时不但变食，还要迁坐，即改变起居的处所。郑玄注："迁坐，移居。"平常居于内寝，与夫人同居，斋戒时居于外寝（也称正寝）。

一说古人一日两餐，第一顿是朝食，又称饔，太阳行至东南隅，即隅中，约上午九点左右。第二顿是飧，吃第一顿饭剩下来的，不新做，在餔时，约下午申时四点左右。

据说天子一天要吃四顿饭。《微子》：

太师挚适齐，亚饭干适楚，三饭缭适蔡，四饭缺适秦，鼓方叔入于河，播鼗武入于汉，少师阳、击磬襄入于海。

挚、干、缭、缺、方叔、武、阳、襄，皆乐官之名。天子一日四饭，吃饭要奏乐，奏乐的乐官有叫亚饭、三饭、四饭的。《白虎通·礼乐》:"《传》曰:'天子食时举乐。'王者所以日四食何？明有四方之物,食四时之功也。四方不平,四时不顺,有彻膳之法焉,所以明至尊著法戒焉。王平居中央,制御四方。平旦食,少阳之始也;昼食,太阳之始也;晡食,少阴之始也;暮食,太阴之始也。《论语》曰亚饭干适楚,三饭缭适蔡,四饭缺适秦。诸侯三饭,卿大夫再饭,尊卑之差也。"按照这个说法,卿大夫一天只能吃两顿饭,那么士和庶人最多也就吃两顿了。

即使是对于祭肉,孔子的要求也很严格:

祭于公,不宿肉。祭肉不出三日。出三日,不食之矣。(《乡党》)

助祭于公,祭毕君有归脤膰(祭肉生曰脤,熟曰膰)之礼。所得祭肉,不隔夜。祭肉不能超过三日,出三日就可能变质,所以不吃。凡祭祀,于祭日开始杀牲以祭,明日又祭,即绎祭,祭毕,乃赐肉,则已经两天了。拿回来之后,还要再向下颁赐,所以不能再隔夜,否则就很容易超过三天。尽量要在三天之内吃掉,如果过三天以后扔掉,就是"亵鬼神之馀"。

孔子也注意主食与肉食之间的搭配:

肉虽多,不使胜食气。沽酒市脯不食。(《乡党》)

食气,五谷之气。这是说以食为主,不能以肉为主。市场上买卖的酒和干肉,孔子不吃,可能是因为买卖的东西,不明来历,不知道是否清洁。

他对于食物不厌精细:

食不厌精,脍不厌细。(《乡党》)

精,本指精米,这里指精细。脍,细切的生肉,先切成薄片,再切成细丝。

鲁迅曾说孔子"食不厌精,脍不厌细"的规矩有点奇特,大概是因为他有胃病,为了容易消化。下文"不彻姜食",又简直是省不掉暖胃的药了。孔子经常在齐鲁大道上坐车奔走,胃里装着沉重的面食,坐在车里走着七高八低的道路,一颠一颠,逐渐有"胃扩张"的毛病。消化力随之减少,每餐又非吃生姜不可了。

鲁迅学过医,他的"诊断"也许有道理。《乡党》说孔子吃饭总是"不多食",就是不吃得过饱,这很符合现在的营养学观念,也可能是因为怕吃多了伤胃。

古代的饭器很多,主要的有簠与簋,《公冶长》:

子贡问曰："赐也何如？"子曰："女，器也。"曰："何器也？"曰："瑚琏也。"

商周时代的器物名称，汉代以来就已经不大清楚了，因此汉人的注解往往是靠不住的。宋代以来金石学发达，看到很多古代器物。宋人见识常高于前人，根据当时出土发现，认出了一批青铜器，但是也认错了不少。近代以来，出土器物增多，根据器物的自名（器物上刻着自己的名称），今天已经可以知道一批器物的确实名称了。瑚琏，包咸注："黍稷之器。夏曰瑚，殷曰琏，周曰簠簋。"《大戴礼记·明堂位》则曰夏曰琏，殷曰瑚。这些记载与出土发现有出入。

瑚　　　　　　簠　　　　　　簋

瑚，黍稷器。器物自名为㝅、㝅、㝅、㝅、㝅、㝅等。其基本形制为长方体，足为方足或方圈足，器盖对称，合为一体，分开就成两个器皿。过去常把瑚认作"簠"，其实是不对的。

簠，黍稷器。器物自名为铺、箪，外形像豆，上盘之边较浅窄，与豆盘作碗形不同；圈足，粗而且矮，常为镂空。

簋，黍稷器。一般为圆形，深腹，三足或圈足，也有很多带方形底座。

琏，尚没有考古发现的器物可证。

豆

盛菹醢的，有豆。《尔雅·释器》："木制之豆称豆，竹制之豆称笾，瓦制之豆称登。"《大雅·生民》："卬盛于豆，于豆于登。"也有青铜的豆。笾之形与豆相似，但是因为它是竹制的，所以只能盛干菜水果之类的食物。笾豆是祭祀时必用的器物，所以常用来代指祭祀：

曾子有疾，孟敬子问之。曾子言曰："鸟之将死，其鸣也哀，人之将死，其言也善。君子所贵乎道者三：动容貌，斯远暴慢矣；正颜色，斯近信矣；出辞气，斯远鄙倍矣。笾豆之事，则有司存。"（《泰伯》）

也有用圆形的竹器来装饭的，叫作箪，《雍也》：

子曰："贤哉回也！一箪食，一瓢饮，在陋巷，人不堪其忧，回也不改其乐。贤哉回也！"

古代的饭基本都是蒸的，蒸器叫作甑，下有孔通气。米放在甑中，甑放在鬲上，鬲中放上水，加热鬲中的水，产生的蒸汽透过小孔，使米成饭。又有把鬲与甑合成为一体的，叫作甗。单用鬲本身也可以煮粥。鬲是有三个脚的锅，脚中空，没有脚的叫作釜。《孟子

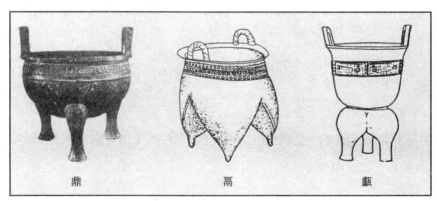

鼎　　　　　鬲　　　　　甗

·滕文公上》："许子以釜甑爨，以铁耕乎？"又有鼎，主要用来煮牲肉，祭祀的时候鼎是不可或缺的。鼎是重器，古代也用鼎作为社稷的象征。国家被灭亡，鼎就被迁到征服国那里去了，所以迁鼎表示国家的灭亡。

煮一般的肉可以用镬，相当于今天的锅。牲体从鼎镬中煮熟以后，用匕取出，放到肉板上，就是俎。祭祀时也用俎进献，所以"俎豆"也用来借指祭祀：

卫灵公问陈于孔子，孔子对曰："俎豆之事，则尝闻之矣；军旅之事，未之学也。"明日遂行。

孔子很爱喝酒。孔子的祖先是殷人，殷人好酒，据说纣王亡国的原因之一就是喝酒

惹的祸。周公有《酒诰》，告诫贵族们不可以酗酒。孔子可能是因为有商人血统的缘故，也很好酒，不过，他毕竟是圣人，能够管住自己，不喝得过分：

　　唯酒无量，不及乱。(《乡党》)

　　子曰："出则事公卿，入则事父兄，丧事不敢不勉，不为酒困，何有于我哉!""何有于我哉"，于我有何哉？是说不难的意思。

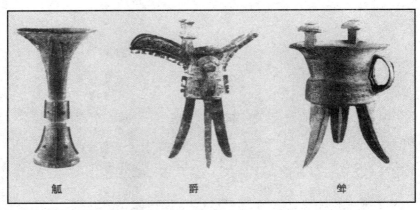

瓠　　　　　爵　　　　　斝

孔子对于吃饭，也有各种规矩，或者叫礼仪：

　　子食于有丧者之侧，未尝饱也。(《述而》)

　　食不语，寝不言。(《乡党》)

　　有盛馔，必变色而作。(《乡党》)

其中"食不语"一条，本来是贵族吃饭的礼仪，不过确实很有安全观念，今天的父母亲也常常这么教育子女。参加乡人的饮酒，也注意不忘了礼仪：

壶　　　　　卣　　　　　尊

乡人饮酒，杖者出，斯出矣。（《乡党》）

此谓乡饮酒礼。乡饮酒礼主于尊老，座次以年龄为次。《礼记·王制》："五十杖于家，六十杖于乡，七十杖于国，八十杖于朝。"等杖者出乃出，也是尊老之意。对国君，当然更加尊敬：

侍食于君，君祭，先饭。

君赐食，必正席，先尝之。（《乡党》）

侍食于君，一般不祭，君祭，则先饭。君赐食，则先尝之，然后颁赐家人。

喝酒用爵，也用觚，《雍也》：

子曰："觚不觚，觚哉，觚哉！"

装酒的有尊、壶、卣等，用勺子舀，或倒在爵、觚、觯、角、斝等饮器中。古代食物的基本烹调方法是煮。煮熟就叫烹，煮熟又用汁调味，就叫胹，《左传·宣公二年》："宰夫胹熊蹯不熟。"又通作濡，《礼记·内则》："濡豚包苦实蓼。"郑注："濡谓烹之又以汁和之也。"还有炒，与今天相同，也叫熬。与炒相似的是煎，是稍放点水，把水煎干而熟。又有烧烤，称炙或炰。

古人吃饭都是用手抓，常抟成饭团。

三、"起居竟伸其志"——起居

古代的居民是有一定的组织的。《周礼·大司徒》："五家为比，五比为闾，四闾为族，五族为党，五党为州，五州为乡。"此国中之制。《遂人》："五家为邻，五邻为里，四里为酇，五酇为鄙，五鄙为县，五县为遂。"此郊野之制。

孔子居住在城里，城里的居民区叫作里。选择好的居住环境，这是古今人们共同的想法。这既包括了自然环境，也包括人文环境。《里仁》篇：

子曰："里仁为美。择不处仁，焉得知？"

古代的居民编制也是按照家、比、闾、族、党、州、乡来组织的，所以《论语》中记载孔子日常举止行为的那篇，以"乡党"命名。孔子的家在"阙里"，也称阙党，《宪问》：

阙党童子将命。或问之曰："益者与？"子曰："吾见其居于位也，见其与先生并行也。

明代孔子燕居图

非求益者也,欲速成者也。"

　　《荀子·儒效》:"仲尼居于阙党。"关于阙里、阙党的命名,顾炎武有一个说法:"《史记·鲁世家》:'炀公筑茅阙门。'盖阙门之下,其里即名阙里,夫子之宅在焉,亦谓之阙党。"但《史记》所说的门名叫"茅阙门",不是"阙门",所以顾氏的说法还是有问题的。这种居民住宅区在《论语》中常见:

　　子张问行,子曰:"言忠信,行笃敬,虽蛮貊之邦行矣。言不忠信,行不笃敬,虽州里行乎哉? 立则见其参于前也,在舆则见其倚于衡也,夫然后行。"(《卫灵公》)

　　原思为之宰,与之粟九百,辞。子曰:"毋,以与尔邻里乡党乎!"(《雍也》)

　　古人聚族而居,因而族既是家族之称,也是一个居民编制。《子路》:

　　子贡问曰:"何如斯可谓之士矣?"子曰:"行己有耻,使于四方,不辱君命,可谓士矣。"曰:"敢问其次。"曰:"宗族称孝焉,乡党称弟焉。"

　　住宅古称宫室。秦汉以前,"宫"指的是一般的房屋住宅,并没有贵贱之分。"宫"指帝王的宫殿,是秦汉以后的事情。统言之,则宫与室可通称,故《尔雅·释宫》云:"宫谓之室,室谓之宫。"分言之,则整个住宅称宫,其中的一间房屋称室。

　　宫室的周围经常栽种一些树木,《孟子·梁惠王上》:"五亩之宅,树之以桑,七十者可以衣帛矣。"也种一些梓树、榆树等,既可以提供木材,也可以美化环境。

　　一所住宅,都用围墙围起来,即宫墙,前面有大门。《子张》:

叔孙武叔语大夫于朝曰:"子贡贤于仲尼。"子服景伯以告子贡,子贡曰:"譬之宫墙:赐之墙也及肩,窥见室家之好;夫子之墙数仞,不得其门而入,不见宗庙之美,百官之富。得其门者或寡矣,夫子之云,不亦宜乎?"

门外常有一道短墙,叫作外屏。按照古代的礼制,只有天子才能有外屏,《荀子·大略》所谓:"天子外屏,诸侯内屏。"外屏也叫树,《八佾》:

子曰:"管仲之器小哉!"或曰:"管仲俭乎?"曰:"管氏有三归,官事不摄,焉得俭?""然则管仲知礼乎?"曰:"邦君树塞门,管氏亦树塞门。邦君为两君之好,有反坫,管氏亦有反坫。管氏而知礼,孰不知礼!"

当时礼坏乐崩,僭越很厉害,所以诸侯卿大夫都有外屏了。

大门两侧各有两间房,叫作塾,《尔雅·释宫》:"门侧之堂谓之塾。"后来的私塾就是设在这个地方。一进门,正对着门的,是一堵矮墙,叫作屏。屏挡住了外人的视线,所以屏有保护家庭隐私的作用。屏又叫萧墙,萧通肃,表示到了这里就应当肃静。《论语·季氏》:

吾恐季孙之忧,不在颛臾,而在萧墙之内也。

后人用"祸起萧墙"来表示由于内部矛盾而招来的祸患。转过屏,才进入了住宅的庭院。

屏后面是一片空地,古人就叫它"廷"(也写作"庭"),就是后来说的庭院。廷北边就是整个住宅的主体建筑了,即堂、室和房。这些主体建筑都建筑在高于平地的台基上。最前面的部分是堂,堂后面是室,室的左右就是房,称东房和西房。堂前无遮拦,因此堂的边很突出,古人把它叫作廉,廉以直为特征,因以"廉直"比喻人的操守。堂的左右是两面墙,叫作"序",即东序和西序。堂上靠近序的地方也称序。堂前面有两根大柱子,叫作楹。国君的两楹之间有放置尊爵的土台予,即坫。宾主饮酒献酬完毕,皆反爵于坫上,所以也叫作反坫。《八佾》所谓"邦君为两君之好,有反坫,管氏亦有反坫"。

由于堂高于廷,因此堂前有阶,有东阶和西阶。来客人时,主人走东阶,客人走西阶,因此,东阶又叫阼阶(郑玄注:阼,犹酢也,所以答酢宾客也),西阶又叫宾阶。《乡党》说:

乡人傩,朝服而立于阼阶。

古人所谓"升堂入室",就是指从廷走上堂,必须经过堂,才能进入室。《论语·先进》：

由也，升堂矣，未入于室也。

廷和堂是举行各种礼仪，演奏各种乐舞的地方，如举行燕礼、宾礼等。《论语·八佾》说：

孔子谓季氏八佾舞于庭："是可忍也，孰不可忍也。"

可见跳舞是在庭院中。奏乐的人一般是在堂上，所以《八佾》又说：

三家者以《雍》彻，子曰："'相维辟公，天子穆穆'，奚取于三家之堂？"《雍》是天子所用的乐歌，鲁国的三卿在自己的堂上演奏《雍》，所以孔子有微词。也有堂上和堂下一起奏乐的，《仪礼·乡饮酒礼》："笙入，堂下磬南，北面立，乐《南陔》《白华》《华黍》。"

堂的东序到东墙，西序到西墙，形成两个夹间，每个夹间都南北一分为二，北边的分别称东夹和西夹，也叫阁或厢房，南边的分别叫东堂和西堂。堂上靠近两序的地方也叫厢。厢房和堂之间有户可以相通。一说厢房指庭院东西两边靠近垣墙的地方所建的房子，属于廊庑建筑，《西厢记》的张生"待月西厢下"，就是这种地方。

堂的后面就是室，是住人的地方。室与堂之间有墙，东边有户，可以从堂入室。古人称户，一般是单扇的，称门是双扇的。从室外出必由户，所以孔子说：

谁能出不由户，何莫由斯道也？（《雍也》）

这堵墙靠西边的地方有窗户，叫作"牖"，一般所说的户牖，都是指室而言。室内靠着牖的这边可以睡觉坐卧，所以《论语·雍也》说：

伯牛有疾，子问之，自牖执其手，曰："亡之，命矣夫！斯人也而有斯疾也！斯人也而有斯疾也！"

古人睡觉一般是靠北墙，脑袋朝东。但是生病时，有尊者来探视，就会移到窗牖下，头还是朝东。所以孔子能够从窗户抓住伯牛的手。

牖和户之间的墙壁叫作"扆"，这是堂上最尊贵的位子。天子朝诸侯，就是负扆南向而立。在室内则是西边东向的座位最尊，其次南向，其次北向，其次东边西向。知道这一点，就可以理解《鸿门宴》中的座次的尊卑关系：项王、项伯东向坐，亚父南向坐，沛公北向坐，张良西向侍。

室的北墙也出一个窗户，叫作"向"，《说文》："向，北出牖也。"《诗经·豳风·七月》：

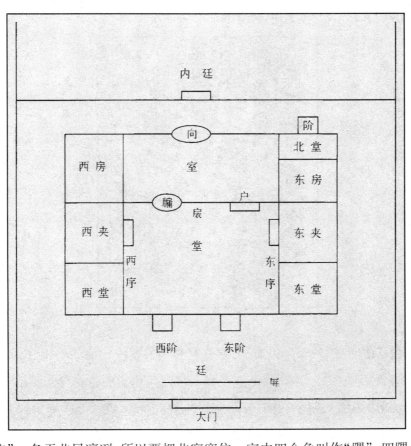

"塞向墐户"。冬天北风凛冽,所以要把北窗塞住。室内四个角叫作"隅",四隅各有名称,根据《尔雅·释宫》:"西南隅谓之奥,西北隅谓之屋漏,东北隅谓之宦,东南隅谓之窔。"室中西南隅之奥,光线比较暗,却是室中最尊贵的地方,为尊者所居,凡祭祀都在奥。《八佾》:

王孙贾问曰:"'与其媚于奥,宁媚于灶',何谓也?"子曰:"不然。获罪于天,无所祷也。"

郑注:"宗庙及五祀之神皆祭于奥。"东北隅的宦是储藏食物的地方。室的中央叫作"霤",灶一般就在室的中央。四隅构造当然相同,因此知道一个,别的也就知道了,所以《论语·述而》说:

举一隅不以三隅反,则不复也。

室的两侧也各有房,即东房和西房,又称"侧室"。东房比西方的进深要小,因为还要分出一部分作为北堂，北堂下有阶，可以通往内廷。

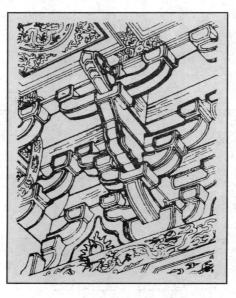

斗拱

外廷与内廷之间有墙隔开，另有一道门，称寝门。寝门比大门小得多，因此也叫闺门，《尔雅·释宫》："宫中之门谓之闱，其小者谓之闺。"内廷的结构与外廷相同。内廷一般是女眷的住所。因此，也把妇女所居称为闺中，女儿也称"闺女"。古代也称妻为正室，妾为侧室。因为妻一定住在正室，妾通常居侧室。

宫室的规模根据地位的高低而变化，通常的老百姓可能连内廷都没有，帝王的规模又更大，但是其基本结构也都是廷、堂、室、房。

房屋一般是东西五间，南北五架。东西五间是指中堂占三间的宽度，东西房各占一间。南北五架是指堂的东西墙，由南到北，各立五根大柱，从第一至第四根为堂之进深，第四至第五跟为室之进深。最前面的两根柱子就是东楹和西楹。房屋承重的主要是柱子，柱子上有横梁，梁上有短柱，叫作棁，棁上可以再架梁。《公冶长》：

子曰："臧文仲居蔡，山节藻棁，何如其知也？"

棁也叫侏儒柱。在上面画水藻为饰，就是藻棁。节又叫栌，柱子上承大梁的方木。山节，包咸、郑玄都认为是在栌上雕刻成山的花纹；一说"山节谓刻柱头为斗拱，形如山也"（《礼记·礼器》管仲"山节藻棁"，孔颖达疏）。斗拱是古代的一种很有特色的木结构形式，在立柱与横梁的接合处，从柱顶探出的弓形肘木叫作拱，拱与拱之间的方形垫木叫作斗。使用斗拱就不需要用钉子。

承担屋顶的最高处的东西向的大梁,叫作栋,两侧往下的一根叫作楣,再往下的一根叫作庪,庪以下就是屋檐。栋、楣、庪都是东西向的,在上面加上南北向的椽子,覆上笮子,可以盖上瓦片,或用茅草等覆盖,成屋顶。屋顶两边飞起的两翼,叫作荣。

在屋里一般铺有席子。席子有两种,一种叫筵,一般用竹子编成,直接铺在地上;一种叫席,一般用蒲草等编成,铺在筵上。筵只有一层,但是席可以有好几重。席应该是有方向的,可能在席上有某种标记。《礼记·曲礼上》:"席南向北向,以西方为上;东向西向,以南方为上。"古代尊卑不同席,同席的都是年龄、地位差不多的人。例如父子不同席,男女不同席。所以有些人通过不愿与人同席来表示对别人的蔑视。《史记·卫青霍去病列传》说,任安与田仁为卫青的"舍人",即门客。有一天两人跟随卫青上平阳公主家,让这两人跟公主家的骑奴同席而食,二人深以为耻,于是拔刀断席,别坐,表示自己对骑奴的蔑视。席子铺在地上,应与屋子的边廉平行,才算铺正了,《乡党》云孔子:

席不正不坐。

《礼记·曲礼》云:"主人跪正席,客跪抚席而辞。"是古人有正席之礼。所以下文又云:

君赐食,必正席先尝之。

上席的时候要从席前面上,没有从前面上席叫作蹴席,是非常不礼貌的行为。在席上以脱袜表示尊敬。席上的位置,又以中间的部分为贵。如果一个人父母还在,他坐的时候不能坐在正中间。如果坐着时有贵客或者长辈进来,要避席,有时还要伏地。

在席上正式的坐姿是跪坐,双膝着地,臀部坐在脚上。如果膝盖着地,直起上身,叫做长跪,也叫跽,这是可以随时站起来的姿势。《史记·项羽本纪》载鸿门宴时,刘邦危急,樊哙闯入,"披帷西向立,瞋目视项王,头发上指,目眦尽裂。项王按剑而跽,曰:'客何为者?'"项羽按剑而跽,这是准备随时站起来迎战的姿势。坐也叫居,《阳货》:

子曰:"由也,女闻六言六蔽矣乎?"对曰:"未也。""居,吾语女。"

《宪问》篇提到"原壤夷俟",是一种特殊的姿势:

原壤夷俟。子曰:"幼而不孙弟,长而无述焉,老而不死,是为贼!"以杖叩其胫。

夷通"跠",蹲。马融注:"夷,踞。"踞就是蹲。所谓蹲,是屁股坐在地上,脚底着地,抬高膝盖。这种蹲跟今人坐在地上的姿势相似。夷俟与箕踞很相似,箕踞是屁股坐在地上,两腿张开平伸。

　　古人有床。床与今天不同,比较低矮,也较小。床既可以坐,也可以睡觉。《释名·释床帐》:"人所坐卧曰床。"《左传·宣公十五年》:"华元夜人楚师,登子反之床,起之。"与床相似的是榻,比床要窄小一些,更低矮一些,一般只用来坐。《释名·释床帐》:"人所坐床曰榻。床,装也,所以自装载也,长狭而卑曰榻,言其榻然近地也。"

　　古人坐卧之时,还有几,像现在的几案,坐时可以靠在上面,也可以小睡一会儿。《诗·大雅·公刘》:"俾筵俾几,既登乃依。"依就是靠着。《孟子·公孙丑下》:"孟子去齐,宿于昼。有欲为王留行者,坐而言,不应,隐几而卧。"卧就是坐着小睡。

　　古人一般不会到寝室去睡午觉,但是可以隐几而卧,稍稍休息。《公冶长》:

　　宰予昼寝。子曰:"朽木不可雕也,粪土之墙不可杇也,于予与何诛?"

　　像今天这样的睡午觉的习惯,不知道从什么时候开始。《礼记·檀弓上》:"夫昼居于内,问其疾可也。夜居于外,吊之可也。故君子非有大故,不宿于外;非致斋也,非疾也,不昼夜居于内。"所以宰予昼寝,非君子所为,夫子责之。

　　睡觉的时候也有枕头。《诗·陈风·泽陂》:"寤寐无为,辗转伏枕。"

四、"长铗归来乎,出岂可无车"——车马

　　孔子对自己的出行也是很有讲究,他认为自己曾经当过大夫,现在又是国老,所以出门不能徒步,必有车。《先进》:

　　颜渊死,颜路请子之车以为之椁。子曰:"才不才,亦各言其子也。鲤也死,有棺而无椁,吾不徒行以为之椁,以吾从大夫之后,不可徒行也。"

　　孔子当时虽不为官,但是其品级还是大夫,言"从大夫之后",是谦辞。不过,他不徒行,也跟他年纪大了有关系。《礼记·王制》:"君子耆老不徒行。"

　　车的单位叫作乘,一般一辆车用四匹马拉,一乘包括四匹马和一辆车。四马称为驷。一驷一般雌雄相同。《诗·小雅·采薇》:"戎车既驾,四牡业业。"业业,形容壮健的样子,牡马当然比母马要壮健。战车的马,还要披上甲。《诗·郑风·清人》:"清人在彭,驷介

旁旁。"（清、彭都是邑名。旁旁，不停息的样子。）

驷马中，中间的两马叫作服，用以驾辕，服就是驾的意思。两旁的马叫作骖，表示辅助的意思。曾子的名字叫作参，字子舆，前人一般认为参通骖，与舆意思相关。

车厢叫作舆，舆的两旁有木板或栏杆，除了屏蔽，也可以靠倚，叫輢。前面也有栏杆，栏杆上面有一根横杠，乘车时，可以扶握。在这根横杠稍下的位置，还有一根横杠，叫作车轼，扶车轼时，人一般要稍稍弯腰。乘车时，如果要对人表示尊敬，就扶轼弯腰低头，这个动作也叫作轼。《乡党》说孔子对某些人一定要轼之：

见齐衰者，虽狎必变。见冕者与瞽者，虽亵必以貌。凶服者式之。式负版者。

车厢后边底下的横木叫作轸，笼统地说，也把舆的后面的横板或栏杆叫作轸。有一根固定的绳子系在车上，叫作绥。人上车时，抓住绥，便于登车。《乡党》：

升车，必正立执绥。

一般人上车时，由车夫，即仆御授绥。古代新娘出嫁时，由夫婿亲自去迎亲，夫婿先上车，然后授绥给新娘上车。所以也用"授绥"来比喻新娘出嫁。

古人乘车，男子立乘，女子坐乘。《礼记·曲礼上》："妇人不立乘。"孔子乘车时也有不少礼仪，《乡党》：

车中不内顾，不疾言，不亲指。

内顾就是回头看车内。亲指，用手指点。刘宝楠《正义》认为"亲"字不可解，乃"妄"字之误，《曲礼》："车上不妄指。"

妇女所坐的车，有帷裳遮蔽，即在车厢四周施帷。《诗·卫风·氓》："淇水汤汤，渐车帷裳。"（渐，浸湿。）车帷下垂的部分，像衣服的下裳，所以也称帷裳。

车厢上可以有伞盖，即车盖，可以遮雨和太阳。车厢下铺席子，叫作茵。《诗·秦风·小戎》："文茵畅毂，驾我骐馵。"毛传："文茵，虎皮也。"这是用老虎皮为茵，当然有虎皮的花纹。（畅毂，长毂。骐，青黑色的马。馵，左足白的马。）

车舆下面压在轴上。在舆的下面两侧各安上两块木头，有半圆形的缺口，卡住轴，并用皮革缚住。这两块木头叫作，外形有点像两只兔子趴在轴上，所以又叫伏兔。《左传·僖公十五年》："舆脱其辖，火焚其旗，不利其师。"

轴的两端安上轮子，两轮之间的距离叫作。轮子的外圈叫作辋，又叫牙，轮子的中心又有一个圈，叫作毂。车轮的辐条就辐辏在毂外侧。《老子》所谓："三十辐共一毂，当其无，有车之用。"毂中空以贯轴，轴两端出毂外，出头的部分又套上金属套，其末端杀细，叫作。为防止轮子滑出轴外，在轮子外侧的轴上打孔，插上插销，叫作辖。

车辕的一头压在车轴的中间部分，往前出舆下，曲而上升，一直到马脖子上的衡，衡与辕之间用一个销钉连接，就是《论语·为政》所谓的轨：

子曰："人而无信，不知其可也。大车无輗，小车无軏，其何以行之哉？"

拉车的可以是牛，牛车一般用来拉货物，是载重之车，也叫大车。相应的，马车也叫做小车。

牛车与马车的结构不同。《论语》包咸注："輗者，辕端衡木以缚軛。"这是认为牛车有衡，衡即为輗，这是错误的说法。衡是连接两軛的横木，牛车只用一头牛驾车，只需要一軛就行了，所以没有衡。据孙诒让《周礼正义》的考订，大车有两辕，其辕端与輗末直接相接，輗像人字形，套在牛的脖子上。輗分叉的两末直揉，与辕端相接，其相接之处皆穿孔，用关键（活销）穿之，并以革缚之。此销钉即为輗。马车一辕，驾两服，辕下有衡，马軏接在衡之两端。辕前端微上翘以接衡，其相接之处皆穿孔，有关键（活销），叫做軏。并以革缚之。輗、軏应当都用金属为之。

輗与軏，都是车的牵引力最集中的地方。没有輗軏，车就无法前行。之所以穿孔用活销，是因为拐弯的时候可以灵活，不伤及辕、衡、軛。而且车不会左右摇摆。

析而言之，曲辕为辀，直辕曰辕；统而言之，都可以叫辕。衡上常有鸾铃，《诗·大雅·烝民》："四牡彭彭，八鸾锵锵。"车輗是人字形的分叉，分叉又叫軥。《左传·襄公十四年》载卫国内乱，卫侯逃离，公孙丁驾车，公孙丁的两个弟子庾公差和尹公之它追赶卫侯："（庾公）曰：'射为背师，不射为戮，射为礼乎？'射两軥而还。"

关于大车与小车，前人还有不同的意见。包咸注："大车，牛车。小车，驷马车。"此注是正确的。郑玄注："大车，柏车。小车，羊车。"柏车为山地载重之大车。

郑注柏车、羊车之名，见于《周礼·考工记·车人》："大车崇三柯，绠寸，牝服二柯有参分柯之二。羊车二柯有参分柯之一。柏车二柯。"郑注："大车，平地载任之车。郑司农云：'羊车谓车羊门也。'（徐案：羊门谓车前之屏蔽）玄谓羊，善也，善车若今定张车。"

但《论语》郑注将大车释为柏车，其实与《周礼》所载不合。孙诒让《周礼正义》驳之：

《论语·为政》篇云："大车无輗，小车无軏。"臣轼注引郑彼注云："大车，柏车。小车，羊车。"然《论语》大车、小车，自以《集解》引包咸说分牛车、驷马车为是。此职三车并牛车，则皆大车也。郑彼注以大车为柏车，小车为羊车，其不可通有三。三车之制大车最大，羊车、柏车次之，今释大车，乃遗最大之大车，而取其次之柏车，不可通一也。经于羊车止著较长之度，其毂辐牙诸度并无文，盖当与柏车同。若如贾说，毂辐牙小于柏车，则此宜明出其度，而经不然，明羊车它度悉同柏车之度，其较又视柏车加长，则羊车自大于柏车，而郑释反是，不可通二也。輗軏并持衡之木，以牛车马车所用异名；若如郑说，小车为羊车，则仍是牛车（徐案：羊车之羊为"善"义），其持衡者亦当为輗，《论语》不当云无軏，不可通三也。然则彼注盖文有讹舛，非郑之旧，殆无疑矣。

古代打仗用车，打猎也用车。所以，不用车抓老虎，是很危险的事情。《述而》：

子谓颜渊曰："用之则行，舍之则藏，惟我与尔有是夫！"子路曰："子行三军，则谁与？"子曰："暴虎冯河，死而无悔者，吾不与也。必也临事而惧，好谋而成者也。"

孔注、郑注都说："暴虎，徒搏。冯河，徒涉。"认为"暴虎，徒搏"是空手抓老虎，其实是不对的。暴通虣，在春秋时代的《诅楚文》中有一个反虣字，郭沫若已经指出它就是暴虎的暴，象两手执戈以搏虎，虣字所从之武是戒字的讹变。裘锡圭指出甲骨文中也已经有这个字，写作𢧐，从戈从虎，象用戈捕老虎。古代打猎都用战车，决不徒步，所以徒步抓老虎是非常危险的事情。所谓"徒搏"，可能也是徒步不用车的意思，而不是空手。

另外有一种栈车，又作辁，是以木条编成车厢。《左传·成公二年》载齐晋鞍之战中，"丑父寝于辁中，蛇出于其下，以肱击之，伤而匿之"。

当时也有坐乘的车，叫作安车，是用一匹马拉的车。《礼记.曲礼上》："大夫七十而致仕，适四方，乘安车。"

车停止的时候，为了防止车轮自己转动，常在轮下放一根木头，叫作轫。开车时，要先把这块木头拿开，叫作发轫：《楚辞·离骚》："朝发轫于苍梧兮，夕余至乎县圃。"

驾车叫作御，车夫也叫仆。古代驾车是一门非常复杂的技术，属于"六艺"（礼乐射御书数）之一。乘车最多是三个人，御者居中，尊者在左，右边的叫骖乘。打仗的时候，左边的主管射箭，车右一般都是勇士，执戈而斗，车子遇到麻烦时，还要下车推，排除障碍。

水行乘舟。《宪问》：

南宫适问于孔子曰："羿善射，奡荡舟，俱不得其死然。禹稷躬稼而有天下。"夫子不答。南宫适出。子曰："君子哉若人！尚德哉若人！"

当时的船已经很发达，南方的吴楚已经用水师打仗了。比舟简易一点的，就是竹筏、木筏之类，《公冶长》：

子曰："道不行，乘桴浮于海。从我者，其由与？"子路闻之喜。子曰："由也好勇过我，无所取材。"

桴就是竹筏或木筏，编竹木浮在水上，大的叫作筏或栰，小的叫桴。

古人走路，也跟今人一样，喜欢抄小路。《雍也》：

子游为武城宰。子曰："女得人焉耳乎？"曰："有澹台灭明者，行不由径；非公事，未尝至于偃之室也。"

行不由径已经成为一种美德了，这证明当时的大多数人是经常抄小路的。《老子》说："大道甚夷而民好径。"看来我们从古至今都是喜欢抄小路的，不知道外国人是不是也这样。古代也是禁止抄小路，《周礼·秋官·野庐氏》："禁野之横行径逾者。"《秋官·修闾氏》："禁径逾者。"不过，看来也是屡禁不止。

五、"浴乎沂，风乎舞雩，咏而归"——娱乐

孔子的娱乐看来不多。他倒是经常欣赏和弹奏音乐，例如《宪问》云"子击磬于卫"。不过，在他自己看来，音乐也许是一种政治和道德行为，至少不能算纯粹的娱乐活动。孔子自己是深通音乐的，音乐也是他教育学生的一门课程。他曾经批评子路的琴瑟弹得不好：

子曰："由之瑟，奚为于丘之门？"门人不敬子路。子曰："由也升堂矣，未入于室也。"（《先进》）

孔子教学时，还经常会有音乐伴奏。所以子路、曾皙、冉有、公西华侍坐，孔子与子路、冉有、公西华各言其志的时候，曾皙就在一旁鼓琴：

"点，尔何如？"鼓瑟希，铿尔，舍瑟而作，对曰："异乎三子者之撰。"（《先进》）

这礼乐之教的风雅情致，可以想见。他平时也唱歌：

子与人歌而善,必使反之,而后和之。(《述而》)

合乐而唱谓之歌,如果不合音乐,叫作诵或徒歌。他唱歌也有一定的忌讳:

子于是日哭,则不歌。(《述而》)

孔子也钓鱼,没事还出去射鸟儿:

子钓而不纲,弋不射宿。(《述而》)

据孔注、郑玄注,纲是指用一根大绳子横跨河流,上用很多小丝绳,各设调钩,可以同时调很多鱼。弋是用绳系住箭,射到什么东西容易找到。这里泛指射。宿,栖宿的鸟。不射宿,是因为鸟巢中可能有小鸟,还有鸟卵。

孔子也很向往那种闲适的生活,春天来了,能够到郊外短足,是他所向往的。所以,当曾晳说出他的心里话时,他不禁喟然而叹:

曰:"莫春者,春服既成,冠者五六人,童子六七人,浴乎沂,风乎舞雩,咏而归。"夫子喟然叹曰:"吾与点也!"(《先进》)

那时候也有下棋的娱乐,孔子觉得聊胜于无:

子曰:"饱食终日,无所用心,难矣哉!不有博弈者乎,为之,犹贤乎已。"(《阳货》)

博弈,包括博棋和围棋两种。关于博棋,《列子·说符》张湛注引《古博经》曰:

博法:二人相对坐向局,局分为十二道,两头当中名为水。用棋十二,故法六白六黑,又用鱼二枚置于水中。其掷采(骰子),以琼为之。琼昙方寸三分,长寸五分,锐其头,钻刻琼四面为眼,亦名为齿。二人互掷采行棋,棋行到处即竖之,名为骁暮,即入水食鱼,亦名牵鱼。每牵一鱼获二筹,翻一鱼获三筹。若已牵两鱼而不胜者,名曰被翻双鱼。彼家获六筹为大胜也。

由于博棋的棋子往往用象牙做成,所以又叫象棋。

弈是古代的围棋。《文选·韦弘嗣〈博弈论〉》注引邯郸淳《艺经》曰:"棋局从横各十七道,合二百八十九道,白黑棋子各一百五十枚。"后来的围棋演变为纵横各十九道,三百六十一个交叉点。

博弈是古代的游戏。孔子认为,饱食终日,无所用心,不如去玩博弈这种游戏。马融认为这是防止无所用心而生淫欲,有一定道理。《孟子·滕文公上》:"饱食暖衣逸居而无教,则近于禽兽。"

孔子的这段话，倒是体现了他对游戏的包容之心，这为后代的艺术家提供了一定的借口。《汉书·王褒传》："上令褒与张子侨等并待诏，数从褒等放猎。所幸宫馆，辄为歌颂，第其高下，以差赐帛。议者多以为淫靡不急。上曰：'不有博弈者乎？为之，犹贤乎已。辞赋，大者与古诗同义，小者辩丽可喜。譬如女工有绮縠，音乐有郑卫，今世俗犹皆以此虞说耳目。辞赋比之，尚有仁义风谕，鸟兽草木多闻之观，贤于倡优博弈远矣。'"从客观上讲，对于古代艺术的发展是有积极作用的。

六、"丘之祷久矣"——疾病

孔子当然也有生病的时候。他对于生病很谨慎，不敢大意：

子之所慎：齐、战、疾。（《述而》）

尽管《周礼》中巫和医已经明确分开，但是当时关系还是很近，治病还免不了占卜祝祷之类的程序，到了孔子病重垂危的时候，弟子们也会乱投医：

子疾病，子路请祷。子曰："有诸？"子路对曰："有之。诔曰：'祷尔于上下神祇。'"子曰："丘之祷久矣。"（《述而》）

漳州孔子庙

这里的"诔"应当是记载诔文的书，祈祷时念之。子路以为孔子要责备他，所以引经据典，说《诔》文上就有"祷尔于上下神祇"。孔子的意思是，我平常所行都不违道德，鬼神唯德是歆，等于一直都在祈祷，所以你其实不用再为我祈祷了。

子疾病，子路使门人为臣。病间，曰："久矣哉，由之行诈也，无臣而为有臣。吾谁欺？

欺天乎？且予与其死于臣之手也，无宁死于二三子之手乎！且予纵不得大葬，予死于道路乎？"（《子罕》）

孔子曾经做过鲁国的司寇，是大夫，有过家臣。但当时已经没有官位了，所以没有家臣。子路抬高孔子的地位，所以还是按照大夫的规格来给他准备丧事。但这并不合乎礼制，《礼记·王制》："大夫废其事，终身不仕，死以士礼葬之。"所以孔子说子路行诈。看来子路颇有掌门大弟子的风范，门人都能听他的话。

孔子说他与其死于家臣之手，不如死于弟子之手，纵然不能大葬，也还有弟子在身边，并不是死于道路，无人料理。此章是《论语》中很少见的抒发孔子对弟子情感的文字，我们可以从中感受到浓厚的师生情谊。也许是"人之将死，其言也善"吧。

孔子生病的时候，有过一件奇怪的事情：

康子馈药，拜而受之，曰："丘未达，不敢尝。"（《乡党》）

未达，大概是说不知药性。这一段比较奇怪，不知道孔子是什么意思。也许是不喜欢季康子，才故意这么说。

第六章 《论语》注解

学而篇第一

【解读】

《论语》把"学而"作为全书的开篇之章,旨在强调学习为人立身存世的根本。非学无以成才,无以存身,无以生活于世间。

"立身以立学为先,立学以读书为本。"学习是人立身的根本,是人成就事业的根基。只有学习才能塑造一个最好的自己,古今中外无数个英雄豪杰,莫不从学习中练就一身建功立业的本领,从而在各自的领域内做出不凡的成就。

江苏南京朝天宫内孔子行教塑像

孔子说:"学而时习之,不亦说乎。""君子食无求饱,居无求安,敏于事而慎于言,就有道而正焉,可谓好学也已。"对学习的执着和爱好远远超过了一切,信念所系、信念所在皆在于学习知识,以求达到"仁"的境界。时至今天,孔子的主张仍有着划时代的意义,它是超越时空的至理金言。我们所在的时代,知识大爆炸,更新速度极快,竞争异常激烈,要想在残酷的竞争中获胜,没有丰富的知识作为基础是远远不行的,只有不断地学习,不断地实践,才能提高我们的综合素质,使我们立于不败之地。

【原文】

子①曰:"学②而时习③之,不亦说④乎?有朋⑤自远方来,不亦乐⑥乎?人不知⑦,而不愠⑧,不亦君子⑨乎?"

【注释】

①子:中国古代对于有地位、有学问的男子的尊称,有时也泛称男子。或说:"五等爵名。春秋以后,执政之卿亦称子其后匹夫为学者所宗亦称子,孔子、墨子是也。或说,孔子为鲁司寇其门人称之曰子。称子不成辞则曰夫子。"《论语》孔子弟子唯有子、曾子二人称子,闵子、冉子单称子仅一见。《论语》书中"子曰"的子,都是指孔子而言。②学:孔子在这里所讲的"学",主要是指学习西周的礼、乐、诗、书等传统文化典籍。③时习:在周秦时代,"时"字用作副词,等于《孟子·梁惠王上》"斧斤以时入山林"的"以时",意为"在一定的时候"或者"在适当的时候"。但朱熹在《论语集注》一书中把"时"解释为"时常",这是用后代的词义解释古书,非当时之意。"习",通常解释为温习,但在古书中,它还有"实习""演习"的意义,如《礼记·射义》的"习礼乐""习射"。《史记·孔子世家》:"孔子去曹适宋,与弟子习礼大树下。"这一"习"字,更是演习的意思。孔子所讲的功课,一般都和当时的社会生活和政治生活密切结合。像礼(包括各种仪节)、乐(音乐)、射(射箭)、御(驾车)这些,尤其非演习、实习不可。所以这"习"字以讲为实习为好。④说:同"悦",愉快、高兴的意思。⑤有朋:一本作"友朋"。旧注说,"同门曰朋",即同在一位老师门下学习的叫朋,也就是志同道合的人。宋翔凤《朴学斋札记》说,这里的"朋"字即指"弟子",就是《史记·孔子世家》的"故孔子不仕,退而修诗、书、礼乐,弟子弥众,至自远方。"译文用"志同道合之人"即本此义。⑥乐:与说有所区别。旧注说,悦在内心,乐则见于外。⑦人不知:此句不完整,没有说出人不知道什么。缺少宾语。一般而言,知,是了解的意思。

敏而好学

人不知,是说别人不了解自己。⑧愠:恼怒,怨恨。⑨君子:《论语》书中的君子,有时指有德者,有时指有位者。此处指孔子理想中具有高尚人格的人。

【名家点评】

朱子曰:"人性皆善,而觉有先后,后觉者必效先觉之所为,乃可以明善而复其初也。"又曰:"及人而乐者顺而易,不知而不愠者逆而难,故惟成德者能之。然德之所以成,亦曰学之正、习之熟、说之深而不已焉耳。"

程子曰:"习,重习也。时复思绎,浃洽于中,则说也。"又曰:"学者,将以行之也。时习之,则所学者在我,故说。"又曰:"以善及人,而信从者众,故可乐。"又曰:"说在心。乐主发散在外。"又曰:"虽乐于及人,不见是而无闷,乃所谓君子。""乐由说而后得,非乐不足以语君子。"

谢氏曰:"时习者,无时而不习。"

尹氏曰:"学在己,知不知在人,何愠之有!"

【译文】

孔子说:"学了又时常温习和练习,不是很愉快吗?有志同道合的人从远方来,不是很令人高兴的吗?人家不了解我,我也不怨恨、恼怒,不也是一个有德的君子吗?"

【阐释】

宋代著名学者朱熹对此章评价极高,说它是"入道之门,积德之基"。本章这三句话是人们非常熟悉的。历来的解释都是:学了以后,又时常温习和练习,不也高兴吗?等等。三句话，一句一个意思，前后句子也没有什么连贯性。但也有人认为这样解释不符合原义，指出这里的"学"不是指学习，而是指学说或主张；"时"不能解释为时常，而是时代或社会的意思，"习"不是温习，而是使用，引申为采用。而且，这三句话不是孤立的，而是前后相互连贯的。这三句的意思是：自己的学说，要是被社会采用了，那就太高兴了；退一步说，要是没有被社会所采用，可是很多朋友赞同我的学说，纷纷到我这里来讨论问题，我也感到快乐；再退一步说，即使社会不采用，人们也不理解我，我也不怨恨，这样做，不也就是君子吗？这种解释可以自圆其说，而且也有一定的道理。

此外，在对"人不知而不愠"一句的解释中，也有人认为，"人不知"的后面没有宾语，人家不知道什么呢？当时因为孔子有说话的特定环境，他不需要说出知道什么，别人就可以理解了，却给后人留下一个谜。有人说，这一句是接上一句说的，从远方来的朋友向我求教，我告诉他，他还不懂，我却不怨恨。这样，"人不知"就是"人家不知道我所讲述的"了。这样的解释似乎有些牵强。

总之，本章提出以学习为乐事，做到人不知而不愠，反映出孔子学而不厌、诲人不倦、注重修养、严格要求自己的主张。这些思想主张在《论语》中多处可见，有助于对第一章内容的深入了解。

【原文】

有子①曰："其为人也孝弟②，而好犯上③者，鲜④矣；不好犯上，而好作乱者，未之有也⑤。君子务本⑥，本立而道⑦生。孝弟也者，其为仁之本与⑧！"

【注释】

①有子：孔子的学生，姓有，名若，比孔子小 13 岁，一说小 33 岁。后一说较为可信。在《论语》书中，记载的孔子学生，一般都称字，只有曾参和有若称"子"。因此，许多人认为《论语》即由曾参和有若所著述。②孝弟：孝，奴隶社会时期所认为的子女对待父母的正确态度；弟，读音和意义与"悌"相同，即弟弟对待兄长的正确态度。孝、弟是孔子和儒家特别提倡的两个基本道德规范。旧注说：善事父母曰孝，善事兄长曰弟。③犯上：犯，冒犯、干犯。上，指在上位的人。④鲜：少的意思。《论语》书中的"鲜"字，都是如此用法。⑤未之有也：此为"未有之也"的倒装句型。古代汉语的句法有一条规律，否定句的宾语

若为代词，一般置于动词之前。⑥务本：务，专心、致力于。本，根本。⑦道：在中国古代思想里，道有多种含义。此处的道，指孔子提倡的仁道，即以仁为核心的整个道德思想体系及其在实际生活的体现。简单讲，就是治国做人的基本原则。⑧为仁之本：仁是孔子哲学思想的最高范畴，又是伦理道德准则。为仁之本，即以孝悌作为仁的根本。还有一种解释，认为古代的"仁"就是"人"字，为仁之本即做人的根本。与：读音和意义跟"欤"字一样，《论语》的"欤"字都写作"与"。

【名家点评】

贾谊曰："弟敬爱兄谓之悌，反悌为敖。"

"六本"之论，孔子曰："行己有六本焉，本立然后为君子也。立身有义矣，而孝为本；丧纪有礼矣，而哀为本；战阵有列矣，而勇为本；治政有理矣，而农为本；居国有道矣，而嗣为本；生财有时矣，而力为本。置本不固，无务丰末；亲戚不悦，无务外交；事不终始，无务多业；纪闻而言，无务多说；比近不安，无务求远。是故反本修迩，君子之道也。"

朱子曰："君子凡事专用力于根本，根本既立，则其道自生。所谓孝悌，乃是为仁之本，学者务此，则仁道自此而生也。""善事父母为孝，善事兄长为悌。"

程子曰："孝悌，顺德也，故不好犯上，岂复有逆理乱常之事？德有本，本立则其道充大。孝悌行于家，而后仁爱及于物，所谓亲亲而仁民也。故为仁以孝悌为本。论性，则以仁为孝悌之本。"或问："孝悌为仁之本，此是由孝悌可以至仁否？"曰："非也。谓行仁自孝悌始，孝悌是仁之一事。谓之行仁之本则可，谓是仁之本则不可。盖仁是性也，孝悌是用也，性中只有个仁、义、礼、智四者而已，曷尝有孝悌来？然仁主于爱，爱莫大于爱亲，故曰：'孝悌也者，其为仁之本与！'"

【译文】

有子说："孝顺父母，顺从兄长，而喜好触犯上层统治者，这样的人是很少见的。不喜好触犯上层统治者，而喜好造反的人是没有的。君子专心致力于根本的事务，根本建立了，治国做人的原则也就有了。孝顺父母、顺从兄长，这就是仁的根本啊！"

【阐释】

儒家讲究孝悌，认为只有将孝悌的理念在家庭生活中贯彻执行，那么就可以有效地消弭统治阶级内部的叛乱;推而广之,若在人民大众中贯彻了孝悌的理念,那么人民大众就会对统治阶级绝对服从,自然也就不会发生起义造反这样的事情,于是,国家的稳定团结和社会和谐安康就会实现了。

孔子的哲学、伦理体系中有一个核心理念,这个核心理念就是"仁",而实现"仁"的根本就是在社会生活的方方面面的贯彻执行孝悌。在孔子所处的春秋时代,整个社会的基础是建立在以血缘关系为纽带的封建宗法之上的封建分封制;周天子实行嫡长子继承制,其余庶子和功臣则被分封为诸侯,诸侯以下也实行嫡长子分封制,其余庶子则被分封为大夫。整个社会从天子、诸侯到大夫这样一种政治结构,而孝、悌说正反映了当时宗法制社会的道德要求。

孝悌与社会的安定有直接关系。孔子看到了这一点,所以他的全部思想主张都是由此出发的,他从为人孝悌就不会发生犯上作乱之事这点上,说明孝悌即为仁的根本这个道理。自春秋战国以后的历代封建统治者和文人,都继承了孔子的孝悌说,主张"以孝治天下",汉代即是一个显例。他们把道德教化作为实行封建统治的重要手段,把老百姓禁锢在纲常名教、伦理道德的桎梏之中,对民众的道德观念和道德行为产生了极大影响,也对整个中国传统文化产生深刻影响。孝悌说是为封建统治和宗法家族制度服务的,对此应有清醒的认识和分析判别,抛弃封建毒素,继承其合理的内容,充分发挥道德在社会安定方面所应有的作用。

【原文】

子曰:"巧言令色①,鲜②仁矣。"

【注释】

①巧言令色:朱熹注曰:"好其言,善其色,致饰于外,务以说人。"巧和令都是美好的意思,但此处应释为装出和颜悦色的样子。②鲜:少的意思。

【名家点评】

朱子曰:"好其言,善其色,致饰于外,务以悦人,则人欲肆而本心之德亡矣。圣人辞不迫切,专言鲜,则绝无可知,学者所当深戒也。"

程子曰:"知巧言令色之非仁,则知仁矣。"

【译文】

孔子说:"花言巧语,装出和颜悦色的样子,这种人的仁心就很少了。"

【阐释】

上一章里提出,孔子和儒家学说的核心是仁,仁的表现之一就是孝与悌。这是从正面阐述什么是仁的问题。这一章,孔子讲仁的反面,即为花言巧语,工于辞令。儒家崇尚质朴,反对花言巧语;主张说话应谨慎小心,说到做到,先做后说,反对说话办事随心所欲,只说不做,停留在口头上。这表明,孔子和儒家注重人的实际行动,特别强调人应当言行一致,力戒空谈浮言,心口不一。这种踏实态度和质朴精神长期影响着中国人,成为中华传统思想文化中的精华内容。

上级也是凡人,也会犯错误,也会有考虑不周到的地方。如果凡是提出不同意见("犯上")就认为是"作乱",如果只愿意听所谓的"好消息",那么,在组织中得势的不会是那些本分、顺从的下级(他们只是避免了被开除、被降职的命运罢了),而是那些"巧言令色"的下级。

这样的上级,就像是古国花剌子模的君王:"据野史记载,中亚古国花剌子模有一古怪的风俗,凡是给君王带来好消息的信使,就会得到提升,给君王带来坏消息的人则会被送去喂老虎。于是将帅出征在外,凡麾下将士有功,就派他们给君王送好消息,以使他们得到提升;有罪,则派去送坏消息,顺便给国王的老虎送去食物。"(王小波《花剌子模信使问题》)

面对这样的君王,臣子有什么选择?作家王小波说:"我个人认为,获得受欢迎的信息有三种方法:其一,从真实中索取、筛选;其二,对现有的信息加以改造;其三,凭空捏造。第一种最困难。第三种最为便利,在这方面,学者有巨大的不利之处,那就是凭空捏造不如奸佞之徒。假定有君王专心要听好消息,与其养学者,不如养一帮无耻小人。"

【原文】

曾子①曰:"吾日三省②吾身。为人谋而不忠③乎? 与朋友交而不信④乎? 传不习⑤乎?"

【注释】

①曾子:姓曾,名参,字子舆,生于公元前505年,鲁国人,是被鲁国灭亡了的鄫国贵

族的后代。曾参是孔子的得意门生,以孝子出名。据说《孝经》就是他撰写的。②三省:省,检查、察看。三省有几种解释:一是三次检查,二是从三个方面检查,三是多次检查。其实,古代在有动作性的动词前加上数字,表示动作频率高,不必认定为三次。③忠:旧注曰:尽己之谓忠。此处指对人应当尽心竭力。④信:旧注曰:信者,诚也。以诚实之谓信。要求人们按照礼的规定相互守信,以调整人们之间的关系。⑤传不习:传,旧注曰:"受之于师谓之传"老师传授给自己的。习,与"学而时习之"的"习"字一样,指温习、实习、演习等。

【名家点评】

谢氏曰:"诸子之学,皆出于圣人,其后愈远而愈失其真。独曾子之学,专用心于内,故传之无弊,观于子思孟子可见矣。惜乎! 其嘉言善行,不尽传于世也! 其幸存而未泯者,学者其可不尽心乎。"

朱子曰:"曾子以此三者日省其身,有则改之,无则加勉,其自治诚切如此,可谓得为学之本矣。而三者之序,则又以忠、信为传习之本也。"

尹氏曰:"曾子守约,故动必求诸身。"

【译文】

曾子说:"我每天多次反省自己,为别人办事是不是尽心竭力了呢? 同朋友交往是不是做到诚实可信了呢? 老师传授给我的学业是不是复习了呢?"

【阐释】

儒家十分重视个人的道德修养,以求塑造成理想人格。而本章所讲的自省,则是自我修养的基本方法。

世道纷纭,熙熙攘攘,心为外利所动,几乎失去真我;物欲横流,乃至人心不古;求诸外欲,而忽略了内存的诚信。如何对待浊世横流? 孔子主张人应在人世间寻求与他人的契合,在求诸他人之时首先求诸自身:我是否做到了? 以此感化世人,引导世人。在儒家,拥有存在的概念并非空洞,是个体的真实存在及其对整体的真诚关怀。正是因为社会的整体意识,人们才能时刻感觉人类和人性,感觉一种历史的和社会的使命感;因为仁的道德基础,使人的人格能形成博爱的集体意志,由集体意志驱动个体的不停反思。故儒家对个体人格的追求是在集体人格的完善中得以完成的。

【原文】

子曰："道①千乘之国②,敬事③而信,节用而爱人④,使民以时⑤。"

【注释】

①道:一本作"导",作动词用。这里是治理的意思。②千乘之国:乘,意为辆。这里指古代军队的基层单位。每乘拥有四匹马拉的兵车一辆,车上甲士三人,车下步卒七十二人,后勤人员二十五人,共计一百人。千乘之国,指拥有一千辆战车的国家,即诸侯国。春秋时代,战争频仍,所以国家的强弱都用车辆的数目来计算。在孔子时代,千乘之国已经不是大国。③敬事:敬字一般用于表示个人的态度,尤其是对待所从事的事务要谨慎专一、兢兢业业。④爱人:古代"人"的含义有广义与狭义的区别。广义的"人",指一切人群;狭义的"人",仅指士大夫以上各个阶层的人。此处的"人"与"民"相对而言,可见其用法为狭义。⑤使民以时:时指农时。古代百姓以农业为主,这是说要役使百姓按照农时耕作与收获。

啮指痛心

【名家点评】

程子曰:"此言至浅,然当时诸侯果能此,亦足以治其国矣。圣人言虽至近,上下皆通。此三言者,若推其极,尧、舜之治亦不过此。若常人之言近,则浅近而已矣。"

杨氏曰:"上不敬则下慢,不信则下疑。下慢而疑,事不立矣。敬事而信,以身先之也。《易》曰:'节以制度,不伤财,不害民。'盖侈用则伤财,伤财必至于害民,故爱民必先于节用。然使之不以其时,则力本者不获自尽,虽有爱人之心,而人不被其泽矣。然此特论其所存而已,未及为政也。苟无是心,则虽有政,不行焉。"

胡氏曰:"凡此数者,又皆以敬为主。"

朱子曰:"五者反复相因,各有次第,宜细推之。"

【译文】

孔子说:"治理一个拥有一千辆兵车的国家,就要严谨认真地办理国家大事而又恪守信用,诚实无欺,节约财政开支而又爱护官吏臣僚,役使百姓要不误农时。"

【阐释】

孔子所说的这句话,主要是对国家的执政者而言的,是关于治理国家的基本原则。他讲了三个方面的问题,即要求统治者严肃认真地办理国家各方面事务,恪守信用;节约用度,爱护官吏;役使百姓应注意不误农时等。这是治国安邦的基本点。在企业中也是这样,管理者们要学好统筹兼顾的领导艺术。现在有一种不好的风气,以为管理者就是只动口,就是指挥别人做事。那谁来落实呢?谁来推动呢?管理者一定要冲在前面,就像打仗,如果总是缩在后面,你的命令就会打折扣,这个团队的战斗力就会打折扣。但这里人们所说的不是"万事具细"。作为领导一定要掌握大局,但也要懂得权衡集权与授权的比重。适当的授权不仅会减轻领导者的负担,还会提高效率。能提纲挈领抓住大事,而把小事分散给下级去处理。

【原文】

子曰:"弟子①入②则孝,出③则弟,谨④而信,氾⑤爱众,而亲仁⑥。行有余力⑦,则以学文⑧。"

【注释】

①弟子:一般有两种意义:一是年纪较小为人弟和为人子的人;二是指学生。这里是用一般意义上的"弟子"。②入:古代时父子分别住在不同的居处,学习则在外舍。《礼记

·内则》:"由命士以上,父子皆异官"。入是入父官,指进到父亲住处,或说在家。③出:与"入"相对而言,指外出拜师学习。④谨:寡言少语称之为谨。⑤氾:同"泛",广泛的意思。⑥仁:仁即仁人,有仁德之人。⑦行有余力:指有闲暇时间。⑧文:古代文献。主要有诗、书、礼、乐等文化知识。

【译文】

孔子说:"弟子们在父母跟前,就孝顺父母;出门在外,要顺从师长,言行要谨慎,要诚实可信,寡言少语,要广泛地去爱众人,亲近那些有仁德的人。这样躬行实践之后,还有余力的话,就再去学习文献知识。"

【阐释】

本章是孔夫子对弟子们的要求,若是真的都做到了还真的不容易。有人将"行有余力,则以学文"译文为"如果做起来还有富余的精力,就要学习一些其他的文化知识"。若真以这种译文来理解,那么就没有几个人能够来学习其他文化了,因为绝大多数人都没有真正达到孔夫子对弟子的要求,所以也就没有富余精力来学习其他文化了;如此,则中华文化岂不断绝了吗? 只有按"如果这样做到了就会产生超乎寻常的慧力,这种慧力的神奇效果就表现在学业的华彩锦绣上"来解释,才能说明"为什么大多数人在学业上平平淡淡而只有极少数人才能超常发挥"的现象。为什么"行有余力"就会产生"则以学文"的效果呢? 因为"行有余力"就证明他入道了,也就有了超常的慧力了,其慧力自然就会表现在学业的华彩锦绣上来,故曰"行有余力,则以学文"也。

另外,有人将"泛爱众而亲仁"译文为"要广泛爱护众人,亲近有仁德的人"。"广泛爱护众人"这一条,只要肯做还能够做到;"亲近有仁德的人"这一条就难办到了,因为不知道谁是仁德之人呀! 假仁假德的人实在是太多了,总不能去亲近他们吧! 这也是对孔夫子思想的歪曲。

【原文】

子夏①曰:"贤贤②易③色;事父母能竭其力;事君,能致其身④;与朋友交,言而有信。虽曰未学,吾必谓之学矣。"

【注释】

①子夏:姓卜,名商,字子夏,孔子的学生,比孔子小44岁,生于公元前507年。孔子

死后,他在魏国宣传孔子的思想主张。②贤贤:第一个"贤"字作动词用,尊重的意思。贤贤即尊重贤者。③易:有两种解释:一是改变的意思,此句即为尊重贤者而改变好色之心;二是轻视的意思,即看重贤德而轻视女色。④致其身:致,意为"献纳""尽力"。这是说把生命奉献给君主。

【名家点评】

游氏曰:"三代之学,皆所以明人伦也。能是四者,则于人伦厚矣。学之为道,何以如此? 子夏以文学名,而其言如此,则古人之所谓学者可知矣。"

【译文】

子夏说:"一个人能够看重贤德而不以女色为重;侍侍奉父母,能够竭尽全力;服侍君主,能够献出自己的生命;同朋友交往,说话诚实恪守信用。这样的人,尽管他自己说没有学习过,我一定说他已经学习过了。"

【阐释】

此章即为子夏所言,贤贤易色通常有以下四种不同的解释:一、以尊重贤人的心取代喜好美色的心;二、要像喜好美色一样地尊重贤人;三、要以恭敬的神色态度与贤人相处;四、丈夫与妻子相处时,要尊敬她的贤德胜过喜好她的美貌。事父母能竭其力:侍奉父母则要尽心尽力。事君能致其身:侍奉君主能尽忠职守。与朋友交言而有信:和朋友交往要诚实信用。虽曰未学:这样的人如果还自谦没学过什么东西。吾必谓之学矣:我还是认为他算是有学过的人了。如果以整句而言,因事父母指父子关系;事君指君臣关系;与朋友交指朋友关系;这三者皆为人际关系,而贤贤易色的第四种解释,丈夫与妻子相处,则为夫妇关系,亦属人际关系。

子夏此言偏重于人际关系的道德化,其中包括了忠、孝、信等德目,若以上一章孔子所言的角度来看,这些还大致局限于个人品性、道德等内在的修养,虽说已经可算是有所学的人了,但应还有可以更加精进之处(外在的知识、技艺)。

【原文】

子曰:"君子①,不重②则不威;学则不固③。主忠信④。无⑤友不如己⑥者;过⑦则勿惮⑧改。"

圣门四科

【注释】

①君子:这个词一直贯穿于本段始终,因此这里应当有一个断句。②重:庄重、自持。③学则不固:有两种解释:一是作坚固解,与上句相连,不庄重就没有威严,所学也不坚固;二是作固陋解,喻人见闻少,学了就可以不固陋。④主忠信:以忠信为主。⑤无:通"毋","不要"的意思。⑥不如己:一般解释为不如自己。另一种解释说,"不如己者,不类乎己,所谓'道不同不相为谋'也。"把"如"解释为"类似"。后一种解释更为符合孔子的原意。⑦过:过错、过失。⑧惮:害怕、畏惧。

【名家点评】

朱子曰:"友所以辅仁,不如己,则无益而有损。"又曰:"轻乎外,必懈怠于内,则所学不深,所知肤浅,所行虚浮,自然德威无所从树。"

程子曰:"人道惟在忠信,不诚则无物。且出入无时,莫知其乡者,人心也。若无忠信,岂复有物乎?"又曰:"学问之道无他也,知其不善,则速改以从善而已。""君子自修之道当如是也。"

【译文】

孔子说:"君子,不庄重就没有威严;学习可以使人不闭塞;要以忠信为主,不要同与自己不同道的人交朋友;有了过错,就不要怕改正。"

【阐释】

本章中，孔子提出了君子应当具有的品德，这部分内容主要包括庄重威严、认真学习、慎重交友、过而能改等项。作为具有理想人格的君子，从外表上应当给人以庄重大方、威严深沉的形象，使人感到稳重可靠，可以付之重托。他重视学习，不自我封闭，善于结交朋友，而且有错必改。以上所提四条原则是相当重要的。作为具有高尚人格的君子，过则勿惮改就是对待错误和过失的正确态度，可以说，这一思想闪烁着真理光辉，反映出孔子理想中的完美品德，对于研究和理解孔子思想有重要意义。

【原文】

曾子曰："慎终①追远②，民德归厚矣。"

【注释】

①慎终：人死为终。这里指父母的去世。旧注曰：慎终者丧尽其哀。②追远：远指祖先。旧注曰：追远者祭尽其敬。

【名家点评】

朱子曰："盖终者，人之所易忽也，而能谨之；远者，人之所易忘也，而能追之；厚之道也。故以此自为，则己之德厚；下民化之，则其德亦归于厚也。"

【译文】

曾子说："谨慎地对待父母的去世，追念久远的祖先，自然会导致老百姓日趋忠厚老实了。"

【阐释】

孔子并不相信鬼神的存在，他说"敬鬼神而远之"，就证明了这一点。尽管他没有提出过人死之后有所谓灵魂的存在这种主张，但他却非常重视丧祭之礼。在孔子的观念中，祭祀已经被异化，不单是祭祀亡灵，而是把祭祀之礼看作一个人孝道的继续和表现，通过祭祀之礼，可以寄托和培养个人对父母和先祖尽孝的情感。因此，本章仍是继续深化"孝"这一道德观念和道德行为的内容。

对死去之人的丧礼要"尽其礼"，对祖先的祭祀要"尽其诚"，这样民德就可以归于厚了。为什么会这样？这里蕴含着孔子对死生关系的何种看法？长辈、祖先都已经去了，并看不到自己的丧礼和祭礼如何，那么这些礼的作用在哪里？朱子的解释是终者，是人所容易忽视的，远者是人所容易忘记的。也就是说，这些为死者和祖先设立的礼，其实是用来教育生者的。活着的人看到死后还可以受到后代如此的尊重，不免对死少了恐惧，有了根基；对祖先的怀念则可以具有某种归属感，知道自己从哪里来。这还是对活着的人一种很好的约束：如果活着的时候做人没有德性的话，何以面对祖先和后代呢？这也是孔子"上传下达"的表现，想往高拔的话，可以谈到生死观、天人观，想往下走，也对每个人具有抚慰人心和教化的作用。

如同《伯罗奔尼撒战争史》里伯里克利那段著名的"在阵亡将士墓前的讲话"，道理也是如此，说给死者的话，其实是说给生者听，用赋予死者的巨大荣誉来激励活着的将士继续勇敢战斗。

只是在今天的中国，差不多没人祭祀祖先了，只有最亲的长辈还会纪念一下。这样一种血脉的传承又应当以何种形式继续下去呢？现代社会的基本结构是原子式的、孤立的个体，也是社会学界著名的一个命题，就是"陌生人社会"。那么，在这样一个陌生人的社会里，人和人的关系应当如何？对父母、对祖先又当如何？没有上帝，又失去祖先宗族维系的中国人最后要在哪里安身立命呢？

【原文】

子禽①问于子贡②曰："夫子③至于是邦④也，必闻其政，求之与，抑⑤与之与？"子贡曰："夫子温、良、恭、俭、让⑥以得之。夫子之求之也，其诸⑦异乎人之求之与？"

【注释】

①子禽：姓陈名亢，字子禽。郑玄所注《论语》说他是孔子的学生，但《史记·仲尼弟子列传》未载此人，故一说子禽非孔子学生。②子贡：姓端木名赐，字子贡，卫国人，比孔子小31岁，是孔子的学生，生于公元前520年。子贡善辩，孔子认为他可以做大国的宰相。据《史记》记载，子贡在卫国做了商人，家有财产千金，成了有名的商业家。③夫子：这是古代的一种敬称，凡是做过大夫的人都可以取得这一称谓。孔子曾担任过鲁国的司寇，所以他的学生们称他为"夫子"。后来，因此而沿袭以称呼老师。《论语》书中所说的

子在川上

"夫子",都是孔子的学生对他的称呼。④邦:指当时割据的诸侯国家。⑤抑:表示选择的文言连词,有"还是"的意思。⑥温、良、恭、俭、让:就字面理解即为:温顺、善良、恭敬、俭朴、谦让。这是孔子的弟子对他的赞誉。⑦其诸:语气词,有"大概""或者"的意思。

【名家点评】

谢氏曰:"学者观于圣人威仪之间,亦可以进德矣。若子贡亦可谓善观圣人矣,亦可谓善言德行矣。今去圣人千五百年,以此五者想见其形容,尚能使人兴起,而况于亲炙之者乎?"

张敬夫曰:"夫子至是邦必闻其政,而未有能委国而授之以政者。盖见圣人之仪刑而乐告之者,秉彝好德之良心也;而私欲害之,是以终不能用耳。"

朱子曰:"夫子未尝求之。但其德容如是,故时君敬信,自以其政就而问之耳。非若他人必求之而后得也。圣人过化存神之妙,未易窥测,然即此而观,则其德盛礼恭而不愿乎外,亦可见矣。学者所当潜心而勉学也。"

【译文】

子禽问子贡说:"老师到了一个国家,总是预闻这个国家的政事。(这种资格)是他自己求得呢,还是人家国君主动给他的呢?"子贡说:"老师温顺、善良、恭敬、俭朴、谦让,所以才得到这样的资格(这种资格也可以说是求得的),但他求的方法,或许与别人的求法不同吧?"

【阐释】

本章通过子禽与子贡两人的对话,把孔子的为人处世品格勾画出来。孔子之所以受到各国统治者的礼遇和器重,就在于孔子具备有温和、善良、恭敬、俭朴、谦让的道德品格。说明温和、善良、恭敬、俭朴、谦让除了本身即是美德之外,还能去除暴戾、傲慢、骄奢之气,因而对外可使人际关系和谐,进而使得经由见闻得到知识的过程简化、收效增加;对内则可使心性修治推展,进而使得经由推悟而得到知识的过程简化、收效增加。所以如果真能做到温和、良善、恭敬、节制、谦让则不但可以使人际关系更加和谐、心性修治更加推展,亦能使得知识的获取过程更加简易平顺,效果更加深入广泛。

【原文】

子曰:"父在,观其①志;父没,观其行②;三年③无改于父之道④,可谓孝矣。"

【注释】

①其:他的,指儿子,不是指父亲。②行:指行为举止等。③三年:对于古人所说的数字不必过于机械地理解,只是说要经过一个较长的时间而已,不一定仅指三年的时间。④道:有时候是一般意义上的名词,无论好坏、善恶都可以叫作道。但更多时候是积极意义的名词,表示善的、好的东西。这里表示"合理内容"的意思。

【名家点评】

尹氏曰:"如其道,虽终身无改可也。如其非道,何待三年? 然则三年无改者,孝子之心有所不忍故也。"

游氏曰:"三年无改,亦谓在所当改而可以未改者耳。"

朱子曰:"父在,子不得自专,而志则可知。父没,然后其行可见,故观此足以知其人之善恶。然又必能三年无改于父之道,乃见其孝;不然,则所行虽善,亦不得为孝矣。"

【译文】

孔子说:"当他父亲在世的时候(因为他无权独立行动),要观察他的志向;在他父亲死后,要考察他的行为;若是他对他父亲的合理部分长期不加改变,这样的人可以说是尽到孝了。"

【阐释】

这一章仍然谈的是有关"孝"的问题，把"孝"字具体化了。对于父亲平日不好的言行，应引以为借鉴，提醒自己勿再与父亲犯类似的错误；对于父亲正确的言行，则应终身奉守不渝。如此自然能够在自己日常言行当中，时时缅怀追思父亲，也就能算是孝子了；更进一步，倘若人人皆能做到此一地步，人类社会必能加快迈向良善完美之境界。历史在发展，社会在前进，人们的思想观念、言行举止都不能总停留在过去的水平上，"青出于蓝而胜于蓝"，后代超过前代，这是历史的必然。

【原文】

有子曰："礼①之用，和②为贵。先王之道③，斯④为美。小大由之，有所不行。知和而和，不以礼节之，亦不可行也。"

【注释】

①礼：在春秋时代，"礼"泛指奴隶社会的典章制度和道德规范。孔子的"礼"，既指"周礼"、礼节、仪式，也指人们的道德规范。②和：调和、和谐、协调。③先王之道：指尧、舜、禹、汤、文、武等古代帝王的治世之道。④斯：这、此等意。这里指礼，也指和。

【名家点评】

程子曰："礼胜则离，故礼之用，和为贵，先王之道以斯为美，而小大由之。乐胜则流，故有所不行者，知和而和，不以礼节之，亦不可行。"

范氏曰："凡礼之体主于敬，而其用则以和为贵。敬者，礼之所以立也；和者，乐之所由生也。若有子可谓达礼乐之本矣。"

朱子曰："严而泰，和而节，此理之自然，礼之全体也。毫厘有差，则失其中正，而各倚于一偏，其不可行均矣。"

【译文】

有子说："礼的应用，以和谐为贵。古代君主的治国方法，可宝贵的地方就在这里。但不论大事小事只顾按和谐的办法去做，有的时候就行不通。（这是因为）为和谐而和谐，不以礼来节制和谐，也是不可行的。"

【阐释】

孔子认为,礼的推行和应用要以和谐为贵。但是,凡事都要讲和谐,或者为和谐而和谐,不受礼文的约束也是行不通的。这是说,既要遵守礼所规定的等级差别,相互之间又不要出现不和。孔子在本章提出的这个观点是有意义的。在奴隶社会,各等级之间的区分和对立是很严肃的,其界限丝毫不容紊乱。上一等级的人,以自己的礼仪节文显示其威风;下一等级的人,则怀着畏惧的心情唯命是从。但到春秋时代,这种社会关系开始破裂,臣弑君、子弑父的现象已属常见。对此,由子提出"和为贵"说,其目的是为缓和不同等级之间的对立,使之不至于破裂,以安定当时的社会秩序。

但从理论上看待这个问题,令人感到,孔子既强调礼的运用以和为贵,又指出不能为和而和,要以礼节制之,可见孔子提倡的和并不是无原则的调和,这是有其合理性的。

【原文】

有子曰:"信近①于义②,言可复③也;恭近于礼,远④耻辱也;因⑤不失其亲,亦可宗⑥也。"

【注释】

①近:接近、符合的意思。②义:义是儒家的伦理范畴,是指思想和行为符合一定的标准。这个标准就是"礼"。③复:实践的意思。朱熹《集注》云:"复,践言也。"④远:动词,使动用法,使之远离的意思,此外亦可以译为避免。⑤因:依靠、凭借。一说因应写作姻,但从上下文看似有不妥之处。⑥宗:主、可靠,一般解释为"尊敬"似有不妥之处。

【名家点评】

朱子曰:"约信而合其宜,则言必可践矣。致恭而中其节,则能远耻辱矣。所依者不失其可亲之人,则亦可以宗而主之矣。此言人之言行交际,皆当谨之于始而虑其所终,不然,则因仍苟且之间,将有不胜其自失之悔者矣。"

【译文】

有子说:"讲信用要符合于义,(符合于义的)话才能实行;恭敬要符合于礼,这样才能远离耻辱;所依靠的都是可靠的人,也就值得尊敬了。"

【阐释】

本章节讲的是为人处世的态度,其含有"慎始"之意。"义",是守信的标准,即守信的内容要符合"义"的要求;信适合于"义"诺言,才是可以去履行的。如果某种言行虽也可算是守信,但不符合于"义"的标准,那可能就是恶言恶行,如果为此守信,那将极大地危害社会。总而言之,"信"与"义"的关系是:"义"的实现依靠"信"来促成;"信"的内容要以"义"来加以规范。这就是说,人做事要有原则性,不能不讲规矩。无原则的许诺,若非为罪错也必即"空头支票",因为它是不符合于"义"的。在当今的社会条件下,"诚实信用"仍然是社会的主要道德准则。但是,由于经济体制、法律法规和政策的不完善,由于利益原则的驱动,更由于社会道德心理素质的缺失,在社会现实中出现了不守信用的现象渐显普遍,这对社会风气的影响极坏。对此必须严加扼制。恭敬之举,也要符合于"礼",要顾及双方间的身份、亲疏关系和所处之场合,如果谦恭过头,那将变成虚伪、谄媚,由此反而带来耻辱的后果。无端的矜持则令人齿冷,同样也不符合于"礼"。另外,选择可以依靠的人,也得先看他的人品是否正派可亲,免得搞错了对象而反受其害。以上三者间是相互联系的,它们指导着人们为人处世的日常实践活动,它们教育人们必须慎其始,看准了,符合原则了,方能赋予实践行动,从而让我们永立于不败之地。

【原文】

子曰:"君子食无求饱,居无求安,敏于事而慎于言,就①有道②而正③焉,可谓好学也已。"

【注释】

①就:靠近、看齐。②有道:指有道德的人。③正:匡正、端正。

【名家点评】

尹氏曰:"君子之学,能是四者,可谓笃志力行者矣。然不取正于有道,未免有差,如杨、墨学仁义而差者也,其流至于无父无君,谓之好学,可乎?"

朱子曰:"不求安饱者,志有在而不暇及也。敏于事者,勉其所不足。慎于言者,不敢尽其所有余也。然犹不敢自是,而必就有道之人,以正其是非,则可谓好学矣。凡言道者,皆谓事物当然之理,人之所共由者也。"

【译文】

孔子说:"君子,饮食不求饱足,居住不要求舒适,对工作勤劳敏捷,说话却小心谨慎,到有道的人那里去匡正自己,这样可以说是好学了。"

【阐释】

此章在谈论为学所该有的精神与态度。"食无求饱,居无求安"虽看似安于贫穷的行为,但其原因并非安贫,而是乐道。而其所乐的是何道呢? 小弟以为这所乐之道有二:一是因为其志在学习及其所带来的乐趣,所以无暇顾及追求物质上的安饱,亦即学而篇首章的"学而时习之,不亦说乎"之意;二是因为不取不合义的利,故乐自义来。除此之外,"食无求饱,居无求安"亦还有一层较为消极的意义即是:注重追求物质上的安饱,便容易因陷于物欲而失其应有的向学之志。要想成为一个君子,好学是一个必须的条件。而要做到好学,一定得先要坚定学习求知的志向,切忌分心于物质享受之追求,以免陷于物欲进而降低了学习的效果;在学习的过程中则应该要勤快努力地全力以赴,并忠实地检讨自己对真知是否了解;遇到有机会时,也应向任何学有专精的人士请益,并验证自己所学。如此都能做到了,才称得上是好学的人。

【原文】

子贡曰:"贫而无谄①,富而无骄,何如②?"子曰:"可也。未若贫而乐③,富而好礼者也。"子贡曰:"《诗》云,'如切如磋! 如琢如磨④',其斯之谓与?"子曰:"赐⑤也! 始可与言《诗》已矣,告诸往而知来者⑥。"

【注释】

①谄:意为巴结、奉承。②何如:《论语》书中的"何如",都可以译为"怎么样"。③贫而乐:一本作"贫而乐道"。④如切如磋,如琢如磨:此二句见《诗经·卫风·淇奥》。有两种解释:一说切磋琢磨分别指对骨、象牙、玉、石四种不同材料的加工,否则不能成器;一说加工象牙和骨,切了还要磋,加工玉石,琢了还要磨,有精益求精之意。⑤赐:子贡名,孔子对学生都称其名。⑥告诸往而知来者:诸,同之;往,过去的事情;来,未来的事情。

【名家点评】

朱子曰:"此章问答,其浅深高下,固不待辨说而明矣。然不切则磋无所施,不琢则磨无所措。故学者虽不可安于小成而不求造道之极致,亦不可骛于虚远,而不察切己之实病也。"

【译文】

子贡说:"贫穷而能不谄媚,富有而能不骄傲自大,怎么样?"孔子说:"这也算可以了。但是还不如虽贫穷却乐于道,虽富裕而又好礼之人。"子贡说:"《诗》上说,'要像对待骨、角、象牙、玉石一样,切磋它,琢磨它',就是讲的这个意思吧?"孔子说:"赐呀,你能从我已经讲过的话中领会到我还没有说到的意思,举一反三,我可以同你谈论《诗》了。"

【阐释】

此章的前一句对话,孔子温婉地否定了子贡的看法,提出了安贫乐道,有钱而谦逊好礼的道理。下一句意思是说,子贡悟到由"贫而无谄,富而无骄"上升到追求贫而乐道,富而好礼犹如切、磋、琢、磨一样精益求精。这样的看法得到孔子的高度赞扬。认为可以和赐讨论《诗经》了;认为赐是个可以举一反三的学生。从这段对话中,可以看出孔子的价值取向。

众所周知,人人都追求平等,都在倡导平等,人不容忽视,但这种不平等其实在出生时就决定了。这里,这种情况不谈。孔子说的,是排除了这种出生的情况下的一个个体在社会中的角色和地位。

所以,自然,此处"安贫乐道"中的贫,应该首先是指物质贫乏,还更指的是沉于下僚时精神上的苦闷和高远志向无处发抒的内心伤痛。

安贫乐道

物质上的贫乏尚且不谈,没有物质的生活自然不是人想要的,但带给人伤痛的,往往是精神上的苦闷和高情无处发抒之苦。这时,能安于贫,安于"暂时"或"永久"的这样一种状态,是极为难得的。因此,这种人在古代,往往被称为高人隐士,譬如晋代之陶潜等等之名士。

对当代而言,贫,当然指物质生活的贫苦,但更指的是不为人知的精神的苦闷和精神追求上的同道者的贫乏。是要守护自己内心的家园。是要有一个恒定的信念和对未来、对终身、对世界的一个稳健的把握。尽管处于一个学术劣势的时代,却永远不会失去努力追求的心愿和斗志,听从自己内心的召唤,坚定地朝自己设定的目标走,静心调养自己,丰厚自己,耐住寂寞,没有抱怨,没有责问,用平和之心,不问为什么,只问耕耘不问收获。无论几个人,无论是贫穷还是富贵(包括物质和精神)。或许,这是夫子他老人家希望看到的吧!

是在这样的一种"贫穷"的状态下,依旧用积极入世之心,换回理想和信念,用好好吃饭、好好睡觉等等良好的心态来保持自己终生精神生活的永不枯竭。保持对"道"的良好感觉。

【原文】

子曰:"不患①人②之不己知,患不知人也。"

【注释】

①患:忧虑、怕。②人:指有教养、有知识的人,而非民。

【名家点评】

尹氏曰:"君子求在我者,故不患人之不己知。不知人,则是非邪正或不能辨,故以为患也。"

【译文】

孔子说:"不怕别人不了解自己,只怕自己不了解别人。"

【阐释】

这段话是孔子对自己学生所传授的为人处世之道。在孔子的观念中,"学而优则仕,是一种积极入世的态度。这里的潜台词是:在了解别人的过程中,也使别人了解自己。孔子积极鼓励弟子从政,而从政的一个基本门路在于使别人了解自己。要想让别人了解自己,自己首先要了解别人,这就相当于而今所说的换位思考。君子不患无位,而患无所作为。名利地位,人皆欲取欲求,熙熙攘攘之间,奔波劳碌耿耿于虚名与蝇利,从而不能潜力于实学躬行。

德行的修养、才能的提高,是我们一辈子的事。人们说,是黄金终归要发亮。有真才实学的人,岂能长久掩埋于草莽林泉? 一个人只要真正有才能,或迟或早总是能够脱颖而出,干一番事业的。怕就怕自己既没有才能,又缺乏百折不挠的坚强意志,却又志大才疏,随时做出一副怀才不遇的样子,处处怨天尤人。没有什么轻而易举的方法可以代替勤奋的苦读,自己不努力是成不了大材的。

知又如何,不知又如何,就如山冈上那轮静静的满月,只是挥洒出光辉!

重要的是修养自己,修养我们的德行。

为正篇第二

【解读】

《为政》篇包括二十四章。本篇主要内容涉及孔子"为政以德"的思想、如何谋求官职和从政为官的基本原则、学习与思考的关系、孔子本人学习和修养的过程、温故而知新的学习方法,以及对孝、悌等道德范畴的进一步阐述。

【原文】

子曰:"为政以德^①,譬如北辰^②,居其所^③而众星共^④之。"

【注释】

①为政以德:以,用的意思。此句是说统治者应以道德进行统治,即"德治"。②北辰:北极星。③所:处所,位置。④共:同"拱",环绕的意思。

【名家点评】

程子曰:"为政以德,然后无为。"

朱子曰:"政之为言正也,所以正人之不正也。"又曰:"为政以德,则无为而天下归之,其象如此。"

【译文】

孔子说:"(周君)以道德教化来治理政事,就会像北极星那样,自己居于一定的方位,而群星都会环绕在它的周围。"

【阐释】

这段话代表了孔子的"为政以德"的思想,意思是说,统治者如果实行德治,群臣百姓就会自动围绕着你转。这是强调道德对政治生活的决定作用,主张以道德教化为治国的原则。这是孔子学说中较有价值的部分,表明儒家治国的基本原则是德治,而非严刑峻法。

以德治国,建立德政,是历来统治阶级的理想,为历代统治者所自诩而刻意崇尚。他们追求德政的目的是为了

为政以德

自身的利益,为了使其子孙万代能够永远地传承不息,并不是为了大众的幸福。当然,德政的建立,在客观上有益于人民生活的安定和社会的发展。所以德政同样也是社会大众所翘盼的。

为政在德,做人同样在于德行。德行是成就幸福人生的基本要素。面对无边无际、无始无终的宇宙,人生是如此短促,以至时常带给我们一丝苍凉与无奈。然而人生又是如此美丽,以永恒的魅力力召唤着我们,无论欢喜与悲哀、幸福或痛苦、拥有或失去,都是我们五彩纷呈的生活的一部分,都让我们切切实实地体验着得与失、感悟着祸与福、参透着生与死。那么,如何在这有限的生命之旅中,做出令人难忘的事业,是值得深思的。不论我们处在怎样的位置,我们总是承担着自己对于历史的责任,纵使我们不能做出惊天动地的业绩,但我们总可以修养自己的品德,以良好的行为,影响和感化周围的人们,使我们的生活美好。再精彩的戏也有落幕的时候,再辉煌的人生也有终结的一刻,只有德行永垂。当我们慢慢走过了一生,回首来时的路,愿我们能为自己的行为感到欣慰。

【原文】

子曰:"《诗》三百①,一言以蔽②之,曰:'思无邪③'。"

【注释】

①《诗》三百:《诗》,指《诗经》一书,此书实有305篇,三百只是举其整数。②蔽:概

括的意思。③思无邪：此为《诗经·鲁颂》上的一句，此处的"思"做思想解。无邪，一解为"纯正"，一解为"直"，后者较妥。

【名家点评】

司马迁曰："《诗》三百篇，大抵贤圣发愤之所为作也。"程子曰："'思无邪'者，诚也。"

范民曰："学者必务知要，知要则能守约，守约则足以尽博矣。经礼三百，曲礼三千，亦可以一言以蔽之。日'毋不敬'。"

退修诗书

苏轼曰："《诗》之为教也。使人歌舞佚乐，无所不至，要在于不失正焉而已矣。"又曰："不观于《诗》，无以见王道之易。不观于《春秋》，无以知王政之难。"

【译文】

孔子说："《诗经》三百篇，可以用一句话来概括它，就是'思想纯正'。"

【阐释】

孔子时代，可供学生阅读的书还不很多，《诗经》经过孔子的整理加工以后，被用作教材。孔子对《诗经》有深入研究，所以他用"思无邪"来概括它。《论语》中解释《诗经》的话，都是按照"思无邪"这个原则而提出的。

什么是德？借用《诗》所阐述的微言大义，就是"思无邪"，就是思想纯正。

诗，在心为思，发言为辞，品之高下在于思想的纯正。只有思想纯正，其所感发才能够打动人心；只有思想纯正，才可能有得于心；只有思想纯正，才可能有高尚的行动。诗之为言，精蕴深刻，言近而旨远。德之所以立，在于思想的修养，在于濯洗干净心中的杂质，荡涤去欲望中的邪念，使自己的思想归于纯正。

【原文】

子曰："道①之以政，齐②之以刑，民免③而无耻④；道之以德，齐之以礼，有耻且格⑤。"

【注释】

①道：有两种解释：一为"引导"；二为"治理"。前者较为妥帖。②齐：整齐、约束。③免：避免、躲避。④耻：羞耻之心。⑤格：有两种解释：一为"至"；二为"正"。

【名家点评】

刑昺曰："言君上化民必以道德。民或未从化则制礼以齐整，使民知有礼则安，失礼则耻。如此则民有愧耻而不犯礼，且能自修而归正也。"

朱子曰："政者为治之具，刑者辅治之法，德、礼则所以出治之本，而德又礼之本也。此其相为终始，虽不可以偏废，然政、刑能使民远罪而已，德、礼之效，则有以使民日迁善而不自知。故治民者不可徒恃其末，又当深探其本也。"

杏坛礼乐

【译文】

孔子说："用法制禁令去引导百姓，使用刑法来约束他们，老百姓只是求得免于犯罪受惩,却失去了廉耻之心;用道德教化引导百姓,使用礼制去统一百姓的言行,百姓不仅会有羞耻之心,而且也就守规矩了。"

【阐释】

在本章中,孔子举出两种截然不同的治国方针。孔子认为,刑罚只能使人避免犯罪,不能使人懂得犯罪可耻的道理,而道德教化比刑罚要高明得多,既能使百姓守规蹈矩,又能使百姓有知耻之心。这反映了道德在治理国家时有不同于法制的特点。但也应指出:孔子的"为政以德"思想,重视道德是应该的,但却忽视了刑政、法制在治理国家中的作用。

【原文】

子曰:"吾十有①五而志于学,三十而立②,四十而不惑③,五十而知天命④,六十而耳顺⑤,七十而从心所欲不逾矩⑥。"

【注释】

①有:同"又"。②立:站得住的意思。③不惑:掌握了知识,不被外界事物所迷惑。④天命:指不能为人力所支配的事情。⑤耳顺:对此有多种解释。一般而言,指对那些于己不利的意见也能正确对待。⑥从心所欲不逾矩:从,遵从的意思;逾,越过;矩,规矩。

【名家点评】

朱子曰:"圣人生知安行,固无积累之渐,然其心未尝自谓已至此也。是其日用之间,必有独觉其进而人不及知者。故因其近似以自名,欲学者以是为则而自勉,非心实自圣而姑为是退托也。后凡言谦辞之属,意皆放此。"

【译文】

孔子说:"我十五岁立志于学习;三十岁能够自立;四十岁能不被外界事物所迷惑;五十岁懂得了天命;六十岁能正确对待各种言论,不觉得不顺;七十岁能随心所欲而不越出规矩。"

【阐释】

在本章里,孔子自述了他学习和修养的过程。这一过程,是一个随着年龄的增长,思想境界逐步提高的过程。就思想境界来讲,整个过程分为三个阶段:十五岁到四十岁是学习领会的阶段;五十、六十岁是安心立命的阶段,也就是不受环境左右的阶段;七十岁是主观意识和做人的规则融合为一的阶段。在这个阶段中,道德修养达到了最高的境界。孔子的道德修养过程,有合理因素:第一,他看到了人的道德修养不是一朝一夕的事,不能一下子完成,不能搞突击,要经过长时间的学习和锻炼,要有一个循序渐进的过程。第二,道德的最高境界是思想和言行的融合,自觉地遵守道德规范,而不是勉强去做。这两点对任何人,都是适用的。

世事洞明真学问,人情练达皆文章。不管是从政或是做事,首要的是做人。做人在于厚积德义,在于修养自己的人品。德义的养成,在于勤学。学为主旨,天下万事皆在于学。学问的真谛是对人生的体悟,只有在饱尝了生活真实的滋味后,才能达到"知命"而"自立"的境界。学贵坚持,学问的精神就在于循序而渐进,在于参知天理人伦世情,在于远取诸物,近取诸身,达于仁德。

《诗》曰:"日就月将,学有缉熙于光明。"就是说:每天有所成就,每月有所收获,日积月累地学习,就会达到光明的境界。伟大其实是具体而平凡的,其事迹业绩更是琐碎的,是岁月的积累,并不总是突然地表现为惊天动地的事迹。

立业德为主,修身德为先。

【原文】

孟懿子①问孝,子曰:"无违②。"樊迟③御④,子告之曰:"孟孙⑤问孝于我,我对曰无违。"樊迟曰:"何谓也。"子曰:"生,事之以礼;死,葬之以礼,祭之以礼。"

【注释】

①孟懿子:鲁国的大夫,三家之一,姓仲孙,名何忌,"懿"是谥号。其父临终前要他向孔子学礼。②无违:不要违背。③樊迟:姓樊名须,字子迟。孔子的弟子,比孔子小46岁。他曾和冉求一起帮助季康子进行革新。④御:驾驭马车。⑤孟孙:指孟懿子。

【名家点评】

胡氏曰:"人之欲孝其亲,心虽无穷,而分则有限。得为而不为,与不得为而为之,均于不孝。所谓'以礼'者,为其所得为者而已矣。"

朱子曰:"人之事亲,自始至终,一于礼而不苟,其尊亲也至矣。是时三家僭礼,故夫子以是警之,然语意浑然,又若不专为三家发者,所以为圣人之言也。"

【译文】

孟懿子问什么是孝,孔子说:"孝就是不要违背礼。"后来樊迟给孔子驾车,孔子告诉他:"孟孙问我什么是孝,我回答他说不要违背礼。"樊迟说:"不要违背礼是什么意思呢?"孔子说:"父母活着的时候,要按礼侍奉他们;父母去世后,要按礼埋葬他们、祭祀他们。"

【阐释】

孔子极其重视孝,要求人们对自己的父母尽孝道,无论他们在世或去世,都应如此。但这里着重讲的是,尽孝时不应违背礼的规定,否则就不是真正的孝。可见,孝不是空泛的、随意的,必须受礼的规定,依礼而行就是孝。

为孝之道,当深体父母心意,尽力去做,敬顺而不违逆,使父母心宽意适,安享颐年。

一生一死是为命,由生至死是为人。父母给予我们生命,秉承祖先恩荫,继启后世德泽,是为人伦。因此,敬事父母,义不容辞,不论处身困顿或裕足,都当心存孝敬,以礼敬奉。一勺一臡,当思父母先尝。所以,孔子说:"生,事之以礼;死,葬之以礼,祭之以礼。"

【原文】

孟武伯①问孝,子曰:"父母唯其疾之忧②。"

【注释】

①孟武伯:孟懿子的儿子,名彘。武是他的谥号。②父母唯其疾之忧:其,代词,指父母。疾,病。

【名家点评】

朱子曰:"父母爱子之心,无所不至,唯恐其有疾病,常以为忧也。人子体此,而以父母之心为心,则凡所以守其身者,自不容于不谨矣,岂不可以为孝乎?旧说:人子能使父母不以其陷于不义为忧,而独以其疾为忧,乃可谓孝。亦通。"

【译文】

孟武伯向孔子请教孝道。孔子说:"对父母,要特别为他们的疾病担忧。(这样做就可以算是尽孝了。)"

【阐释】

本章是孔子对孟懿子之子问孝的答案。对于这里孔子所说的父母唯其疾之忧,历来有三种解释:1.父母爱自己的子女,无所不至,唯恐其有疾病,子女能够体会到父母的这种心情,在日常生活中格外谨慎小心,这就是孝。2.做子女的,只需父母在自己有病时担忧,但在其他方面就不必担忧了,表明父母的亲子之情。3.子女只要为父母的疾病而担忧,其他方面不必过多地担忧。

父母爱子之心,无所不至,忧饥忧寒,患危虑安。即使养育成人,犹深怀惦念。人子孝敬父母,自当深体此心。当牵心父母身体的安泰、生活起居的奉养。

子羔仁恕

古语说:养不教,父之过。所以我们为人处世宜当谨慎,守身珍重自爱,以释父母牵挂之怀。即使我们此生没有什么大的成就,我们也当堂堂正正地做人,让父母放心。切勿做出让人指戳脊梁骨的事,不要因为我们自己的不义行为而牵连父母,也不要做出越礼的举动而令父母背负不教的恶名。

普天之下,唯父母对子女全身心地关怀,而不思回报。唯恐其饥,唯恐其疾,唯恐其困,殷殷牵挂,不能释怀。反观天下子女,对父母的孝行,则难做到如此。因此,孝,就是体悟父母之心,以父母之心为心,以父母之忧为忧,萦系挂念。

【原文】

子游①问孝,子曰:"今之孝者,是谓能养。至于犬马,皆能有养,不敬,何以别乎?"

【注释】

①子游:姓言名偃,字子游,吴人,比孔子小45岁。

【名家点评】

胡氏曰:"世俗事亲,能养足矣。狃恩恃爱,而不知其渐流于不敬,则非小失也。子游圣门高弟,未必至此,圣人直恐其爱逾于敬,故以是深警发之也。"

【译文】

子游问什么是孝,孔子说:"如今所谓的孝,只是说能够赡养父母便足够了。然而,就是犬马都能够得到饲养。如果不存心孝敬父母,那么赡养父母与饲养犬马又有什么区别呢?"

【阐释】

本篇还是谈论孝的问题。对于"至于犬马,皆能有养"一句,历来也有几种不同的解释。一是说狗守门、马拉车驮物,也能侍奉人;二是说犬马也能得到人的饲养。本文采用后一种说法,因为此说比较妥帖。

曾子曰:"孝子之养老也。乐其心,不违其志;乐其耳目,安其寝处,以其饮食忠养之。孝子之身终,终身也者,非终父母之身,终其身也。是故父母之所爱亦爱之,父母之所敬亦敬之,至于犬马尽然,而况于人乎?"(《礼记·内则》)

孝顺父母,孝敬老人,就在于敬,敬老爱幼是中华民族的传统美德。但是,现在社会上一些人可以有豢养宠物的"仁心",却无敬养老人的爱心,实在令人寒心。

【原文】

子夏问孝,子曰:"色难①。有事,弟子服其劳②;有酒食,先生③馔④,曾是以为孝乎?"

【注释】

①色难:色,脸色。难,不容易的意思。②服其劳:服,从事、担负。服劳即服侍。③先生:先生指长者或父母;前面说的弟子,指晚辈、儿女等。④馔:意为饮食、吃喝。

【名家点评】

程子曰："告懿子，告众人者也。告武伯者，以其人多可忧之事。子游能养而或失于敬，子夏能直义而或少温润之色。各因其材之高下与其所失而告之，故不同也。"

朱子曰："盖孝子之有深爱者，必有和气；有和气者，必有愉色；有愉色者，必有婉容。故事亲之际，惟色为难耳，服劳奉养未足为孝也。旧说：承顺父母之色为难。亦通。"

【译文】

子夏问什么是孝，孔子说："（当子女的要尽到孝），最不容易的就是对父母和颜悦色，仅仅是有了事情，儿女需要替父母去做，有了酒饭，让父母吃，难道能认为这样就可以算是孝了吗？"

【阐释】

本篇的第5、6、7、8章，都是孔子谈论有关孝的问题。孔子所提倡的孝，体现在各个方面和各个层次，反映了宗法制度的需要，适应了当时社会的需要。一个共同的思想，就是不仅要从形式上按周礼的原则侍奉父母，而且要从内心深处真正地孝敬父母。

孝养父母身心兼奉，唯心为难。发乎内心，见之于辞色。辞色温婉和顺，就能够使父母喻快。让父母怀着欢乐的心境颐养天年，重要的不仅仅是在衣食等方面侍奉、赡养，尤其是要有一颗善良、敬爱的心。心存爱敬，虽粗茶淡饭，犹胜美酒佳肴。一言一行都深怀敬爱，使父母在爱的温暖中欢乐地度过每个日子，唯心诚孝，才是真正的孝行。

【原文】

子曰："吾与回①言，终日不违②，如愚。退而省其私③，亦足以发，回也不愚。"

【注释】

①回：姓颜名回，字子渊，生于公元前521年，比孔子小30岁，鲁国人，孔子的得意门生。②不违：不提相反的意见和问题。③退而省其私：考察颜回私下里与其他学生讨论学问的言行。

【译文】

孔子说："我整天给颜回讲学，他从来不提反对意见和疑问，像个蠢人。等他退下之后,我考察他私下的言论,发现他对我所讲授的内容有所发挥,可见颜回其实并不蠢。"

【阐释】

这一章讲孔子的教育思想和方法。他不满意那种"终日不违",从来不提相反意见和问题的学生,希望学生在接受教育的时候,要开动脑筋,思考问题,对老师所讲的问题应当有所发挥。所以,他认为不思考问题,不提不同意见的人,是蠢人。

颐养心生——垂钓图

宋明理学推崇儒家的"内圣外王"之学,重视自我修养。强调内在心性的陶冶,注重内心的体察,汰涤欲念,颐养心性。高尚人格的形成,在于学识的积累,认真学习前人的理论,静思品咀,平日之间,少点世俗的迎来送往,在每个独处的时间深入思考,默默地理解。在神思默运中举一而知十,深刻地融会贯通前人的思想成果,从而形成真知灼见。切勿在一知半解之下仓促做出狂妄的谬论与无知的放言。"夫人不言,言必有中。"

学贵创新,而创新并不一定要以异端的反对姿态出现,创新的基本素质是以别开新意的形式予以丰富和发展,发前人所未发,这才是科学的创新观。无中肯剀切的见解则不必急切地发表言论。以否定或谩骂来彰显新异,实在是浅陋者的浮躁喋喋,君子不为。

【原文】

子曰:"视其所以①,观其所由②,察其所安③,人焉廋④哉?人焉廋哉?"

【注释】

①所以:所做的事情。②所由:所走过的道路。③所安:所安的心境。④廋:隐藏、藏匿。

【名家点评】

程子曰:"在己者能知言穷理,则能以此察人伦如圣人也。"

【译文】

孔子说:"(要了解一个人),应看他言行的动机,观察他所走的道路,考察他安心干什么,这样,这个人怎样能隐藏得了呢?这个人怎样能隐藏得了呢?"

【阐释】

本文主要讲如何了解别人的问题。孔子认为,对人应当听其言而观其行,还要看他做事的心境,从他的言论、行动到他的内心,全面了解观察一个人,那么这个人就没有什么可以隐埋得了的。

为政之道在于用人,而用人的关键在于知人善任。任用一个贤能的人,就可以使事业兴旺,可以推动事业前进,可以整饬风纪,树立良好的社会正气。任用一个无德无能的人,不仅贻误事业,挫伤人们的精神,还会败坏社会风气,影响到整个事业的发展。

对于一个人的深入了解,是知人善任的条件。只有知人,才能够善任,知人是前提,不能知人,那么,所谓的任用也就只能是盲目的。如何知人,是一个十分重要的问题。宋代大文豪苏轼在论述知人问题时说:"人之难知也,江海不足以喻其深,山谷不足以配其险,浮云不足以比其变。"一个人能否承担大事?是否可委以重任?这是关乎事业成败的大事。对于人的考察,历史上有着非常独到的方法。先秦之时,魏文侯择相,问于李克。李克说:"居视其所亲,富视其所与,达视其所举,穷视其所不为,贫视其所不取。"孔子在此明确提出了全面了解一个人的方法和原则:即从一个人日常的言行喜好及情绪反应来考察其人品才能。就是说要了解这个人在生活中的交往与心性:与谁为友,用世处事的方法,内心涵养境界,安身立命的态度和评判是非的准则。也就是说,他的识见、心态、精神决定着他的人品。

古之善观人者，"委之以利，以观其节；乘之以猝，以观其量；伺之以独，以观其守；惧之以敌，以观其气。"那么，这个人还能有什么可以隐藏得了的呢？既知其人，则还有什么疑虑的呢？

【原文】

子曰："温故而知新①，可以为师矣。"

【注释】

①温故而知新：故，已经过去的。新，刚刚学到的知识。

【名家点评】

朱子曰："学能时习旧闻，而每有新得，则所学在我，而其应不穷，故可以为人师。若夫记问之学，则无得于心，而所知有限，故《学记》讥其'不足以为人师'，正与此意互相发也。"

【译文】

孔子说："在温习旧知识时，能有新体会、新发现，就可以当老师了。"

【阐释】

"温故而知新"是孔子对我国教育学的重大贡献之一，他认为，不断温习所学过的知识，从而可以获得新知识。这一学习方法不仅在封建时代有其价值，在今天也有不可否认的适应性。人们的新知识、新学问往往都是在过去所学知识的基础上发展而来的。因此，温故而知新是一个十分可行的学习方法。

历代以来，对于这句话的理解都是重在求取学问修养方面。这也是紧承《学而》的思路所做出的合乎逻辑的解释。尤其流行的译文是对后一句的理解："可以作为老师了"，这是不通的。需要我们思考的是：如果孔子只就学问而言，为什么《论语》的编撰者不把这句话编在《学而》篇中，却放在《为政》之中？所以，在这里，可以做出这样的理解：在处理国家事务中，要认真地研究寻找事物发生的原因，在各种新的事物出现之前就有所预备，找到正确的方案和途径，并在实践中总结学习，以往事为师。

历史是我们永远的老师。新的幼苗总是生长在过去的土壤之中，历史的沃土上苗长

古人研习图

的是未来的种子。历史的每一个环节总是因承相续不可割裂,今天的新事物,总是带着历史的胎记。新时代的婴儿,总是孕育于历史的胎盘中。不能知古,何以观今?又如何预知未来?总结历史的经验,有助于我们走好未来的发展之路,历史的经验中,蕴藏着我们所需要的现实解答。

历史不仅是一种知识,而且是一种智慧。"一切历史都是当代史"。看过去实际上就是看现在。任何历史事件的发生、发展,都是一定的历史进程的产物,都可以在历史中找到相似的踪迹,所以,研究过去已经发生的史实,可以学习到新的学问,增强对社会现状的理解和把握,可以把准历史发展的脉搏,从而对现实问题的解决,能提出新的思路,做出正确的应对。因此,往事是可供师法的。

【原文】

子曰:"君子不器①。"

【注释】

①器:器具。

【名家点评】

何晏《集解》:器者各周其用,至于君子,无所不施。

朱子曰:"成德之士,体无不具,故用无不周,非特为一才一艺而已。"

【译文】

孔子说:"君子不像器具那样,(只有某一方面的用途)。"

【阐释】

君子是孔子心目中具有理想人格的人,非凡夫俗子,他应该担负起治国安邦之重任。对内可以妥善处理各种政务;对外能够应对四方,不辱君命。所以,孔子说,君子应当博学多识,具有多方面才干,不只局限于某个方面,因此,他可以通观全局、领导全局,成为合格的领导者。这种思想在今天仍有可取之处。

【原文】

子贡问君子。子曰:"先行其言而后从之。"

【名家点评】

周氏曰:"先行其言者,行之于未言之前。而后从之者,言之于既行之后。"

范氏曰:"子贡之患,非言之艰而行之艰,故告之以此。"

【译文】

子贡问怎样做一个君子。孔子说:"对于你要说的话,先实行了,再说出来,(这就够说是一个君子了)。"

【阐释】

做一个有道德修养、有博学多识的君子,这是孔子弟子们孜孜以求的目标。孔子认为,作为君子,不能只说不做,而应先做后说。只有先做后说,才可以取信于人。

"为政不在言多,而在力行"。重要的不是说,而是做,是付诸切实的行动。

君子崇尚力行,重视行动,以自己的行为影响和带动人们向着正道前进,而不轻率地发表说教。慎于立言而勇于践行,耻于言过其行。自己做不到,决不强求别人去做。

【原文】

子曰:"君子周①而不比②,小人③比而不周。"

【注释】

①周：合群。②比：勾结。③小人：没有道德修养的凡人。

【名家点评】

朱子曰："君子小人所为不同，如阴阳昼夜，每每相反。然究其所以分，则在公私之际，毫厘之差耳。故圣人于周比、和同、骄泰之属，常对举而互言之。"

【译文】

孔子说："君子合群而不与人勾结，小人与人勾结而不合群。"

【阐释】

孔子在这一章中提出君子与小人的区别点之一，就是小人结党营私，与人相勾结，不能与大多数人融洽相处；而君子则不同，他胸怀广阔，与众人和谐相处，从不与人相勾结，这种思想在今天仍不失其积极意义。

君子以天下为己任，以天下大众的利益为利益，没有自己的利益，心忧天下，不阿附于任何一个集团，不需要结党营私。现实生活中的尔虞我诈、拉帮结派，凡此种种，为正人君子们所深恶痛绝。而君子之行，往往为小人所不容。

【原文】

子曰："学而不思则罔①，思而不学则殆②。"

【注释】

①罔：迷惑、糊涂。②殆：疑惑、危险。

【名家点评】

程子曰："博学、审问、慎思、明辨、笃行五者，废其一，非学也。"

朱子曰："不求诸心，故昏而无得。不习其事，故危而不安。"

【译文】

孔子说："只读书学习，而不思考问题，就会惘然无知而没有收获；只空想而不读书学习，就会疑惑而不能肯定。"

【阐释】

孔子认为,在学习的过程中,学和思不能偏废。他指出了学而不思的局限,也道出了思而不学的弊端。主张学与思相结合。只有将学与思相结合,才可以使自己成为有道德、有学识的人。这种思想在今天的教育活动中有其值得肯定的价值。

学贵独立思考,切忌人云亦云。

学习是思考的源泉,实践是思考的基础,思考是学习的深化,实践是思想的证明。思考的过程就是分析比较,融会贯通的过程,也是推陈出新的过程。没有知识的学习与积累,思考只能是空想或者说是毫无根据的臆想。而对于已有的结论进行批判性的思辨,才能有所创新有所发展,才能有所建树有所成就。

同样,做人处世既要学会适应生活,更要开放思维。在生活中学习,学习人生,学习社会,并能够运用全部的人生经验,从完全不同的角度进行深入的思考,从而获得尽可能多的新鲜思路。照搬他人的经验,没有自己的思想,是没有意义的,而且由于条件的不同而可能招致误导。当然,只是一味地苦思冥想,而不借鉴已有的思想成果,就会重复别人,浪费生命。

智慧从哪里来?除了来源于学习,来源于生活和社会实践之外,"思"是智慧发挥的一种非常重要的手段。所以古人反复向人们强调"思"的重要性。"博学之,审问之,慎思之,明辨之,笃行之。"(《礼记·中庸》)我们每天总是面临着各种考验,如果不进行深入的思考,就可能不得要领,自然难有创新。因此,养成良好的学习与思考的习惯是有益的。从而使认识有所提高,产生质的飞跃,求得突破。

【原文】

子曰:"攻①乎异端②,斯③害也已④。"

【注释】

①攻:攻击。有人将"攻"解释为"治",不妥。②异端:不正确的言论。另外、不同的一端。③斯:代词,这。④也已:这里用作语气词。

【名家点评】

苏轼曰:"圣人之所为恶夫异端尽力而排之者,非异端之能乱天下,而天下之乱所由出也。"

程子曰:"佛氏之言,比之杨、墨,尤为近理,所以其害为尤甚。学者当如淫声美色以远之,不尔,则骎骎然入于其中矣。"

【译文】

孔子说:"攻击那些不正确的言论,祸害就可以消除了。"

【阐释】

"学问深时意气平",攻乎异端,有失中庸。海纳百川所以成其深,兼收并蓄所以养其德。这世间本来就不存在绝对真理,因此,不要偏执一隅,更不要心存偏激一味地否定别人。见解可以相左,做人必须中正。一个人立身处世,应该心存宽厚,从大局着眼,不以苛刻的标准要求他人,看到别人有得意的事,应该为之高兴、欢喜;看到别人失意,应该表示怜悯、同情。每个人都各有自己的长处和短处,只有抛弃短处,吸取他人的长处,才能充分发挥自己的才能。支持别人,就是最好的成就自己。以恕怼心,这才是君子的风范。

攻击别人对自己并没有益处,对事业也没有意义。不要眼红别人,也不要轻视自己。重要的是要有自己的主题,没有主题的争论是盲目的、混沌的,其最终也不会有什么结果。为了别人的思想,攻击他人,更是没有出息。顺境多干事,逆境多读书。干自己的事是第一,努力做好自己的事最为重要。

【原文】

子曰:"由①,诲女②知之乎? 知之为知之,不知为不知,是知也。"

【注释】

①由:姓仲名由,字子路。生于公元前542年,孔子的学生,长期追随孔子。②女:同"汝",你。

【名家点评】

朱子曰:"子路好勇,盖有强其所不知以为知者,故夫子告之曰:我教女以知之之道乎! 但所知者则以为知,所不知者则以为不知,如此则虽或不能尽知,而无自欺之蔽,亦不害其为知矣。况由此而求之,又有可知之理乎!"

过庭诗礼

【译文】

孔子说:"由,我教给你怎样做的话,你明白了吗?知道的就是知道,不知道就是不知道,这就是智慧啊!"

【阐释】

本章里孔子说出了一个深刻的道理:"知之为知之,不知为不知,是知也。"对于文化知识和其他社会知识,人们应当虚心学习、刻苦学习,尽可能多地加以掌握。但人的知识再丰富,总有不懂的问题。那么,就应当有实事求是的态度。只有这样,才能学到更多的知识。

对于任何一件事,不论你了解多少,都不应主观臆断,更不宜装模作样。知道或不知道,知道多少,达到什么程度或深度,都是正常的。可耻的是装腔作势,不懂装懂。

智慧的标志是什么?就是在审时度势之后,能够实事求是地做出抉择,择机而行。很多事都深含着大自然的哲理,谁都不可能一眼洞穿堂奥。世界上的任何事件,其发生、发展都是有缘由的,真相深深地掩盖在岁月的尘埃之下不为人所知,只有通过深入地调查求证才有可能接近真知,从而使我们的认识一层一层地深入递进。因此,当政者每推行一件政事,都必须做到对各方面情况的深入了解,并做出相应的可行方案,更应该建立起一种真正的科学精神——实事求是,这是为政的最高智慧和能力。

【原文】

子张①学干禄②,子曰:"多闻阙③疑④,慎言其余,则寡尤⑤;多见阙殆,慎行其余,则寡悔。言寡尤,行寡悔,禄在其中矣。"

【注释】

①子张:姓颛孙名师,字子张,生于公元前503年,比孔子小48岁,孔子的学生。②干禄:干,求的意思。禄,即古代官吏的俸禄。干禄就是求取官职。③阙:缺。此处意为放置在一旁。④疑:怀疑。⑤寡尤:寡,少的意思。尤,过错。

【名家点评】

吕氏曰:"疑者所未信,殆者所未安。"

朱子曰:"多闻见者学之博,阙疑殆者择之精。慎言行者守之约。凡言'在其中'者,皆不求而自至之辞,言此以救子张之失而进之也。"

【译文】

子张要学谋取官职的办法。孔子说:"要多听,有怀疑的地方先放在一旁不说,其余有把握的,也要谨慎地说出来,这样就可以少犯错误;要多看,有怀疑的地方先放在一旁不做,其余有把握的,也要谨慎地去做,就能减少后悔。说话少过失,做事少后悔,官职俸禄就在这里了。"

【阐释】

孔子并不反对他的学生谋求官职,在《论语》中还有"学而优则仕"的观念。他认为,身居官位者,应当谨言慎行,说有把握的话,做有把握的事,这样可以减少失误,减少后悔,这是对国家对个人负责任的态度。当然这里所说的,并不仅仅是一个为官的方法,也表明了孔子在知与行二者关系问题上的观念,是对上一章"知之为知之"的进一步解说。

子张学干禄,不失厚道。为了求取生活,坦诚以告,并没有口是心非的扭捏作态的掩饰,其率真值得敬佩。通过自己的工作,求得生活,不该遭受讥笑。孔子之所以为圣,就在于他能够包容各种人情,并给予切实可行的教诲和帮助。其实学习任何技能都是怀着功利的目的,都是为了求得生活的出路和使未来的生活幸福美好。

这个世界是富人的乐园。在这个社会上生活,穷人是艰难的。每个人的生命旅程,从来到这个世间第一刻起便截然不同。不同的家庭，不同的时间，不同的道路，注定了人们不同的命运。不同的命运注定了人们以不同的姿态面对生活。出身贫寒的人，只有一方面工作服务求经验，一方面不断求知进学以自己的人品，谋求生存，也同时成就自己的德行。这其实就是中国文化"学以致用"的精神实质。

当然，学到技艺并不就一定能够得到幸福美好的生活，俸禄并不是轻易就可取得，需要的是人生的历练。孔子说，谨言慎行，则少忧患，躬行讷言，自然通达。对于我们来说，生活永远是开始，一切都需要从头进行，就像每一个日子都是从早晨开始一样。能有一份工作本属不易，而能够做一个领取俸禄的公务员更值得珍惜，尤其需要有良好的德能。不仅要有渊博的知识，不讲过分的话，戒惕自律。更重要的是语言谨慎，躬行不辍。是的，为政不仅只是为了我们自己的生活，也同样是为了大众的生活，只有较好地解决了民众的生活，我们的生活也才有保障，才会美好。只有给予别人幸福的生活，我们的生活才有快乐。

【原文】

哀公①问曰："何为则民服?"孔子对曰②："举直错诸枉③，则民服;举枉错诸直，则民不服。"

【注释】

①哀公:姓姬名蒋,哀是其谥号,鲁国国君,公元前494～前468年在位。②对曰:《论语》中记载对国君及在上位者问话的回答都用"对曰",以表示尊敬。③举直错诸枉:举,选拔的意思。直,正直公平。错,同"措",放置。枉,不正直。

【名家点评】

程子曰:"举错得宜,则人心服。"

谢氏曰:"好直而恶枉,天下之至情也。顺之则服,逆之则去,必然之理也。然或无道以照之。则以直为枉、以枉为直者多矣,是以君子大居敬而贵穷理也。"

【译文】

鲁哀公问:"怎样才能使百姓服从呢?"孔子回答说:"把正直无私的人提拔起来,把邪恶不正的人置于一旁,老百姓就会服从了;把邪恶不正的人提拔起来,把正直无私的人置

【阐释】

亲君子,远小人,这是孔子一贯的主张。在选用人才的问题上仍是如此。荐举贤才、选贤用能,这是孔子德治思想的重要组成部分。宗法制度下的选官用吏,唯亲是举,非亲非故者即使再有才干,也不会被选用。孔子的这种用人思想可说在当时是一大进步。"任人唯贤"的思想,在今天不失其珍贵的价值。

为政必须建立正确的人才观念。古人告诫说:举一人而民服,何为不举?错任一人而民怨,何为不改易?治民有道,要在君上。无是非曲直,乱伦理纲常,欲求国治民安,是不可能实现的。

"夫国家之所以存亡者,在道德之深浅,不在乎强与弱;历数之所以长短者,在风俗之厚薄,不在乎富与贫。"举贤德以服众,举正直以治事,则君子居上,邪恶不得逞其意,正义得以伸张,社会风气自然端正,老百姓自然心悦诚服。"朝无秕政,人无谤言"(《晋书·文帝纪》)。否则,矛盾积聚,民怨沸腾,人和不得,小人逞其志,君子处贱位,社会风气必当毁损,民心自然不顺。所以,任人关键在于执政者的道德修养。

【原文】

季康子①问:"使民敬、忠以②劝③,如之何?"子曰:"临④之以庄,则敬;孝慈⑤,则忠;举善而教不能,则劝。"

【注释】

①季康子:姓季孙名肥,康是他的谥号,鲁哀公时任正卿,是当时政治上最有权势的人。②以:连接词,与"而"同。③劝:勉励。这里是自勉努力的意思。④临:对待。⑤孝慈:一说当政者自己孝慈;一说当政者引导老百姓孝慈。此处采用后者。

【名家点评】

张敬夫曰:"此皆在我所当为,非为欲使民敬忠以劝而为之也。然能如是,则其应盖有不期然而然者矣。"

【译文】

季康子问道:"要使老百姓对当政的人尊敬、尽忠而努力干活,该怎样去做呢?"孔子

题季札墓

说:"你用庄重的态度对待老百姓,他们就会尊敬你;你对父母孝顺、对子弟慈祥,百姓就会尽忠于你;你选用善良的人,又教育能力差的人,百姓就会互相勉励,加倍努力了。"

【阐释】

本章内容还是在谈如何从政的问题。孔子主张"礼治""德治",这不单单是针对老百姓的,对于当政者仍是如此。当政者本人应当庄重严谨、孝顺慈祥,老百姓就会对当政的人尊敬、尽忠又努力干活。

上尊则下敬,上正则民正。这不只是一种概念,而是一种态度。

一旦失去庄敬的仪容,礼就由此而丧失了。一旦出言失当,义就由此而消亡了。正如孟子所说:"君仁莫不仁,君义莫不义。"君之所向,天下趋附。

人生本来就是自己打磨自己。任何人也不会长久地站在潮头,因此,要以身作则。当自己被历史推上浪尖的这一瞬间能够绚烂地盛开。

【原文】

或①谓孔子曰:"子奚②不为政?"子曰:"《书》③云:'孝乎惟孝,友于兄弟。'施于有政④,是亦为政,奚其为为政?"

【注释】

①或：有人。不定代词。②奚：疑问词，相当于"为什么"。③《书》：指《尚书》。④施于有政：施：一作施行讲；一作延及讲。

【名家点评】

朱子曰："盖孔子之不仕，有难以语或人者，故托此以告之，要之至理亦不外是。"

【译文】

有人对孔子说："你为什么不从事政治呢？"孔子回答说："《尚书》上说，'孝就是孝敬父母，友爱兄弟。'把这孝悌的道理施于政事，也就是从事政治，又要怎样才能算是为政呢？"

【阐释】

这一章反映了孔子两方面的思想主张。其一，国家政治以孝为本，孝父友兄的人才有资格担当国家的官职。说明了孔子的"德治"思想主张。其二孔子从事教育，不仅是教授学生的问题，而且是通过对学生的教育，间接参与国家政治，这是他教育思想的实质，也是他为政的一种形式。

为政之道，在于文教仁义。治国的根本，在于"明法正俗，育才兴化。"民风笃朴淳正，就是最大的政事。"古者以学为政，择其乡间之俊而纳之胶庠，示之以《诗》《书》《礼》《乐》。"以笃民俗，以化世风，所以人心诚笃，政通人和。《诗》曰："布政优优，百禄是道。"就是说"施行政教，优厚宽裕，各种福禄都集聚这里"。

为政在于革故鼎新，教化世风。古人说，王化的根本，就是从天下人容易实行的事情开始。"孝乎！惟孝，友于兄弟。"倡导孝悌忠义，笃民正俗，就是教化民众。"孝，天之经，地之义，民之行也。"父亲慈爱、儿子孝顺、兄长友善、弟弟恭敬，这是治家的根本。做人不能修身齐家，何谈治理国家大事。因此，家庭和睦敬爱，就是政事。不能治家何以治国？"君子行义，修于家，信于乡里"。因此，欧阳忠公说："孝非一家之行也，所以移于事君而忠，仁于宗族而睦，交于朋友而信，始于一乡，推之四海，表于金石，示之后世而劝。"

【原文】

子曰："人而无信，不知其可也。大车无輗①，小车无軏②，其何以行之哉？"

【注释】

①輗:古代大车车辕前面横木上的木销子。大车指的是牛车②軏:古代小车车辕前面横木上的木销子。没有輗和軏,车就不能走。

【译文】

孔子说:"一个人不讲信用,是根本不可以的。就好像大车没有輗、小车没有軏一样,它靠什么行走呢?"

【阐释】

信,是儒家传统伦理准则之一。孔子认为,信是人立身处世的基点。在《论语》书中,信的含义有两种:一是信任,即取得别人的信任;二是对人讲信用。在后面的《子张》《阳货》《子路》等篇中,都提到信的道德。

【原文】

子张问:"十世①可知也?"子曰:"殷因②于夏礼,所损益③,可知也;周因于殷礼,所损益,可知也。其或继周者,虽百世,可知也。"

【注释】

①世:古时称30年为一世。也有的把"世"解释为朝代。②因:因袭:沿用、继承。③损益:减少和增加,即优化、变动之义。

【名家点评】

马氏曰:"所因,谓三纲五常。所损益,谓文质三统。"

胡氏曰:"子张之问,盖欲知来,而圣人言其既往者以明之也。夫自修身以至于为天下,不可一日而无礼。天叙天秩,人所共由,礼之本也。商不能改乎夏,周不能改乎商,所谓天地之常经也。若乃制度文为,或太过则当损,或不足则当益。益之损之,与时宜之,而所因者不坏,是古今之通义也。因往推来,虽百世之远,不过如此而已矣。"

【译文】

子张问孔子:"今后十世(的礼仪制度)可以预先知道吗?"孔子回答说:"商朝继承了夏朝的礼仪制度,所减少和所增加的内容是可以知道的;周朝又继承商朝的礼仪制度,所废除的和所增加的内容也是可以知道的。将来有继承周朝的,就是一百世以后的情况,也是可以预先知道的。"

【阐释】

本章中孔子提出一个重要概念:损益。它的含义是增减、兴革。即对前代典章制度、礼仪规范等有继承、沿袭,也有改革、变通。这表明,孔子本人并不是顽固保守派,并不一定要回到周公时代,他也不反对所有的改革。当然,他的损益程度是受限制的,是以不改变周礼的基本性质为前提的。

制度的创新缘于社会的发展,社会制度必须顺应客观发展的规律和需要。历史的演变,文明的发展,是渐变的。鉴古以知来世,所以未来的时代是可以预言的。"后世唯知周之长久,而不知所以长久者,由其德不独以封建也。必欲法上古而封之。弱则不足以藩屏,强则必至于僭乱。此后世封国之弊也。"

先王之礼,或损或益,在于因时制宜,以便其民。所以,为政,重在便民。既不能泥古不化又不能不师古法。亲亲而尊贤,务德而爱民,政事之根本。

【原文】

子曰:"非其鬼①而祭之,谄②也。见义③不为,无勇也。"

【注释】

①鬼:有两种解释:一是指鬼神,二是指死去的祖先。这里泛指鬼神。②谄:谄媚、阿谀。③义:人应该做的事就是义。

【译文】

孔子说:"不是你应该祭的鬼神,你却去祭它,这就是谄媚。见到应该挺身而出的事情,却袖手旁观,就是怯懦。"

【阐释】

在本章中,孔子又提出"义"和"勇"的概念,这都是儒家有关塑造高尚人格的规范。《论语集解》注:义,所宜为。符合于仁、礼要求的,就是义。"勇",就是果敢,勇敢。孔子把"勇"作为实行"仁"的条件之一,"勇",必须符合"仁、义、礼、智",才算是勇,否则就是"乱"。

谄媚图

八佾篇第三

【解读】

《八佾》篇包括二十六章。本篇主要内容涉及"礼"的问题,主张维护礼在制度上、礼节上的种种规定;孔子提出"绘事后素"的命题,表达了他的伦理思想以及"君使臣以礼,臣事君以忠"的政治道德主张。本篇重点讨论如何维护"礼"的问题。

【原文】

孔子谓季氏①,"八佾②舞于庭,是可忍③,孰不可忍也?"

【注释】

①季氏:鲁国正卿季孙氏,即季平子。②八佾:佾,行列的意思。古时一佾8人,八佾

就是64人,据《周礼》规定,只有周天子才可以使用八佾,诸侯为六佾,卿大夫为四佾,士用二佾。季氏是正卿,只能用四佾。③可忍:可以忍心。一说可以容忍。

【名家点评】

朱子曰:"季氏以大夫而僭用天子之礼乐,孔子言其此事尚忍为之,则何事不可忍为?或曰:'忍,容忍也。'盖深疾之之辞。"

范氏曰:"乐舞之数,自上而下,降杀以两而已,故两之间不可以毫发僭差也。孔子为政,先正礼乐,则季氏之罪不容诛矣。"

谢氏曰:"君子于其所不当为,不敢须臾处,不忍故也。而季氏忍此矣,则虽弑父与君,亦何所惮而不为乎?"

【译文】

孔子谈到季氏,说,"他用六十四人在自己的庭院中奏乐舞蹈,这样的事他都忍心去做,还有什么事情不可狠心做出来呢?"

【阐释】

春秋末期,奴隶制社会处于土崩瓦解、礼崩乐坏的过程中,违犯周礼、犯上作乱的事情不断发生,这是封建制代替奴隶制过程中的必然表现。季孙氏用八佾舞于庭院,是典型的破坏周礼的事件。对此,孔子表现出极大的愤慨,"是可忍孰不可忍"一句,反映了孔子对此事的基本态度。

【原文】

三家①者以《雍》彻②。子曰:"'相维辟公,天子穆穆'③,奚取于三家之堂④?"

【注释】

①三家:鲁国当政的三家:孟孙氏、叔孙氏、季孙氏。他们都是鲁桓公的后代,又称"三桓"。②《雍》:《诗经·周颂》中的一篇。古代天子祭宗庙完毕撤去祭品时唱这首诗。③相维辟公,天子穆穆:《雍》诗中的两句。相,助。维,语助词,无意义。辟公,指诸侯。穆穆,庄严肃穆。④堂:接客祭祖的地方。

【名家点评】

程子曰:"周公之功固大矣,皆臣子之分所当为,鲁安得独用天子礼乐哉?成王之赐,伯禽之受,皆非也。其因袭之弊,遂使季氏僭八佾,三家僭《雍》彻,故仲尼讥之。"

朱子曰:"三家之堂非有此事,亦何取于此义而歌之乎? 讥其无知妄作,以取僭窃之罪。"

【译文】

孟孙氏、叔孙氏、季孙氏三家在祭祖完毕撤去祭品时,也命乐工唱《雍》这篇诗。孔子说:"(《雍》诗上这两句)'助祭的是诸侯,天子严肃静穆地在那里主祭。'这样的意思,怎么能用在你三家的庙堂里呢?"

【阐释】

本章与前章都是谈鲁国当政者违"礼"的事件。对于这些越礼犯上的举动,孔子表现得极为愤慨,天子有天子之礼,诸侯有诸侯之礼,各守各的礼,才可以使天下安定。因此,"礼"是孔子政治思想体系中的重要范畴。

周代政权已经失去了对地方的控制,形同虚设,不仅强大的诸侯国不尊奉中央号令,就连弱小的鲁国大夫也目无天子。"三家者以《雍》彻",争先恐后地显示自己的势力,谁也不甘落后。不仅无视鲁君,也将中央政权蔑视,由此可见当时社会的衰弱状况。

神明有知,当不享受非礼之祭。《礼记·乐记》:"大乐与天地同和,大礼与天地同节。和,故百物不失。节,故祀天祭地。""乐也者,情之不可变者也;礼也者,理之不可易者也。乐统同,礼辨异。礼乐之说,管乎人情矣。"孔颖达疏:"乐主和同,则远近皆合;礼主恭敬,则贵贱有序。"

三家大夫的行为,强力地对此挑起了质疑:

古诗说:"相维辟公,天子穆穆。"天子是国家政权的代表,也是国家文化精神的代表,在重大国事礼仪上,演奏"雍"这支国乐的时候,天子站在中央,诸侯分列两边拥戴着天子。然而现在鲁国的这三家权臣,却僭用中央天子才能用的庄严的国乐在家里宴乐,实在是显得有点滑稽。

【原文】

子曰:"人而不仁,如礼何? 人而不仁,如乐何?"

【名家点评】

游氏曰:"人而不仁,则人心亡矣,其如礼乐何哉? 言虽欲用之,而礼乐不为之用也。"

程子曰:"仁者天下之正理。失正理,则无序而不和。"

【译文】

孔子说:"一个人没有仁德,他怎么能实行礼呢?一个人没有仁德,他怎么能运用乐呢?"

【阐释】

乐是表达人们思想情感的一种形式,在古代,它也是礼的一部分。礼与乐都是外在的表现,而仁则是人们内心的道德情感和要求,所以乐必须反映人们的仁德。这里,孔子就把礼、乐与仁紧紧联系起来,认为没有仁德的人,根本谈不上什么礼、乐的问题。

所谓仁,就是存有仁慈博爱之心。礼、乐只是形式。仁是孔子思想的核心,注重人的内在精神。礼乐是对社会秩序的规范性规定,是外在形式的具体表现。

这是孔子针对三家大夫僭越礼、乐的不敬行为而发的感慨。世事变化,人心不古,其礼乐又能在多大范围和程度上发挥作用呢?又能规范约束什么呢?

人如果放弃了做人的原则,放任自己,肆意而为,不愿意好好做人,谁又能拿他怎么样呢?社会文化道德对他又能有多少约束呢?其人生又能有什么好的结果呢?

【原文】

林放①问礼之本。子曰:"大哉问!礼,与其奢也,宁俭;丧,与其易②也,宁戚③。"

【注释】

①林放:鲁国人。②易:治理。这里指有关丧葬的礼节仪式办理得很周到。一说谦和、平易。③戚:心中悲哀的意思。

【名家点评】

朱子曰:"礼贵得中,奢、易则过于文,俭、戚则不及而质,二者皆未合礼。然凡物之理,必先有质而后有文,则质乃礼之本也。"

范氏曰:"夫祭,与其敬不足而礼有余也,不若礼不足而敬有余也;丧,与其哀不足而礼有余也,不若礼不足而哀有余也。礼失之奢,丧失之易,皆不能反本而随其末故也。礼奢而备,不若俭而不备之愈也;丧易而文,不若戚而不文之愈也。俭者物之质,戚者心之诚,故为礼之本。"

林放问什么是礼的根本。孔子回答说:"你问的问题意义重大,就礼节仪式的一般情况而言,与其奢侈,不如节俭;就丧事而言,与其仪式上治办周备,不如内心真正哀伤。"

【阐释】

本章记载了鲁人林放向孔子问礼的对话。他问的是:礼的根本究竟是什么。孔子在这里似乎没有正面回答他的问题,但仔细琢磨,孔子还是明确解答了礼之根本的问题。这就是,礼节仪式只是表达礼的一种形式,但根本不在形式而在内心。不能只停留在表面仪式上,更重要的是要从内心和感情上体悟礼的根本,符合礼的要求。

俭、戚,礼之质;奢、易,礼之文。文质相宜,礼之本。

养与丧,是人必须历经的重要过程。居不养之以敬,而丧事铺张隆重,以求虚名,不仅失其孝道,实则是欺心,更是欺天。不唯自私,更其残忍。养之以俭,葬之以奢,实为本末倒置。

丧礼仪式的隆重,只是一种作秀式的矫情,是做给人看的表面虚饰,并不能证明是否孝敬。孝心,真正的孝敬深存于心,表面的文饰是虚假的,是一种恶行。如果心存真正的孝敬,其心哀戚渗痛,哪里还有心思在表面上做足文章给人们看呢?

提倡朴素庄重的社会风气,崇尚节俭真诚,是社会长期稳定发展的根本。奢靡之风的盛行,必将导致竞相仿效攀比,必将造成社会财富极大的无序浪费,无端地耗损民力民财,损伤经济元气,导致人心涣散。以我们现在的社会心态,我们所推崇的礼恰恰与此相悖,以奢侈排场为人称道。家人弃世,借口得其天年,扬扬之情见于容色,丧事不显其哀戚而办理豪侈,致祭接待,不见忧悲,形同儿戏。形式的作秀结束后,便如释重负,即刻又笙歌燕舞,乐也融融,实为寡情薄义。

礼的精神就在于,凡事宜其适度。孔子说礼仪的过分铺张是不合情理的,宁可简单庄重。"丧以哀为本"。丧事太简易了是违心,太奢靡了也不好,宁可取悲戚的态度。

礼难道仅仅只是指的丧祭吗? 一个人对待丧祭的态度,就显示出其人的人性与人品,考察其对于丧事的行为,就可知其仁心,其人便无所藏匿,一览无遗。

【原文】

子曰:"夷狄①之有君,不如诸夏②之亡③也。"

弟子问礼

【注释】

①夷狄：古代中原地区的人对周边地区的贬称，谓之不开化，缺乏教养，不知书达礼。②诸夏：古代中原地区华夏族的自称。③亡：同"无"。古书中的"无"字多写作"亡"。

【名家点评】

程子曰："夷狄且有君长，不如诸夏之僭乱，反无上下之分也。"

尹氏曰："孔子伤时之乱而叹之也。亡，非实亡也，虽有之，不能尽其道尔。"

【译文】

孔子说："夷狄（文化落后）虽然有君主。还不如中原诸国没有君主呢。"

【阐释】

在孔子的思想里，有强烈的"夷夏观"，以后又逐渐形成"夷夏之防"的传统观念。在他看来，"诸夏"有礼乐文明的传统，这是好的，即使"诸夏"没有君主，也比虽有君主但没有礼乐的"夷狄"要好。

文化的传承是严正的,人们具有良好的德行,美名会传之久远;所作所为有失正道,其令人不齿的行为,会被后世诟骂;能不慎重吗?所以说"孔子著《春秋》,乱臣贼子惧。"就是因为历史上会留下一个坏的骂名。

礼的实质,就在于别上下,序尊卑,分贤愚。东汉训诂学家高诱说:"礼所以经国家,定社稷,利人民;乐所以移风易俗,荡人之邪,存人之正性。"夷狄有君,诸夏反无,那种僭越礼仪而无廉耻的野心家必将会被钉在历史的耻辱柱上。如三家大夫这种有障伦常的乱臣贼子的篡逆行为,即使取得政权,必定不得人心,还不如那些未开化的夷狄对于其君长的尊崇。

文化是一种观念,一种氛围,一种素质,一种生活态度。任何丰功伟业、都只是暂时的,只有文化能够流传久远。所以,有哲人说:一个没有文化传承的民族是危险的,而一个拥有良好礼仪文化底蕴的民族必定是一个充满希望的伟大民族。

【原文】

季氏旅①于泰山。子谓冉有②曰:"女③弗能救④与?"对曰:"不能。"子曰:"呜呼!曾谓泰山不如林放乎?"

【注释】

①旅:祭名。祭祀山川为旅。当时,只有天子和诸侯才有祭祀名山大川的资格。②冉有:姓冉名求,字子有,生于公元前522年,孔子的弟子,比孔子小29岁。当时是季氏的家臣,所以孔子责备他。③女:同"汝",你。④救:挽救、劝阻的意思。这里指谏止。

【名家点评】

范氏曰:"冉有从季氏,夫子岂不知其不可告也?然而圣人不轻绝人,尽己之心,安知冉有之不能救、季氏之不可谏也?既不能正,则美林放以明泰山之不可诬。是亦教诲之道也。"

【译文】

季孙氏去祭祀泰山。孔子对冉有说:"你难道不能劝阻他吗?"冉有说:"不能。"孔子说:"唉!难道说泰山神还不如林放知礼吗?"

【阐释】

祭祀泰山是天子和诸侯的专权，季孙氏只是鲁国的大夫，他竟然也去祭祀泰山，所以孔子认为这是"僭礼"行径。此章仍是谈论礼的问题。

【原文】

子曰："君子无所争，必也射①乎！揖②让而升，下而饮。其争也君子。"

射雉相圖

【注释】

①射：原意为射箭。此处指古代的射礼。②揖：拱手行礼，表示尊敬。

【名家点评】

朱子曰："君子恭逊，不与人争，惟于射而后有争。然其争也，雍容揖逊乃如此，则其争也君子，而非若小人之争矣。"

【译文】

孔子说："君子没有什么可与别人争的事情。如果有的话，那就是射箭比赛了。比赛时，先相互作揖谦让，然后上场。射完后，又相互作揖再退下来，然后登堂喝酒。这就是君子之争。"

【阐释】

孔子在这里所说的"君子无所争",即使要争,也是彬彬有礼的争,这反映了孔子和儒家思想的一个重要特点,即强调谦逊礼让而鄙视无礼的、不公正的竞争,这是可取的。但过于强调谦逊礼让,以至于把它与正当的竞争对立起来,就会抑制人们积极进取、勇于开拓的精神,成为社会发展的道德阻力。

群子之心,与世无争;君子之行,与人无争;君子用世,与名利无争。

君子之争,不逾礼。即使不得已而参与竞争,也始终保持君子的风度,从容大度,彬彬有礼。比如射箭,比赛开始,双方互致敬礼;比赛结束,彼此举杯对饮,互致祝贺。始终保持相互尊重与礼貌,保持着高贵的尊严。

现今之世是一个充满竞争的社会。竞争是必然的,是推动社会发展的动力,没有竞争就没有发展。但是,竞争也必须是有序的竞争,是公平的竞争,是正直的竞争,而不是在暗地里的小动作,也不是见不得人的"暗箱"操作,更不是为人所不齿的"使绊子"。承认别人的成绩,是自己的自信,是对自己的肯定。对别人的成绩做出诚挚的祝贺,是君子的气度。刻意否定别人,是没有出息的自卑的可耻行为,是还没有开始就已经输掉了竞争。

即使我们在自己的方向上做出了成绩,也同样要有容纳后学的胸襟,谁也不可能在某一个领域永远保持领先的地位,压制和打击更非君子之所为。当然,谁也不愿在竞争中败下阵来,谁也不愿意失败。即使所竞争的那个东西是自己并不想要的,但是一旦被推到这个境地,便又身不由己地要去相争。人都是好胜的,都有着荣誉感和胜利心。不论胜负如何,重要的是能够保持君子的风度。孔子说:其争也君子。不要太在意。谁的命运也都是自己努力的结果,尽管所用的方式不同,手段相异。

【原文】

子夏问曰:"'巧笑倩兮,美目盼兮,素以为绚兮'[①]。何谓也?"子曰:"绘事后素[②]。"曰:"礼后乎?"子曰:"起予者商也[③],始可与言《诗》已矣。"

【注释】

①巧笑倩兮,美目盼兮,素以为绚兮:前两句见《诗经·卫风·硕人》篇。倩,笑得好

看。今，语助词，相当于"啊"。盼，眼睛黑白分明。绚，有文采。②绘事后素：绘，画。素，白底。③起予者商也：起，启发。予，我，孔子自指。商，子夏名商。

【名家点评】

谢氏曰："子贡因论学而知《诗》，子夏因论《诗》而知学，故皆可与言《诗》。"

杨氏曰："'甘受和，白受采。忠信之人，可以学礼。苟无其质，礼不虚行。'此'绘事后素'之说也。孔子曰'绘事后素'，而子夏曰'礼后乎'，可谓能继其志矣。非得之言意之表者能之乎？商、赐可与言《诗》者以此。若夫玩心于章句之末，则其为《诗》也固而已矣。所谓'起予'，则亦相长之义也。"

【译文】

子夏问孔子说："'笑得真好看啊，美丽的眼睛真明亮啊，用素粉来打扮啊。'这几句话是什么意思呢？"孔子说："这是说先有白底然后画画。"子夏又问："那么，是不是说礼也是后起的事呢？"孔子说："商，你真是能启发我的人，现在可以同你讨论《诗经》了。"

【阐释】

子夏从孔子所讲的"绘事后素"中，领悟到仁先礼后的道理，受到孔子的称赞。就伦理学说，这里的礼指对行为起约束作用的外在形式——礼节仪式；素指行礼的内心情操。礼后于什么情操？孔子没有直说，但一般认为是后于仁的道德情操。孔子认为，外表的礼节仪式同内心的情操应是统一的，如同绘画一样，质地不洁白，不会画出丰富多彩的图案。

【原文】

子曰："夏礼，吾能言之，杞①不足征②也；殷礼，吾能言之，宋③不足征也。文献④不足故也。足，则吾能征之矣。"

【注释】

①杞：春秋时国名，是夏禹的后裔。在今河南杞县一带。②征：证明。③宋：春秋时国名，是商汤的后裔，在今河南商丘一带。④文献：文，指历史典籍；献，指贤人。

【名家点评】

朱子曰："二代之礼，我能言之，而二国不足取以为证，以其文献不足故也。文献若足,则我能取之以证吾言矣。"

【译文】

孔子说:"夏朝的礼,我能说出来,(但是它的后代)杞国不足以证明我的话;殷朝的礼,我能说出来,(但它的后代)宋国不足以证明我的话。这都是由于文字资料和熟悉夏礼和殷礼的人不足的缘故。如果足够的话,我就可以得到证明了。"

【阐释】

这一段话表明两个问题。孔子对夏商周代的礼仪制度等非常熟悉,他希望人们都能恪守礼的规范,可惜当时僭礼的人实在太多了。其次,他认为对夏商周之礼的说明,要靠足够的历史典籍贤人来证明,也反映了他对知识的求实态度。

【原文】

子曰:"禘①自既灌②而往者,吾不欲观之矣③。"

【注释】

①禘:古代只有天子才可以举行的祭祀祖先得非常隆重的典礼。②灌:禘礼中第一次献酒。③吾不欲观之矣:我不愿意看了。

【名家点评】

谢氏曰:"夫子尝曰:'我欲观夏道,是故之杞,而不足徵也。我欲观殷道,是故之宋,而不足徵也。'又曰:'我观周道,幽、厉伤之,吾舍鲁何适矣?鲁之郊禘非礼也,周公其衰矣!'考之杞、宋已如彼,考之当今又如此。孔子所以深叹也。"

【译文】

孔子说:"对于行禘礼的仪式,从第一次献酒以后,我就不愿意看了。"

【阐释】

在孔子看来,一个人的等级名分,不仅活着的时候不能改变,死后也不能改变。生时是贵者、尊者,死后其亡灵也是尊者、贵者。这里,他对行禘礼的议论,反映出当时礼崩乐坏的状况,也表示了他对现状的不满。

【原文】

或问禘之说①。子曰:"不知也。知其说者之于天下也,其如示诸斯②乎!"指其掌。

圣人授教图

【注释】

①禘之说："说"，理论、道理、规定。禘之说，意为关于禘祭的规定。②示诸斯："斯"指后面的"掌"字。

【名家点评】

朱子曰："先王报本追远之意，莫深于禘。非仁孝诚敬之至，不足以与此，非或人之所及也。而不王不禘之法，又鲁之所当讳者，故以'不知'答之。"又曰："盖知禘之说，则理无不明，诚无不格，而治天下不难矣。圣人于此，岂真有所不知也哉？"

【译文】

有人问孔子关于举行禘祭的规定。孔子说："我不知道。知道这种规定的人，对治理天下的事，就会像把这东西摆在这里一样（容易）吧！"（一面说一面）指着他的手掌。

【阐释】

孔子认为，在鲁国的禘祭中，名分颠倒，不值得一看。所以有人问他关于禘祭的规定时,他故意说不知道。但紧接着又说,谁能懂得禘祭的道理,治天下就容易了。这就是说,谁懂得禘祭的规定,谁就可以归复紊乱的"礼"了。

【原文】

祭如在,祭神如神在。子曰:"吾不与祭,如不祭。"

【名家点评】

范氏曰:"君子之祭,七日戒,三日齐,必见所祭者,诚之至也。是故郊则天神格,庙则人鬼享,皆由己以致之也。有其诚则有其神,无其诚则无其神,可不谨乎?'吾不与祭,如不祭',诚为实,礼为虚也。"

苏轼曰:"神不可知,而祭者之心,以为如其存焉。"

【译文】

祭祀祖先就像祖先真在面前,祭神就像神真在面前。孔子说:"我如果不亲自参加祭祀,那就和没有举行祭祀一样。"

【阐释】

孔子并不过多提及鬼神之事,如他说:"敬鬼神而远之。"所以,这一章他说祭祖先、祭鬼神,就好像祖先、鬼神真在面前一样,并非认为鬼神真的存在,而是强调参加祭祀的人,应当在内心有虔诚的情感。这样看来,孔子主张进行的祭祀活动主要是道德的而不是宗教的。

【原文】

王孙贾①问曰:"与其媚②于奥③,宁媚于灶④,何谓也?"子曰:"不然。获罪于天⑤,无所祷也。"

【注释】

①王孙贾:卫灵公的大臣,时任大夫。②媚:谄媚、巴结、奉承。③奥:这里指屋内位居西南角的神。④灶:这里指灶旁管烹饪做饭的神。⑤天:以天喻君,一说天即理。

【名家点评】

谢氏曰:"圣人之言,逊而不迫。使王孙贾而知此意,不为无益;使其不知,亦非所以取祸。"

《太平御览》曰:"明当媚其尊者。夫灶者,老妇之祭。"

【译文】

王孙贾问道:"(人家都说)与其奉承奥神,不如奉承灶神。这话是什么意思?"孔子说:"不是这样的。如果得罪了天,那就没有地方可以祷告了。"

【阐释】

从表面上看,孔子似乎回答了王孙贾的有关拜神的问题,实际上讲出了一个深奥的道理。这就是:地方上的官员如灶神,他直接管理百姓的生产与生活,但在内廷的官员与君主往来密切,是得罪不得的。

【原文】

子曰:"周监①于二代②,郁郁③乎文哉,吾从周。"

【注释】

①监:同"鉴",借鉴的意思。②二代:这里指夏代和周代。③郁郁:文采盛貌。丰富、浓郁之意。

【名家点评】

尹氏曰:"三代之礼,至周大备,夫子美其文而从之。"

【译文】

孔子说:"周朝的礼仪制度借鉴于夏、商二代,是多么丰富多彩啊。我遵从周朝的制度。"

【阐释】

孔了对夏商周的礼仪制度等有深入研究,他认为,历史是不能割断的,后一个王朝对前一个王朝必然有承继,有沿袭。遵从周礼,这是孔子的基本态度,但这不是绝对的。在前面的篇章里,孔子就提出对夏、商、周的礼仪制度都应有所损益。

【原文】

子入太庙①,每事问。或曰:"孰谓鄹人之子②知礼乎?入太庙,每事问。"子闻之,曰:

"是礼也。"

中华传世藏书

【注释】

①太庙:君主的祖庙。鲁国太庙,即周公旦的庙,供鲁国祭祀周公。②鄹:春秋时鲁国地名,又写作"郰",在今山东曲阜附近。"鄹人之子"指孔子。

【名家点评】

尹氏曰:"礼者,敬而已矣。虽知亦问,谨之至也,其为敬莫大于此。谓之不知礼者,岂足以知孔子哉?"

【译文】

孔子到了太庙,每件事都要问。有人说:"谁说此人懂得礼呀,他到了太庙里,什么事都要问别人。"孔子听到此话后说:"这就是礼呀!"

【阐释】

孔子对周礼十分熟悉。他来到祭祀周公的太庙里却每件事都要问别人。所以,有人就对他是否真的懂礼表示怀疑。这一段说明孔子并不以"礼"学专家自居,而是虚心向人请教的品格,同时也说明孔子对周礼的恭敬态度。

【原文】

子曰:"射不主皮①,为力不同科②,古之道也。"

【注释】

①皮:用兽皮做成的箭靶子。②科:等级。

【名家点评】

朱子曰:"周衰,礼废,列国兵争,复尚贯革,故孔子叹之。"

杨氏曰:"中可以学而能,力不可以强而至。圣人言古之道,所以正今之失。"

【译文】

孔子说:"比赛射箭,不在于穿透靶子,因为各人的力气大小不同。自古以来就是这样。"

论语诠解

《论语》注解

孔子授业图

【阐释】

"射"是周代贵族经常举行的一种礼节仪式,属于周礼的内容之一。孔子在这里所讲的射箭,只不过是一种比喻,意思是说,只要肯学习有关礼的规定,不管学到什么程度,都是值得肯定的。

【原文】

子贡欲去告朔①之饩羊②。子曰:"赐也!尔爱③其羊,我爱其礼。"

【注释】

①告朔:朔,农历每月初一为朔日。告朔,古代制度,天子每年秋冬之际,把第二年的历书颁发给诸侯,告知每个月的初一日。②饩羊:饩。饩羊,祭祀用的活羊。③爱:爱惜的意思。

【名家点评】

杨氏曰:"告朔,诸侯所以禀命于君亲,礼之大者。鲁不视朔矣,然羊存则告朔之名未泯,而其实因可举,此夫子所以惜之也。”

【译文】

子贡提出去掉每月初一日告祭祖庙用的活羊。孔子说:“赐,你爱惜那只羊,我却爱惜那种礼。”

【阐释】

按照周礼的规定,周天子每年秋冬之际,就把第二年的历书颁给诸侯,诸侯把历书放在祖庙里,并按照历书规定每月初一日来到祖庙,杀一只活羊祭庙,表示每月听政的开始。当时,鲁国君主已不亲自去“告朔”,“告朔”已经成为形式。所以,子贡提出去掉“饩羊”。对此,孔子大为不满,对子贡加以指责,表明了孔子维护礼制的立场。

【原文】

子曰:“事君尽礼,人以为谄也。”

【名家点评】

黄氏曰:“孔子于事君之礼,非有所加也,如是而后尽尔。时人不能,反以为谄,故孔子言之,以明礼之当然也。”

程子曰:“圣人事君尽礼,当时以为谄。若他人言之,必曰‘我事君尽礼,小人以为谄’。而孔子之言止于如此,圣人道大德弘,此亦可见。”

【译文】

孔子说:“我完完全全按照周礼的规定去侍奉君主,别人却以为这是谄媚呢。”

【阐释】

孔子一生要求自己严格按照周礼的规定侍奉君主,这是他的政治伦理信念。但却受到别人的讥讽,认为他是在向君主谄媚。这表明,当时的君臣关系已经遭到破坏,已经没有多少人再重视君臣之礼了。

【原文】

定公①问:“君使臣,臣事君,如之何?”孔子对曰:“君使臣以礼,臣事君以忠。”

【注释】

①定公:鲁国国君,姓姬名宋,定是谥号。公元前509~前495年在位。

【名家点评】

吕氏曰："使臣不患其不忠,患礼之不至;事君不患其无礼,患忠之不足。"

尹氏曰："君臣以义合者也。故君使臣以礼,则臣事君以忠。"

【译文】

鲁定公问孔子:"君主怎样使唤臣下,臣子怎样待奉君主呢?"孔子回答说:"君主应该按照礼的要求去使唤臣子,臣子应该以忠来待奉君主。"

【阐释】

"君使臣以礼,臣事君以忠",这是孔子君臣之礼的主要内容。只要做到这一点,君臣之间就会和谐相处。从本章的语言环境来看,孔子还是侧重于对君的要求,强调君应依礼待臣,还不像后来那样:即使君主无礼,臣下也应尽忠,以至于发展到不问是非的愚忠。

【原文】

子曰:"《关雎》①,乐而不淫,哀而不伤。"

【注释】

①《关雎》:雎,这是《诗经》的第一篇。此篇写一君子"追求"淑女,思念时辗转反侧,寤寐思之的忧思,以及结婚时钟鼓乐之琴瑟友之的欢乐。

【名家点评】

朱子曰:"《关雎》之诗,言后妃之德,宜配君子。求之未得,则不能无寤寐反侧之忧;求而得之,则宜其有琴瑟钟鼓之乐。盖其忧虽深而不害于和,其乐虽盛而不失其正,故夫子称之如此,欲学者玩其辞,审其音,而有以识其性情之正也。"

【译文】

孔子说:"《关雎》这篇诗,快乐而不放荡,忧愁而不哀伤。"

【阐释】

孔子对《关雎》一诗的这个评价,体现了他的"思无邪"的艺术观。《关雎》是写男女爱情、祝贺婚礼的诗,与"思无邪"本不相干,但孔子却从中认识到"乐而不淫、哀而不伤"的中庸思想,认为无论哀与乐都不可过分,有其可贵的价值。

【原文】

哀公问社①于宰我,宰我②对曰:"夏后氏以松,殷人以柏,周人以栗,曰:使民战栗③。"子闻之,曰:"成事不说,遂事不谏,既往不咎。"

【注释】

①社:土地神,祭祀土神的庙也称社。②宰我:名予,字子我,孔子的学生。③战栗:恐惧,发抖。

【名家点评】

朱子曰:"孔子以宰我所对,非立社之本意,又启时君杀伐之心;而其言已出,不可复救,故历言此以深责之,欲使谨其后也。"

尹氏曰:"古者各以所宜木名其社,非取义于木也。宰我不知而妄对,故夫子责之。"

【译文】

鲁哀公问宰我,土地神的神主应该用什么树木,宰我回答:"夏朝用松树,商朝用柏树,周朝用栗子树。用栗子树的意思是说:使老百姓战栗。"孔子听到后说:"已经做过的事不用提了,已经完成的事不用再去劝阻了,已经过去的事也不必再追究了。"

【阐释】

古时立国都要建立祭土神的庙,选用宜于当地生长的树木做土地神的牌位。宰我回答鲁哀公说,周朝用栗木做社主是为了"使民战栗",孔子就不高兴了,因为宰我在这里讥讽了周天子,所以说了这一段话。

【原文】

子曰:"管仲①之器小哉!"或曰:"管仲俭乎?"曰:"管氏有三归②,官事不摄③,焉得俭?""然则管仲知礼乎?"曰:"邦君树塞门④,管氏亦树塞门;邦君为两君之好有反坫⑤,管氏亦有反坫。管氏而知礼,孰不知礼?"

【注释】

①管仲:姓管名夷吾,齐国人,春秋时期的法家先驱。齐桓公的宰相,辅助齐桓公成为诸侯的霸主,公元前645年死。②三归:相传是三处藏钱币的府库。③摄:兼任。④树

塞门：树，树立。塞门，在大门口筑的一道短墙，以别内外，相当于屏风、照壁等。⑤反坫：坫。古代君主招待别国国君时，放置献过酒的空杯子的土台。

【名家点评】

朱子曰："孔子讥管仲之器小，其旨深矣。或人不知而疑其俭，故斥其奢以明其非俭。或又疑其知礼，故又斥其僭，以明其不知礼。盖虽不复明言小器之所以然，而其所以小者，于此亦可见矣。故程子曰：'奢而犯礼，其器之小可知。'盖器大，则自知礼而无此失矣。此言当深味也。"

苏氏曰："自修身正家以及于国，则其本深，其及者远，是谓大器。扬雄所谓'大器犹规矩准绳，先自治而后治人'者是也。管仲三归、反坫，桓公内嬖六人，而霸天下，其本固已浅矣。管仲死，桓公薨，天下不复宗齐。"

询访圣人图

孔子说:"管仲这个人的器量真是狭小呀!"有人说:"管仲节俭吗?"孔子说:"他有三处豪华的藏金府库,他家里的管事也是一人一职而不兼任,怎么谈得上节俭呢?"那人又问:"那么管仲知礼吗?"孔子回答:"国君大门口设立照壁,管仲在大门口也设立照壁。国君同别国国君举行会见时在堂上有放空酒杯的设备,管仲也有这样的设备。如果说管仲知礼,那么还有谁不知礼呢?"

【阐释】

在《论语》中,孔子对管子曾有数处评价。这里,孔子指出管仲一不节俭,二不知礼,对他的所作所为进行批评,出发点也是儒家一贯倡导的"节俭"和"礼制"。在另外的篇章里,孔子也有对管仲的肯定性评价。

【原文】

子语①鲁大师②乐,曰:"乐其可知也:始作,翕③如也;从④之,纯⑤如也,皦⑥如也,绎⑦如也,以成。"

【注释】

①语:告诉,动词用法。②大师:大师是乐官名。③翕:意为合、聚、协调。④从:意为放纵、展开。⑤纯:美好、和谐。⑥皦:音节分明。⑦绎:连续不断。

【名家点评】

谢氏曰:"五音六律不具,不足以为乐。翕如,言其合也。五音合矣,清浊高下,如五味之相济而后和,故曰纯如。合而和矣,欲其无相夺伦,故曰绎如,然岂宫自宫商自商乎?不相反而相连,如贯珠可也,故曰'绎如也,以成'。"

【译文】

孔子对鲁国乐官谈论演奏音乐的道理说:"奏乐的道理是可以知道的:开始演奏,各种乐器合奏,声音繁美;继续展开下去,悠扬悦耳,音节分明,连续不断,最后完成。"

【阐释】

孔子对学生的教育内容极为丰富和全面,乐理就是其中之一。这一章反映了孔子的音乐思想和音乐欣赏水平。

【原文】

仪封人①请见,曰:"君子之至于斯也,吾未尝不得见也。"从者见之②。出曰:"二三子何患于丧③乎?天下之无道也久矣,天将以夫子为木铎④。"

【注释】

①仪封人:仪为地名,在今河南兰考县境内。封人,系镇守边疆的官。②从者见之:随行的人见了他。③丧:失去,这里指失去官职。④木铎:木舌的铜铃。古代天子发布政令时摇它以召集听众。

仪封仰圣

【名家点评】

朱子曰:"乱极当治,天必将使夫子得位设教,不久失位也。封人一见夫子而遽以是称之,其所得于观感之间者深矣。或曰:木铎所以徇于道路,言天使夫子失位,周游四方以行其教,如木铎之徇于道路也。"

【译文】

仪这个地方的长官请求见孔子,他说:"凡是君子到这里来,我从没有见不到的。"孔子的随从学生引他去见了孔子。他出来后(对孔子的学生们)说:"你们几位何必为没有官位而发愁呢？天下无道已经很久了，上天将以孔夫子为圣人来号令天下。"

【阐释】

孔子在他所处的那个时代，已经是十分有影响的人，尤其是在礼制方面，信服孔子的人很多，仪封人便是其中之一。他在见孔子之后，就认为上天将以孔夫子为圣人号令天下，可见对孔子是佩服至极了。

【原文】

子谓《韶》①："尽美②矣，又尽善③也；"谓《武》④："尽美矣，未尽美也。"

【注释】

①《韶》：相传是古代歌颂虞舜的一种乐舞。②美：指乐曲的音调、舞蹈的形式而言。③善：指乐舞的思想内容而言的。④《武》：相传是歌颂周武王的一种乐舞。

【名家点评】

程子曰："成汤放桀，惟有惭德，武王亦然，故未尽善。尧、舜、汤、武，其揆一也。征伐非其所欲，所遇之时然尔。"

朱子曰："舜绍尧致治，武王伐纣救民，其功一也，故其乐皆尽美。然舜之德，性之也，又以揖逊而有天下；武王之德，反之也，又以征诛而得天下，故实有不同者。"

【译文】

孔子讲到《韶》这一乐舞时说："艺术形式美极了，内容也很好。"谈到《武》这一乐舞时说："艺术形式很美，但内容却差一些。"

【阐释】

孔子在这里谈到对艺术的评价问题。他很重视艺术的形式美，更注意艺术内容的善。这是有明显政治标准的，不单是娱乐问题。

【原文】

子曰："居上不宽，为礼不敬，临丧不哀，吾何以观之哉？"

【名家点评】

朱子曰："居上主于爱人，故以宽为本。为礼以敬为本，临丧以哀为本。既无其本，则以何者而观其所行之得失哉？"

【译文】

孔子说："居于执政地位的人，不能宽厚待人，行礼的时候不严肃，参加丧礼时也不悲哀，这种情况我怎么能看得下去呢？"

【阐释】

孔子主张实行"德治""礼治"，这首先提出了对当政者的道德要求。倘为官执政者做不到"礼"所要求的那样，自身的道德修养不够，那这个国家就无法得到治理。当时社会上礼崩乐坏的局面，已经使孔子感到不能容忍了。

里仁篇第四

【解读】

本篇包括二十六章，主要内容涉及义与利的关系问题、个人的道德修养问题、孝敬父母的问题以及君子与小人的区别。这一篇包括了儒家的若干重要范畴、原则和理论，对后世都产生过较大影响。

【原文】

子曰："里仁为美①，择不处仁②，焉得知③？"

【注释】

①里仁为美：里，住处，借作动词用。住在有仁者的地方才好。②处：居住。③知：同"智"。

【名家点评】

朱子曰："里有仁厚之俗为美。择里而不居于是焉，则失其是非之本心，而不得为知矣。"

【译文】

孔子说："跟有仁德的人住在一起，才是好的。如果你选择的住处不是跟有仁德的人在一起,怎么能说你是明智的呢?"

【阐释】

每个人的道德修养既是个人自身的事,又必然与所处的外界环境有关。重视居住的环境,重视对朋友的选择,这是儒家一贯注重的问题。近朱者赤、近墨者黑,与有仁德的人住在一起,耳濡目染,都会受到仁德者的影响;反之,就不大可能养成仁的情操。

【原文】

子曰:"不仁者不可以久处约①,不可以长处乐。仁者安仁②,知者利仁③。"

【注释】

①约:穷困、困窘。②安仁:安于仁道。③利仁:认为仁有利自己才去行仁。

【名家点评】

谢氏曰:"仁者心无内外远近精粗之间,非有所存而自不亡,非有所理而自不乱,如目视而耳听,手持而足行也。知者谓之有所见则可,谓之有所得则未可。有所存斯不亡,有所理斯不乱,未能无意也。安仁则一,利仁则二。安仁者非颜、闵以上,去圣人为不远,不知此味也。诸子虽有卓越之才,谓之见道不惑则可,然未免于利之也。"

朱子曰:"不仁之人,失其本心,久约必滥,久乐必淫。"又曰:"盖深知笃好而必欲得之也。惟仁者则安其仁而无适不然,知者则利于仁而不易所守。盖虽深浅之不同,然皆非外物所能夺矣。"

【译文】

孔子说:"没有仁德的人不能长久地处在贫困中,也不能长久地处在安乐中。仁人是安于仁道的,有智慧的人则是知道仁对自己有利才去行仁的。"

【阐释】

在这章中,孔子认为,没有仁德的人不可能长久地处在贫困或安乐之中,否则,他们就会为非作乱或者骄奢淫逸。只有仁者安于仁,智者也会行仁。这种思想是希望人们注意个人的道德操守,在任何环境下都做到矢志不移,保持气节。

【原文】

子曰:"唯仁者能好①人,能恶②人。"

【注释】

①好：喜爱的意思。作动词。②恶：憎恶、讨厌。作动词。

【名家点评】

朱子曰："盖无私心，然后好恶当于理，程子所谓'得其公正'是也。"

游氏曰："好善而恶恶，天下之同情，然人每失其正者，心有所系而不能自克也。惟仁者无私心，所以能好恶也。"

【译文】

孔子说："只有那些有仁德的人，才能爱人和恨人。"

【阐释】

儒家在讲"仁"的时候，不仅是说要"爱人"，而且还有"恨人"一方面。当然，孔子在这里没有说到要爱什么人，恨什么人，但有爱则必然有恨，二者是相对立而存在的。只要做到了"仁"，就必然会有正确的爱和恨。

【原文】

子曰："苟志于仁矣，无恶也。"

【名家点评】

朱子曰："其心诚在于仁，则必无为恶之事矣。"

杨氏曰："苟志于仁，未必无过举也，然而为恶则无矣。"

【译文】

孔子说："如果立志于仁，就不会做坏事了。"

【阐释】

这是紧接上一章而言的。只要养成了仁德，那就不会去做坏事，既不会犯上作乱、为非作恶，也不会骄奢淫逸、随心所欲。而是可以做有益于国家、有利于百姓的善事了。

【原文】

子曰："富与贵，是人之所欲也，不以其道得之，不处也；贫与贱，是人之所恶也，不以其道得之，不去也。君子去仁，恶乎成名？君子无终食之间违仁，造次必于是，颠沛必于是。"

古人讲德图

【名家点评】

朱子曰："君子之不去乎仁如此,不但富贵、贫贱取舍之间而已也。言君子为仁,自富贵、贫贱取舍之间,以至于终食、造次、颠沛之顷,无时无处而不用其力也。然取舍之分明,然后存养之功密;存养之功密,则其取舍之分益明矣。"

【译文】

孔子说:"富裕和显贵是人人都想要得到的,但不用正当的方法得到它,就不会去享受的;贫穷与低贱是人人都厌恶的,但不用正当的方法去摆脱它,就不会摆脱的。君子如果离开了仁德,又怎么能叫君子呢?君子没有一顿饭的时间背离仁德的,就是在最紧迫的时刻也必须按照仁德办事,就是在颠沛流离的时候,也一定会按仁德去办事的。"

【阐释】

这一段,反映了孔子的理欲观。以往的孔子研究中往往忽略了这一段内容,似乎孔子主张人们只要仁、义，不要利、欲。事实上并非如此。任何人都不会甘愿过贫穷困顿、流离失所的生活，都希望得到富贵安逸。但这必须通过正当的手段和途径去获取。否则宁守清贫而不去享受富贵。这种观念在今天仍有其不可低估的价值。这一章值得研究者们仔细推敲。

【原文】

子曰："我未见好仁者，恶不仁者。好仁者，无以尚之；恶不仁者，其为仁矣，不使不仁者加乎其身。有能一日用其力于仁矣乎？我未见力不足者。盖有之矣，我未之见也。"

【名家点评】

朱子曰："夫子自言未见好仁者、恶不仁者。盖好仁者真知仁之可好，故天下之物无以加之；恶不仁者真知不仁之可恶，故其所以为仁者，必能绝去不仁之事，而不使少有及于其身。此皆成德之事，故难得而见之也。"又曰："好仁、恶不仁者，虽不可见，然或有人果能一旦奋然用力于仁，则我又未见其力有不足者。盖为仁在己，欲之则是。而志之所至，气必至焉。故仁虽难能，而至之亦易也。"又曰："人之气质不同。故疑亦容或有此昏弱之甚、欲进而不能者，但我偶未之见耳。盖不敢终以为易，而又叹人之莫肯用力于仁也。"

【译文】

孔子说："我没有见过爱好仁德的人，也没有见过厌恶不仁的人。爱好仁德的人，是不能再好的了；厌恶不仁的人，在实行仁德的时候，不让不仁德的人影响自己。有能一天把自己的力量用在实行仁德上吗？我还没有看见力量不够的。这种人可能还是有的，但我没见过。"

【阐释】

孔子特别强调个人道德修养，尤其是养成仁德的情操。但当时动荡的社会中，爱好仁德的人已经不多了，所以孔子说他没有见到。但孔子认为，对仁德的修养，主要还是要靠个人自觉的努力，因为只要经过个人的努力，是完全可以达到仁的境界的。

【原文】

子曰："人之过也，各于其党。观过，斯知仁矣。"

【名家点评】

何晏曰:"观过,使贤愚各当其所,则为仁矣。"

尹氏曰:"于此观之,则人之仁不仁可知矣。"

吴氏曰:"后汉吴祐谓:'掾以亲故,受污辱之名,所谓观过知仁。'是也。"

【译文】

孔子说:"人们的错误,总是与他那个集团的人所犯错误性质是一样的。所以,考察一个人所犯的错误,就可以知道他没有仁德了。"

【阐释】

孔子认为,人之所以犯错误,从根本上讲是他没有仁德。有仁德的人往往会避免错误,没有仁德的人就无法避免错误,所以从这一点上,没有仁德的人所犯错误的性质是相似的。这从另一角度讲了加强道德修养的重要性。

【原文】

子曰:"朝闻道,夕死可矣。"

【名家点评】

程子曰:"言人不可以不知道,苟得闻道,虽死可也。"又曰:"皆实理也,人知而信者为难。死生亦大矣!非诚有所得,岂以夕死为可乎?"

朱子曰:"道者,事物当然之理。苟得闻之,则生顺死安,无复遗恨矣。朝夕,所以甚言其时之近。"

【译文】

孔子说:"早晨得知了道,就是当天晚上死去也心甘。"

【阐释】

这一段话常常被人们所引用。孔子所说的道究竟指什么,这在学术界是有争论的。我们的认识是,孔子这里所讲的"道",是指社会、政治的最高原则和做人的最高准则,这主要是从伦理学意义上说的。

【原文】

子曰:"士志于道,而耻恶衣恶食者,未足与议也。"

【名家点评】

程子曰："志于道而心役乎外,何足与议也。"

朱子曰："心欲求道,而以口体之奉不若人为耻,其识趣之卑陋甚矣,何足与议于道哉?"

【译文】

孔子说:"士有志于(学习和实行圣人的)道理,但又以自己吃穿得不好为耻辱,对这种人,是不值得与他谈论道的。"

【阐释】

本章和前一章讨论的都是道的问题。本章所讲"道"的含义与前章大致相同。这里,孔子认为,一个人斤斤计较个人的吃穿等生活琐事,他是不会有远大志向的,因此,根本就不必与这样的人去讨论什么道的问题。

【原文】

子曰:"君子之于天下也,无适①也,无莫②也,义③之与比④。"

圣人授业图

【注释】

①适:意为亲近、厚待。②莫:疏远、冷淡。③义:适宜、妥当。④比:亲近、相近、靠近。

【名家点评】

谢氏曰:"适,可也。莫,不可也。无可无不可,苟无道以主之,不几于猖狂自恣乎?

此老佛之学,所以自谓心无所住而能应变,而卒得罪于圣人也。圣人之学不然,于无可无不可之间,有义存焉。然则君子之心,果有所倚乎?"

【译文】

孔子说:"君子对于天下的人和事,没有固定的厚薄亲疏,只是按照义去做。"

【阐释】

这一章里孔子提出对君子要求的基本点之一:"义之与比。"有高尚人格的君子为人公正、友善,处世严肃灵活,不会厚此薄彼。本章谈论的仍是个人的道德修养问题。

【原文】

子曰:"君子怀①德,小人怀土②;君子怀刑③,小人怀惠。"

【注释】

①怀:思念。②土:乡土。③刑:法制惩罚。

【名家点评】

朱子曰:"君子小人趣向不同,公私之间而已矣。"尹氏曰:"乐善恶不善,所以为君子。苟安务得,所以为小人。"

【译文】

孔子说:"君子思念的是道德,小人思念的是乡土;君子想的是法制,小人想的是恩惠。"

【阐释】

本章再次提到君子与小人这两个不同类型的人格形态,认为君子有高尚的道德,他们胸怀远大,视野开阔,考虑的是国家和社会的事情,而小人则只知道思恋乡土、小恩小惠,考虑的只有个人和家庭的生计。这是君子与小人之间的区别点之一。

【原文】

子曰:"放①于利而行,多怨②。"

【注释】

①放:同"仿",效法,引申为追求。②怨:别人的怨恨。

【名家点评】

程子曰:"欲利于己,必害于人,故多怨。"

【译文】

孔子说:"为追求利益而行动,就会招致更多的怨恨。"

【阐释】

本章也谈义与利的问题。他认为,作为具有高尚人格的君子,他不会总是考虑个人利益的得与失,更不会一心追求个人利益,否则,就会招致来自各方的怨恨和指责。这里仍谈先义后利的观点。

【原文】

子曰:"能以礼让为国乎,何有①? 不能以礼让为国,如礼何②?"

【注释】

①何有:全意为"何难之有",即不难的意思。②如礼何:把礼怎么办?

【名家点评】

朱子曰:"有礼之实以为国,则何难之有? 不然,则其礼文虽具,亦且无如之何矣,而况于为国乎?"

【译文】

孔子说:"能够用礼让原则来治理国家,那还有什么困难呢? 不能用礼让原则来治理国家,怎么能实行礼呢?"

【阐释】

孔子把"礼"的原则推而广之,用于国与国之间的交往,这在古代是无可非议的。因为孔子时代的"国"乃"诸侯国",均属中国境内的兄弟国家。然而,在近代以来,曾国藩等人仍主张对西方殖民主义国家采取"礼让为国"的原则,那就难免被指责为"卖国主义"了。

【原文】

子曰:"不患无位,患所以立;不患莫己知,求为可知也。"

【名家点评】

程子曰："君子求其在己者而已矣。"

【译文】

孔子说："不怕没有官位，就怕自己没有学到赖以站得住脚的东西。不怕没有人知道自己，只求自己成为有真才实学值得为人们知道的人。"

【阐释】

这是孔子对自己和自己的学生经常谈论的问题，是他立身处世的基本态度。孔子并非不想成名成家，并非不想身居要职，而是希望他的学生必须首先立足于自身的学问、修养、才能的培养，具备足以胜任官职的各方面素质。这种思路是可取的。

【原文】

子曰："参乎，吾道一以贯之。"曾子曰："唯。"子出，门人问曰："何谓也?"曾子曰："夫子之道，忠恕而已矣。"

【名家点评】

朱子曰："圣人之心，浑然一理，而泛应曲当，用各不同。曾子于其用处，盖已随事精察而力行之，但未知其体之一尔。夫子知其真积力久，将有所得，是以呼而告之。曾子果能默契其指，即应之速而无疑也。"又曰："夫子之一理浑然而泛应曲当，譬则天地之至诚无息，而万物各得其所也。自此之外，固无余法，而亦无待于推矣。曾子有见于此而难言之，故借学者尽己、推己之目以著明之，欲人之易晓也。盖至诚无息者，道之体也，万殊之所以一本也：万物各得其所者，道之用也，一本之所以万殊也。以此观之，'一以贯之'之实可见矣。"

【译文】

孔子说："参啊，我讲的道是由一个基本的思想贯彻始终的。"曾子说："是。"孔子出去之后，同学便问曾子："这是什么意思?"曾子说："老师的道，就是忠恕罢了。"

【阐释】

忠恕之道是孔子思想的重要内容，待人忠恕，这是仁的基本要求，贯穿于孔子思想的各个方面。在这章中,孔子只说他的道是有一个基本思想一以贯之的,没有具体解释什么是忠恕的问题,在后面的篇章里,就回答了这个问题。对此,我们将再作剖析。

【原文】

子曰:"君子喻于义,小人喻于利。"

【名家点评】

程子曰:"君子之于义,犹小人之于利也。唯其深喻,是以笃好。"

杨氏曰:"君子有舍生而取义者。以利言之,则人之所欲无甚于生,所恶无甚于死,孰肯舍生而取义哉?其所喻者义而已,不知利之为利故也。小人反是。"

【译文】

孔子说:"君子明白大义,小人只知道小利。"

【阐释】

"君子喻于义,小人喻于利"是孔子学说中对后世影响较大的一句话,被人们传说。

重义轻利

这就明确提出了义利问题。孔子认为,利要服从义,要重义轻利,他的义指服从等级秩序的道德,一味追求个人利益,就会犯上作乱,破坏等级秩序。所以,把追求个人利益的人视为小人。经过后代儒家的发展,这种思想就变成义与利尖锐对立、非此即彼的义利观。

【原文】

子曰："见贤思齐焉，见不贤而内自省也。"

【名家点评】

胡氏曰："见人之善恶不同，而无不反诸身者，则不徒羡人而甘自弃，不徒责人而忘自责矣。"

【译文】

孔子说："见到贤人，就应该向他学习、看齐，见到不贤的人，就应该自我反省（自己有没有与他相类似的错误）。"

【阐释】

本章谈的是个人道德修养问题。这是修养方法之一，即见贤思齐，见不贤内自省。

见贤思齐

实际上这就是取别人之长补自己之短，同时又以别人的过失为鉴，不重蹈别人的旧辙，这是一种理性主义的态度，在今天仍不失其精辟之见。

【原文】

子曰："事父母几①谏，见志不从，又敬不违，劳②而不怨。"

【注释】

①几：轻微、婉转的意思。②劳：忧愁、烦劳的意思。

【名家点评】

朱子曰："此章与《内则》之言相表里。"又曰："所谓'父母有过，下气怡色，柔声以谏'也。"

【译文】

孔子说："侍奉父母，（如果父母有不对的地方，）要委婉地劝说他们。（自己的意见表达了，）见父母心里不愿听从，还是要对他们恭恭敬敬，并不违抗，替他们操劳而不怨恨。"

孝敬父母

【阐释】

这一段还是讲关于孝敬父母的问题。事奉父母，这是应该的，但如果一味要求子女对父母绝对服从，百依百顺，甚至父母不听劝说时，子女仍要对他们毕恭毕敬，毫无怨言。这就成了封建专制主义，是维护封建宗法家族制度的重要纲常名教。

【原文】

子曰："父母在，不远游①，游必有方②。"

【注释】

①游:指游学、游官、经商等外出活动。②方:一定的地方。

【名家点评】

范氏曰:"子能以父母之心为心,则孝矣。"

【译文】

孔子说:"父母在世,不远离家乡;如果不得已要出远门,也必须有一定的地方。"

【阐释】

"父母在,不远游"是先秦儒家关于"孝"字道德的具体内容之一。历代都用这个孝字原则去约束、要求子女为其父母尽孝。这种孝的原则在今天已经失去了它的意义。

【原文】

子曰:"三年无改于父之道,可谓孝矣。"①

【注释】

①本章内容见于《学而篇》1·11章,此处略。

【原文】

子曰:"父母之年,不可不知也。一则以喜,一则以惧。"

【名家点评】

朱子曰:"常知父母之年,则既喜其寿,又惧其衰,而于爱日之诚,自有不能已者。"

【译文】

孔子说:"父母的年纪,不可不知道并且常常记在心里。一方面为他们的长寿而高兴,一方面又为他们的衰老而恐惧。"

【阐释】

春秋末年,社会动荡不安,臣弑君、子弑父的犯上作乱之事时有发生。为了维护宗法家族制度,孔子就特别强调"孝"。所以这一章还是谈"孝",要求子女从内心深处要孝敬自己的父母,绝对服从父母,这是要给予批评的。

【原文】

子曰:"古者言之不出,耻躬之不逮也。"

【名家点评】

范氏曰:"君子之于言也,不得已而后出之,非言之难,而行之难也。人惟其不行也,是以轻言之。言之如其所行,行之如其所言,则出诸其口必不易矣。"

【译文】

孔子说:"古代人不轻易把话说出口,因为他们以自己做不到为可耻啊。"

【阐释】

孔子一贯主张谨言慎行,不轻易允诺,不轻易表态,如果做不到,就会失信于人,你的威信也就降低了。所以孔子说,古人就不轻易说话,更不说随心所欲的话,因为他们以不能兑现允诺而感到耻辱。这一思想是可取的。

【原文】

子曰:"以约①失之者鲜②矣。"

【注释】

①约:约束。这里指"约之以礼"。②鲜:少的意思。

【名家点评】

谢氏曰:"不侈然以自放之谓约。"

尹氏曰:"凡事约则鲜矣,非止谓俭约也。"

【译文】

孔子说:"用礼来约束自己,再犯错误的人就少了。"

【原文】

子曰:"君子欲讷①于言而敏②于行。"

【注释】

①讷:迟钝。这里指说话要谨慎。②敏:敏捷、快速的意思。

【名家点评】

谢氏曰:"放言易,故欲讷;力行难,故欲敏。"

【译文】

孔子说:"君子说话要谨慎,而行动要敏捷。"

【原文】

子曰:"德不孤,必有邻。"

【名家点评】

朱子曰:"德不孤立,必以类应。故有德者必有其类从之,如居之有邻也。"

【译文】

孔子说:"有道德的人是不会孤立的,一定会有思想一致的人与他相处。"

【原文】

子游曰:"事君数①,斯②辱矣;朋友数,斯疏矣。"

【注释】

①数:屡次、多次,引申为烦琐的意思。②斯:就。

【名家点评】

胡氏曰:"事君,谏不行,则当去;导友,善不纳,则当止。至于烦渎,则言者轻,听者厌矣,是以求荣而反辱,求亲而反疏也。"

范氏曰:"君臣朋友,皆以义合,故其事同也。"

【译文】

子游说:"侍奉君主太过烦琐,就会受到侮辱;对待朋友太烦琐,就会被疏远了。"

公冶长篇第五

【解读】

本篇共计二十八章，内容以谈论仁德为主。在本篇里，孔子和他的弟子们从各个侧面探讨仁德的特征。这些思想对后世产生过较大影响。

【原文】

子谓公冶长①，"可妻也。虽在缧绁②之中，非其罪也。"以其子③妻之。"

【注释】

①公冶长：姓公冶名长，齐国人，孔子的弟子。②缧绁：捆绑犯人用的绳索，这里借指牢狱。③子：古时无论儿、女均称子。

【名家点评】

或曰："公冶长之贤不及南容，故圣人以其子妻长，而以兄子妻容，盖厚于兄而薄于己也。"程子曰："此以己之私心窥圣人也。凡人避嫌者，皆内不足也。圣人自至公，何避嫌之有？况嫁女必量其才而求配，尤不当有所避也若孔子之事，则其年之长幼、时之先后皆不可知，惟以为避嫌，则大不可。避嫌之事，贤者且不为，况圣人乎？"

【译文】

孔子评论公冶长说："可以把女儿嫁给他，他虽然被关在牢狱里，但这并不是他的罪过呀。"于是，孔子就把自己的女儿嫁给了他。

【阐释】

在这一章里，孔子对公冶长作了较高评价，但并未说明究竟公冶长做了哪些突出的事情，不过从本篇所谈的中心内容看，作为公冶长的老师，孔子对他有全面了解。孔子能把女儿嫁给他，那么公冶长至少应具备仁德。这是孔子一再向他的学生提出的要求。

【原文】

子谓南容①，"邦有道②，不废③；邦无道，免于刑戮④"。以其兄之子妻之。

①南容:姓南宫名适,字子容。孔子的学生,通称他为南容。②道:孔子这里所讲的道,是说国家的政治符合最高的和最好的原则。③废:废置,不任用。④刑戮:刑罚。

孔子入鲁

【译文】

孔子评论南容说:"国家有道时,他有官做;国家无道时,他也可以免去刑戮。"于是把自己的侄女嫁给了他。

【阐释】

本章里,孔子对南容也做了比较高的评价,同样也没有讲明南容究竟有哪些突出的表现。当然,他能够把自己的侄女嫁给南容,也表明南容有较好的仁德。

【原文】

子谓子贱①,"君子哉若人②,鲁无君子者,斯焉取斯③?"

【注释】

①子贱:姓宓名不齐,字子贱。生于公元前521年比孔子小49岁。②若人:这个,此

【名家点评】

苏氏曰:"称人之善,必本其父兄师友,厚之至也。"

【译文】

孔子评论子贱说:"这个人真是个君子呀。如果鲁国没有君子的话,他是从哪里学到这种品德的呢?"

【阐释】

孔子在这里称子贱为君子。这是第一个层次,但接下来说,鲁国如无君子,子贱也不可能学到君子的品德。言下之意,是说他自己就是君子,而子贱的君子之德是由他一手培养的。

【原文】

子贡问曰:"赐也何如?"子曰:"女,器也。"曰:"何器也?"曰:"瑚琏①也。"

【注释】

①瑚琏:古代祭祀时盛粮食用的器具。

【名家点评】

朱子曰:"子贡见孔子以君子许子贱,故以己为问,而孔子告之以此。然则子贡虽未至于'不器',其亦器之贵者欤?"

【译文】

子贡问孔子说:"我这个人怎么样?"孔子说:"你呀,好比一个器具。"子贡又问:"是什么器具呢?"孔子说:"是瑚琏。"

【阐释】

孔子把子贡比作瑚琏,肯定子贡有一定的才能,因为瑚琏是古代祭器中贵重而华美的一种。但如果与上二章联系起来分析,可见孔子看不起子贡,认为他还没有达到"君子之器"那样的程度,仅有某一方面的才干。

【原文】

或曰："雍^①也仁而不佞^②。"子曰："焉用佞？御人以口给^③，屡憎于人，不知其仁^④。焉用佞？"

【注释】

①雍：姓冉名雍，字仲弓，生于公元前 522 年，孔子的学生。②佞：能言善辩，有口才。③口给：言语便捷、嘴快话多。④不知其仁：指有口才者有仁与否不可知。

【名家点评】

朱子曰："仲弓为人重厚简默，而时人以佞为贤，故美其优于德，而病其短于才也。"又曰："何用佞乎？佞人所以应答人者，但以口取辨而无情实，徒多为人所憎恶尔。我虽未知仲弓之仁，然其不佞乃所以为贤，不足以为病也。再言'焉用佞'，所以深晓之。或疑仲弓之贤而夫子不许其仁，何也？曰：仁道至大，非全体而不息者，不足以当之。如颜子亚圣，犹不能无违于三月之后；况仲弓虽贤，未及颜子，圣人固不得而轻许之也。"

【译文】

有人说："冉雍这个人有仁德但不善辩。"孔子说："何必要能言善辩呢？靠伶牙俐齿和人辩论，常常招致别人的讨厌，这样的人我不知道他是不是做到仁，但何必要能言善辩呢？"

【阐释】

孔子针对有人对冉雍的评论，提出自己的看法。他认为人只要有仁德就足够了，根本不需要能言善辩、伶牙俐齿，这两者在孔子观念中是对立的。善说的人肯定没有仁德，而有仁德者则不必有辩才。要以德服人，不以嘴服人。

【原文】

子使漆雕开^①仕。对曰："吾斯之未能信。"子说^②。

【注释】

①漆雕开：姓漆雕名开，字子开，一说字子若，生于公元前 540 年，孔子的门徒。②说：同"悦"。

【名家点评】

程子曰:"漆雕开已见大意,故夫子说之。"又曰:"古人见道分明,故其言如此。"

谢氏曰:"开之学无可考。然圣人使之仕,必其材可以仕矣。至于心术之微,则一毫不自得,不害其为未信。此圣人所不能知,而开自知之。其材可以仕,而其器不安于小成,他日所就,其可量乎? 夫子所以说之也。"

【译文】

孔子让漆雕开去做官。漆雕开回答说:"我对做官这件事还没有信心。"孔子听了很高兴。

【阐释】

孔子的教育方针是"学而优则仕",学到知识,就要去做官,他经常向学生灌输读书做官的思想,鼓励和推荐他们去做官。孔子让他的学生漆雕开去做官,但漆雕开感到尚未达到"学而优"的程度,急于做官还没有把握,他想继续学礼,晚点去做官,所以孔子很高兴。

【原文】

子曰:"道不行,乘桴①浮于海,从②我者,其由与!"子路闻之喜。子曰:"由也好勇过我,无所取材。"

【注释】

①桴:用来过河的木筏子。②从:跟随、随从。

【名家点评】

程子曰:"浮海之叹,伤天下之无贤君也。子路勇于义,故谓其能从己,皆假设之言耳。子路以为实然,而喜夫子之与己,故夫子美其勇,而讥其不能裁度事理以适于义也。"

【译文】

孔子说:"如果我的主张行不通,我就乘上木筏子到海外去。能跟从我的大概只有仲由吧!"子路听到这话很高兴。孔子说:"仲由啊,好勇的精神超过了我,其他没有什么可取的才能。"

【阐释】

孔子在当时的历史背景下,极力推行他的礼制、德政主张。但他也担心自己的主张行不通,打算适当的时候乘筏到海外去。他认为子路有勇,可以跟随他一同前去,但同时又指出子路的不足乃在于仅有勇而已。

【原文】

孟武伯问子路仁乎?子曰:"不知也。"又问。子曰:"由也,千乘之国,可使治其赋①也,不知其仁也。""求也何如?"子曰:"求也,千室之邑②,百乘之家③,可使为之宰④也,不知其仁也。""赤⑤也何如?"子曰:"赤也,束带立于朝⑥,可使与宾客⑦言也,不知其仁也。"

【注释】

①赋:兵赋,向居民征收的军事费用。②千室之邑:邑是古代居民的聚居点,大致相当于后来城镇。有一千户人家的大邑。③百乘之家:指卿大夫的采地,当时大夫有车百乘,是采地中的较大者。④宰:家臣、总管。⑤赤:姓公西名赤,字子华,生于公元前509年,孔子的学生。⑥束带立于朝:指穿着礼服立于朝廷。⑦宾客:指一般客人和来宾。

【译文】

孟武伯问孔子:"子路做到了仁吧?"孔子说:"我不知道。"孟武伯又问。孔子说:"仲由嘛,在拥有一千辆兵车的国家里,可以让他管理军事,但我不知道他是不是做到了仁。"孟武伯又问:"冉求这个人怎么样?"孔子说:"冉求这个人,可以让他在一个有千户人家的公邑或有一百辆兵车的采邑里当总管,但我也不知道他是不是做到了仁。"孟武伯又问:"公西赤又怎么样呢?"孔子说:"公西赤嘛,可以让他穿着礼服,站在朝廷上,接待贵宾,我也不知道他是不是做到了仁。"

【阐释】

在这段文字中,孔子对自己的三个学生进行评价,其评价标准就是"仁"。他说,他们有的可以管理军事,有的可以管理内政,有的可以办理外交。在孔子看来,他们虽然各有自己的专长,但所有这些专长都必须服务于礼制、德治的政治需要,必须以具备仁德情操为前提。实际上,他把"仁"放在更高的地位。

【原文】

子谓子贡曰:"女与回也。孰愈①?"对曰:"赐也何敢望回? 回也闻一以知十②,赐也闻一以知二③。"子曰:"弗如也。吾与④女弗如也。"

【注释】

①愈:胜过、超过。②十:指数的全体,旧注云:"一,数之数;十,数之终。"③二:旧注云:"二者,一之对也。"④与:赞同、同意。

【名家点评】

胡氏曰:"子贡方人,夫子既语以'不暇',又问其与回孰愈,以观其自知之如何。闻一知十,上知之资,生知之亚也。闻一知二,中人以上之资,学而知之之才也。子贡平日以己方回,见其不可企及,故喻之如此。夫子以其自知之明,而又不难于自屈,故既然之,又重许之。此其所以终闻性与天道,不特闻一知二而已也。"

【译文】

孔子对子贡说:"你和颜回两个相比,谁更好一些呢?"子贡回答说:"我怎么敢和颜回相比呢? 颜回他听到一件事就可以推知十件事;我呢,知道一件事,只能推知两件事。"孔子说:"是不如他呀,我同意你说的,是不如他。"

【阐释】

颜回是孔子最得意的学生之一。他勤于学习,而且肯独立思考,能做到闻一知十,推知全体,融会贯通。所以,孔子对他大加赞扬。而且,希望他的其他弟子都能像颜回那样,刻苦学习,举一反三,由此及彼,在学业上尽可能地事半功倍。

【原文】

宰予昼寝。子曰:"朽木不可雕也,粪土①之墙不可杇②也,于予与何诛③!"子曰:"始吾于人也,听其言而信其行;今吾于人也,听其言而观其行。于予与④改是。"

【注释】

①粪土:腐土、脏土。②杇:抹墙用的抹子。这里指用抹子粉刷墙壁。③诛:意为责备、批评。④与:语气词。

范氏曰："君子之于学,惟日孜孜,毙而后已,惟恐其不及也。宰予昼寝,自弃孰甚焉,故夫子责之。"

胡氏曰："宰予不能以志帅气,居然而倦,是宴安之气胜,儆戒之志惰也。古之圣贤未尝不以懈惰荒宁为惧,勤励不息自强,此孔子所以深责宰予也。"

胡氏曰："听言观行,圣人不待是而后能,亦非缘此而尽疑学者,特因此立教,以警群弟子,使谨于言而敏于行耳。"

弟子德行

【译文】

宰予白天睡觉。孔子说:"腐朽的木头无法雕刻,粪土垒的墙壁无法粉刷。对于宰予这个人,责备还有什么用呢?"孔子说:"起初我对于人,是听了他说的话便相信了他的行为;现在我对于人,听了他讲的话还要观察他的行为。在宰予这里我改变了观察人的方法。"

【阐释】

孔子的学生宰予白天睡觉,孔子对他大加非难。这件事并不似表面所说的那么简单。结合前后篇章有关内容可以看出,宰予对孔子学说存有异端思想,所以受到孔子斥责。此外,孔子在这里还提出判断一个人的正确方法,即听其言而观其行。

【原文】

子曰:"吾未见刚者。"或对曰:"申枨①。"子曰:"枨也欲,焉得刚?"

【注释】

①申枨:姓申名枨,字周,孔子的学生。

【名家点评】

程子曰:"人有欲则无刚,刚则不屈于欲。"

谢氏曰:"刚与欲正相反。能胜物之谓刚,故常伸于万物之上;为物掩之谓欲,故常屈于万物之下。自古有志者少,无志者多,宜夫子之未见也。枨之欲不可知,其为人得非悻悻自好者乎?故或者疑以为刚,然不知此其所以为欲尔。"

【译文】

孔子说:"我没有见过刚强的人。"有人回答说:"申枨就是刚强的。"孔子说:"申枨这个人欲望太多,怎么能刚强呢?"

【阐释】

孔子向来认为,一个人的欲望多了,他就会违背周礼。从这一章来看,人的欲望过多不仅做不到"义",甚至也做不到"刚"。孔子不普遍地反对人们的欲望,但如果想成为有崇高理想的君子,那就要舍弃各种欲望,一心向道。

【原文】

子贡曰:"我不欲人之加诸我也,吾亦欲无加诸人。"子曰:"赐也,非尔所及也。"

【名家点评】

程子曰:"'我不欲人之加诸我,吾亦欲无加诸人',仁也;'施诸己而不愿,亦勿施于人',恕也。恕则子贡或能勉之,仁则非所及矣。"

朱子曰:"子贡言我所不欲人加于我之事,我亦不欲以此加之于人。此仁者之事,不待勉强,故夫子以为非子贡所及。"又曰:"'无'者自然而然,'勿'者禁止之谓,此所以为仁、恕之别。"

【译文】

子贡说："我不愿别人强加于我的事,我也不愿强加在别人身上。"孔子说："赐呀,这就不是你所能做到的了。"

【原文】

子贡曰："夫子之文章①,可得而闻也;夫子之言性②与天道③,不可得而闻也。"

【注释】

①文章:这里指孔子传授的诗书礼乐等。②性:人性。③天道:天命。《论语》书中孔子多处讲到天和命,但不见有孔子关于天道的言论。

【名家点评】

朱子曰："夫子之文章,日见乎外,固学者所共闻;至于性与天道,则夫子罕言之,而学者有不得闻者。盖圣门教不躐等,子贡至是始得闻之,而叹其美也。"

程子曰："此子贡闻夫子之至论而叹美之言也。"

【译文】

子贡说："老师讲授的礼、乐、诗、书的知识,依靠耳闻是能够学到的;老师讲授的人性和天道的理论,依靠耳闻是不能够学到的。"

【阐释】

在子贡看来,孔子所讲的礼、乐、诗、书等具体知识是有形的,只靠耳闻就可以学到了,但关于人性与天道的理论,深奥神秘,不是通过耳闻就可以学到的,必须从事内心的体验,才有可能把握得住。

【原文】

子路有闻,未之能行,唯恐有闻。

【名家点评】

范氏曰："子路闻善,勇于必行,门人自以为弗及也,故著之。若子路,可谓能用其勇矣。"

谦而学礼

【译文】

子路在听到一条道理但没有能亲自实行的时候，唯恐又听到新的道理。

【原文】

子贡问曰："孔文子①何以谓之'文'也?"子曰："敏②而好学，不耻下问，是以谓之'文'也。"

【注释】

①孔文子：卫国大夫孔圉，"文"是谥号，"子"是尊称。②敏：敏捷、勤勉。

【名家点评】

朱子曰："凡人性敏者多不好学，位高者多耻下问。故谥法有以'勤学好问'为'文'者，盖亦人所难也。孔圉得谥为文，以此而已。"

苏氏曰："孔文子使太叔疾出其妻而妻之。疾通于初妻之娣,文子怒,将攻之。访于仲尼,仲尼不对,命驾而行。疾奔宋,文子使疾弟遗室孔姞。其为人如此而谥曰文,此子贡之所以疑而问也。孔子不没其善,言能如此,亦足以为文矣,非经天纬地之文也。"

【译文】

子贡问道:"为什么给孔文子一个'文'的谥号呢?"孔子说:"他聪敏勤勉而好学,不以向他地位卑下的人请教为耻,所以给他谥号叫'文'。"

【阐释】

本章里,孔子在回答子贡提问时讲到"不耻下问"的问题。这是孔子治学一贯应用的方法。"敏而好学",就是勤敏而兴趣浓厚地发愤学习。"不耻下问",就是不仅听老师、长辈的教导,向老师、长辈求教,而且还求教于一般看来不如自己知识多的一切人,而不以这样作为可耻。孔子"不耻下问"的表现:一是就近学习自己的学生们,即边教边学,这在《论语》书中有多处记载。二是学于百姓,在他看来,群众中可以学的东西很多,这同样可从《论语》书中找到许多根据。他提倡的"不耻下问"的学习态度对后世文人学士产生了深远影响。

【原文】

子谓子产①,有君子之道四焉:"其行己也恭,其事上也敬,其养民也惠,其使民也义。"

【注释】

①子产:姓公孙名侨,字子产,郑国大夫,做过正卿,是郑穆公的孙子,为春秋时郑国的贤相。

【名家点评】

吴氏曰:"数其事而责之者,其所善者多也,'臧文仲不仁者三、不知者三'是也。数其事而称之者,犹有所未至也,'子产有君子之科四焉'是也。今或以一言盖一人、一事盖一时,皆非也。"

【译文】

孔子评论子产说:他有君子的四种道德:"他自己行为庄重,他侍奉君主恭敬,他养护

效而好学

百姓有恩惠,他役使百姓有法度。"

【阐释】

本章孔子讲的君子之道,就是为政之道。子产在郑简公、郑定公之时执政22年。其时,于晋国当悼公、平公、昭公、顷公、定公五世,于楚国当共王、康王、郏敖、灵王、平王五世,正是两国争强、战乱不息的时候。郑国地处要冲,而周旋于这两大国之间,子产却能不低声下气,也不妄自尊大,使国家得到尊敬和安全,的确是中国古代一位杰出的政治家和外交家。孔子对子产的评价甚高,认为治国安邦就应当具有子产的这四种道德。

【原文】

子曰:"晏平仲①善与人交,久而敬之②。"

【注释】

①晏平仲:齐国的贤大夫,名婴。《史记》卷六十二有他的传。"平"是他的谥号。②

久而敬之：“之”在这里指代晏平仲。

【名家点评】

程子曰：“人交久则敬衰。久而能敬，所以为善。”

善与人交

【译文】

孔子说：“晏平仲善于与人交朋友，相识久了，别人仍然尊敬他。”

【阐释】

孔子在这里称赞齐国大夫晏婴，认为他与人为善，能够获得别人对他的尊敬，这是很不容易的。孔子这里一方面是对晏婴的称赞，另一方面则是希望他的学生向晏婴学习，做到“善与人交”，互敬互爱，成为有道德的人。

【原文】

子曰：“臧文仲①居蔡②，山节藻棁③，何如其知也？”

①臧文仲：姓臧孙名辰，“文”是他的谥号。因不遵守周礼，被孔子指责为“不仁”“不

智"。②蔡:国君用以占卜的大龟。蔡这个地方产龟,所以把大龟叫作蔡。③山节藻棁:节,柱上的斗拱。棁,房梁上的短柱。把斗拱雕成山形,在棁上绘以水草花纹。这是古时装饰天子宗庙的做法。

【名家点评】

张子曰:"山节藻棁为藏龟之室,祀爰居之义,同归于不知,宜矣。"

【译文】

孔子说:"臧文仲藏了一只大龟,藏龟的屋子斗拱雕成山的形状,短柱上画以水草花纹,他这个人怎么能算是有智慧呢?"

【阐释】

臧文仲在当时被人们称为"智者",但他对礼则并不在意。他不顾周礼的规定,竟然修建了藏龟的大屋子,装饰成天子宗庙的式样,这在孔子看来就是"越礼"之举了。所以,孔子指责他"不仁""不智"。

【原文】

子张问曰:"令尹子文①三仕为令尹,无喜色;三已②之,无愠色。旧令尹之政,必以告新令尹。何如?"子曰:"忠矣。"曰:"仁矣乎?"曰:"未知。焉得仁?""崔子③弑④齐君⑤,陈文子⑥有马十乘,弃而违之,至于他邦,则曰:'犹吾大夫崔子也。'违之。之一邦,则又曰:'犹吾大夫崔子也。'违之。何如?"子曰:"清矣。"曰:"仁矣乎?"曰:"未知,焉得仁?"

【注释】

①令尹子文:令尹,楚国的官名,相当于宰相。子文是楚国的著名宰相。②三已:三,指多次。已,罢免。③崔子:齐国大夫崔杼曾杀死齐庄公,在当时引起极大反应。④弑:地位在下的人杀了地位在上的人。⑤齐君:即指被崔杼所杀的齐庄公。⑥陈文子:陈国的大夫,名须无。

【名家点评】

朱子曰:"文子洁身去乱,可谓清矣,然未知其心果见义理之当然,而能脱然无所累乎?抑不得已于利害之私,而犹未免于怨悔也?故夫子特许其清,而不许其仁。"又曰:

清商隐士图

"愚闻之师曰:当理而无私心,则仁矣。今以是而观二子之事,虽其制行之高若不可及,然皆未有以见其必当于理而真无私心也。子张未识仁体,而悦于苟难,遂以小者信其大者,夫子之不许也宜哉!"又曰:"于此。更以上章'不知其仁'、后篇'仁则吾不知'之语并与三仁、夷、齐之事观之,则彼此交尽,而仁之为义可识矣。今以他书考之:子文之相楚,所谋者无非僭王猾夏之事;文子之仕齐,既失正君讨贼之义。又不数岁而复反于齐焉。则其不仁亦可见矣。"

【译文】

　　子张问孔子说:"令尹子文几次做楚国宰相,没有显出高兴的样子,几次被免职,也没有显出怨恨的样子。(他每一次被免职)一定把自己的一切政事全部告诉给来接任的新宰相。你看这个人怎么样?"孔子说:"可算得是忠了。"子张问:"算得上仁了吗?"孔子说:"不知道。这怎么能算得仁呢?"(子张又问:)"崔杼杀了他的君主齐庄公,陈文子家

有四十匹马,都舍弃不要了,离开了齐国,到了另一个国家,他说,这里的执政者也和我们齐国的大夫崔子差不多,就离开了。到了另一个国家,又说,这里的执政者也和我们的大夫崔子差不多,又离开了。这个人你看怎么样?"孔子说:"可算得上清高了。"子张说:"可说是仁了吗?"孔子说:"不知道。这怎么能算得仁呢?"

【阐释】

孔子认为,令尹子文和陈文子,一个忠于君主,算是尽忠了;一个不与逆臣共事,算是清高了,但他们两人都还算不上仁。因为在孔子看来,"忠"只是仁的一个方面,"清"则是为维护礼而献身的殉道精神。所以,仅有忠和清高还是远远不够的。

【原文】

季文子①三思而后行。子闻之,曰:"再,斯②可矣。"

【注释】

①季文子:即季孙行父,鲁成公、鲁襄公时任正卿,"文"是他的谥号。②斯:就。

【名家点评】

程子曰:"为恶之人,未尝知有思,有思则为善矣。然至于再则已审,三则私意起而反惑矣,故夫子讥之。"

朱子曰:"季文子虑事如此,可谓详审,而宜无过举矣。而宣公篡立,文子乃不能讨,反为之使齐而纳赂焉。岂非程子所谓'私意起而反惑'之验欤?是以君子务穷理而贵果断,不徒多思之为尚。"

【译文】

季文子每做一件事都要考虑多次。孔子听到了说:"考虑两次也就行了。"

【阐释】

凡事三思,一般总是利多弊少,为什么孔子听说以后,并不同意季文子的这种做法呢?有人说:"文子生平盖祸福利害之计太明,故其美恶两不相掩,皆三思之病也。其思之至三者,特以世故太深,过为谨慎;然其流弊将至利害徇一己之私矣。"当时季文子做事过于谨慎,顾虑太多,所以就会发生各种弊病。从某个角度看,孔子的话也不无道理。

【原文】

子曰："宁武子①,邦有道则知,邦无道则愚②,其知可及也,其愚不可及也。"

【注释】

①宁武子:姓宁名俞,卫国大夫,"武"是他的谥号。②愚:这里是装傻的意思。

【名家点评】

程子曰："邦无道,能沈晦以免患,故曰不可及也。亦有不当愚者,比干是也。"

朱子曰："文公有道,而武子无事可见,此其知之可及也。成公无道,至于失国,而武子周旋其间,尽心竭力,不避艰险。凡其所处,皆知巧之士所深避而不肯为者,而能卒保其身以济其君,此其愚之不可及也。"

【译文】

孔子说:"宁武子这个人,当国家有道时,他就显得聪明,当国家无道时,他就装傻。他的那种聪明别人可以做得到,他的那种装傻别人就做不到了。"

【阐释】

宁武子是一个处世为官有方的大夫。当形势好转,对他有利时,他就充分发挥自己的聪明智慧,为卫国的政治竭力尽忠。当形势恶化,对他不利时,他就退居幕后或处处装傻,以便等待时机。孔子对宁武子的这种做法,基本取赞许的态度。

【原文】

子在陈①曰:"归与! 归与! 吾党之小子②狂简③,斐然④成章,不知所以裁⑤之。"

【注释】

①陈:古国名,大约在今河南东部和安徽北部一带。②吾党之小子:古代以500家为一党。吾党意即我的故乡。小子,指孔子在鲁国的学生。③狂简:志向远大但行为粗率简单。④斐然:斐,有文采的样子。⑤裁:裁剪,节制。

【名家点评】

朱子曰："孔子周游四方,道不行而思归之叹也。夫子初心,欲行其道于天下,至是而知其终不用也。于是始欲成就后学,以传道于来世。又不得中行之士而思其次,以为狂士志意高远,犹或可与进于道也。但恐其过中失正,而或陷于畀端耳,故欲归而裁之也。"

【译文】

孔子在陈国说:"回去吧!回去吧!家乡的学生有远大志向,但行为粗率简单;有文采但还不知道怎样来节制自己。"

【阐释】

孔子说这段话时,正当鲁国季康子执政,欲召冉求回去,协助办理政务。所以,孔子说回去吧,去为官从政,实现他们的抱负。但同时又指出他在鲁国的学生尚存在的问题:行为粗率简单,还不知道怎样节制自己,这些还有待于他的教养。

【原文】

子曰:"伯夷、叔齐①不念旧恶②,怨是用希③。"

【注释】

①伯夷、叔齐:殷朝末年孤竹君的两个儿子。父亲死后,二人互相让位,都逃到周文王那里。周武王起兵伐纣,他们认为这是以臣弑君,是不忠不孝的行为,曾加以拦阻。周灭商统一天下后,他们以吃周朝的粮食为耻,逃进深山中以野草充饥,饿死在首阳山中。②恶:嫌隙,仇恨。③希:同"稀"。

【名家点评】

程子曰:"不念旧恶,此清者之量。"又曰:"二子之心,非夫子孰能知之?"

【译文】

孔子说:"伯夷、叔齐两个人不记人家过去的仇恨,(因此,别人对他们的)怨恨因此也就少了。"

【阐释】

这一章里,孔子主要称赞的是伯夷、叔齐的"不念旧恶"。伯夷、叔齐认为周武王伐纣是"以暴易暴",既反对周武王,又反对殷纣王,但为了维护君臣之礼,他还是阻拦武王伐纣,最后因不食周粟,而饿死在首阳山上。孔子则从伯夷、叔齐不记别人旧怨的角度,对他们加以称赞,因此别人也就不记他们的旧怨了。孔子用这样一个故事讲述了为人处世应有的态度。

【原文】

子曰:"孰谓微生高①直?或乞醯②焉,乞诸其邻而与之。"

【注释】

①微生高:姓微生名高,鲁国人。当时人认为他为人直率。②醯,即醋。

【名家点评】

程子曰:"微生高所枉虽小,害直为大。"

范氏曰:"是曰是、非曰非、有谓有、无谓无,曰直。圣人观人于其一介之取予,而千驷万钟从可知焉。故以微事断之,所以教人不可不谨也。"

左丘明

【译文】

孔子说:"谁说微生高这个人直率?有人向他讨点醋,他(不直说没有,却暗地)到他邻居家里讨了点给人家。"

【阐释】

微生高从邻居家讨醋给来讨醋的人,并不直说自己没有,对此,孔子认为他并不直率。但在另外的篇章里孔子却提出"父为子隐,子为父隐",而且加以提倡,这在他看来,就不是什么"不直"了。对于这种"不直",孔子只能用父慈子孝来加以解释了。

【原文】

子曰:"巧言、令色、足恭①,左丘明②耻之,丘亦耻之。匿怨而友其人,左丘明耻之,丘亦耻之。"

【注释】

①足恭:一说是两只脚做出恭敬逢迎的姿态来讨好别人;另一说是过分恭敬。这里

采用后说。②左丘明：姓左丘名明，鲁国人，相传是《左传》一书的作者。

【名家点评】

谢氏曰："二者之可耻，有甚于穿窬也。左丘明耻之，其所养可知矣。夫子自言'丘亦耻之'，盖'窃比老彭'之意。又以深戒学者，使察乎此而立心以直也。"

【译文】

孔子说："花言巧语，装出好看的脸色，摆出逢迎的姿势，低三下四地过分恭敬，左丘明认为这种人可耻，我也认为可耻。把怨恨装在心里，表面上却装出友好的样子，左丘明认为这种人可耻，我也认为可耻。"

【阐释】

孔子反感"巧言令色"的做法，这在《学而》篇中已经提及。他提倡人们正直、坦率、诚实，不要口是心非、表里不一。这符合孔子培养健康人格的基本要求。这种思想在我们今天仍有一定的意义，对那些人前一套、人后一套的人，有很强的针对性。

【原文】

颜渊、季路侍①。子曰："盍②各言尔志？"子路曰："愿车马，衣轻裘，与朋友共，敝之而无憾。"颜渊曰："愿无伐③善，无施劳④。"子路曰："愿闻子之志。"子曰："老者安之，朋友信之，少者怀之⑤。"

【注释】

①侍：服侍，站在旁边陪着尊贵者叫侍。②盍：何不。③伐：夸耀。④施劳：施，表白。劳，功劳。⑤少者怀之：让少者得到关怀。

【名家点评】

程子曰："夫子安仁，颜渊不违仁，子路求仁。"又曰："子路、颜渊、孔子之志。皆与物共者也，但有小大之差尔。"又曰："子路勇于义者，观其志，岂可以势利拘之哉？亚于浴沂者也。颜子不自私己，故无伐善；知同于人，故无施劳。其志可谓大矣，然未免出于有意也。至于夫子，则如天地之化工，付与万物而己不劳焉，此圣人之所为也。今夫羁鞚以御马而不以制牛，人皆知羁鞚之作在乎人，而不知羁鞚之生由于马。圣人之化，亦犹是也。

仕人自省图

先观二子之言,后观圣人之言,分明天地气象。凡看《论语》,非但欲理会文字。须要识得圣贤气象。"

【译文】

　　颜渊、子路两人侍立在孔子身边。孔子说:"你们何不各自说说自己的志向?"子路说:"愿意拿出自己的车马、衣服、皮袍,同我的朋友共同使用,用坏了也不抱怨。"颜渊说:"我愿意不夸耀自己的长处,不表白自己的功劳。"子路向孔子说:"愿意听听您的志向。"孔子说:"(我的志向是)让年老的安心,让朋友们信任我,让年轻的子弟们得到关怀。"

【阐释】

　　在这一章里,孔子及其弟子们自述志向,主要谈的还是个人道德修养及人为处世的态度。孔子重视培养"仁"的道德情操,从各方面严格要求自己和学生。从本段里,可以看出,只有孔子的志向最接近于"仁德"。

【原文】

　　子曰:"已矣乎!吾未见能见其过而内自讼者也。"

【名家点评】

　　朱子曰:"人有过而能自知者鲜矣,知过而能内自讼者为尤鲜。能内自讼,则其悔悟深切而能改,必矣。夫子自恐终不得见而叹之,其警学者深矣!"

【译文】

孔子说:"完了,我还没有看见过能够看到自己的错误而又能从内心责备自己的人。"

【阐释】

古往今来,人们往往能够一眼看到别人的错误与缺点,却看不到自己的错误。即使

孔子授教图

有人明知自己有错,也因顾及面子或其他原因而拒绝承认错误,更谈不上从内心去责备自己了。甚至有的人,自己犯了错误,不去认真检查自己,反而把责任推到别人头上,这是一种十足的伪君子。孔子说他没有见过有自知之明、有错即改的人。其实,在现实社会生活当中,我们见到的伪君子这种人还少吗?

【原文】

子曰:"十室之邑,必有忠信如丘者焉,不如丘之好学也。"

【名家点评】

朱子曰:"美质易得,至道难闻,学之至则可以为圣人,不学则不免为乡人而已。可不勉哉!"

【译文】

孔子说:"即使只有十户人家的小村子,也一定有像我这样讲忠信的人,只是不如我那样好学罢了。"

【阐释】

孔子是一个十分坦率直爽的人,他认为自己的忠信并不是最突出的,因为在只有十户人家的小村子里,就有像他那样讲求忠信的人。但他坦言自己非常好学,表明他承认自己的德性和才能都是学来的,并不是"生而知之"。这就从一个角度了解了孔子的基本精神。

雍也篇第六

【解读】

本篇共包括三十章。本篇里有数章谈到颜回,孔子对他的评价甚高。此外,本篇还涉及"中庸之道""恕"的学说、"文质"思想,同时,还包括如何培养"仁德"的一些主张。

【原文】

子曰:"雍也可使南面。"

【译文】

孔子说:"冉雍这个人,可以让他去做官。"

【阐释】

古代以面向南为尊位,天子、诸侯和官员听政都是面向南面而坐。所以这里孔子是说可以让冉雍去从政做官治理国家。在《先进》篇里,孔子将冉雍列在他的第一等学科

"德行"之内,认为他已经具备为官的基本条件。这是孔子实行他的"学而优则仕"这一教育方针的典型事例。

【原文】

仲弓问子桑伯子①。子曰:"可也,简②。"仲弓曰:"居敬③而行简④,以临⑤其民,不亦可乎? 居简而行简,无乃⑥大⑦简乎?"子曰:"雍之言然。"

【注释】

①桑伯子:人名,此人生平不可考。②简:简要,不烦琐。③居敬:为人严肃认真,依礼严格要求自己。④行简:指推行政事简而不繁。⑤临:面临、面对。此处有"治理"的意思。⑥无乃:岂不是。⑦大:同"太"。

子雍

【名家点评】

程子曰:"子桑伯子之简,虽可取而未尽善,故夫子云'可'也。仲弓因言内主于敬而简,则为要直;内存乎简而简,则为疏略。可谓得其旨矣。"又曰:"居敬则心中无物,故所行自简。居简则先有心于简,而多一'简'字矣,故曰'大简'。"

朱子曰:"自处以敬,则中有主而自治严,如是而行简以临民。则事不烦而民不扰,所以为可。若先自处以简,则中无主而自治疏矣,而所行又简,岂不失之大简,而无法度之可守乎?"

【译文】

仲弓问孔子:子桑伯子这个人怎么样。孔子说:"此人还可以,办事简要而不烦琐。"仲弓说:"居心恭敬严肃而行事简要,像这样来治理百姓,不是也可以吗? (但是)自己马马虎虎,又以简要的方法办事,这岂不是太简单了吗?"孔子说:"冉雍,这话你说得对。"

【阐释】

孔子主张办事简明扼要,不烦琐,不拖拉,果断利落。不过,任何事情都不可太过分。如果在办事时,一味追求简要,却马马虎虎,就有些不够妥当了。所以,孔子听完仲弓的话以后,认为仲弓说得很有道理。

【原文】

哀公问："弟子孰为好学?"孔子对曰："有颜回者好学,不迁怒①,不贰过②,不幸短命死矣③。今也则亡④,未闻好学者也。"

【注释】

①不迁怒:不把对此人的怒气发泄到彼人身上。②不贰过:"贰"是重复、一再的意思。这是说不犯同样的错误。③短命死矣:颜回死时年仅31岁。④亡:同"无"。

【名家点评】

程子曰："颜子之怒,在物不在己,故不迁。有不善,未尝不知,知之未尝复行,不贰过也。"又曰："喜怒在事,则理之当喜怒者也,不在血气则不迁。若舜之诛四凶也,可怒在彼,己何与焉? 如鉴之照物,妍媸在彼,随物应之而已,何迁之有?"又曰："如颜子地位,岂有不善? 所谓不善,只是微有差失。才差失便能知之,才知之便更不萌作。"

张子曰："慊于己者,不使萌于再。"

【译文】

鲁哀公问孔子:"你的学生中谁是最好学的呢?"孔子回答说:"有一个叫颜回的学生好学,他从不迁怒于别人,也从不重犯同样的过错。不幸短命死了。现在没有那样的人了,没有听说谁是好学的。"

【阐释】

这里,孔子极为称赞他的得意门生颜回,认为他好学上进,自颜回死后,已经没有如此好学的人了。在孔子对颜回的评价中,他特别谈到不迁怒、不贰过这两点,也从中可以看出孔子教育学生,重在培养他们的道德情操。这其中包含有深刻的哲理。

【原文】

子华①使于齐,冉子②为其母请粟③。子曰："与之釜④。"请益。曰："与之庾⑤。"冉子与之粟五秉。子曰："赤之适齐也,乘肥马,衣轻裘。吾闻之也:君子周⑥急不济富。"

【注释】

①子华:姓公西名赤,字子华,孔子的学生,比孔子小42岁。②冉子:冉有,在《论语》

孔子仕鲁

书中被孔子弟子称为"子"的只有四五个人,冉有即其中之一。③粟:在古文中,粟与米连用时,粟指带壳的谷粒,去壳以后叫作米;粟字单用时,就是指米了。④釜,古代量名,一釜约等于六斗四升。⑤庾,古代量名,一庾等于二斗四升。⑥周:周济、救济。

【名家点评】

程子曰:"夫子之使子华,子华之为夫子使,义也,而冉子乃为之请。圣人宽容,不欲直拒人,故与之少,所以示不当与也;请益而与之亦少,所以示不当益也。求未达而自与之多,则已过矣,故夫子非之。盖赤苟至乏,则夫子必自周之,不待请矣。原思为宰,则有常禄。思辞其多,故又教以分诸邻里之贫者,盖亦莫非义也。"

张子曰:"于斯二者,可见圣人之用财矣。"

【译文】

子华出使齐国,冉求替他的母亲向孔子请求补助一些谷米。孔子说:"给他六斗四升。"冉求请求再增加一些。孔子说:"再给他二斗四升。"冉求却给他八十斛。孔子说:

"公西赤到齐国去,乘坐着肥马驾的车子,穿着又暖和又轻便的皮袍。我听说过,君子只是周济急需救济的人,而不是周济富人的人。"

【阐释】

孔子主张"君子周急不济富",这是从儒家"仁爱"思想出发的。孔子的"爱人"学说,并不是狭隘的爱自己的家人和朋友,而带有一定的普遍性。但他又认为,周济的只是穷人而不是富人,应当"雪中送炭",而不是"锦上添花"。这种思想符合于人道主义。

古之圣贤图

【原文】

原思①为之宰②,与之粟九百③,辞。子曰:"毋,以与尔邻里乡党④乎!"

【注释】

①原思:姓原名宪,字子思,鲁国人。孔子的学生,生于公元前515年。孔子在鲁国

任司法官的时候，原思曾做他家的总管。②宰：家宰，管家。③九百："九百"后省去了量名，今不可知。④邻里乡党：相传古代以5家为邻，25家为里，12500家为乡，500家为党。此处指原思的同乡，或家乡周围的百姓。

【译文】

原思给孔子家当总管，孔子给他俸米九百，原思推辞不要。孔子说："不要推辞。（如果有多的，）给你的乡亲们吧。"

【阐释】

以"仁爱"之心待人，这是儒家的传统。孔子提倡周济贫困者，是极富同情心的做法。这与上一章的内容可以联系起来思考。

【原文】

子谓仲弓，曰："犁牛①为之骍且角②。虽欲勿用③，山川④其舍诸⑤？"

【注释】

①犁牛：即耕牛。古代祭祀用的牛不能以耕牛代替，系红毛长角，单独饲养的。②骍且角：骍，红色。祭祀用的牛，毛色为红，角长得端正。③用：用于祭祀。④山川：山川之神。此喻上层统治者。⑤其舍诸：其，有"怎么会"的意思。舍，舍弃。诸，"之于"二字的合音。

【名家点评】

范氏曰："以瞽瞍为父而有舜，以鲧为父而有禹。古之圣贤，不系于世类，尚矣。子能改父之过，变恶以为美，则可谓孝矣。"

朱子曰："仲弓父贱而行恶，故夫子以此譬之。言父之恶，不能废其子之善，如仲弓之贤，自当见用于世也。然此论仲弓云尔，非与仲弓言也。"

【译文】

孔子在评论仲弓的时候说："耕牛产下的牛犊长着红色的毛，角也长得整齐端正，人们虽想不用它做祭品，但山川之神难道会舍弃它吗？"

【阐释】

孔子认为，人的出身并不是最重要的，重要的在于自己应有高尚的道德和突出的才干。只要具备了这样的条件,就会受到重用。这从另一方面也说明,作为统治者来讲,选拔重用人才,不能只看出身而抛弃贤才,反映了举贤才的思想和反对任人唯亲的主张。

【原文】

子曰:"回也,其心三月^①不违仁,其余则日月^②至焉而已矣。"

【注释】

①三月:指较长的时间。②日月:指较短的时间。

【名家点评】

程子曰:"三月,天道小变之节,言其久也,过此则圣人矣。不违仁,只是无纤毫私欲。少有私欲,便是不仁。"

尹氏曰:"此颜子于圣人。未达一间者也,若圣人则浑然无间断矣。"

张子曰:"始学之要,当知'三月不违'与'日月至焉'内外宾主之辨。使心意勉勉循循而不能已,过此几非在我者。"

【译文】

孔子说:"颜回这个人,他的心可以在长时间内不离开仁德,其余的学生则只能在短时间内做到仁而已。"

【阐释】

颜回是孔子的得意门生,他对孔子以"仁"为核心的思想有深入的理解,而且将"仁"贯穿于自己的行动与言论当中。所以,孔子赞扬他"三月不违仁",而别的学生"则日月至焉而已。"

【原文】

季康子^①问:"仲由可使从政也与?"子曰:"由也果^②,于从政乎何有?"曰:"赐也可使从政也与?"曰:"赐也达^③,于从政乎何有?"曰:"求也可使从政也与?"曰:"求也艺^④,于从政乎何有?"

【注释】

①季康子:他在公元前 492 年继其父为鲁国正卿,此时孔子正在各地游说。8 年以

后,孔子返回鲁国,冉求正在帮助季康子推行革新措施。孔子于是对此三人做出了评价。②果:果断、决断。③达:通达、顺畅。④艺:有才能技艺。

【名家点评】

程子曰:"季康子问三子之才可以从政乎?夫子答以各有所长。非惟三子,人各有所长。能取其长,皆可用也。"

【译文】

季康子问孔子:"仲由这个人,可以让他管理国家政事吗?"孔子说:"仲由做事果断,对于管理国家政事有什么困难呢?"季康子又问:"端木赐这个人,可以让他管理国家政事吗?"孔子说:"端木赐通达事理,对于管理政事有什么困难呢?"又问:"冉求这个人,可以让他管理国家政事吗?"孔子说:"冉求有才能,对于管理国家政事有什么困难呢?"

【阐释】

端木赐、仲由和冉求都是孔子的学生,他们在从事国务活动和行政事务方面,都各有其特长。孔子所培养的人才,就是要能够辅佐君主或大臣从事政治活动。在本章里,孔子对他的三个学生都给予较高评价,认为他们已经具备了担任重要职务的能力。

【原文】

季氏使闵子骞①为费②宰,闵子骞曰:"善为我辞焉!如有复我③者,则吾必在汶上④矣。"

【注释】

①闵子骞:姓闵名损,字子骞,鲁国人,孔子的学生,比孔子小 15 岁。②费,季氏的封邑,在今山东费县西北一带。③复我:再来召我。④汶上:汶,水名,即今山东大汶河,当时流经齐、鲁两国之间。在汶上,是说要离开鲁国到齐国去。

【名家点评】

程子曰:"仲尼之门,能不仕大夫之家者,闵子、曾子数人而已。"

谢氏曰:"学者能少知内外之分,皆可以乐道而忘人之势。况闵子得圣人为之依归,彼其视季氏不义之富贵,不啻犬彘;又从而臣之,岂其心哉?在圣人则有不然者,盖居乱邦、见恶人,在圣人则可;自圣人以下,刚则必取祸,柔则必取辱。闵子岂不能早见而豫待之乎?如由也不得其死,求也为季氏附益,夫岂其本心哉?盖既无先见之知,又无克乱之才故也。然则闵子其贤乎!"

【译文】

季氏派人请闵子骞去做费邑的长官,闵子骞(对来请他的人)说:"请你好好替我推辞吧!如果再来召我,那我一定跑到汶水那边去了。"

【阐释】

宋代大儒朱熹对闵子骞的这一做法极表赞赏,他说:处乱世,遇恶人当政,"刚则必取祸,柔则必取辱,"即硬碰或者屈从都要受害,又刚又柔,刚柔相济,才能应付自如,保存实力。这种态度才能处乱世而不惊,遇恶人而不辱,是极富智慧的处世哲学。

【原文】

伯牛①有疾,子问之,自牖②执其手,曰:"亡之③,命矣夫④,斯人也而有斯疾也!斯人也而有斯疾也!"

【注释】

①伯牛:姓冉名耕,字伯牛,鲁国人,孔子的学生。孔子认为他的"德行"较好。②牖,窗户。③亡之:一作丧夫解,一作死亡解。④夫,语气词,相当于"吧"。

【名家点评】

侯氏曰:"伯牛以德行称,亚于颜、闵。故其将死也,孔子尤痛惜之。"

【译文】

伯牛病了,孔子前去探望他,从窗户外面握着他的手说:"丧失了这个人,这是命里注定的吧!这样的人竟会得这样的病啊,这样的人竟会得这样的病啊!"

【原文】

子曰:"贤哉,回也,一箪①食,一瓢饮,在陋巷②,人不堪其忧,回也不改其乐③。贤哉,回也。"

【注释】

①箪:古代盛饭用的竹器。②巷:此处指颜回的住处。③乐:乐于学。

【名家点评】

程子曰:"颜子之乐,非乐箪瓢陋巷也,不以贫窭累其心而改其所乐也,故夫子称其贤。"又曰:"箪瓢陋巷非可乐,盖自有其乐尔。'其'字当玩味,自有深意。"又曰:"昔受学于周茂叔,每令寻仲尼、颜子乐处,所乐何事。"

【译文】

孔子说:"颜回的品质是多么高尚啊!一箪饭,一瓢水,住在简陋的小屋里,别人都忍受不了这种穷困清苦,颜回却没有改变他好学的乐趣。颜回的品质是多么高尚啊!"

【阐释】

本章中,孔子又一次称赞颜回,对他作了高度评价。这里讲颜回"不改其乐",这也就是贫贱不能移的精神,这里包含了一个具有普遍意义的道理,即人总是要有一点精神的,为了自己的理想,就要不断追求,即使生活清苦困顿也自得其乐。

【原文】

冉求曰:"非不说①子之道,力不足也。"子曰:"力不足者,中道而废。今女画②。"

【注释】

①说:同"悦"。②画:划定界限,停止前进。

【名家点评】

胡氏曰:"夫子称颜回不改其乐,冉求闻之,故有是言。然使求说夫子之道,诚如口之说刍豢,则必将尽力以求之,何患力之不足哉?画而不进,则日退而已矣,此冉求之所以局于艺也。"

【译文】

冉求说:"我不是不喜欢老师您所讲的道,而是我的能力不够呀。"孔子说:"能力不够是到半路才停下来,现在你是自己给自己划了界限不想前进。"

为政以人

【阐释】

从本章里孔子与冉求师生二人的对话来看,冉求对于学习孔子所讲授的理论产生了畏难情绪,认为自己的能力不够,在学习过程中感到非常吃力。但孔子认为,冉求并非能力的问题,而是他思想上的畏难情绪作怪,所以对他提出批评。

【原文】

子谓子夏曰:"女为君子儒,无为小人儒。"

【名家点评】

程子曰:"君子儒为己,小人儒为人。"

谢氏曰:"君子、小人之分,义与利之间而已。然所谓利者,岂必殖货财之谓?以私灭公,适己自便,凡可以害天理者皆利也。子夏文学虽有余,然意其远者大者或昧焉。故夫子语之以此。"

【译文】

孔子对子夏说:"你要做君子儒,不要做小人儒。"

【阐释】

在本章中,孔子提出了"君子儒"和"小人儒"的区别,要求子夏做君子儒,不要做小人儒。"君大儒"是指地位高贵、通晓礼法,具有理想人格的人;"小人儒"则指地位低贱,不通礼仪,品格平庸的人。

【原文】

子游为武城①宰。子曰:"女得人焉尔乎②?"曰:"有澹台灭明③者,行不由径④,非公事,未尝至于偃⑤之室也。"

【注释】

①武城:鲁国的小城邑,在今山东费县境内。②焉尔乎:此三个字都是语气助词。③澹台灭明:姓澹台名灭明,字子羽,武城人,孔子弟子。④径:小路,引申为邪路。⑤偃:言偃,即子游,这是他自称其名。

【名家点评】

杨氏曰:"为政以人才为先,故孔子以得人为问。如灭明者,观其二事之小,而其正大之情可见矣。后世有不由径者,人必以为迂;不至其室,人必以为简。非孔氏之徒,其孰能知而取之?"

朱子曰:"持身以灭明为法,则无苟贱之羞;取人以子游为法,则无邪媚之惑。"

【译文】

子游做了武城的长官。孔子说:"你在那里发现了人才没有?"子游回答说:"有一个叫澹台灭明的人,从来不走邪路,没有公事从不到我屋子里来。"

【阐释】

孔子极为重视发现人才、使用人才。他问子游的这段话,反映出他对举贤才的重视。当时社会处于大动荡、大变革时期,各诸侯国都重视接纳人才,尤其是能够帮助他们治国安邦的有用之才,这是出于政治和国务活动的需要。

好谀悦乐

【原文】

子曰:"孟之反①不伐②,奔③而殿④,将入门,策其马,曰:'非敢后也,马不进也。'"

【注释】

①孟之反:名侧,鲁国大夫。②伐:夸耀。③奔:败走。④殿:殿后,在全军最后做掩护。

【名家点评】

朱子曰:"战败而还,以后为功。反奔而殿,故以此言自掩其功也。"

谢氏曰:"人能操无欲上人之心,则人欲日消、天理日明,而凡可以矜己夸人者,皆无足道矣。然不知学者,欲上人之心无时而忘也,若孟之反,可以为法矣。"

【译文】

孔子说:"孟之反不喜欢夸耀自己。败退的时候,他留在最后掩护全军。快进城门的

侍席鲁君

时候,他鞭打着自己的马,说:'不是我敢于殿后,是马跑得不快。'"

【阐释】

公元前484年,鲁国与齐国打仗。鲁国右翼军败退的时候,孟之反在最后掩护败退的鲁军。对此,孔子给予了高度评价,宣扬他提出的"功不独居,过不推诿"的学说,认为这是人的美德之一。

【原文】

子曰:"不有祝鮀①之佞,而②有宋朝③之美。难乎免于今之世矣。"

【注释】

①祝鮀:字子鱼,卫国大夫,有口才,以能言善辩受到卫灵公重用。②而:这里是"与"的意思。③宋朝:宋国的公子朝,《左传》中曾记载他因美丽而惹起乱的事情。

【名家点评】

朱子曰:"衰世好谀悦色,非此难免,盖伤之也。"

【译文】

孔子说:"如果没有祝鮀那样的口才,也没有宋朝的美貌,那在今天的社会上处世立足就比较艰难了。"

【原文】

子曰:"谁能出不由户,何莫由斯道也?"

非道远人

【名家点评】

朱子曰:"人不能出不由户,何故乃不由此道邪? 怪而叹之之辞。"

洪氏曰:"人知出必由户,而不知行必由道。非道远人,人自远尔。"

【译文】

孔子说:"谁能不经过屋门而走出去呢? 为什么没有人走(我所指出的)这条道路呢?"

【阐释】

孔子这里所说的,其实仅是一个比喻。他所宣扬的"德治""礼制",在当时有许多人不予重视,他内心感到很不理解。所以,他发出了这样的疑问。

【原文】

子曰:"质①胜文②则野③,文胜质则史④。文质彬彬⑤,然后君子。"

【注释】

①质:朴实、自然,无修饰的。②文:文采,经过修饰的。③野:此处指粗鲁、鄙野,缺乏文采。④史:言词华丽,这里有虚伪、浮夸的意思。⑤彬彬:指文与质的配合很恰当。

【名家点评】

杨氏曰:"文质不可以相胜。然质之胜文,犹之甘可以受和,白可以受采也。文胜而至于灭质,则其本亡矣。虽有文,将安施乎?然则与其史也,宁野。"

【译文】

孔子说:"质朴多于文采,就像个乡下人,流于粗俗;文采多于质朴,就流于虚伪、浮夸。只有质朴和文采配合恰当,才是个君子。"

【阐释】

这段话言简意赅,确切地说明了文与质的正确关系和君子的人格模式,高度概括了孔子的文质思想。文与质是对立的统一,互相依存,不可分离。质朴与文采是同样重要的。孔子的文质思想经过两千多年的实践,不断得到丰富和发展,极大地影响了们的思想和行为,产生了深远的影响。

【原文】

子曰:"人之生也直,罔①之生也幸而免。"

【注释】

①罔:指不正直的人。

【名家点评】

程子曰:"生理本直。罔,不直也;而亦生者,幸而免尔。"

【译文】

孔子说:"一个人的生存是由于正直,而不正直的人也能生存,那只是他侥幸地避免了灾祸。"

【阐释】

"直",是儒家的道德规范。直即直心肠,意思是耿直、坦率、正直、正派,同虚伪、奸诈是对立的。直人没有那么多坏心眼。直,符合仁的品德。与此相对,在社会生活中也有一些不正直的人,他们也能生存,甚至活得更好,这只是他们侥幸地避免了灾祸,并不说明他们的不正直有什么值得效法的。

【原文】

子曰:"知之者不如好之者,好之者不如乐之者。"

【名家点评】

张敬夫曰:"譬之五谷,知者知其可食也,好者食而嗜之者也,乐者嗜之而饱者也。知而不能好,则是知之未至也;好之而未及于乐,则是好之未至也。此古之学者所以自强而不息者与?"

尹氏曰:"知之者,知有此道也。好之者,好而未得也。乐之者,有所得而乐之也。"

【译文】

孔子说:"懂得它的人,不如爱好它的人;爱好它的人,又不如以它为乐的人。"

【阐释】

孔子在这里没有具体指懂得什么,看来是泛指,包括学问、技艺等。有句话说:兴趣是最好的导师,大概说的就是这个意思。

【原文】

子曰:"中人以上,可以语上也;中人以下,不可以语上也。"

【名家点评】

刑昺疏:"语谓告语也;上谓上智之所知也。"

张敬夫曰:"圣人之道,精粗虽无二致,但其施教,则必因其材而笃焉。盖中人以下之质,骤而语之太高,非惟不能以人,且将妄意躐等,而有不切于身之弊,亦终于下而已矣。故就其所及而语之,是乃所以使之切问近思,而渐进于高远也。"

【译文】

孔子说:"具有中等以上才智的人,可以给他讲授高深的学问;在中等水平以下的人,不可以给他讲高深的学问。"

【阐释】

孔子向来认为,人的智力从出生就有聪明和愚笨的差别,即上智、下愚与中人。既然人有这么多的差距,那么,孔子在教学过程中,就提出"因材施教"的原则。这是他教育思想的一个重要内容,即根据学生智力水平的高低来决定教学内容和教学方式,这对我国教育学的形成和发展做出积极贡献。

【原文】

樊迟问知①。子曰:"务②民之义③,敬鬼神而远之,可谓知矣。"问仁,曰:"仁者先难而后获,可谓仁矣。"

【注释】

①知,同"智"。②务:从事、致力于。③义:专用于人道之所宜。

【名家点评】

朱子曰:"专用力于人道之所宜,而不惑于鬼神之不可知,知者之事也。先其事之所难,而后其效之所得,仁者之心也。此必因樊迟之失而告之。"

【译文】

樊迟问孔子怎样才算是智,孔子说:"专心致力于(提倡)老百姓应该遵从的道德,尊敬鬼神但要远离它,就可以说是智了。"樊迟又问怎样才是仁,孔子说:"仁人对难做的事,做在人前面,有收获的结果,他得在人后,这可以说是仁了。"

【阐释】

本章提出了"智""仁"等重大问题。面对现实,以回答现实的社会问题、人生问题为中心,这是孔子思想的一个突出特点。他还提出了"敬鬼神而远之"的主张,否定了宗法传统的神权观念,他不迷信鬼神,自然也不主张以卜筮向鬼神问吉凶。所以,孔子是力求以实事求是的态度否定鬼神作用的。

【原文】

子曰："知者乐水,仁者乐山^①;知者动,仁者静;知者乐,仁者寿。"

【注释】

①知者乐水,仁者乐山:"知",同"智";乐,喜爱的意思。

【名家点评】

程子曰："非体仁、知之深者,不能如此形容之。"

朱子曰："知者达于事理而周流无滞,有似于水,故乐水;仁者安于义理而厚重不迁,有似于山,故乐山。动、静以体言,乐、寿以效言也。动而不括故乐,静而有常故寿。"

【译文】

孔子说："聪明人喜爱水,有仁德者喜爱山;聪明人活动,仁德者沉静。聪明人快乐,有仁德者长寿。"

【阐释】

孔子这里所说的"智者"和"仁者"不是一般人,而是那些有修养的"君子"。他希望人们都能做到"智"和"仁",只要具备了这些品德,就能适应当时社会的要求。

面对沧海桑田,智者思,仁者观。仁者乐处其命,智者勇变其境。

生命总是值得赞颂,生活中总有很多的乐趣,供我们享受,只是各有所见而不同。

快乐是人皆追慕的,长寿是人人期望的。而真正的快乐就如山水,无处不在,就在我们的身边,就在我们的心里。借用一句人们常说的话,生活处处都有美,关键在于我们的眼睛是否有所发现。

快乐是一种心境,忧戚也是一种心绪。或忧或乐,在于我们自己的心灵。只要我们拥有仁者的胸怀、智者的心灵,我们又有什么忧愁不能放弃呢!

【原文】

子曰："齐一变,至于鲁;鲁一变,至于道。"

【名家点评】

朱子曰："孔子之时,齐俗急功利,喜夸诈,乃霸政之余习。鲁则重礼教,崇信义,犹有先王之遗风焉；但人亡政息，不能无废坠尔。"

程子曰："夫子之时。齐强鲁弱，孰不以为齐胜鲁也？然鲁犹存周公之法制。齐由桓公之霸，为从简尚功之治，太公之遗法变易尽矣，故一变乃能至鲁。鲁则修举废坠而已。一变则至于先王之道也。"

【译文】

孔子说："齐国一改变，可以达到鲁国这个样子，鲁国一改变，就可以达到先王之道了。"

【阐释】

本章里，孔子提出了"道"的范畴。此处所讲的"道"是治国安邦的最高原则。在春秋时期，齐国的封建经济发展较早，而且实行了一些改革，成为当时最富强的诸侯国家。与齐国相比，鲁国封建经济的发展比较缓慢，但意识形态和上层建筑保存得比较完备，所以孔子说，齐国改变就到了鲁国的样子，而鲁国再一改变，就达到了先王之道。这反映了孔子对周礼的无限眷恋之情。

【原文】

子曰："觚①不觚，觚哉！觚哉！"

【注释】

①觚，古代盛酒的器具，上圆下方，有棱，容量约有二升。后来觚被改变了，所以孔子认为觚不像觚。

【名家点评】

程子曰："觚而失其形制，则非觚也。举一器，而天下之物莫不皆然。故君而失其君之道，则为不君；臣而失其臣之职，则为虚位。"

范氏曰："人而不仁则非人。国而不治则不国矣。"

【译文】

孔子说："觚不像个觚了，这也算是觚吗？这也算是觚吗？"

【阐释】

孔子的思想中，周礼是根本不可更动的，从井田到刑罚；从音乐到酒具，周礼规定的

命赐存鲁

一切都是尽善尽美的,甚至是神圣不可侵犯的。在这里,孔子慨叹当今事物名不副实,主张"正名"。尤其是孔子所讲的现今社会"君不君,臣不臣,父不父,子不子"的这种状况,是不能让人容忍的。

【原文】

宰我问曰:"仁者,虽告之曰井有仁①焉,其从之也?"子曰:"何为其然也?君子可逝②也,不可陷③也;可欺也,不可罔也。"

【注释】

①仁:这里指有仁德的人。②逝:往。这里指到井边去看并设法救之。③陷:陷入。

【名家点评】

朱子曰:"身在井上,乃可以救井中之人;若从之于井,则不复能救之矣。此理甚明,人所易晓,仁者虽切于救人而不私其身。然不应如此之愚也。"

【译文】

宰我问道:"对于有仁德的人,别人告诉他井里掉下去一位仁人啦,他会跟着下去吗?"孔子说:"为什么要这样做呢?君子可以到井边去救,却不可以陷入井中;君子可能被欺骗,但不可能被迷惑。"

【阐释】

井有人,往救,则为仁德之行。虽为救人,实则也是拯救自己的仁德,从而使自己不致深陷于"私"井。井中之人犹可救,"私"井之念无可涤。

不赴救助,失之仁德。即失井中之人,井上之人也必失其德。人而无仁,何言德行?仁者可欺,不可罔。以诡辩而捉弄、愚弄别人,既失之于促狭诡诈,也失其诚。其人虽未陷于"井",而已自陷于"私"罔。所以,天下矫诳诡辩奸佞之徒当慎而戒之。

做人要有自己的信仰,在行为上要能够顺应变化,但是并不是放弃信仰而同流合污。一个有仁德的人,即使被时代遗弃也绝无悔.但是决不能自陷于世俗的困扰。

真理就是真理,不需要辩驳。那种依靠辩解而获得人们接受的东西是靠不住的,也就在于想要说服别人的人的内心不踏实。仁就是仁,仁的精神无处不在,无物不附,为什么要以"井"为辞。"井"自有仁,何在于井上之人的行为,在于自己如何"打捞"。借口发难,是内心修养的不纯。如何摒除我们心灵的杂质,正是我们的仁德修养所要解决的问题。我们总会被自己的一些奇怪的想法所左右,自以为更接近真理,于是自以为是,于是目无余子,于是辩驳诘问,这正是我们的悲哀。仁即仁道,是合乎人情至性至理的精神。仁就是仁,以仁人之心仁己,以仁己之心仁人。而不是借口什么外在的精神,要求别人如何做,在于个人的自愿自觉。

仁的精神深存于我们民族的内心,如果井中真有仁而被陷,何须问,奔赴而已。孟子有"舍生取义"之训。这是我们民族传承久远的正义之气,也是中华文明之所以悠久的内在品质。

【原文】

子曰:"君子博学于文,约①之以礼,亦可以弗畔②矣夫③。"

【注释】

①约:一种释为约束;一种释为简要。②畔:司"叛"。③矣夫:语气词,表示较强烈的感叹。

【名家点评】

程子曰:"博学于文而不约之以礼,必至于汗漫。博学矣,又能守礼而由于规矩。则

舍生取义

亦可以不畔道矣。"

朱子曰："君子学欲其博，故于文无不考；守欲其要，故其动必以礼。如此，则可以不背于道矣。"

【译文】

孔子说："君子广泛地学习古代的文化典籍，又以礼来约束自己，也就可以不离经叛道了。"

【阐释】

本章清楚地说明了孔子的教育目的。他当然不主张离经叛道，那么怎么做呢？他认为应当广泛学习古代典籍，而且要用"礼"来约束自己。说到底，他是要培养懂得"礼"的君子。

【原文】

子见南子①，子路不说②。夫子矢③之曰："予所否④者，无厌之！天厌之！"

【注释】

①南子：卫国灵公的夫人，当时实际上左右着卫国政权，有淫乱的行为。②说，同"悦"。③矢：同"誓"，此处讲发誓。④否：不对，不是，指做了不正当的事。

【名家点评】

朱子曰："圣人道大德全，无可不可。其见恶人，固谓在我有可见之礼，则彼之不善，我何与焉？然此岂子路所能测哉？故重言以誓之，欲其姑信此而深思以得之也。"

【译文】

孔子去见南子，子路不高兴。孔子发誓说："如果我做什么不正当的事，让上天谴责我吧！让上天谴责我吧！"

【阐释】

本章对孔子去见南子做什么，没有讲明。据后代儒家讲，孔子见南子是"欲行霸道"。所以，孔子在这里发誓赌咒，说如果做了什么不正当的事的话，就让上天去谴责他。此外，孔子在这里又提到了"天"这个概念，恐怕不能简单地说，孔子的观念上还有宗教意识，这只是他为了说服子路而发的誓。

【原文】

子曰："中庸①之为德也，其至矣乎！民鲜久矣。"

【注释】

①中庸：中，谓之无过无不及。庸，平常。

【名家点评】

程子曰："不偏之谓中，不易之谓庸。中者天下之正道，庸者天下之定理。自世教衰，民不兴于行，少有此德久矣。"

【译文】

孔子说："中庸作为一种道德，该是最高的了吧！人们缺少这种道德已经为时很久

不偏不倚

了。"

【阐释】

中庸是孔子和儒家的重要思想,尤其作为一种道德观念,这是孔子和儒家尤为提倡的。《论语》中提及"中庸"一词,仅此一条。中庸属于道德行为的评价问题,也是一种德行,而且是最高的德行。宋儒说,不偏不倚谓之中,平常谓庸。中庸就是不偏不倚的平常的道理。中庸又被理解为中道,中道就是不偏于对立双方的任何一方,使双方保持均衡状态。中庸又称为"中行",中行是说,人的气质、作风、德行都不偏于一个方面,对立的双方互相牵制,互相补充。中庸是一种折中调和的思想。调和与均衡是事物发展过程中的一种状态.这种状态是相对的、暂时的。孔子揭示了事物发展过程的这一状态,并概括为"中庸",这在古代认识史上是有贡献的。但在任何情况下都讲中庸,讲调和,就否定了对立面的斗争与转化,这是应当明确指出的。

【原文】

子贡曰："如有博施①于民而能济众②，何如？可谓仁乎？"子曰："何事于仁？必也圣乎！尧舜③其犹病诸④。夫⑤仁者，己欲立而立人，己欲达而达人。能近取譬⑥，可谓仁之方也已。"

孔子延医

【注释】

①施，动词。②众：指众人。③尧舜：传说中上古时代的两位帝王，也是孔子心目中的榜样。儒家认为是"圣人"。④病诸：病，担忧。诸，"之于"的合音。⑤夫：句首发语词。⑥能近取譬：能够就自身打比方。即推己及人的意思。

【名家点评】

程子曰："医书以手足痿痹为不仁，此言最善名状。仁者以天地万物为一体，莫非己也。认得为己，何所不至？若不属己，自与己不相干，如手足之不仁，气已不贯，皆不属己。故博施济众，乃圣人之功用。仁至难言，故止曰：'己欲立而立人，己欲达而达人。能近取譬，可谓仁之方也已。'欲令如是观仁，可以得仁之体。"

吕氏曰："子贡有志于仁，徒事高远，未知其方。孔子教以于己取之，庶近而可入。是乃为仁之方，虽博施济众，亦由此进。"

同舟共济

【译文】

子贡说:"假若有一个人,他能给老百姓很多好处又能周济大众,怎么样? 可以算是仁人了吗?"孔子说:"岂止是仁人,简直是圣人了! 就连尧、舜尚且难以做到呢。至于仁人,就是要想自己站得住,也要帮助人家一同站得住;要想自己过得好,也要帮助人家一同过得好。凡事能就近以自己作比,而推己及人,可以说就是实行仁的方法了。"

【阐释】

"己欲立而立人,己欲达而达人"是实行"仁"的重要原则。"推己及人"就做到了"仁"。在后面的章节里,孔子还说"己所不欲,勿施于人"等。这些都说明了孔子关于"仁"的基本主张。对此,我们到后面还会提到。总之,这是孔子思想的一个重要方面,是社会基本伦理准则,在今天同样具有重要价值。

述而篇第七

【解读】

本篇共包括三十八章。本篇提出了孔子的教育思想和学习态度,孔子对仁德等重要道德范畴的进一步阐释,以及孔子的其他思想丰张。

【原文】

子曰:"述而不作①,信而好古,窃②比于我老彭③。"

【注释】

①述而不作:述,传述。作,创造。②窃:私,私自,私下。③老彭:人名,但究竟指谁,学术界说法不一。有的说是殷商时代一位"好述古事"的"贤大夫";有的说是老子和彭祖两个人,有的说是殷商时代的彭祖。

【名家点评】

朱子曰:"孔子删《诗》《书》,定《礼》《乐》,赞《周易》,修《春秋》,皆传先王之旧,而未尝有所作也,故其自言如此。盖不惟不敢当作者之圣,而亦不敢显然自附于古之贤人。盖其德愈盛而心愈下,不自知其辞之谦也。然当是时,作者略备。夫子盖集群圣之大成而折衷之。其事虽述,而功则倍于作矣,此又不可不知也。"

【译文】

孔子说:"只阐述而不创作,相信而且喜好古代的东西,我私下把自己比作老彭。"

【阐释】

在这一章里,孔子提出了"述而不作"的原则,这反映了孔子思想上保守的一面。完全遵从"述而不作"的原则,那么对古代的东西只能陈陈相因,就不再会有思想的创新和发展。这种思想在汉代以后开始形成古文经学派,"述而不作"的治学方式,对于中国人的思想有一定程度的局限作用。

【原文】

子曰："默而识①之,学而不厌,诲②人不倦,何有于我哉③?"

【注释】

①识,记住的意思。②诲:教诲。③何有于我哉:对我有什么难呢?

【译文】

孔子说："默默地记住(所学的知识),学习不觉得厌烦,教人不知道疲倦,这对我能有什么困难呢?"

【阐释】

这一章紧接前一章的内容,继续谈论治学的方法问题。前面说他本人"述而不作,信

诲人不倦

而好古",此章则说他"学而不厌,诲人不倦";反映了孔子教育方法的一个侧面。这对中国教育思想的形成与发展产生了很大的影响,以至于在今天,我们仍在宣传他的这一教育学说。

最笨拙的方法,其实是最为长远最为有效的方法。

学习的人生,是充实美好的人生。我们每天都面临着新的知识需要学习,每天也都面临着新的情况需要应对,每天也都面临着新的问题需要做出决断,我们的知识是有限的,我们的时间是紧迫的,我们没有理由不学习,我们更没有资格厌倦学习,我们只能默默地将一切可以学习的东西留心记忆下来,将一切经历或听到的事实进行总结,而加以筛选汲取。

"朝闻道,夕死可也。"学习,既是继承,又是创新。学会学习,学会思考,是我们修养德能的基本功夫。"吾之生也有限,而知也无涯。"除了不懈地学习,我们又能如何呢?

天地浩荡,静默无言,何述焉,何作焉,万物备见,能不学习吗?

【原文】

子曰:"德之不修,学之不讲,闻义不能徙①,不善不能改,是吾忧也。"

【注释】

①徙,迁移。此处指靠近义、做到义。

【名家点评】

尹氏曰:"德必修而后成,学必讲而后明,见善能徙,改过不吝,此四者,日新之要也。苟未能之,圣人犹忧,况学者乎?"

【译文】

孔子说:"(许多人)对品德不去修养,学问不去讲求,听到义不能去做,有了不善的事不能改正,这些都是我所忧虑的事情。"

【阐释】

春秋末年,天下大乱。孔子慨叹世人不能自见其过而自责,对此,他万分忧虑。他把道德修养、读书学习和知错即改三个方面的问题相提并论,在他看来,三者之间也有内在联系,因为进行道德修养和学习各种知识,最重要的就是要能够及时改正自己的过失或"不善",只有这样,修养才可以完善,知识才可以丰富。

【原文】

子之燕居①,申申②如也,夭夭③如也。

【注释】

①燕居:安居、家居、闲居。②申申:衣冠整洁。③夭夭:行动迟缓、斯文和舒和的样子。

【名家点评】

程子曰:"此弟子善形容圣人处也,为'申申'字说不尽,故更著'夭夭'字。今人燕居之时,不怠惰放肆。必太严厉。严厉时著此四字不得,怠惰放肆时亦著此四字不得,惟圣人便自有中和之气。"

杨氏曰:"申申,其容舒也。夭夭,其色愉也。"

【译文】

孔子闲居在家里的时候,衣冠楚楚,仪态温和舒畅,悠闲自在。

【原文】

子曰:"甚矣吾衰也! 久矣吾不复梦见周公①。"

【注释】

①周公:姓姬名旦,周文王的儿子,周武王的弟弟,成王的叔父,鲁国国君的始祖,传说是西周典章制度的制定者,他是孔子所崇拜的所谓"圣人"之一。

【名家点评】

朱子曰:"孔子盛时,志欲行周公之道,故梦寐之间,如或见之。至其老而不能行也,则无复是心,而亦无复是梦矣,故因此而自叹其衰之甚也。"

程子曰:"孔子盛时,寤寐常存行周公之道;及其老也,则志虑衰而不可以有为矣。盖存道者心,无老少之异;而行道者身,老则衰也。"

【译文】

孔子说:"我衰老得很厉害了,我好久没有梦见周公了。"

【阐释】

周公是中国古代的"圣人"之一,孔子自称他继承了自尧舜禹汤文武周公以来的道统,肩负着光大古代文化的重任。这句话,表明了孔子对周公的崇敬和思念,也反映了他对周礼的崇拜和拥护。

【原文】

子曰:"志于道,据于德①,依于仁,游于艺②。"

【注释】

①德:旧注云:德者,得也。能把道贯彻到自己心中而不失掉就叫德。②艺:指孔子教授学生的礼、乐、射、御、书、数等六艺,都是日常所用。

【名家点评】

朱子曰:"人之为学当如是也。盖学莫先于立志,志道,则心存于正而不他;据德,则道得于心而不失;依仁,则德性常用而物欲不行;游艺,则小物不遗而动息有养。学者于此,有以不失其先后之序、轻重之伦焉,则本末兼该,内外交养,日用之间无少间隙,而涵泳从容。忽不自知其人于圣贤之域矣。"

【译文】

孔子说:"以道为志向,以德为根据,以仁为凭借,活动于(礼、乐等)六艺的范围之中。"

【阐释】

《礼记·学记》曾说:"不兴其艺,不能乐学。故君子之于学也,藏焉,修焉,息焉,游焉。夫然,故安其学而亲其师,乐其及而信其道,是以虽离师辅而不反也。"这个解释阐明了这里所谓的"游于艺"的意思。孔子培养学生,就是以仁、德为纲领,以六艺为基本,使学生能够得到全面均衡的发展。

【原文】

子曰:"自行束脩①以上,吾未尝无诲焉。"

【注释】

①束脩,干肉,又叫脯。束脩就是十条干肉。孔子要求他的学生,初次见面时要拿十条干肉作为学费。后来,就把学生送给老师的学费叫作"束脩"。

礼见先生

【名家点评】

朱子曰:"盖人之有生,同具此理,故圣人之于人,无不欲其人于善。但不知来学,则无往教之礼,故苟以礼来,则无不有以教之也。"

【译文】

孔子说:"只要自愿拿着十条干肉为礼来见我的人,我从来没有不给他教诲的。"

【阐释】

这一章中孔子所说的这段话,表明了他诲人不倦的精神,也反映了他"有教无类"的教育思想。过去有人说,既然要交十束干肉作学费,那必定是中等以上的人家之子弟才有入学的可能,贫穷人家自然是交不出十束干肉来的,所以孔子的"有教无类"只停留在口头上,在社会实践中根本不可能推行。用这种推论否定孔子的"有教无类"的教育思想,过于理想化和幼稚。在任何社会里,要做到完全彻底的有教无类,恐怕都有相当难

有教无类

度,这要归之于社会经济的发展程度。

【原文】

子曰:"不愤①不启,不悱②不发。举一隅③不以三隅反,则不复也。"

【注释】

①愤:苦思冥想而仍然领会不了的样子。②悱,想说又不能明确说出来的样子。③隅,角落。

【名家点评】

程子曰:"愤、悱,诚意之见于色辞者也。待其诚至而后告之。既告之,又必待其自得,乃复告尔。"又曰:"不待愤、悱而发,则知之不能坚固;待其愤、悱而后发,则沛然矣。"

王安石曰:"以谓其问之不切,则其听之不专;其思之不深,则其取之不固。不专不固,而可以人者,口耳而已矣。吾所以教者,非将善其口耳也。"

刘宝楠《正义》:"人于学有所不知不明,而仰而思之,则必兴起志气,作其精神,故其心愤愤然。"

【译文】

孔子说："教导学生,不到他想弄明白而不得的时候,不去开导他;不到他想出来却说不出来的时候,不去启发他。教给他一个方面的东西,他却不能由此而推知其他三个方面的东西,那就不再教他了。"

【阐释】

在《雍也》一篇第21章中,孔子说:"中人以上,可以语上也;中人以下,不可以语上也。"这一章继续谈他的教育方法问题。在这里,他提出了"启发式"教学的思想。从教学方面而言,他反对"填鸭式""满堂灌"的做法。要求学生能够"举一反三",在学生充分进行独立思考的基础上,再对他们进行启发、开导,这是符合教学基本规律的,而且具有深远的影响,在今天教学过程中仍可以加以借鉴。

【原文】

子食于有丧者之侧,未尝饱也。

【名家点评】

谢氏曰:"学者于此二者,可见圣人情性之正也。能识圣人之情性,然后可以学道。"

【译文】

孔子在有丧事的人旁边吃饭,不曾吃饱过。

【原文】

子于是日哭,则不歌。

【译文】

孔子在这一天为吊丧而哭泣,就不再唱歌。

【原文】

子谓颜渊曰:"用之则行,舍之则藏①,惟我与尔有是夫②!"子路曰:"子行三军③,则谁与④?"子曰:"暴虎⑤冯河⑥,死而无悔者,吾不与也。必也临事而惧⑦,好谋而成者也。"

【注释】

①舍之则藏:舍,舍弃,不用。藏,隐藏。②夫:语气词,相当于"吧"。③三军:是当时

大国所有的军队,每军约一万二千五百人。④与:在一起的意思。⑤暴虎:空拳赤手与老虎进行搏斗。⑥冯河:无船而徒步过河。⑦临事不惧:惧是谨慎、警惕的意思。遇到事情便格外小心谨慎。

舍之则藏

【名家点评】

刑昺曰:"言时用之则行,舍之则藏,用舍随时,行藏不忤于物,唯我与汝有是夫!"

尹氏曰:"用舍无与于己,行藏安于所遇,命不足道也。颜子几于圣人,故亦能之。"

【译文】

孔子对颜渊说:"用我呢,我就去干;不用我,我就隐藏起来,只有我和你才能做到这样吧!"子路问孔子说:"老师您如果统帅三军,那么您和谁在一起共事呢?"孔子说:"赤手空拳和老虎搏斗,徒步涉水过河,死了都不会后悔的人,我是不会和他在一起共事的。我要找的,一定要是遇事小心谨慎,善于谋划而能完成任务的人。"

【阐释】

孔子在本章提出不与"暴虎冯河,死而无悔"的人在一起去统帅军队。因为在他看来,这种人虽然视死如归,但有勇无谋,是不能成就大事的。"勇"是孔子道德范畴中的一个方面,但勇不是蛮干,而是"临事而惧,好谋而成"的人,这种人智勇兼有,符合"勇"的规定。

【原文】

子曰:"富①而可求②也,虽执鞭之士③,吾亦为之。如不可求,从吾所好。"

【注释】

①富:指升官发财。②求:指合于道,可以去求。③执鞭之士:古代为天子、诸侯和官员出入时手执皮鞭开路的人。意思指地位低下的职事。

【名家点评】

朱子曰:"设言富若可求,则虽身为贱役以求之,亦所不辞。然有命焉,非求之可得也,则安于义理而已矣,何必徒取辱哉?"

苏氏曰:"圣人未尝有意于求富也,岂问其可不可哉?为此语者,特以明其决不可求尔。"

杨氏曰:"君子非恶富贵而不求,以其在天,无可求之道也。"

【译文】

孔子说:"如果富贵合乎于道就可以去追求,虽然是给人执鞭的下等差事,我也愿意去做。如果富贵不合于道就不必去追求,那就还是按我的爱好去干事。"

【阐释】

孔子在这里又提到富贵与道的关系问题。只要合乎于道,富贵就可以去追求;不合乎于道,富贵就不能去追求。那么,他就去做自己喜欢做的事情。从此处可以看到,孔子不反对做官,不反对发财,但必须符合于道,这是原则问题,孔子表明自己不会违背原则去追求富贵荣华。

【原文】

子之所慎:齐①、战、疾。

享乐藏危

【注释】

①齐：同"斋"，斋戒。古人在祭祀前要沐浴更衣，不吃荤，不饮酒，不与妻妾同寝，整洁身心，表示虔诚之心，这叫作斋戒。

【名家点评】

尹氏曰："夫子无所不谨，弟子记其大者耳。"

朱子曰："齐之为言齐也，将祭而齐其思虑之不齐者，以交于神明也。诚之至与不至。神之飨与不飨，皆决于此。战则众之死生、国之存亡系焉，疾又吾身之所以死生存亡者，皆不可以不谨也。"

【译文】

孔子所谨慎小心对待的是斋戒、战争和疾病这三件事。

【原文】

子在齐闻《韶》^①,三月不知肉味,曰:"不图为乐之至于斯也。"

【注释】

①《韶》:舜时古乐曲名。

【名家点评】

范氏曰:"《韶》尽美,又尽善,乐之无以加此也。故学之三月,不知肉味,而叹美之如此。诚之至,感之深也!"

【译文】

孔子在齐国听到了《韶》乐,有很长时间尝不出肉的滋味,他说:"想不到《韶》乐的美达到了这样迷人的地步。"

【阐释】

《韶》乐是当时流行于贵族当中的古乐。孔子对音乐很有研究,音乐鉴赏能力也很强,他听了《韶》乐以后,在很长时间内品尝不出肉的滋味,这当然是一种形容的说法,但他欣赏古乐已经到了痴迷的程度,也说明了他在音乐方面的高深造诣。

【原文】

冉有曰:"夫子为^①卫君^②乎?"子贡曰:"诺^③,吾将问之。"入,曰:"伯夷、叔齐何人也?"曰:"古之贤人也。"曰:"怨乎?"曰:"求仁而得仁,又何怨?"出,曰:"夫子不为也。"

【注释】

①为:这里是帮助的意思。②卫君:卫出公辄,是卫灵公的孙子。公元前492～前481年在位。他的父亲因谋杀南子而被卫灵公驱逐出国。灵公死后,辄被立为国君,其父回国与他争位。③诺:答应的说法。

【名家点评】

朱子曰:"君子居是邦,不非其大夫,况其君乎? 故子贡不斥卫君,而以夷、齐为问。夫子告之如此,则其不为卫君可知矣。盖伯夷以父命为尊,叔齐以天伦为重。其逊国也,皆求所以合乎天理之正,而即乎人心之安。既而各得其志焉,则视弃其国犹敝蹝尔,何怨之有？若卫辄之据国拒父而惟恐失之，其不可同年而语明矣。"

子贡问学

程子曰："伯夷、叔齐逊国而逃，谏伐而饿，终无怨悔，夫子以为贤，故知其不与辄也。"

【译文】

冉有（问子贡）说："老师会帮助卫国的国君吗？"子贡说："嗯，我去问他。"于是就进去问孔子："伯夷、叔齐是什么样的人呢？"（孔子）说："古代的贤人。"（子贡又）问："他们有怨恨吗？"（孔子）说："他们求仁而得到了仁，为什么有怨恨呢？"（子贡）出来（对冉有）说："老师不会帮助卫君。"

【阐释】

卫国国君辄即位后，其父与其争夺王位，这件事恰好与伯夷、叔齐两兄弟互相让位形成鲜明对照。这里，孔子赞扬伯夷、叔齐，而对卫出公父子违反等级名分极为不满。孔子对这两件事给予评价的标准就是符不符合礼。

【原文】

子曰:"饭疏食①饮水,曲肱②而枕之,乐亦在其中矣。不义而富且贵,于我如浮云。"

【注释】

①饭疏食:饭,这里是"吃"的意思,作动词。疏食即粗粮。②曲肱,胳膊,由肩至肘的

安贫乐道

部位。曲肱,即弯着胳膊。

【名家点评】

朱子曰:"圣人之心,浑然天理,虽外困极,而乐亦无不在焉。其视不义之富贵,如浮云之无有,漠然无所动于其中也。"

程子曰:"非乐疏食饮水也,虽疏食饮水,不能改其乐也。不义之富贵,视之轻如浮云然。"又曰:"须知所乐者何事。"

【译文】

孔子说:"吃粗粮,喝白水,弯着胳膊当枕头,乐趣也就在这中间了。用不正当的手段

得来的富贵,对于我来讲就像是天上的浮云一样。"

【阐释】

孔子极力提倡"安贫乐道",认为有理想、有志向的君子,不会总是为自己的吃穿住而奔波的,"饭疏食饮水,曲肱而枕之",对于有理想的人来讲,可以说是乐在其中。同时,他还提出,不符合于道的富贵荣华,他是坚决不予接受的,对待这些东西,如天上的浮云一般。这种思想深深影响了古代的知识分子,也为一般老百姓所接受。

【原文】

子曰:"加①我数年,五十以学《易》②,可以无大过矣。"

【注释】

①加:这里通"假"字,给予的意思。②《易》:指《周易》,古代占卜用的一部书。

【名家点评】

朱子曰:此章之言,《史记》作"假我数年,若是我于《易》则彬彬矣"。"加"正作"假",而无"五十"字。盖是时,孔子年已几七十矣,"五十"字误无疑也。学《易》,则明乎吉凶消长之理、进退存亡之道,故可以无大过。盖圣人深见《易》道之无穷,而言此以教人,使知其不可不学,而又不可以易而学也。

【译文】

孔子说:"再给我几年时间,到五十岁学习《易》,我便可以没有大的过错了。"

【阐释】

孔子自己说,"五十而知天命",可见他把学《易》和"知天命"联系在一起。他主张认真研究《易》,是为了使自己的言行符合于"天命"。《史记·孔子世家》中说,孔子"读《易》,韦编三绝"。他非常喜欢读《周易》,曾把穿竹简的皮条翻断了很多次。这表明孔子活到老、学到老的刻苦钻研精神,值得后人学习。

【原文】

子所雅言①,《诗》《书》、执礼,皆雅言也。

【注释】

①雅言：周王朝的京畿之地在今陕西地区，以陕西语音为标准音的周王朝的官话，在当时被称作"雅言"。孔子平时谈话时用鲁国的方言，但在诵读《诗》《书》和赞礼时，则以当时陕西语音为准。

【名家点评】

谢氏曰："此因学《易》之语而类记之。"

程子曰："孔子雅素之言，止于如此。若性与天道，则有不可得而闻者，要在默而识之也。"

古人问礼图

朱子曰："《诗》以理情性，《书》以道政事，礼以谨节文，皆切于日用之实，故常言之。礼独言执者，以人所执守而言，非徒诵说而已也。"

【译文】

孔子有时讲雅言，读《诗》、念《书》、赞礼时，用的都是雅言。

【原文】

叶公①问孔子于子路,子路不对。子曰:"女奚不曰,其为人也,发愤忘食,乐以忘忧,不知老之将至云尔②。"

【注释】

①叶公:叶公姓沈名诸梁,楚国的大夫,封地在叶城(今河南叶县南),所以叫叶公。②云尔:云,代词,如此的意思。尔,同"耳",而已,罢了。

【名家点评】

朱子曰:"叶公不知孔子,必有非所问而问者,故子路不对。抑亦以圣人之德,实有未易名言者与? 未得,则发愤而忘食;已得,则乐之而忘忧。以是二者俯焉,日有孳孳,而不知年数之不足,但自言其好学之笃耳。然深味之,则见其全体至极、纯亦不已之妙,有非圣人不能及者。盖凡夫子之自言类如此,学者宜致思焉。"

【译文】

叶公向子路问孔子是个什么样的人,子路不答。孔子(对子路)说:"你为什么不这样说,他这个人,发愤用功,连吃饭都忘了,快乐得把一切忧虑都忘了,连自己快要老了都不知道,如此而已。"

【阐释】

这一章里孔子自述其心态,"发愤忘食,乐以忘忧",连自己老了都觉察不出来。孔子从读书学习和各种活动中体味到无穷乐趣,是典型的现实主义和乐观主义者,他不为身旁的小事而烦恼,表现出积极向上的精神面貌。

平庸的人永远难以理解圣贤的行为。

真正地好学,与徒具虚名的爱好,有本质的区别。"叶公好龙"并非真心喜爱,只是为了虚名,借虚名以自高身价而已。

真正的好学精神,就是好学不厌,乐以忘忧,不知老之将至。只是好学不懈,并不因别人的评价而有所动摇。借用一句经典的话,"走自己的路,让别人去说吧。"不必因为顾忌别人的评价而延误了自己的行程。重要的是不断向着自己的目标趋近。

虚心求教

【原文】

子曰:"我非生而知之者,好古,敏以求之者也。"

【名家点评】

尹氏曰:"孔子以生知之圣,每云好学者,非惟勉人也。盖生而可知者义理尔,若夫礼乐名物、古今事变,亦必待学而后有以验其实也。"

【译文】

孔子说:"我不是生来就有知识的人,而是爱好古代的东西,勤奋敏捷地去求得知识的人。"

【阐释】

在孔子的观念当中,"上智"就是"生而知之者",但他却否认自己是生而知之者。他之所以成为学识渊博的人,在于他爱好古代的典章制度和文献图书,而且勤奋刻苦,思维敏捷。这是他总结自己学习与修养的主要特点。他这么说,是为了鼓励他的学生发愤努力,成为各方面的有用人才。

人们获得知识的方式是不同的,有生而知之、有学而知之、有困而学之。但是都离不开学习与实践的经验,一切成功都是学习的积累和思考的结果。对于既定的目标,要坚持深入地研究到底。要有独立思考的能力,以批判性的思辨方法,努力丰富自己的经历和体验,从不同的方向寻求新的认识事物的途径,脚踏实地地求取学问,提高自己的学识和智慧。在今天这个科学技术飞速发展的时代,知识显得尤其重要,知识更新的速度超出了我们的想象。因此,只有坚持不懈地学习新知识,在当今社会日益剧烈的竞争中,才能立足。

【原文】

子不语怪、力、乱、神。

【名家点评】

谢氏曰:"圣人语常而不语怪,语德而不语力,语治而不语乱,语人而不语神。"

朱子曰:"怪异、勇力、悖乱之事,非理之正,固圣人所不语。鬼神,造化之迹,虽非不正,然非穷理之至,有未易明者,故亦不轻以语人也。"

【译文】

孔子不谈论怪异、暴力、变乱、鬼神。

【阐释】

孔子大力提倡"仁德""礼治"等道德观念,从《论语》书中,很少见到孔子谈论怪异、暴力、变乱、鬼神,如他"敬鬼神而远之"等。但也不是绝对的。他偶尔谈及这些问题时,都是有条件的,有特定环境的。

人们的一切行为都是受着思想的指引。思想信仰的危机,是所有人生危机中影响最为严重最为深远的危机。做人没有坚定的思想信仰,其行处世就没有原则,只能是一棵墙头草,随风俯仰。一个人如果失去了正确思想的引导,他的心灵必然空虚,其精神行为萎靡,怪、力、乱、神就会乘虚而入。尤其是在社会转型的阶段,思想的引导是首要的,任何一项事业的兴起,必须先做好充分的思想倡导工作,在思想上形成确定的方向。否则,思想的混乱必然导致所倡事业的失败。思想的准备是一切政治行为的先锋。只有树立

三人行必有吾师

了坚定正确的思想路线,一切的事业才有望得以实现。怪、力、乱、神不仅扰乱和影响人们的思想,而且具有极大的破坏性,它总是迎合了人性中的那种固有的迷信心理和恶意不平的怨气,从而可能将人们已经建立起来的道德结构、行为规范、思想体系冲垮。所以,一个有责任感的人是不能不对此深切注意。而往往大加挞伐不仅不能取得预期的禁止效果,反而助长其势之蔓延。建立我们正确的思想信仰,纯洁我们民族的语言,弘扬我们优秀的传统文化,开辟我们民族的美好未来,这是一代又一代传承不息的责任和义务。只有建立了坚定正确的思想信仰,那些莫可名状的怪、力、乱、神之事,自然消弭于无形。

【原文】

子曰:"三人行,必有我师焉。择其善者而从之,其不善者而改之。"

【名家点评】

朱子曰:"三人同行,其一我也。彼二人者,一善一恶,则我从其善而改其恶焉。是二人者,皆我师也。"

尹氏曰:"见贤思齐,见不贤而内自省,则善恶皆我之师,进善其有穷乎?"

【译文】

孔子说:"三个人一起走路,其中必定有人可以做我的老师。我选择他善的品德向他学习,看到他不善的地方就作为借鉴,改掉自己的缺点。"

【阐释】

孔子的"三人行,必有我师焉"这句话,受到后代知识分子的极力赞赏。他虚心向别人学习的精神十分可贵,但更可贵的是,他不仅要以善者为师,而且以不善者为师,这其中包含有深刻的哲理。他的这段话,对于指导我们处事待人、修身养性、增长知识,都是有益的。

【原文】

子曰:"天生德于予,桓魋①其如予何?"

【注释】

①桓魋:任宋国主管军事行政的官——司马,是宋桓公的后代。

【名家点评】

朱子曰:"魋欲害孔子,孔子言天既赋我以如是之德,则桓魋其奈我何?言必不能违天害己。"

【译文】

孔子说:"上天把德赋予了我,桓魋能把我怎么样?"

【阐释】

公元前492年,孔子从卫国去陈国时经过宋国。桓魋听说以后,带兵要去害孔子。当时孔子正与弟子们在大树下演习周礼的仪式,桓魋砍倒大树,而且要杀孔子,孔子连忙在学生保护下,离开了宋国,在逃跑途中,他说了这句话。他认为,自己是有仁德的人,而且是上天把仁德赋予了他,所以桓魋对他是无可奈何的。

【原文】

子曰:"二三子①以我为隐乎?吾无隐乎尔。吾无行而不与二三子者,是丘也。"

体道无隐

【注释】

①二三子：这里指孔子的学生们。

【名家点评】

朱子曰："诸弟子以夫子之道高深不可几及，故疑其有隐。而不知圣人作、止、语、默无非教也，故夫子以此言晓之。"

吕氏曰："圣人体道无隐，与天象昭然，莫非至教。常以示人，而人自不察。"

【译文】

孔子说："学生们，你们以为我对你们有什么隐瞒的吗？我是丝毫没有隐瞒的。我没有什么事不是和你们一起干的。我孔丘就是这样的人。"

【阐释】

学问的精神在于体验，生活处处无时无刻无不体现出学问的真谛与精髓。

被人猜忌与中伤,是十分痛苦的,而更为令人痛心地是被自己悉心为之重视的人所疑忌。圣德昭日月,犹被疑忌,何况我辈被人误解! 教育只是外在的方法,真正的学问在于自己的积累与彻晤,善学者,在于体察幽微。

【原文】

子以四教:文①、行②、忠③、信④。

【注释】

①文:文献、古籍等。②行:指德行,也指社会实践方面的内容。③忠:尽己之谓忠,对人尽心竭力的意思。④信:以实之谓信。诚实的意思。

【名家点评】

程子曰:"教人以学文、修行而存忠、信也。忠、信,本也。"

【译文】

孔子以文、行、忠、信四项内容教授学生。

【阐释】

本章主要讲孔子教学的内容。当然,这仅是他教学内容的一部分,并不包括全部内容。孔子注重历代古籍、文献资料的学习,但仅有书本知识还不够,还要重视社会实践活动,所以,从《论语》书中,我们可以看到孔子经常带领他的学生周游列国,一方面向各国统治者进行游说,一方面让学生在实践中增长知识和才干。但书本知识和实践活动仍不够,还要养成忠、信的德行,即对待别人的忠心和与人交际的信实。概括起来讲,就是书本知识、社会实践和道德修养三个方面。

社会的发展取决于教育的导向,教育问题是我们目前乃至一个相当长的时期所面临的一切问题中最为重大的问题,也是一个根本的问题。教育对于社会的发展影响深刻地左右着民族文化的未来发展方向。

孔子以《诗》《书》《礼》《乐》教育弟子,注重人内心修养的提高和人格的塑造。是值得我们深思的,也是值得我们现今的教育所取法的。

古人的教习讲授是自由的,既没有升级之说,也没有相应的严格的年级课本。他们只是以确定的教材,让其自行学习,充分发挥自己的天资和努力精神。我们何不借鉴古人的方法,将各学科义务教育的知识系统地编写成为独立的体系性教材,由学生根据自己的情况自由地掌握学习进度呢?既可以在某一个感兴趣的科目上快速地深入,又可以根据自己的需要在其他的学科上自主分配精力。我们总是生硬地以一本教材力求解决知识的传授问题,却总是不太考虑受教者个体的差异。不论其天赋如何,大家都坐在一间教室,拿着同样的教材,以体现教育的表面的公平性,消耗着同样的时间,既不让你快速突进,也不允许你慢慢咀嚼。只是按照一个所谓的教学计划(不知是否合理,是否经过论证),按部就班地一学期学完规定的课程,不论是否领悟,或者领悟的程度。这种教育体制,实在是弊大于利,既不利于天资较高者的速成,也不利于先天反应较慢者的细细体会,同样也对大多数的正常人的学习造成不良影响。压制天才,耗去其激情;阉割庸常人的热情,造成教育抵触,根本就不利于人才的成长。

教育的目的在于培养出对社会有用的人才,而不是训练。

【原文】

子曰:"圣人,吾不得而见之矣!得见君子者,斯①可矣。"子曰:"善人,吾不得而见之矣!得见有恒②者,斯可矣。亡而为有,虚而为盈,约③而为泰④,难乎有恒矣。"

【注释】

①斯:就。②恒:指恒心。③约:穷困。④泰:这里是奢侈的意思。

【名家点评】

张敬夫曰:"圣人、君子以学言,善人、有恒者以质言。"张子曰:"有恒者,不贰其心。善人者,志于仁而无恶。"

【译文】

孔子说:"圣人我是不可能看到了,能看到君子,这就可以了。"孔子又说:"善人我不可能看到了,能见到始终如一(保持好的品德的)人,这也就可以了。没有却装作有,空虚却装作充实,穷困却装作富足,这样的人是难于有恒心(保持好的品德)的。"

【阐释】

对于春秋末期社会"礼崩乐坏"的状况,孔子似乎感到一种绝望,因为他认为在那样的社会背景下,难以找到他观念中的"圣人""善人",而那些"虚而为盈,约而为泰"的人

七六七

君子授教图

却比比皆是,在这样的情况下,能看到"君子""有恒者",也就心满意足了。

一个人专业上的成就,取决于他的学品。只有在一步一步地从细小处努力,日积月累,达到渐进的成果。只有经历长久地踏实努力,终其一生不敢懈怠,不放弃自己的追求,谨慎而勤勉,使其人生有所造就。虚夸浮躁的轻佻之徒,不可能有所建树。

人在法律上是平等的,但是,人的修养是有层次的。由于修养所达到的程度不同,就有圣人、君子、善人以及平庸的普通人的分别。做人是一辈子的事,是一刻也不可放任的。在于坚持不懈地学习提高,一个阶梯一个阶梯地深化其学养,提升其道德境界。

天才出于勤奋,我们仰慕圣贤,圣贤并非生而如此。所以,我们应当倍加努力,对于自己的修养能够做到持之以恒,就能够成为一个有道德情操的人;并进一步深入学习,提高修养,就能够成为君子;再由君子进入圣贤。这就是人生修养必须经历的进步的阶梯。是由点滴的积累而自然形成的,没有丰点取巧的可能。因此,做人必须约束自己,自强不

仰慕圣贤

息,使自己的言行符合道德规范,循序渐进,不存有任何苟且心理,这样才能在每天不断
进步的基础上有所进益。所以孟子说"五谷者,种之美者也。苟为不熟,不如荑稗。夫仁
亦在乎熟之而已矣。"(《孟子·告子》)

【原文】

子钓而不纲①,弋②不射宿③。

【注释】

①纲:大绳。这里作动词用。在水面上拉一根大绳,在大绳上系许多鱼钩来钓鱼,叫
纲。②弋:用带绳子的箭来射鸟。③宿:指归巢歇宿的鸟儿。

【名家点评】

洪氏曰:"孔子少贫贱,为养与祭,或不得已而钓、弋,如猎较是也。然尽物取之,出其不意,亦不为也。此可见仁人之本心矣。待物如此,待人可知;小者如此,大者可知。"

【译文】

孔子只用(有一个鱼钩的)钓竿钓鱼,而不用(有许多鱼钩的)大绳钓鱼。只射飞鸟,不射巢中歇宿的鸟。

【阐释】

天地的盛大功德在于化生万物。无论花木还是杂草,都是天生地长,无论虫鱼鸟兽,都是大自然的精灵,都有自由生存的理由。夜幕的渐渐降临,明月隐现,宿鸟归飞,花草静静地吐露芬芳,自然界和谐的乐章令人沉醉。一切的生命都在此刻融入切切的适意,谁还会在乎渔猎的多少,又何忍心捕捉回家的羽翼? 何况还有"劝君莫打三春鸟,子在巢中望母归"的古训。

万物具有各种各样的性情,而快活地生活在自然界,它们的生命同我们一样值得珍惜。因此,古代圣贤对于祭祀所需要的禽和鱼,捕获则顺应时令,享用则按照礼节,正是体现天地仁厚之德。

爱护动物是人类应有的道德,然而,人们却一度以山珍海鲜、珍禽异兽为时尚美味。为了口腹的满足而肆无忌惮地去捕杀烹煮动物。以至于有人戏言:除了天上飞的飞机,地上跑的汽车不吃外,什么都吃。致使这个小小星球上的生物种类锐减,使生态平衡招致严重的破坏。于是,大自然开始了它无情的报复:温室效应、龙卷风、沙尘暴使得人们有所警醒。然而一些饕餮之徒却仍然难改其本性,在略事收敛过后,又张开了血盆大口……生命就是这样地被残杀着,以至于最终将轮到人类自己。

物竞天择。由于自然的力量,许多美好与高贵的东西已经消失了,人类日渐孤独。但是我们还在执迷不悟,自以为万物之灵,做着戕害自然的勾当,无所顾忌地破坏着生态的环境。人啊,请高抬贵手,不要做出以牺牲他物的生命来满足自己的贪欲的事,还是让一切的生命自由地呼吸,自由地享受太阳的光辉。

本章中,孔子只用有一个鱼钩的钓竿钓鱼与用网捕鱼,和只用箭射飞行中的鸟与射巢中之鸟从实质上并无区别。孔子的这种做法,只不过表白他自己的仁德之心罢了。

【原文】

子曰:"盖有不知而作之者,我无是也。多闻,择其善者而从之;多见而识之,知之次也。"

【译文】

孔子说:"有这样一种人,可能他什么都不懂却在那里凭空创造,我却没有这样做过。多听,选择其中好的来学习;多看,然后记在心里,这是次一等的智慧。"

【阐释】

本章里,孔子提出对自己所不知的东西,应该多闻、多见,努力学习,反对那种本来什么都不懂,却在那里凭空创造的做法。这是他对自己的要求,同时也要求他的学生这样去做。

不懂装懂,装腔作势,借势压人,是庸人的通病。正是由于这个原因,孔子才教导说:"知之为知之,不知为不知,是知也。"

读书是为了明白事理,作文是为了阐发所得。只有心有所得,发前人之所未发,才作文。否则,还是免了罢。有这样的一些人,只凭道听途说,便加以主观杜撰,互相予以传播。更有以之为据,演义戏说,以致谬种流传,贻害于世。不穷深究,便随口传讹,贻笑于世,"不知而作之者"当深戒之。因为,文字是能够流传于世的,也是能够贻害于人的。因此,圣人对于述作是很谨慎的,只在有不得不作之文,有不得不作之得时,方援笔而作,且又言简意约,行文谨慎,孔子告诫说"慎辞哉"。然而,现今的人们,则是无述也作,无得也作,无学也作,以至于为了所谓的"名",用钱可以请人代为捉刀……把自己打扮成一个所谓的"文化人"形象,实则是借了"文化"的名头,对文化进行的践踏和糟害。文字是天地之间最圣洁的创制,既可将精深微妙的思想流传下来,也可记录为人不齿的恶行。既能成就人们的功名,辅佐人们的事业,开拓人们的识见,同时也能够令作恶者遗臭万年。岂可妄作! 慎之!

【原文】

互乡①难与言,童子见,门人惑。子曰:"与②其进也,不与其退也,唯何甚?③人洁己④以进,与其洁也,不保其往⑤也。"

【注释】

①互乡:地名,具体所在已无可考。②与:赞许。③进、退:一说进步、退步;一说进见

借势压人

请教,退出以后的作为。④洁己:洁身自好,努力修养,成为有德之人。⑤不保其往:保,一说担保,一说保守。往,一说过去,一说将来。

【名家点评】

朱子曰:"人洁己而来。但许其能自洁耳,固不能保其前日所为之善恶也;但许其进而来见耳,非许其既退而为不善也。盖不追其既往,不逆其将来,以是心至,斯受之耳。'唯'字上下,疑又有阙文。大抵亦不为已甚之意。"

程子曰:"圣人待物之洪如此。"

【译文】

(孔子认为)很难与互乡那个地方的人谈话,但互乡的一个童子却受到了孔子的接见,学生们都感到迷惑不解。孔子说:"我是肯定他的进步,不是肯定他的倒退。何必做得太过分呢?人家改正了错误以求进步,我们肯定他改正错误,不要死抓住他的过去不放。"

【阐释】

孔子时常向各地的人们宣传他的思想主张。但在互乡这个地方,就有些行不通了。所以他说:"与其进也,不与其退也";"人洁己以进,与其洁也,不保其往也",这从一个侧面体现出孔子"诲人不倦"的态度,而且他认为不应死抓着过去的错误不放。

开阔我们的胸襟,广大我们的情怀。不要斤斤计较以往的过错,也不要有地域的偏见。以发展的眼光看待人和事,给人以进步的机会。

天地无物而不容,故能成其大;沧海无流而不纳,故能成其深。那么,还是宽厚一点好,留一条路给大家走。

【原文】

子曰:"仁远乎哉? 我欲仁,斯仁至矣。"

【名家点评】

朱子曰:"仁者,心之德,非在外也。放而不求,故有以为远者;反而求之,则即此而在矣,夫岂远哉?"

程子曰:"为仁由己,欲之则至,何远之有?"

【译文】

孔子说:"仁难道离我们很远吗? 只要我想达到仁,仁就来了。"

【阐释】

从本章孔子的言论来看,仁是人天生的本性,因此为仁就全靠自身的努力,不能依靠外界的力量,"我欲仁,斯仁至矣。"这种认识的基础,仍然是靠道德的自觉,要经过不懈的努力,就有可能达到仁。这里,孔子强调了人进行道德修养的主观能动性,有其重要意义。

【原文】

陈司败①问:"昭公②知礼乎?"孔子曰:"知礼。"孔子退,揖③巫马期④而进之,曰:"吾闻君子不党⑤,君子亦党乎? 君取⑥于吴,为同姓⑦,谓之吴孟子⑧。君而知礼,孰不知礼?"

巫马期以告。子曰:"丘也幸,苟有过,人必知之。"

【注释】

①陈司败:陈国主管司法的官,姓名不详,也有人说是齐国大夫,姓陈名司败。②昭公:鲁国的君主,名裯,公元前541~前510年在位。"昭"是谥号。③揖:作揖,行拱手礼。④巫马期:姓巫马名施,字子期,孔子的学生,比孔子小30岁。⑤党:偏袒、包庇的意思。⑥取:同"娶"。⑦为同姓:鲁国和吴国的国君同姓姬。周礼规定:同姓不婚,昭公娶同姓女,是违礼的行为。⑧吴孟子:鲁昭公夫人。春秋时代,国君夫人的称号,一般是她出生的国名加上她的姓,但因她姓姬,故称为吴孟子,而不称吴姬。

【名家点评】

朱子曰:"孔子不可自谓讳君之恶,又不可以娶同姓为知礼,故受以为过而不辞。"

吴氏曰:"鲁盖夫子父母之国,昭公,鲁之先君也。司败又未尝显言其事,而遽以'知礼'为问,其对之宜如此也。及司败以为有党,而夫子受以为过,盖夫子之盛德,无所不可也。然其受以为过也,亦不正言其所以过,初若不知孟子之事者,可以为万世之法矣。"

【译文】

陈司败问:"鲁昭公懂得礼吗?"孔子说:"懂得礼。"孔子出来后,陈司败向巫马期作了个揖,请他走近自己,对他说:"我听说,君子是没有偏私的,难道君子还包庇别人吗?鲁君在吴国娶了一个同姓的女子做夫人,是国君的同姓,称她为吴孟子。如果鲁君算是知礼,还有谁不知礼呢?"巫马期把这句话告诉了孔子。孔子说:"我真是幸运。如果有错,人家一定会知道。"

【阐释】

鲁昭公娶同姓女为夫人,违反了礼的规定,而孔子却说他懂礼。这表明孔子的确在为鲁昭公袒护,即"为尊者讳"。孔子以维护当时的宗法等级制度为最高原则,所以他自身出现了矛盾。在这种情况下,孔子又不得不自嘲似的说:"丘也幸,苟有过,人必知之。"事实上,他已经承认偏袒鲁昭公是自己的过错,只是无法解决这个矛盾而已。

孔子说:"丘也幸,苟有过,人必知之。"圣人之过错如日月,光明磊落地袒露在世人面前,不存刻意地遮掩和虚伪的矫饰。古语云:若要人不知,除非己莫为。既为之,人必知之。众目睽睽，朗朗乾坤，谁能尽掩天下人之耳目而杜其口？唯其修养自己，省己之非，养己之德，泽被后世，荫庇苍生，皇天后土，不负其心。

【原文】

子与人歌而善，必使反之，而后和之。

【名家点评】

朱子曰："此见圣人气象从容，诚意恳至，而其谦逊审密，不掩人善又如此。盖一事之微，而众善之集，有不可胜既者焉。"

【译文】

孔子与别人一起唱歌，如果唱得好，一定要请他再唱一遍，然后和他一起唱。

君子躬行

【阐释】

君子之行,不掩人善,不议人非。德行,见之于日常生活细微之忧、乐、言、行中,于人所长,虚心学习。

学而不厌,故能诲人不倦。学之虚怀若谷,诲之悉心相授,圣人之美德盛意如此。

由此观之,世人之挟技邀功,恃长傲物,蓄意卖弄,实愚者所为,并非大器。

【原文】

子曰:"文,莫①吾犹人也。躬行君子,则吾未之有得。"

【注释】

莫:约莫、大概、差不多。

【名家点评】

谢氏曰:"文,虽圣人,无不与人同,故不逊;能躬行君子,斯可以人圣,故不居。犹言'君子道者三,我无能焉'。"

圣人孔子

【译文】

孔子说:"就书本知识来说,大约我和别人差不多,做一个身体力行的君子,那我还没有做到。"

【阐释】

对于"文,莫吾犹人也"一句,在学术界还有不同解释。有的说此句意为:"讲到书本知识我不如别人";有的说此句应为:"勤勉我是能和别人相比的。"我们这里采用了"大约我和别人差不多"这样的解释。他从事教育,既要给学生传授书本知识,也注重培养学生的实际能力。他说自己在身体力行方面,还没有取得君子的成就,希望自己和学生们尽可能地从这个方面再作努力。

子曰:"若圣与仁,则吾岂敢?抑①为之②不厌,诲人不倦,则可谓云尔③已矣。"公西华曰:"正唯弟子不能学也。"

不厌不倦

【注释】

①抑:语气词,"只不过是"的意思。②为之:指圣与仁。③云尔:这样说。

【名家点评】

朱子曰:"圣者,大而化之。仁,则心德之全而人道之备也。为之,谓为仁圣之道。诲人,亦谓以此教人也。然不厌不倦,非已有之则不能,所以弟子不能学也。"

晁氏曰:"当时有称夫子圣且仁者,以故夫子辞之。苟辞之而已焉,则无以进天下之材,率天下之善,将使圣与仁为虚器,而人终莫能至矣。故夫子虽不居仁圣,而必以为之

中华传世藏书

论语诠解

《论语》注解

不厌、诲人不倦自处也。'可谓云尔已矣'者，无他之辞也。公西华仰而叹之，其亦深知夫子之意矣。"

【译文】

孔子说："如果说到圣与仁，那我怎么敢当！不过（向圣与仁的方向）努力而不感觉厌烦地做，教诲别人也从不感觉疲倦，则可以这样说的。"公西华说："这正是我们学不到的。"

【阐释】

本篇第2章里，孔子已经谈到"学而不厌，诲人不倦"，本章又说到"为之不厌，诲人不倦"的问题，其实是一致的。他感到，说起圣与仁，他自己还不敢当，但朝这个方向努力，他会不厌其烦地去做，而同时，他也不感疲倦地教诲别人。这是他的由衷之言。仁与不仁，其基础在于好学不好学，而学又不能停留在口头上，重在能行。所以学而不厌，为之不厌，是相互关联、基本一致的。

【原文】

子疾病①，子路请祷②。子曰："有诸③？"子路对曰："有之。《诔》④曰：'祷尔于上下神祇⑤。'"子曰："丘之祷久矣。"

【注释】

①疾病：疾指有病，病指病情严重。②请祷：向鬼神请求和祷告，即祈祷。③有诸：诸，"之于"的合音。意为：有这样的事吗。④《诔》，祈祷文。⑤神祇，古代称天神为神，地神为祇。

【名家点评】

朱子曰："祷者，悔过迁善，以祈神之佑也。无其理则不必祷。既曰有之，则圣人未尝有过，无善可迁，其素行固已合于神明，故曰：'丘之祷久矣。'又《士丧礼》疾病行祷五行祀，盖臣子迫切之至情有不能自已者，初不请于病者而后祷也。故孔子之于子路，不直拒之，而但告以无所事祷之意。"

【译文】

孔子病情严重，子路向鬼神祈祷。孔子说："有这回事吗？"子路说："有的。《诔》文

悔过迁善

上说:'为你向天地神灵祈祷。'"孔子说:"我很久以来就在祈祷了。"

【阐释】

孔子患了重病,子路为他祈祷,孔子对此举并不加以反对,而且说自己已经祈祷很久了。对于这段文字怎么理解?有人认为,孔子本人也向鬼神祈祷,说明他是一个非常迷信天地神灵的人;也有人说,他已经向鬼神祈祷很久了,但病情却未见好转,表明他对鬼神抱有怀疑态度,说孔子认为自己平素言行并无过错,所以祈祷对他无所谓。这两种观点,请读者自己去仔细品评。

【原文】

子曰:"奢则不孙①,俭则固②。与其不孙也,宁固。"

【注释】

①孙:同"逊",恭顺。不孙,即为不顺,这里的意思是"越礼"。②固:简陋、鄙陋,这里

君子循礼

是寒酸的意思。

【名家点评】

朱子曰："奢、俭俱失中，而奢之害大。"

晁氏曰："不得已而救时之弊也。"

【译文】

孔子说："奢侈了就会越礼，节俭了就会寒酸。与其越礼，宁可寒酸。"

【阐释】

春秋时代各诸侯、大夫等都极为奢侈豪华，他们的生活享乐标准和礼仪规模都与周天子没有区别，这在孔子看来，都是越礼、违礼的行为。尽管节俭就会让人感到寒酸，但与其越礼，则宁可寒酸，以维护礼的尊严。

【原文】

子曰:"君子坦荡荡①,小人长戚戚②。"

【注释】

①坦荡 荡:心胸宽广、开阔、容忍。②长戚戚:经常忧愁、烦恼的样子。

【名家点评】

程子曰:"君子坦荡荡,心广体胖。"又曰:"君子循理,故常舒;小人役于物,故多忧戚。"

【译文】

孔子说:"君子心胸宽广,小人经常忧愁。"

恭而安图

　　"君子坦荡荡,小人长戚戚"是自古以来人们所熟知的一句名言。许多人常常将此写成条幅,悬于室中,以激励自己。孔子认为,作为君子,应当有宽广的胸怀,可以容忍别人,容纳各种事件,不计个人利害得失。心胸狭窄,与人为难,与己为难,时常忧愁,局促不安,就不可能成为君子。

【原文】

子温而厉,威而不猛,恭而安。

【名家点评】

朱子曰:"人之德性本无不备,而气质所赋,鲜有不偏。惟圣人全体浑然,阴阳合德,故其中和之气见于容貌之间者如此。门人熟察而详记之,亦可见其用心之密矣。抑非知足以知圣人而善言德行者不能记,故程子以为曾子之言。学者所宜反复而玩味也。"

【译文】

孔子温和而又严厉,威严而不凶猛,庄重而又安详。

【阐释】

这是孔子的学生对孔子的赞扬。孔子认为人有各种欲与情,这是顺因自然的,但人所有的情感与欲求,都必须合乎"中和"的原则。"厉""猛"等都有些"过",而"不及"同样是不可取的。孔子的这些情感与实际表现,可以说正是符合中庸原则的。

泰伯篇第八

【解读】

本篇共计二十一章。本篇的基本内容,涉及孔子及其学生对尧舜禹等古代先王的评价;孔子教学方法和教育思想的进一步发挥;孔子道德思想的具体内容以及曾子在若干问题上的见解。

【原文】

子曰:"泰伯①,其可谓至德也已矣。三②以天下让,民无得而称焉③。"

【注释】

①泰伯:周代始祖古公亶父的长子。②三:多次的意思。③民无得而称焉:百姓找不

到合适的词句来赞扬他。

泰伯塑像

【译文】

孔子说:"泰伯可以说是品德最高尚的人了,几次把王位让给季历,老百姓都找不到合适的词句来称赞他。"

【阐释】

传说古公亶父知道三子季历的儿子姬昌有圣德,想传位给季历,泰伯知道后便与二弟仲雍一起避居到吴。古公亶父死,泰伯不回来奔丧,后来又断发文身,表示终身不返,把君位让给了季历,季历传给姬昌,即周文王。武王时,灭了殷商,统一了天下。这一历史事件在孔子看来,是值得津津乐道的,三让天下的泰伯是道德最高尚的人。只有天下让与贤者、圣者,才有可能得到治理,而让位者则显示出高尚的品格,老百姓对他们是称赞无比的。

【原文】

子曰:"恭而无礼则劳[1],慎而无礼则葸[2],勇而无礼则乱,直而无礼则绞[3]。君子笃[4]于亲,则民兴于仁;故旧[5]不遗,则民不偷[6]。"

【注释】

①劳:辛劳,劳苦。②葸:拘谨,畏惧的样子。③绞:说话尖刻,出口伤人。④笃:厚

待、真诚。⑤故旧:故交,老朋友。⑥偷:淡薄。

民兴于仁

【名家点评】

张子曰:"人道知所先后,则恭不劳、慎不葸、勇不乱、直不绞,民化而德厚矣。"

【译文】

孔子说:"只是恭敬而不以礼来指导,就会徒劳无功;只是谨慎而不以礼来指导,就会畏缩拘谨;只是勇猛而不以礼来指导,就会说话尖刻。在上位的人如果厚待自己的亲属,老百姓当中就会兴起仁的风气;君子如果不遗弃老朋友,老百姓就不会对人冷漠无情了。"

【阐释】

"恭""慎""勇""直"等德目不是孤立存在的,必须以"礼"做指导,只有在"礼"的指导下,这些德目的实施才能符合中庸的准则,否则就会出现"劳""葸""乱""绞",就不可能达到修身养性的目的。

【原文】

曾子有疾,召门弟子曰:"启①予足! 启予手!《诗》云②:'战战兢兢,如临深渊,如履薄冰。'而今而后,吾知免^③夫,小子^④!"

【注释】

①启:开启,曾子让学生掀开被子看自己的手脚。②《诗》云:以下三句引自《诗经·小雅·小旻》篇。③免:指身体免于损伤。④小子:对弟子的称呼。

【名家点评】

程子曰:"君子曰终,小人曰死。君子保其身以没,为终其事也,故曾子以全归为免矣。"

尹氏曰:"父母全而生之,子全而归之。曾子临终而启手足,为是故也。非有得于道,能如是乎?"

范氏曰:"身体犹不可亏也,况亏其行以辱其亲乎?"

【译文】

曾子有病,把他的学生召集到身边来,说道:"看看我的脚!看看我的手(看看有没有损伤)!《诗经》上说:'小心谨慎呀,好像站在深渊旁边,好像踩在薄冰上面。'从今以后,我知道我的身体是不再会受到损伤了,弟子们!"

【阐释】

曾子借用《诗经》里的三句,来说明自己一生谨慎小心,避免损伤身体,能够对父母尽孝。据《孝经》记载,孔子曾对曾参说过:"身体发肤,受之父母,不敢毁伤,孝之始也。"就是说,一个孝子,应当极其爱护父母给予自己的身体,包括头发和皮肤都不能有所损伤,这就是孝的开始。曾子在临死前要他的学生们看看自己的手脚,以表白自己的身体完整无损,是一生遵守孝道的。可见,孝在儒家的道德规范当中是多么重要。

【原文】

曾子有疾,孟敬子^①问^②之。曾子言曰:"鸟之将死,其鸣也哀;人之将死,其言也善。君子所贵乎道者三:动容貌^③,斯远暴慢^④矣;正颜色^⑤,斯近信矣;出辞气^⑥,斯远鄙倍^⑦矣。笾豆之事^⑧,则有司^⑨存。"

【注释】

①孟敬子:即鲁国大夫孟孙捷。②问:探望、探视。③动容貌:使自己的内心感情表

恪守孝道

现于面容。④暴慢：粗暴、放肆。⑤正颜色：使自己的脸色庄重严肃。⑥出辞气：出言，说话。指注意说话的言辞和口气。⑦鄙倍：鄙，粗野。倍，同"背"，悖理。⑧笾豆之事：笾（biān）和豆都是古代祭祀和典礼中的用具。⑨有司：指主管某一方面事务的官吏，这里指主管祭祀、礼仪事务的官吏。

【名家点评】

程子曰："动容貌，举一身而言也。周旋中礼，暴慢斯远矣。正颜色则不妄，斯近信矣。出辞气，正由中出，斯远鄙倍。三者正身而不外求，故曰'笾豆之事，则有司存'。"

尹氏曰："养于中则见于外，曾子盖以修己为为政之本。若乃器用事物之细，则有司存焉。"

【译文】

曾子有病，孟敬子去看望他。曾子对他说："鸟快死了，它的叫声是悲哀的；人快死了，他说的话是善意的。君子所应当重视的道有三个方面：使自己的容貌庄重严肃，这样可以避免粗暴、放肆；使自己的脸色一本正经，这样就接近于诚信；使自己说话的言辞和语气谨慎小心，这样就可以避免粗野和悖理。至于祭祀和礼节仪式，自有主管这些事务的官吏来负责。"

【阐释】

曾子与孟敬子在政治立场上是对立的。曾子在临死以前,他还在试图改变孟敬子的态度,所以他说:"人之将死,其言也善。"这一方面表白他自己对孟敬子没有恶意,同时也告诉孟敬子,作为君子应当重视的三个方面。这些道理现在看起来,还是很有意义的。对于个人的道德修养与和谐的人际关系有重要的借鉴价值。

【原文】

曾子曰:"以能问于不能,以多问于寡;有若无,实若虚;犯而为校①。昔者吾友②尝从事于斯矣。"

【注释】

①校:同"较",计较。②吾友:我的朋友。旧注上一般都认为这里指颜渊。

【名家点评】

谢氏曰:"不知有余在己,不足在人;不必得为在己,失为在人,非几于无我者不能也。"

【译文】

曾子说:"自己有才能却向没有才能的人请教,自己知识多却向知识少的人请教,有学问却像没学问一样;知识很充实却好像很空虚;被人侵犯却也不计较。从前我的朋友就这样做过了。"

【阐释】

曾子在这里所说的话,完全秉承了孔子的思想学说。"问于不能""问于寡"等都表明在学习上的谦逊态度。没有知识、没有才能的人并不是一钱不值的,在他们身上总有值得你学习的地方。所以,在学习上,即要向有知识、有才能的人学习,又要向少知识、少才能的人学习。其次,曾子还提出"有若无""实若虚"的说法,希望人们始终保持谦虚不自满的态度。第三,曾子说"犯而不校",表现出一种宽阔的胸怀和忍让精神,这也是值得学习的。

【原文】

曾子说:"可以托六尺之孤①,可以寄百里之命②,临大节而不可夺也。君子人与? 君子人也。"

【注释】

①托六尺之孤:孤,死去父亲的小孩叫孤。六尺,指 15 岁以下,古人以七尺指成年。托孤,受君主临终前的嘱托辅佐幼君。②寄百里之命:寄,寄托、委托。百里之命,指掌握国家政权和命运。

【名家点评】

程子曰:"节操如是,可谓君子矣。"

朱子曰:"其才可以辅幼君、摄国政,其节至于死生之际而不可夺,可谓君子矣。"

【译文】

曾子说:"可以把年幼的君主托付给他,可以把国家的政权托付给他,面临生死存亡的紧急关头而不动摇屈服。这样的人是君子吗? 是君子啊!"

【阐释】

孔子所培养的就是有道德、有知识、有才干的人,他可以受命辅佐幼君,可以执掌国家政权,这样的人在生死关头决不动摇,决不屈服,这就是具有君子品格的人。

【原文】

曾子曰:"士不可以不弘毅①,任重而道远。仁以为己任,不亦重乎? 死而后已,不亦远乎?"

【注释】

①弘毅:弘,广大。毅,强毅。

【名家点评】

朱子曰:"非弘不能胜其重,非毅无以致其远。""仁者,人心之全德,而必欲以身体而力行之,可谓重矣。一息尚存,此志不容少懈,可谓远矣。"

程子曰:"弘而不毅,则无规矩而难立;毅而不弘,则隘陋而无以居之。"又曰:"弘大刚

生死关头不动摇

毅,然后能胜重任而远到。"

【译文】

曾子说:"士不可以不宏大刚强而有毅力,因为他责任重大,道路遥远。把实现仁作为自己的责任,难道还不重大吗?奋斗终生,死而后已,难道路程还不遥远吗?"

【原文】

子曰:"兴①于《诗》,立于礼,成于乐。"

【注释】

①兴:开始。

【名家点评】

程子曰:"天下之英才不为少矣,特以道学不明,故不得有所成就。夫古人之诗,如今之歌曲,虽闾里童稚,皆习闻之而知其说,故能兴起。今虽老师宿儒,尚不能晓其义,况学者乎?是不得兴于《诗》也。古人自洒扫应对,以至冠、昏、丧、祭,莫不有礼,今皆废坏,是以人伦不明,治家无法。是不得立于礼也。古人之乐:声音所以养其耳,采色所以养其目,歌咏所以养其性情,舞蹈所以养其血脉。今皆无之,是不得成于乐也。是以古之成材也易,今之成材也难。"

王应麟曰:"夫子之教必始于《诗》《书》而终于《礼》《乐》,杂说不与焉。"

【译文】

孔子说:"(人的修养)开始于学《诗》,自立于学礼,完成于学乐。"

【阐释】

本章里孔子提出了他从事教育的三方面内容:诗、礼、乐,而且指出了这三者的不同作用。它要求学生不仅要讲个人的修养,而且要有全面、广泛的知识和技能。

【原文】

子曰:"民可使由之,不可使知之。"

【名家点评】

朱子曰:"民可使之由于是理之当然,而不能使之知其所以然也。"

程子曰:"圣人设教,非不欲人家喻而户晓也,然不能使之知,但能使之由之尔。若曰圣人不使民知,则是后世朝四暮三之术也,岂圣人之心乎?"

【译文】

孔子说:"对于老百姓,只能使他们按照我们的意志去做,不能使他们懂得为什么要这样做。"

【阐释】

孔子思想上有"爱民"的内容,但这有前提。他爱的是"顺民",不是"乱民"。本章里他提出的"民可使由之,不可使知之"的观点,就表明了他的"愚民"思想,当然,愚民与爱民并不是互相矛盾的。另外有人认为,对此句应做如下解释:"民可,使由之;不可,使知之。"即百姓认可,就让他们照着去做;百姓不认可,就给他们说明道理。持这种观点的人认为这是孔子倡行朴素民主政治的尝试。但大多数学者认为这样断句,不符合古汉语的语法;这样理解,拔高了孔子的思想水平,使古人现代化了,也与《论语》一书所反映的孔子思想不符。

【原文】

子曰："好勇疾①贫,乱也。人而不仁②,疾之已甚③,乱也。"

【注释】

①疾:恨、憎恨。②不仁:不符合仁德的人或事。③已甚:已,太。已甚,即太过分。

【名家点评】

朱子曰："好勇而不安分,则必作乱。恶不仁之人而使之无所容,则必致乱。二者之心,善恶虽殊,然其生乱则一也。"

【译文】

孔子说："喜好勇敢而又恨自己太穷困,就会犯上作乱。对于不仁德的人或事逼迫得太厉害,也会出乱子。"

【阐释】

本章与上一章有关联。在孔子看来,老百姓如果不甘心居于自己穷困的地位,他们就会起来造反,这就不利于社会的安定,而对于那些不仁的人逼迫得太厉害,也会惹出祸端。所以,最好的办法就是"民可使由之,不可使知之",培养人们的"仁德"。

【原文】

子曰："如有周公之才之美,使骄且吝,其余不足观也已。"

【名家点评】

程子曰："此甚言骄、吝之不可也。盖有周公之德,则自无骄、吝;若但有周公之才而骄、吝焉,亦不足观矣。"又曰："骄,气盈。吝,气歉。"

朱子曰："骄、吝虽有盈歉之殊,然其势常相因。盖骄者吝之枝叶,吝者骄之本根。故尝验之天下之人,未有骄而不吝,吝而不骄者也。"

【译文】

孔子说："(一个在上位的君主)即使有周公那样美好的才能,如果骄傲自大而又吝啬小气,那其他方面也就不值得一看了。"

骄吝必败

【原文】

子曰:"三年学,不至于谷①,不易得也。"

【注释】

①谷:古代以谷作为官吏的俸禄,这里用"谷"字代表做官。不至于谷,即做不了官。

【名家点评】

朱子曰:"为学之久,而不求禄,如此之人,不易得也。"

杨氏曰:"虽子张之贤,犹以干禄为问,况其下者乎? 然则三年学而不至于谷,宜不易得也。"

【译文】

孔子说:"学了三年,还做不了官的,是不易找到的。"

【阐释】

孔子办教育的主要目的,是培养治国安邦的人才,古时一般学习三年为一个阶段,此后便可做官。对本章另有一种解释,认为"学了三年还达不到善的人,是很少的"。读者可以根据自己的理解来阅读本章。

【原文】

子曰："笃信好学,守死善道,危邦不入,乱邦不居。天下有道则见^①,无道则隐。邦有道,贫且贱焉,耻也;邦无道,富且贵焉,耻也。"

【注释】

①见:同"现"。

【名家点评】

晁氏曰："有学有守,而去就之义洁,出处之分明,然后为君子之全德也。"

《礼记·中庸》云："国有道,其言足以兴;国无道,其默足以容。"孔颖达疏："国有道之时,尽竭智谋,其言足以兴成其国。……若无道之时,则韬光潜默,足以自容其身,免于祸害。"

【译文】

孔子说："坚定信念并努力学习,誓死守卫并完善治国与为人的大道。不进入政局不稳的国家,不居住在动乱的国家。天下有道就出来做官,天下无道就隐居不出。国家有道而自己贫贱,是耻辱;国家无道而自己富贵,也是耻辱。"

【阐释】

这是孔子给弟子们传授的为官之道。"天下有道则见,无道则隐";"用之则行,舍之则藏",这是孔子为官处世的一条重要原则。此外,他还提出应当把个人的贫贱荣辱与国家的兴衰存亡联系在一起,这才是为官的基点。

【原文】

子曰："不在其位,不谋其政。"

【名家点评】

程子曰："不在其位,则不任其事也。若君大夫问而告者,则有矣。"

【译文】

孔子说："不在那个职位上,就不考虑那个职位上的事。"

元道则隐

【阐释】

"不在其位,不谋其政"涉及儒家所谓的"名分"问题。不在其位而谋其政,则有僭越之嫌,就被人认为是"违礼"之举。"不在其位,不谋其政"也就是要"安分守己"。这在春秋末年为维护社会稳定,抑制百姓"犯上作乱"起到过重要作用,但对后世则有一定的不良影响,尤其对民众不关心政治、安分守礼的心态起到诱导作用。应当说,这是消极的。

【原文】

子曰:"师挚之始①,《关雎》之乱②,洋洋乎盈耳哉!"

【注释】

①师挚之始:师挚是鲁国的太师。"始"是乐曲的开端,即序曲。古代奏乐,开端叫"升歌",一般由太师演奏,师挚是太师,所以这里说是"师挚之始"。②《关雎》之乱:"始"是乐曲的开端,"乱"是乐曲的终了。"乱"是合奏乐。此时奏《关雎》乐章,所以叫"《关雎》之乱"。

【名家点评】

朱子曰:"孔子自卫反鲁而正乐,适师挚在官之初,故乐之美盛如此。"

【译文】

孔子说:"从太师挚演奏的序曲开始,到最后演奏《关雎》的结尾,丰富而优美的音乐在我耳边回荡。"

【原文】

子曰："狂①而不直,侗②而不愿③,悾悾④而不信,吾不知之矣。"

狂而不直

【注释】

①狂:急躁、急进。②侗:幼稚无知。③愿:谨慎、小心、朴实。④悾悾:同"空",诚恳的样子。

【名家点评】

苏氏曰："天之生物,气质不齐。其中材以下,有是德则有是病,有是病必有是德。故马之蹄啮者必善走,其不善者必驯。有是病而无是德,则天下之弃才也。"

【译文】

孔子说："狂妄而不正直,无知而不谨慎,表面上诚恳而不守信用,我真不知道有的人为什么会是这个样子。"

【阐释】

"狂而不直,侗而不愿,悾悾而不信"都不是好的道德品质,孔子对此十分反感。这是因为,这几种品质不符合中庸的基本原则,也不符合儒家一贯倡导的"温、良、恭、俭、让"和"仁、义、礼、智、信"的要求。所以孔子说:我真不知道有人会这样。

【原文】

子曰:"学如不及,犹恐失之。"

【名家点评】

朱子曰:"人之为学,既如有所不及矣,而其心犹竦然,唯恐其或失之,警学者当如是也。"

程子曰:"学如不及,犹恐失之,不得放过。才说姑待明日,便不可也。"

【译文】

孔子说:"学习知识就像追赶不上那样,又会担心丢掉什么。"

【阐释】

本章是讲学习态度的问题。孔子自己对学习知识的要求十分强烈,他也同时这样要求他的学生。这"学如不及,犹恐失之",其实就是"学而不厌"一句最好的注脚。

【原文】

子曰:"巍巍①乎,舜禹②之有天下也,而不与③焉!"

【注释】

①巍巍:崇高、高大的样子。②舜禹:舜是传说中的圣君明主。禹是夏朝的第一个国君。传说上古时代,尧禅位给舜,舜后来又禅位给禹。③与:参与、相关的意思。

【译文】

孔子说:"多么崇高啊! 舜和禹得到天下,不是夺过来的。"

【阐释】

这里孔子所讲的话,应该有所指。当时社会混乱,政局动荡,弑君、篡位者屡见不鲜。孔子赞颂传说时代的"舜、禹",表明对古时禅让制的认同,他借称颂舜禹,抨击现实中的

学而不厌

这些问题。

【原文】

子曰:"大哉尧①之为君也!巍巍乎,唯天为大,唯尧则②之。荡荡③乎民无能名④焉。巍巍乎其有成功也,焕⑤乎其有文章!"

【注释】

①尧:中国古代传说中的圣君。②则:效法、为准。③荡荡:广大的样子。④名:形容、称说、称赞。⑤焕:光辉。

【名家点评】

尹氏曰:"天道之大,无为而成。唯尧则之以治天下,故民无得而名焉。所可名者,其功业文章巍然焕然而已。"

【译文】

孔子说:"真伟大啊!尧这样的君主。多么崇高啊!只有天最高大,只有尧才能效法天的高大。(他的恩德)多么广大啊,百姓们真不知道该用什么语言来表达对它的称赞。他的功绩多么崇高,他制定的礼仪制度多么光辉啊!"

【阐释】

尧是中国传说时代的圣君。孔子在这里用极美好的语言称赞尧,尤其对他的礼仪制

礼之以齐

度愈加赞美,表达了他对古代先王的崇敬心情。

【原文】

舜有臣五人①而天下治。武王曰:"予有乱臣②十人。"孔子曰:"才难,不其然乎?唐虞之际③,于斯④为盛,有妇人焉⑤,九人而已。三分天下有其二⑥,以服事殷。周之德,其可谓至德也已矣。"

【注释】

①舜有臣五人:传说是禹、稷、契、皋陶、伯益等人。契:陶。②乱臣:据《说文》:"乱,治也。"此处所说的"乱臣",应为"治国之臣"。③唐虞之际:传说尧在位的时代叫唐,舜在位的时代叫虞。④斯:指周武王时期。⑤有妇人焉:指武王的乱臣十人中有武王之妻邑姜。⑥三分天下有其二:《逸周书·程典篇》说:"文王令九州岛之侯,奉勤于商。"相传当时分九州岛,文王得六州,是三分之二。

【名家点评】

包咸曰:"殷纣淫乱,文王为西伯而有圣德,天下归周者三分有二,而犹以服事殷,故谓之至德。"

范氏曰:"文王之德,足以代商。天与之,人归之,乃不取而服事焉,所以为至德也。孔子因武王之言而及文王之德,且与泰伯皆以'至德'称之,其旨微矣。"

【译文】

舜有五位贤臣,就能治理好天下。周武王也说过:"我有十个帮助我治理国家的臣子。"孔子说:"人才难得,难道不是这样吗?唐尧和虞舜之间及周武王这个时期,人才是最盛了。但十个大臣当中有一个是妇女,实际上只有九个人而已。周文王得了天下的三分之二,仍然事奉殷朝,周朝的德,可以说是最高的了。"

【阐释】

这段当中,孔子提出了一个重要问题,就是治理天下,必须有人才,而人才是十分难得的。有了人才,国家就可以得到治理,天下就可以太平。当然,这并不就证明孔子的"英雄史观",因为在历史发展过程中,杰出人物的确发挥了不可低估的巨大作用,这与人民群众的作用,都应该是不可忽视的。

【原文】

子曰:"禹,吾无间①然矣。菲②饮食,而致③孝乎鬼神,恶衣服而致美乎黻冕④;卑⑤宫室,而尽力乎沟洫⑥。禹,吾无间然矣。"

【注释】

①间:空隙的意思。此处用作动词。②菲:菲薄,不丰厚。③致:致力、努力。④黻冕:祭祀时穿的礼服叫黻;祭祀时戴的帽子叫冕。⑤卑:低矮。⑥沟洫:洫,沟渠。

【名家点评】

朱子曰:"或丰或俭,各适其宜,所以无罅隙之可议也,故再言以深美之。"

杨氏曰:"薄于自奉,而所勤者民之事,所致饰者宗庙朝廷之礼,所谓'有天下而不与'也,夫何间然之有!"

何晏《集解》:"孔子推禹功德之盛美,言己不能复间厕其间。"

【译文】

孔子说:"对于禹,我没有什么可以挑剔的了;他的饮食很简单而尽力去孝敬鬼神;他平时穿的衣服很简朴,而祭祀时尽量穿得华美,他自己住的宫室很低矮,而致力于修治水利事宜。对于禹,我确实没有什么挑剔的了。"

为政不仁

【阐释】

以上这几章,孔子对于尧、舜、禹给予高度评价,认为在他们的时代,一切都很完善,为君者生活简朴,孝敬鬼神,是执政者的榜样,而当今不少人拼命追逐权力、地位和财富,而把人民的生活和国家的富强放在了次要的位置,以古喻今,孔子是在向统治者提出警告。

子罕篇第九

【解读】

本篇共包括三十一章。本篇涉及孔子的道德教育思想,孔子弟子对其师的议论;此外,还记述了孔子的某些活动。

【原文】

子罕①言利与②命与仁。

【注释】

①罕：稀少，很少。②与：赞同、肯定。

【名家点评】

程子曰："计利则害义，命之理微，仁之道大，皆夫子所罕言也。"

【译文】

孔子很少谈到利益，却赞成天命和仁德。

【阐释】

"子罕言利"，说明孔子对"利"的轻视。在《论语》书中，我们也多处见到他谈"利"的问题，但基本上主张"先义后利""重义轻利"，可以说孔子很少谈"利"。此外，本章说孔子赞同"命"和"仁"，表明孔子对此是十分重视的。孔子讲"命"，常将"命"与"天"相连，即"天命"，这是孔子思想中的一个组成部分。孔子还讲"仁"，这是其思想的核心。对此，我们在前面的章节中也已评论，请参阅。

【原文】

达巷党人①曰："大哉孔子！博学而无所成名②。"子闻之，谓门弟子曰："吾何执？执御乎？执射乎？吾执御矣。"

【注释】

①达巷党人：古代五百家为一党，达巷是党名。这是说达巷党这地方的人。②博学而无所成名：学问渊博，因而不能以某一方面来称道他。

【名家点评】

朱子曰："欲使我何所执以成名乎？然则吾将执御矣。闻人誉己，承之以谦也。"

尹氏曰："圣人道全而德备，不可以偏长目之也。达巷党人见孔子之大，意其所学者博，而惜其不以一善得名于世，盖慕圣人而不知者也。故孔子曰：'欲使我何所执而得为名乎？然则吾将执御矣。'"

达巷党这个地方有人说:"孔子真伟大啊!他学问渊博,因而不能以某一方面的专长来称赞他。"孔子听说了,对他的学生说:"我要专长于哪个方面呢? 驾车呢? 还是射箭呢? 我还是驾车吧。"

【阐释】

对于本章里"博学而无所成名一句"的解释还有一种,即"学问广博,可惜没有一艺之长以成名。"持此说的人认为,孔子表面上伟大,但实际上算不上博学多识,他什么都懂,什么都不精。对此说,我们觉得似乎有些求全责备之嫌了。

【原文】

子曰:"麻冕①,礼也;今也纯②,俭③,吾从众。拜下④,礼也;今拜乎上,泰⑤也。虽违众,吾从下。"

【注释】

①麻冕:麻布制成的礼帽。②纯:丝绸,黑色的丝。③俭:俭省,麻冕费工,用丝则俭省。④拜下:大臣面见君主前,先在堂下跪拜,再到堂上跪拜。⑤泰:这里指骄纵、傲慢。

【名家点评】

程子曰:"君子处世,事之无害于义者,从俗可也;害于义,则不可从矣。"

《太平御览》曰:"臣祭于君,酬酢授爵,当拜于堂下。时臣骄泰,故拜于堂上。"

【译文】

孔子说:"用麻布制成的礼帽,符合于礼的规定。现在大家都用黑丝绸制作,这样比过去节省了,我赞成大家的做法。(臣见国君)首先要在堂下跪拜,这也是符合于礼的。现在大家都到堂上跪拜,这是骄纵的表现。虽然与大家的做法不一样,我还是主张先在堂下拜。"

【阐释】

孔子赞同用比较俭省的黑绸帽代替用麻织的帽子这样一种作法,但反对在面君时只在堂上跪拜的做法,表明孔子不是顽固地坚持一切都要合乎于周礼的规定,而是在他认

君子处世

为的原则问题上坚持己见,不愿做出让步,因跪拜问题涉及"君主之防"的大问题,与戴帽子有根本的区别。

【原文】

子绝四:毋意①,毋必②,毋固③,毋我④。

【注释】

①意:同"臆",猜想、猜疑。②必:必定。③固:固执己见。④我:这里指自私之心。

【名家点评】

张子曰:"四者有一焉,则与天地不相似。"

杨氏曰:"非知足以知圣人,详视而默识之,不足以记此。"

程子曰:"此毋字,非禁止之辞。圣人绝此四者,何用禁止?"

朱子曰:"四者相为终始,起于意,遂于必,留于固,而成于我也。盖意、必常在事前,固、我常在事后,至于我又生意,则物欲牵引,循环不穷矣。"

【译文】

孔子杜绝了四种弊病:没有主观猜疑,没有定要实现的期望,没有固执己见之举,没

戏谏图

有自私之心。

【阐释】

"绝四"是孔子的一大特点,这涉及人的道德观念和价值观念。人只有首先做到这几点才可以完善道德,修养高尚的人格。

【原文】

子畏于匡①,曰:"文王②既没,文不在兹③乎？天之将丧斯文也,后死者④不得与⑤于斯文也;天之未丧斯文也,匡人其如予何⑥?"

【注释】

①畏于匡:畏,受到威胁。匡,地名,在今河南省长垣县西南。公元前496年,孔子从卫国到陈国去经过匡地。匡人曾受到鲁国阳虎的掠夺和残杀。孔子的相貌与阳虎相像,匡人误以孔子就是阳虎,所以将他围困。②文王:周文王,姓姬名昌,西周开国之君周武王的父亲,是孔子认为的古代圣贤之一。③兹:这里指孔子自己。④后死者:孔子这里指自己。⑤与:同"举",这里是掌握的意思。⑥如予何:奈我何,把我怎么样。

孔子困厄

【名家点评】

马氏曰："文王既没,故孔子自谓后死者。言天若欲丧此文,则必不使我得与于此文;今我既得与于此文,则是天未欲丧此文也。天既未欲丧此文,则匡人其奈我何? 言必不能违天害己也。"

【译文】

孔子被匡地的人们所围困时,他说:"周文王死了以后,周代的礼乐文化不都体现在我的身上吗? 上天如果想要消灭这种文化,那我就不可能掌握这种文化了;上天如果不消灭这种文化,那么匡人又能把我怎么样呢?"

【阐释】

外出游说时被围困,这对孔子来讲已不是第一次,当然这次是误会。但孔子有自己坚定的信念,他强调个人的主观能动作用,认为自己是周文化的继承者和传播者。不过,当孔子屡遭困厄时,他也感到人力的局限性,而把决定作用归之于天,表明他对"天命"的认可。

【原文】

太宰①问于子贡曰:"夫子圣者与? 何其多能也?"子贡曰:"固天纵②之将圣,又多能也。"子闻之,曰:"太宰知我乎? 吾少也贱,故多能鄙事③。君子多乎哉? 不多也。"

【注释】

①太宰:官名,掌握国君宫廷事务。这里的太宰,有人说是吴国的太宰伯,但不能确认。②纵:让,使,不加限量。③鄙事:卑贱的事情。

【名家点评】

朱子曰:"由少贱故多能,而所能者鄙事尔,非以圣而无不通也。且多能非所以率人,故又言君子不必多能以晓之。"

【译文】

太宰问子贡说:"孔夫子是位圣人吧? 为什么这样多才多艺呢?"子贡说:"这本是上天让他成为圣人,而且使他多才多艺。"孔子听到后说:"太宰怎么会了解我呢? 我因为少年时地位低贱,所以会许多卑贱的技艺。君子会有这么多的技艺吗? 不会多的。"

【阐释】

作为孔子的学生,子贡认为自己的老师是天才,是上天赋予他多才多艺的。但孔子这里否认了这一点。他说自己少年低贱,要谋生,就要多掌握一些技艺,这表明,当时孔子并不承认自己是圣人。

【原文】

牢①曰:"子云,'吾不试②,故艺'。"

【注释】

①牢:郑玄说此人系孔子的学生,但在《史记·仲尼弟子列传》中未见此人。②试:用,被任用。

【译文】

子牢说:"孔子说过,'我(年轻时)没有去做官,所以会许多技艺'。"

【阐释】

这一章与上一章的内容相关联,同样用来说明孔子"我非"的思想。他不认为自己是"圣人",也不承认自己是"天才",他说他的多才多艺是由于年轻时没有去做官,生活比较清贫,所以掌握了这许多的谋生技艺。

【原文】

子曰:"吾有知乎哉?无知也。有鄙夫①问于我,空空如也②。我叩③其两端④而竭⑤焉。"

【注释】

①鄙夫:孔子称乡下人、社会下层的人。②空空如也:指孔子自己心中空空无知。③叩:叩问、询问。④两端:两头,指正反、始终、上下方面。⑤竭:穷尽、尽力追究。

【名家点评】

程子曰:"圣人之教人,俯就之若此,犹恐众人以为高远而不亲也。圣人之道,必降而自卑,不如此则人不亲。贤人之言,则引而自高,不如此则道不尊。观于孔子、孟子,则可见矣。"

尹氏曰:"圣人之言,上下兼尽。即其近,众人皆可与知;极其至,则虽圣人亦无以加焉。是之谓两端,如答樊迟之问仁、知,两端竭尽,无馀蕴矣。若夫语上而遗下,语理而遗物,则岂圣人之言哉?"

【译文】

孔子说:"我有知识吗?其实没有知识。有一个乡下人问我,我对他谈的问题本来一点也不知道。我只是从问题的两端去问,这样对此问题就可以全部搞清楚了。"

【阐释】

孔子本人并不是高傲自大的人。事实也是如此。人不可能对世间所有事情都十分精通,因为人的精力毕竟是有限的。但孔子有一个分析问题、解决问题的基本方法,这就是"叩其两端而竭",只要抓住问题的两个极端,就能求得问题的解决。这种方法,体现了儒家的中庸思想,是一种十分有意义的思想方法。

【原文】

子曰:"凤鸟①不至,河不出图②,吾已矣夫!"

【注释】

①凤鸟:古代传说中的一种神鸟。传说凤鸟在舜和周文王时代都出现过,它的出现象征着"圣王"将要出世。②河不出图:传说在上古伏羲氏时代,黄河中有龙马背负八卦图而出。它的出现也象征着"圣王"将要出世。

【名家典评】

何晏曰:"孔氏曰:圣人受命,则凤鸟至,河出图。今天无此瑞,吾已矣夫者,伤不得见也。"

张子曰:"凤至图出,文明之祥。伏羲、舜、文之瑞不至,则夫子之文章,知其已矣。"

王安石曰:"以余观之,《诗》三百,发愤于不遇者众。而孔子亦曰:'凤鸟不至,河不出图,吾已矣夫!'盖叹不遇也。"

【译文】

孔子说:"凤鸟不来了,黄河中也不出现八卦图了。我这一生也就完了吧!"

【阐释】

孔子为了恢复礼制而辛苦奔波了一生。到了晚年,他看到周礼的恢复似乎已经成为泡影,于是发出了以上的哀叹。从这几句话来看,孔子到了晚年,他头脑中的宗教迷信思想比以前更为严重。

【原文】

子见齐衰①者,冕衣裳者②与瞽③者,见之,虽少,必作④;过之,必趋⑤。

【注释】

①齐衰:丧服,古时用麻布制成。②冕衣裳者:冕,官帽;衣,上衣;裳,下服,这里统指官服。冕衣裳者指贵族。③瞽:盲。④作:站起来,表示敬意。⑤趋:快步走,表示敬意。

【名家点评】

范氏曰:"圣人之心,哀有丧,尊有爵,矜不成人。其作与趋,盖有不期然而然者。"

尹氏曰："此圣人之诚心,内外一者也。"

【译文】

孔子遇见穿丧服的人,当官的人和盲人时,虽然他们年轻,也一定要站起来,从他们面前经过时,一定要快步走过。

【阐释】

孔子对于周礼十分熟悉,他知道遇到什么人该行什么礼,对于尊贵者、家有丧事者和盲者,都应礼貌待之。孔子之所以这样做,也说明他极其尊崇"礼",并尽量身体力行,以恢复礼治的理想社会。

【原文】

颜渊喟①然叹曰:"仰之弥②高,钻③之弥坚;瞻④之在前,忽焉在后。夫子循循然善诱人⑤,博我以文,约我以礼,欲罢不能。即竭吾才,如有所立卓尔⑥。虽欲从之,末由⑦也已。"

约之以礼

【注释】

①喟:叹息的样子。②弥:更加,越发。③钻:钻研。④瞻:视、看。⑤循循然善诱人:循循然,有次序地。诱,劝导,引导。⑥卓尔:高大、超群的样子。⑦末由:末,无、没有。

由,途径,路径。这里是没有办法的意思。

【名家点评】

程子曰:"到此地位,功夫尤难,直是峻绝,又大段著力不得。"又曰:"此颜子所以为深知孔子而善学之者也。"

吴氏曰:"所谓卓尔,亦在乎日用行事之间,非所谓窈冥昏默者。"

侯氏曰:"博我以文,致知格物也。约我以礼,克己复礼也。"

【译文】

颜渊感叹地说:"(对于老师的学问与道德),我抬头仰望,越望越觉得高;我努力钻研,越钻研越觉得不可穷尽。看着它好像在前面,忽然又像在后面。老师善于一步一步地诱导我,用各种典籍来丰富我的知识,又用各种礼节来约束我的言行,使我想停止学习都不可能,直到我用尽了我的全力。好像有一个十分高大的东西立在我前面,虽然我想要追随上去,却没有前进的路径了。"

【阐释】

颜渊在本章里极力推崇自己的老师,把孔子的学问与道德说成是高不可攀。此外,他还谈到孔子对学生的教育方法,"循循善诱"则成为日后为人师者所遵循的原则之一。

【原文】

子疾病,子路使门人为臣①。病间②,曰:"久矣哉,由之行诈也。无臣而为有臣。吾谁欺?欺天乎?且予与其死于臣之手也,无宁③死于二三子之手乎?且予纵不得大葬④,予死于道路乎?"

【注释】

①为臣:臣,指家臣,总管。孔子当时不是大夫,没有家臣,但子路叫门人充当孔子的家臣,准备由此人负责总管安葬孔子之事。②病间:病情减轻。③无宁:宁可。"无"是发语词,没有意义。④大葬:指大夫的葬礼。

【名家点评】

杨氏曰:"非知至而意诚,则用智自私,不知行其所无事,往往自陷于行诈欺天而莫之范氏曰:"曾子将死,起而易箦,曰'吾得正而毙焉,斯已矣。'子路欲尊夫子。而不知无臣之不可为有臣,是以陷于行诈,罪至欺天。君子之于言行。虽微不可不谨。夫子深惩子路,所以警学者也。"

【译文】

孔子患了重病,子路派了(孔子的)门徒去做孔子的家臣,(负责料理后事,)后来,孔子的病好了一些,他说:"仲由很久以来就干这种弄虚作假的事情。我明明没有家臣,却偏偏要装作有家臣,我骗谁呢?我骗上天吧?与其在家臣的侍候下死去,我宁可在你们这些学生的侍候下死去,这样不是更好吗?而且即使我不能以大夫之礼来安葬,难道就会被丢在路边没人埋吗?"

【阐释】

儒家对于葬礼十分重视,尤其重视葬礼的等级规定。对于死去的人,要严格地按照周礼的有关规定加以埋葬。不同等级的人有不同的安葬仪式,违反了这种规定,就是大逆不道。孔子反对学生们按大夫之礼为他办理丧事,是为了恪守周礼的规定。

【原文】

子贡曰:"有美玉于斯,韫椟①而藏诸?求善贾②而沽诸?"子曰:"沽③之哉,沽之哉!我待贾者也。"

【注释】

①韫椟:收藏物件的柜子。②善贾:识货的商人。③沽:卖出去。

【名家点评】

范氏曰:"君子未尝不欲仕也,又恶不由其道。士之待礼,犹玉之待贾也。若伊尹之耕于野,伯夷、太公之居于海滨,世无成汤、文王,则终焉而已,必不枉道以从人,衒玉而求售也。"

【译文】

子贡说:"这里有一块美玉,是把它收藏在柜子里呢?还是找一个识货的商人卖掉

恪守周礼

呢?"孔子说:"卖掉吧,卖掉吧! 我正在等着识货的人呢。"

【阐释】

"待贾而沽"说明了这样一个问题,孔子自称是"待贾者",他一方面四处游说,以宣传礼治天下为己任,期待着各国统治者能够行他之道于天下;另一方面,他也随时准备把自己推上治国之位,依靠政权的力量去推行礼。因此,本章反映了孔子求仕的心理。

【原文】

子欲居九夷①。或曰:"陋②,如之何?"子曰:"君子居之,何陋之有?"

【注释】

①九夷:中国古代对于东方少数民族的通称。②陋:鄙野,文化闭塞,不开化。

【译文】

孔子想要搬到九夷地方去居住。有人说:"那里非常落后闭塞,不开化,怎么能住呢?"孔子说:"有君子去位,就不闭塞落后了。"

【阐释】

中国古代,中原地区的人把居住在东面的人们称为夷人,认为此地闭塞落后,当地人也愚昧不开化。孔子在回答某人的问题时说，只要有君子去这些地方住，传播文化知识，开化人们的愚蒙，那么这些地方就不会闭塞落后了。

【原文】

子曰："吾自卫反鲁①，然后乐正②，《雅》《颂》③各得其所。"

【注释】

①自卫反鲁：公元前484年（鲁哀公十一年）冬，孔子从卫国返回鲁国，结束了14年游历不定的生活。②乐正：调整乐曲的篇章。③《雅》《颂》：这是《诗经》中两类不同的诗的名称。也是指《雅》乐、《颂》乐等乐曲名称。

圣哲图

【名家点评】

朱子曰："鲁哀公十一年冬，孔子自卫反鲁。是时周礼在鲁，然《诗》、乐亦颇残阙失次。孔子周游四方，参互考订，以知其说。晚知道终不行，故归而正之。"

【译文】

孔子说："我从卫国返回到鲁国以后，乐才得到整理，《雅》乐和《颂》乐各有适当的安排。"

【原文】

子曰："出则事公卿，入则事父兄，丧事不敢不勉，不为酒困，何有于我哉。"

【译文】

孔子说："在外事奉公卿，在家孝敬父兄，有丧事不敢不尽力去办，不被酒所困，这些事对我来说有什么困难呢？"

【阐释】

"出则事公卿"，是为国尽忠；"入则事父兄"，是为长辈尽孝。忠与孝是孔子特别强调的两个道德规范。它是对所有人的要求，而孔子本人就是这方面的身体力行者。在这里，孔子说自己已经基本上做到了这几点。

【原文】

子在川上，曰："逝者如斯夫，不舍昼夜。"

【名家点评】

程子曰："此道体也。天运而不已，日往则月来，寒往则暑来，水流而不息，物生而不穷，皆与道为体，运乎昼夜，未尝已也。是以君子法之，自强不息。及其至也，纯亦不已焉。"又曰："自汉以来，儒者皆不识此义。此见圣人之心，纯亦不已也。纯亦不已，乃大德也。有天德，使可语王道。其要只在谨独。"

朱子曰："天地之化，往者过，来者续，无一息之停，乃道体之本然也。然其可指而易见者，莫如川流。故于此发以示人，欲学者时时省察，而无毫发之间断也。"

【译文】

孔子在河边说："消逝的时光就像这河水一样啊，不分昼夜地向前流去。"

民多好色

【原文】

子曰："吾未见好德如好色者也。"

谢氏曰:"好好色,恶恶臭,诚也。好德如好色,斯诚好德矣,然民鲜能之。"

【译文】

孔子说:"我没有见过像好色那样好德的人。"

【原文】

子曰:"譬如为山,未成一篑①,止,吾止也;譬如平地,虽覆一篑,进,吾往也。"

【注释】

①篑:土筐。

【名家点评】

朱子曰:"山成而但少一篑,其止者,吾自止耳;平地而方覆一篑,其进者,吾自往耳。盖学者自强不息,则积少成多;中道而止,则前功尽弃。其止其往,皆在我而不在人也。"

【译文】

孔子说:"譬如用土堆山,只差一筐土就完成了,这时停下来,那是我自己要停下来的;譬如在平地上堆山,虽然只倒下一筐,这时继续前进,那是我自己要前进的。"

【阐释】

孔子在这里用堆土成山这一比喻,说明功亏一篑和持之以恒的深刻道理,他鼓励自己和学生们无论在学问和道德上,都应该是坚持不懈,自觉自愿。这对于立志有所作为的人来说,是十分重要的,也是对人的道德品质的塑造。

【原文】

子曰:"语之而不惰者,其回也与!"

【名家点评】

范氏曰:"颜子闻夫子之言,而心解力行,造次、颠沛未尝违之。如万物得时雨之润,发荣滋长,何有于惰?此群弟子所不及也。"

【译文】

孔子说:"听我说话而能毫不懈怠的,只有颜回一个人吧!"

心解力行

【原文】

子谓颜渊曰:"惜乎! 吾见其进也,未见其止也。"

【译文】

孔子对颜渊说:"可惜呀! 我只见他不断前进,从来没有看见他停止过。"

【阐释】

孔子的学生颜渊是一个十分勤奋刻苦的人,他在生活方面几乎没有什么要求,而是一心用在学问和道德修养方面。但他却不幸死了。对于他的死,孔子自然十分悲痛。他经常以颜渊为榜样要求其他学生。

【原文】

子曰:"苗而不秀①者有矣夫;秀而不实者有矣夫!"

【注释】

①秀:稻、麦等庄稼吐穗扬花叫秀。

【名家点评】

朱子曰:"谷之始生曰苗,吐华曰秀,成谷曰实。盖学而不至于成,有如此者,是以君

秀而不实

子贵自勉也。"

【译文】

孔子说:"庄稼出了苗而不能吐穗扬花的情况是有的;吐穗扬花而不结果实的情况也有。"

【阐释】

这是孔子以庄稼的生长、开花到结果来比喻一个人从求学到做官的过程。有的人很有前途,但不能坚持始终,最终达不到目的。在这里,孔子还是希望他的学生既能勤奋学习,最终又能做官出仕。

【原文】

子曰:"后生可畏,焉知来者之不如今也?四十、五十而无闻焉,斯亦不足畏也已。"

【名家点评】

尹氏曰:"少而不勉,老而无闻,则亦已矣。自少而进者,安知其不至于极乎?是可畏也。"

朱子曰:"孔子言后生年富力强,足以积学而有待,其势可畏,安知其将来不如我之今日乎?然或不能自勉,至于老而无闻。则不足畏矣。言此以警人,使及时勉学也。曾子曰:'五十而不以善闻,则不闻矣。'盖述此意。"

【译文】

孔子说:"年轻人是值得敬畏的,怎么就知道后一代不如前一代呢?如果到了四五十岁时还默默无闻,那他就没有什么可以敬畏的了。"

【阐释】

这就是说"青出于蓝而胜于蓝","长江后浪推前浪,一代更比一代强"。社会在发展,人类在前进,后代一定会超过前人,这种今胜于昔的观念是正确的,说明孔子的思想并不完全是顽固守旧的。

礼法适中

【原文】

子曰:"法语之言①,能无从乎?改之为贵。巽与之言②,能无说③乎?绎④之为贵。说而不绎,从而不改,吾末⑤如之何也已矣。"

【注释】

①法语之言:法,指礼仪规则。这里指以礼法规则正言规劝。②巽与之言:巽,恭顺,谦逊。与,称许,赞许。这里指恭顺赞许的话。③说:同"悦"。④绎:原意为"抽丝",这里

指推究,追求,分析,鉴别。⑤末:没有。

【名家点评】

朱子曰:"法言人所敬惮,故必从;然不改,则面从而已。巽言无所乖忤,故必说;然不绎,则又不足以知其微意之所在也。"

杨氏曰:"法言,若孟子论行王政之类是也。巽言,若其论好货、好色之类是也。语之而不达,拒之而不受,犹之可也。其或喻焉,则尚庶几其能改、绎矣。从且说矣,而不改、绎焉,则是终不改、绎也已,虽圣人其如之何哉?"

【译文】

孔子说:"符合礼法的正言规劝,谁能不听从呢? 但(只有按它来)改正自己的错误才是可贵的。恭顺赞许的话,谁能听了不高兴呢? 但只有认真推究它(的真伪是非),才是可贵的。只是高兴而不去分析,只是表示听从而不改正错误,(对这样的人)我拿他实在是没有办法了。"

【阐释】

这里讲的第一层意见是言行一致的问题。听从那些符合礼法的话只是问题的一方面,而真正依照礼法的规定去改正自己的错误,才是问题的实质。第二层的意思是忠言逆耳,而顺耳之言的是非真伪,则应加以仔细辨别。对于孔子所讲的这两点,我们今天还应借鉴它,按照这样的原则去办事。

【原文】

子曰:"主忠信,毋友不如己者,过则勿惮改①。"

【注释】

①此章重出,见《学而》篇第一之第8章。

【原文】

子曰:"三军①可夺帅也,匹夫②不可夺志也。"

【注释】

①三军:12500人为一军,三军包括大国所有的军队。此处言其多。②匹夫:平民百

礼法不适

姓,主要指男子。

【名家点评】

侯氏曰:"三军之勇在人,匹夫之志在己。故帅可夺而志不可夺,如可夺,则亦不足谓之志矣。"

【译文】

孔子说:"一国军队,可以夺去它的主帅;但一个男子汉,他的志向是不能强迫改变的。"

【阐释】

"理想"这个词,在孔子时代称为"志",就是人的志向、志气。"匹夫不可夺志",反映出孔平时于"志"的高度重视,甚至将它与三军之帅相比。对于一个人来讲,他有自己的独立人格,任何人都无权侵犯。作为个人,他应维护自己的尊严,不受威胁利诱,始终保持自己的"志向"。这就是中国人"人格"观念的形成及确定。

【原文】

子曰："衣①敝缊袍②,与衣狐貉③者立,而不耻者,其由也与?'不忮不求,何用不臧④?'"子路终身诵之。子曰:"是道也,何足以臧?"

【注释】

①衣:穿,当动词用。②敝缊袍:敝,坏。缊,旧的丝棉絮。这里指破旧的丝绵袍。③狐貉:用狐和貉的皮做的裘皮衣服。④不忮不求,何用不臧:这两句见《诗经·邶风·雄雉》篇。忮,害的意思。臧,善,好。

不忮不求

【名家点评】

谢氏曰:"耻恶衣恶食,学者之大病。善心不存,盖由于此。子路之志如此,其过人远矣。然以众人而能此,则可以为善矣;子路之贤,宜不止此。而终身诵之,则非所以进于日新也,故激而进之。"

吕氏曰:"贫与富交,强者必忮,弱者必求。"

【译文】

孔子说:"穿着破旧的丝棉袍子,与穿着狐貉皮袍的人站在一起而不认为是可耻的,大概只有仲由吧。(《诗经》上说:)'不嫉妒,不贪求,为什么说不好呢?'"子路听后,反复背诵这句诗。孔子又说:"只做到这样,怎么能说够好了呢?"

【阐释】

这一章记述了孔子对他的弟子子路先夸奖又批评的两段话。他希望子路不要满足于目前已经达到的水平,因为仅是不贪求、不嫉妒是不够的,还要有更高的更远的志向,成就一番大事业。

【原文】

子曰:"岁寒,然后知松柏之后凋也。"

松柏之凋

【名家点评】

范氏曰:"小人之在治世,或与君子无异。惟临利害、遇事变,然后君子之所守可见也。"

谢氏曰:"士穷见节义,世乱识忠臣,欲学者必周于德。"

【译文】

孔子说:"到了寒冷的季节,才知道松柏是最后凋谢的。"

【阐释】

孔子认为,人是要有骨气的。作为有远大志向的君子,他就像松柏那样,不会随波逐流,而且能够经受各种各样的严峻考验。孔子的话,语言简洁,寓意深刻,值得我们深入思考。

【原文】

子曰:"知者不惑,仁者不忧,勇者不惧。"

【名家点评】

朱子曰:"明足以烛理,故不惑;理足以胜私,故不忧;气足以配道义,故不惧,此学之序也。"

【译文】

孔子说:"聪明人不会迷惑,有仁德的人不会忧愁,勇敢的人不会畏惧。"

【阐释】

在儒家传统道德中,智、仁、勇是重要的三个范畴。《礼记·中庸》说:"知、仁、勇,三者天下之达德也。"孔子希望自己的学生能具备这三德,成为真正的君子。

【原文】

子曰:"可与共学,未可与适道①;可与适道,未可与立②;可与立,未可与权③。"

【注释】

①适道:适,往。这里是志于道,追求道的意思。②立:坚持道而不变。③权:秤锤。这里引申为权衡轻重。

【名家点评】

程子曰:"可与共学,知所以求之也。可与适道,知所往也。可与立者,笃志固执而不变也。权,称锤也,所以称物而知轻重者也。可与权,谓能权轻重,使合义也。"

杨氏曰:"知为己,则可与共学矣,学足以明善,然后可与适道。信道笃,然后可与立。知时措之宜,然后可与权。"

坚守之道

【译文】

孔子说:"可以一起学习的人,未必都能学到道;能够学到道的人,未必能够坚守道;能够坚守道的人,未必能够随机应变。"

【原文】

"唐棣①之华,偏其反而②。岂不尔思,室是远而③。"子曰:"未之思也,夫何远之有?"

【注释】

①唐棣:一种植物,属蔷薇科,落叶灌木。②偏其反而:形容花摇动的样子。③室是远而:只是住的地方太远了。

【名家点评】

程子曰:"圣人未尝言易以骄人之志,亦未尝言难以阻人之进。但曰:'未之思也,夫何远之有?'此言极有涵蓄,意思深远。"

【译文】

古代有一首诗这样写道:"唐棣的花朵啊,翩翩地摇摆。我岂能不想念你吗?只是由于家住的地方太远了。"孔子说:"他还是没有真的想念,如果真的想念,有什么遥远呢?"

妇人守道图

乡党篇第十

【解读】

　　"乡党篇"强调"修身齐家治国平天下"的实现,要从日常生活的细节处做起。本篇记载了孔子与乡亲们相处的言行举止,集中展现了圣人对待生活琐事的恭谨态度。为世人阐述了"莫以善小而不为,莫以恶小而为之"的人生道理。

　　"孔子于乡党,恂恂如也,似不能言者。其在宗庙、朝廷,便便言,唯谨尔。""君子不以绀緅饰,红紫不以为亵服。当暑,袗絺绤,必表而出之。缁衣,羔裘;素衣,麑裘;黄衣。狐裘。亵裘长,短右袂。必有寝衣,长一身有半。狐貉之厚以居。去丧,无所不佩。非帷裳,必杀之。羔裘玄冠不以吊。吉月,必服而朝。"无论是穿着打扮还是言行举止,都要符合"礼"的规定。越是生活中的细节,越能体现一个人的修养。所以,我们平时要遵守道德的约束,重视每一个生活细节。

【原文】

　　孔子于乡党,恂恂①如也,似不能言者。其在宗庙、朝廷,便便②言,唯谨尔。

【注释】

①恂恂:温和恭顺。②便便:善于辞令。

【译文】

孔子在本乡的地方上显得很温和恭敬,像是不会说话的样子。但他在宗庙里、朝廷上,却很善于言辞,只是说得比较谨慎而已。

【原文】

朝,与下大夫言,侃侃①如也;与上大夫言,訚訚②如也。君在,踧踖③如也,与与④如也。

【注释】

①侃侃:说话理直气壮,不卑不亢,温和快乐的样子。②訚訚:正直,和颜悦色而又能直言诤辩。③踧踖:恭敬而不安的样子。④与与:小心谨慎、威仪适中的样子。

【译文】

孔子在上朝的时候,(国君还没有到来,)同下大夫说话,温和而快乐的样子;同上大夫说话,正直而公正的样子;国君已经来了,恭敬而心中不安的样子,但又仪态适中。

【原文】

君召使摈①,色勃如也②;足躩③如也。揖所与立,左右手,衣前后,襜④如也。趋进,翼如也⑤。宾退,必复命曰:"宾不顾矣。"

【注释】

①摈:动词,负责招待国君的官员。②色勃如也:脸色立即庄重起来。③足躩:躩,脚步快的样子。④襜:整齐之貌。⑤翼如也:如鸟儿展翅一样。

【译文】

国君召孔子去接待宾客,孔子脸色立即庄重起来,脚步也快起来,他向和他站在一起的人作揖,手向左或向右作揖,衣服前后摆动,却整齐不乱。快步走的时候,像鸟儿展开双翅一样。宾客走后,必定向君主回报说:"客人已经不回头张望了。"

【原文】

人公门,鞠躬如①也,如不容。立不中门,行不履阈②。过位,色勃如也,足躩如也,其言似不足者。摄齐③升堂,鞠躬如也,屏气似不息者。出,降一等④,逞⑤颜色,怡怡如也。没阶⑥,趋进,翼如也。复其位,踧踖如也。

鞠躬如也

【注释】

①鞠躬如:谨慎而恭敬的样子。②履阈:阈,门槛,脚踩门槛。③摄齐:齐,衣服的下摆。摄,提起。提起衣服的下摆。④降一等:从台阶上走下一级。⑤逞:舒展开,松口气。⑥没阶:走完了台阶。

【译文】

孔子走进朝廷的大门,谨慎而恭敬的样子,好像没有他的容身之地。站,他不站在门的中间;走,也不踩门槛。经过国君的座位时,他脸色立刻庄重起来,脚步也加快起来,说话也好像中气不足一样。提起衣服下摆向堂上走的时候,恭敬谨慎的样子,憋住气好像不呼吸一样。退出来,走下台阶,脸色便舒展开了,怡然自得的样子。走完了台阶,快快地向前走几步,姿态像鸟儿展翅一样。回到自己的位置,是恭敬而不安的样子。

【原文】

执圭①,鞠躬如也,如不胜。上如揖,下如授。勃如战色②,足蹜蹜③,如有循④。享礼⑤,有容色。私觌⑥,愉愉如也。

【注释】

①圭:一种上圆下方的玉器,举行典礼时,不同身份的人拿着不同的圭。出使邻国,大夫拿着圭作为代表君主的凭信。②战色:战战兢兢的样子。③蹜蹜:小步走路的样子。④如有循:循,沿着。好像沿着一条直线往前走一样。⑤享礼:享,献上。指向对方贡献礼物的仪式。使者受到接见后,接着举行献礼仪式。⑥觌:会见。

孔子仕鲁

【名家点评】

晁氏曰:"孔子,定公九年仕鲁,至十三年适齐,其间绝无朝聘往来之事。疑'使摈'、'执圭'两条,但孔子尝言其礼当如此尔。"

【译文】

(孔子出使别的诸侯国,)拿着圭,恭敬谨慎,像是举不起来的样子。向上举时好像在作揖,放在下面时好像是给人递东西。脸色庄重得像战栗的样子,步子很小,好像沿着一条直线往前走。在举行赠送礼物的仪式时,显得和颜悦色。和国君举行私下会见的时候,更轻松愉快了。

【阐释】

以上这五章,集中记载了孔子在朝、在乡的言谈举止、音容笑貌,给人留下十分深刻的印象。孔子在不同的场合,对待不同的人,往往容貌、神态、言行都不同。他在家乡时,给人的印象是谦逊、和善的老实人;他在朝廷上,则态度恭敬而有威仪,不卑不亢,敢于讲话,他在国君面前,温和恭顺,局促不安,庄重严肃又诚惶诚恐。所有这些,为人们深入研究孔子,提供了具体的资料。

【原文】

君子不以绀緅饰①,红紫不以为亵服②。当暑,诊絺绤③,必表而出之④。缁衣⑤,羔裘⑥;素衣,麑⑦裘;黄衣,狐裘。亵裘长,短右袂⑧。必有寝衣⑨,长一身有半。狐貉之厚以居⑩。去丧,无所不佩。非帷裳⑪,必杀之⑫。羔裘玄冠⑬不以吊⑭。吉月⑮,必朝服而朝。

【注释】

①不以绀緅饰:绀,深青透红,斋戒时服装的颜色。緅,黑中透红,丧服的颜色。这里是说,不以深青透红或黑中透红的颜色布给平常穿的衣服镶上边作饰物。②红紫不以为亵服:亵服,平时在家里穿的衣服。古人认为,红紫不是正色,便服不宜用红紫色。③诊絺绤:诊,单衣。絺,细葛布。绤,粗葛布。这里是说,穿粗的或细的葛布单衣。④必表而出之:把麻布单衣穿在外面,里面还要衬有内衣。⑤缁衣:黑色的衣服。⑥羔裘:羔皮衣。古代的羔裘都是黑羊皮,毛皮向外。⑦麑:小鹿,白色。⑧短右袂:袂,袖子。右袖短一点,是为了便于做事。⑨寝衣:睡衣。⑩狐貉之厚以居:狐貉之厚,厚毛的狐貉皮。居,坐。⑪帷裳:上朝和祭祀时穿的礼服,用整幅布制作,不加以裁剪。折叠缝上。⑫必杀之:一定要裁去多余的布。杀,裁。⑬羔裘玄冠:黑色皮礼貌。⑭不以吊:不用于丧事。⑮吉月:每月初一。一说正月初一。

【译文】

君子不用深青透红或黑中透红的布镶边,不用红色或紫色的布做平常在家穿的衣服。夏天穿粗的或细的葛布单衣,但一定要套在内衣外面。黑色的羔羊皮袍,配黑色的罩衣。白色的鹿皮袍,配白色的罩衣。黄色的狐皮袍,配黄色的罩衣。平常在家穿的皮袍做得长一些,右边的袖子短一些。睡觉一定要有睡衣,要有一身半长。用狐貉的厚毛皮做坐垫。丧服期满,脱下丧服后,便佩带上各种各样的装饰品。如果不是礼服,一定要加以剪裁。不穿着黑色的羔羊皮袍和戴着黑色的帽子去吊丧。每月初一,一定要穿着礼服去朝拜君主。

【原文】

齐①,必有明衣②,布。齐必变食③,居必迁坐④。

【注释】

①齐:同"斋"。②明衣:斋前沐浴后穿的浴衣。③变食:改变平常的饮食。指不饮酒,不吃葱、蒜等有刺激味的东西。④居必迁坐:指从内室迁到外室居住,不和妻妾同房。

【名家点评】

杨氏曰:"齐所以交神,故致洁变常以尽敬。"

【译文】

斋戒沐浴的时候,一定要有浴衣,用布做的。斋戒的时候,一定要改变平常的饮食,居住也一定搬移地方,(不与妻妾同房)。

【原文】

食不厌精,脍①不厌细。食饐②而餲③,鱼馁④而肉败⑤,不食。色恶,不食。臭恶,不食。失饪⑥,不食。不时⑦,不食。割不正⑧,不食。不得其酱,不食。肉虽多,不使胜食气⑨。唯酒无量,不及乱⑩。沽酒市脯⑪,不食。不撤姜食,不多食。

【注释】

①脍:切细的鱼、肉。②饐:陈旧。食物放置时间长了。③餲:变味了。④馁:鱼腐烂,这里指鱼不新鲜。⑤败:肉腐烂,这里指肉不新鲜。⑥饪:烹调制作饭菜。⑦不时:应时,时鲜。⑧割不正:肉切得不方正。⑨气:同"饩",即粮食。⑩不及乱:乱,指酒醉。不到酒醉时。⑪脯:熟肉干。

【名家点评】

谢氏曰:"圣人饮食如此,非极口腹之欲,盖养气体,不以伤生,当如此。然圣人之所不食,穷口腹者或反食之,欲心胜而不暇择也。"

程子曰:"不及乱者,非惟不使乱志,虽血气亦不可使乱,但浃洽而已可也。"

言语因时

范氏曰："圣人存心不他,当食而食,当寝而寝,言语非其时也。"

杨氏曰："肺为气主而声出焉,寝、食则气窒而不通,语、言恐伤之也。"

【译文】

　　粮食不嫌舂得精,鱼和肉不嫌切得细。粮食陈旧和变味了,鱼和肉腐烂了,都不吃。食物的颜色变了,不吃。气味变了,不吃。烹调不当,不吃。不时新的东西,不吃。肉切得不方正,不吃。佐料放得不适当,不吃。席上的肉虽多,但吃的量不超过米面的量。只有酒没有限制,但不喝醉。从市上买来的肉干和酒,不吃。每餐必须有姜,但也不多吃。

【原文】

　　祭于公,不宿肉①,祭肉②不出三日。出三日,不食之矣。

【注释】

　　①不宿肉:不使肉过夜。古代大夫参加国君祭祀以后,可以得到国君赐的祭肉。但祭祀活动一般要持续二三天,所以这些肉就已经不新鲜,不能再过夜了。超过三天,就不能再过夜了。②祭肉:这是祭祀用的肉。

【译文】

　　孔子参加国君祭祀典礼时分到的肉,不能留到第二天。祭祀用过的肉不超过三天。

超过三天,就不吃了。

【阐释】

以上四章里,记述了孔子的衣着和饮食习惯。孔子对"礼"的遵循,不仅表现在与国君和大夫们见面时的言谈举止和仪式,而且表现在衣着方面。他对祭祀时、服丧时和平时所穿的衣服都有不同的要求,如单衣、罩衣、麻衣、皮袍、睡衣、浴衣、礼服、便服等,都有不同的规定。在吃的方面,"食不厌精,脍不厌细",而且对于食物,有八种他不吃。吃了,就有害于健康。

【原文】

食不语,寝不言。

【译文】

吃饭的时候不说话,睡觉的时候也不说话。

【原文】

虽疏食菜羹①。瓜祭②,必齐③如也。

【注释】

①菜羹:用菜做成的汤。②瓜祭:古人在吃饭前,把席上各种食品分出少许,放在餐具之间祭祖。③齐:同"斋"。

【译文】

即使是粗米饭蔬菜汤,吃饭前也要把它们取出一些来祭祖,而且表情要像斋戒时那样严肃恭敬。

【原文】

席①不正,不坐。

【注释】

①席:古代没有椅子和桌子,都坐在铺于地面的席子上。

【名家点评】

谢氏曰:"圣人心安于正,故于位之不正者,虽小不处。"

心安于正

【译文】

席子放得不端正,不坐。

【原文】

乡人饮酒①,杖者②出,斯出矣。

【注释】

①乡人饮酒:指当时的乡饮酒礼。②杖者:拿拐杖的人,指老年人。

【译文】

行乡饮酒的礼仪结束后,(孔子)一定要等老年人先出去,然后自己才出去。

【原文】

乡人傩①,朝服而立于阼阶②。

【注释】

①傩:古代迎神驱鬼的宗教仪式。②阼阶:阼,东面的台阶。主人立在大堂东面的台阶,在这里欢迎客人。

【名家点评】

朱子曰:"傩虽古礼而近于戏,亦必朝服而临之者。无所不用其诚敬也。"或曰:"恐其惊先祖五祀之神,欲其依己而安也。"

【译文】

乡里人举行迎神驱鬼的宗教仪式时,孔子总是穿着朝服站在东边的台阶上。

【原文】

问①人于他邦,再拜而送之②。

【注释】

①问:问候。古代人在问候时往往要致送礼物。②再拜而送之:在送别客人时,两次拜别。

【名家点评】

朱子曰:"拜送使者,如亲见之,敬也。"

范氏曰:"凡赐食,必尝以拜。药未达,则不敢尝。受而不饮,则虚人之赐,故告之如此。然则可饮而饮,不可饮而不饮,皆在其中矣。"

杨氏曰:"大夫有赐,拜而受之,礼也。未达不敢尝,谨疾也。必告之,直也。"

【译文】

(孔子)托人向在其他诸侯国的朋友问候送礼,便向受托者拜两次送行。

【阐释】

以上六章中,记载了孔子举止言谈的某些规矩或者习惯。他时时处处以正人君子的标准要求自己,使自己的言行尽量符合礼的规定。他认为,"礼"是至高无上的,是神圣不可侵犯的,那么,一投足、一举手都必须依照礼的原则。这一方面是孔子个人修养的具体反映,一方面也是他向学生们传授知识和仁德时力所能行的。

【原文】

康子馈药,拜而受之。曰:"丘未达,不敢尝。"

【译文】

季康子给孔子赠送药品,孔子拜谢之后接受了,说:"我对药性不了解,不敢尝。"

【原文】

厩焚。子退朝,曰:"伤人乎?"不问马。

君子慎独

【名家点评】

朱子曰:"非不爱马,然恐伤人之意多,故未暇问。盖贵人贱畜,理当如此。"

【译文】

马棚失火烧掉了。孔子退朝回来,说:"伤人了吗?"不问马的情况怎么样。

【阐释】

孔子家里的马棚失火被烧掉了。当他听到这个消息后,首先问人有没有受伤。有人说,儒家学说是"人学",这一条可以做佐证材料。他只问人,不问马,表明他重人不重财,十分关心下面的人。事实上,这是中国自古以来人道主义思想的发端。

【原文】

君赐食,必正席先尝之。君赐腥①,必熟而荐②之。君赐生,必畜之。侍食于君,君祭,先饭。

【注释】

①腥:牛肉。②荐:供奉。

【译文】

国君赐给熟食,孔子一定摆正座席先尝一尝。国君赐给生肉,一定煮熟了,先给祖宗上供。国君赐给活物,一定要饲养起来。同国君一道吃饭,在国君举行饭前祭礼的时候,一定要先尝一尝。

【阐释】

古时候君主吃饭前,要有人先尝一尝,君主才吃。孔子对国君十分尊重。他在与国君吃饭时,都主动尝一下,表明他对礼的遵从。

【原文】

疾,君视之,东首①,加朝服,拖绅②。

【注释】

①东首:头朝东。②绅:束在腰间的大带子。

【译文】

孔子病了,国君来探视,他便头朝东躺着,身上盖上朝服,拖着大带子。

【阐释】

孔子患了病,躺在床上,国君来探视他,他无法起身穿朝服,这似乎对国君不尊重,有违于礼,于是他就把朝服盖在身上。这反映出孔子即使在病榻上,也不会失礼于国君。

【原文】

君命召,不俟驾行矣。

【译文】

国君召见(孔子),他不等车马驾好就先步行走去了。

【原文】

入太庙,每事问①。

【注释】

①此章重出。译文参见《八佾》篇第三之第15章。

【原文】

朋友①死,无所归,曰:"于我殡②。"

【注释】

①朋友:指与孔子志同道合的人。②殡:停放灵柩和埋葬都可以叫殡,这里是泛指丧

葬事务。

【名家点评】

朱子曰:"朋友以义合,死无所归,不得不殡。朋友有通财之义,故虽车马之重,不拜。祭肉则拜者,敬其祖考,同于已亲也。"

【译文】

(孔子的)朋友死了,没有亲属负责敛埋,孔子说:"丧事由我来办吧。"

【原文】

朋友之馈,虽车马,非祭肉,不拜。

【译文】

朋友馈赠物品,即使是车马,不是祭肉,(孔子在接受时)也是不拜的。

守德之妇

【阐释】

孔子把祭肉看得比车马还重要,这是为什么呢? 因为祭肉关系到"孝"的问题。用肉祭祀祖先之后,这块肉就不仅仅是一块可以食用的东西了,而是对祖先尽孝的一个载体。

【原文】

寝不尸,居不客。

【名家点评】

范氏曰:"寝不尸,非恶其类于死也。惰慢之气不设于身体,虽舒布其四体,而亦未尝肆耳。居不容,非惰也。但不若奉祭祀、见宾客而已,'申申'、'夭夭'是也。"

【译文】

(孔子)睡觉不像死尸一样挺着,平日家居也不像做客或接待客人时那样庄重严肃。

【原文】

见齐衰①者,虽狎②,必变。见冕者与瞽者③,虽亵④,必以貌。凶服⑤者式⑥之。式负版者⑦。有盛馔⑧,必变色而作⑨。迅雷风烈必变。

【注释】

①齐衰:指丧服。②狎:亲近的意思。③瞽者:盲人,指乐师。④亵:常见、熟悉。⑤凶服:丧服。⑥式:同"轼",古代车辆前部的横木。这里作动词用。遇见地位高的人或其他人时,驭手身子向前微俯,伏在横木上,以示尊敬或者同情。这在当时是一种礼节。⑦负版者:背负国家图籍的人。当时无纸,用木版来书写,故称"版"。⑧馔:饮食。盛馔,盛大的宴席。⑨作:站起来。

【译文】

(孔子)看见穿丧服的人,即使是关系很亲密的,也一定要把态度变得严肃起来。看见当官的和盲人,即使是常在一起的,也一定要有礼貌。在乘车时遇见穿丧服的人,便俯伏在车前横木上(以示同情)。遇见背负国家图籍的人,也这样做(以示敬意)。(做客时,)如果有丰盛的筵席,就神色一变,并站起来致谢。遇见迅雷大风,一定要改变神色(以示对上天的敬畏)。

【原文】

升车,必正立,执绥①。车中,不内顾②,不疾言③,不亲指④。

【注释】

①绥:上车时扶手用的索带。②内顾:回头看。③疾言:大声说话。④不亲指:不用

自己的手指划。

【名家点评】

范氏曰："正立执绥,则心体无不正,而诚意肃恭矣。盖君子庄敬无所不在,升车则见于此也。"

【译文】

上车时,一定先直立站好,然后拉着扶手带上车。在车上,不回头,不高声说话,不用自己的手指指点点。

游山观景

【阐释】

以上这几章,讲的都是孔子如何遵从周礼的。在许多举动上,他都能按礼行事,对不同的人、不同的事、不同的环境,应该有什么表情、什么动作、什么语言,他都一丝不苟,准确而妥帖。所以,孔子的学生们在谈起这些时,津津乐道,极其佩服。

【原文】

色斯举矣①,翔而后集②。曰:"山梁雌雉③,时哉时哉!④"子路共⑤之,三嗅而作⑥。

【注释】

①色斯举矣:色,脸色。举,鸟飞起来。②翔而后集:飞翔一阵,然后落到树上。乌群

【名家点评】

朱子曰："鸟见人之颜色不善，则飞去，回翔审视而后下止。人之见几而作，审择所处，亦当如此。"

刑氏曰："梁，桥也。'时哉'，言雉之饮啄得其时。子路不达，以为时物而共具之。孔子不食，三嗅其气而起。"

【译文】

孔子在山谷中行走，看见一群野鸡在那儿飞，孔子神色动了一下，野鸡飞翔了一阵落在树上。孔子说："这些山梁上的母野鸡，得其时呀！得其时呀！"子路向他们拱拱手，野鸡便叫了几声飞走了。

【阐释】

这里似乎是在游山观景，其实孔子是有感而发。他感到山谷里的野鸡能够自由飞翔，自由落下，这是"得其时"，而自己却不得其时，东奔西走，却没有获得普遍响应。因此，他看到野鸡时，神色动了一下，随之发出了这样的感叹。

先进篇第十一

【解读】

本篇共有二十六章。本篇中包括孔子对弟子们的评价，并以此为例说明"过犹不及"的中庸思想；学习各种知识与日后做官的关系；孔子对待鬼神、生死问题的态度。最后一章里，孔子和他的学生们各述其志向，反映出孔子政治思想上的倾向。

【原文】

子曰："先进①于礼乐，野人②也；后进③于礼乐，君子④也。如用之，则吾从先进。"

【注释】

①先进:指先学习礼乐而后再做官的人。②野人:朴素粗鲁的人或指乡野平民。③后进:先做官后学习礼乐的人。④君子:这里指统治者。

【名家点评】

朱子曰:"孔子既述时人之言,又自言其如此,盖欲损过以就中也。"

程子曰:"先进于礼乐,文质得宜,今反谓之质朴,而以为野人。后进之于礼乐,文过其质,今反谓之彬彬,而以为君子。盖周末文胜,故时人之言如此,不自知其过于文也。"

【译文】

孔子说:"先学习礼乐而后再做官的人,是(原来没有爵禄的)平民;先当了官然后再学习礼乐的人,是君子。如果要先用人才,那我主张选用先学习礼乐的人。"

乡野之人

【阐释】

在西周时期,人们因社会地位和居住地的不同,就有了贵族、平民和乡野之人的区分。孔子这里认为,那些先当官,即原来就有爵禄的人,在为官以前,没有接受礼乐知识的系统教育,还不知道怎样为官,便当上了官。这样的人是不可选用的。而那些本来没有爵禄的平民,他们在当官以前已经全面系统地学习了礼乐知识,然后就知道怎样为官,怎样当一个好官。

【原文】

子曰:"从我于陈、蔡①者,皆不及门②也。"

【注释】

①陈、蔡:均为国名。②不及门:门,这里指受教的场所。不及门,是说不在跟前受教。

【名家点评】

程子曰:"四科乃从夫子于陈、蔡者尔,门人之贤者固不止此。曾子传道而不与焉,故知十哲世俗论也。"

【译文】

孔子说："曾跟随我从陈国到蔡地去的学生,现在都不在我身边受教了。"

【阐释】

公元前489年,孔子和他的学生从陈国到蔡地去。途中,他们被陈国的人们所包围,绝粮7天,许多学生饿得不能行走。当时跟随他的学生有子路、子贡、颜渊等人。公元前484年,孔子回鲁国以后,子路、子贡等先后离开了他,颜回也死了。所以,孔子时常想念他们。这句话,就反映了孔子的这种心情。

【原文】

德行①:颜渊、闵子骞、冉伯牛、仲弓。言语②:宰我、子贡。政事③:冉有、季路。文学④:子游、子夏。

【注释】

①德行:指能实行孝悌、忠恕等道德。②言语:指善于辞令,能办理外交。③政事:指能从事政治事务。④文学:指通晓诗、书、礼、乐等古代文献。

【译文】

德行好的有:颜渊、闵子骞、冉伯牛、仲弓。善于辞令的有:宰我、子贡。擅长政事的有:冉有、季路。通晓文献知识的有:子游、子夏。

【原文】

子曰:"回也非助我者也,于吾言无所不说。"

【名家点评】

朱子曰:"颜子于圣人之言,默识心通,无所疑问。故夫子云然,其辞若有憾焉。其实乃深喜之。"

胡氏曰:"夫子之于回,岂真以'助我'望之?盖圣人之谦德,又以深赞颜子云尔。"

【译文】

孔子说:"颜回不是对我有帮助的人,他对我说的话没有不心悦诚服的。"

【阐释】

颜回是孔子得意门生之一,在孔子面前始终是服服帖帖、毕恭毕敬的,对于孔子的学说深信不疑、全面接受。所以,孔子多次赞扬颜回。这里,孔子说颜回"非助我者",并不是责备颜回,而是在得意地赞许他。

【原文】

子曰:"孝哉闵子骞! 人不间①于其父母昆②弟之言。"

【注释】

①间:非难、批评、挑剔。②昆:哥哥,兄长。

【名家点评】

胡氏曰:"父母兄弟称其孝友,人皆信之无异辞者,盖其孝友之实,有以积于中而著于外,故夫子叹而美之。"

【译文】

孔子说:"闵子骞真是孝顺呀! 人们对于他的父母兄弟称赞他的话,没有什么异议。"

【原文】

南容三复白圭①,孔子以其兄之子妻之。

【注释】

①白圭:白圭指《诗经·大雅·抑之》的诗句:"白圭之玷,尚可磨也,斯兰之玷,不可为也。"意思是白玉上的污点还可以磨掉,我们言论中有毛病,就无法挽回了。这是告诫人们要谨慎自己的言语。

【名家点评】

范氏曰:"言者行之表,行者言之实,未有易其言而能谨于行者。南容欲谨其言如此,则必能谨其行矣。"

【译文】

南容反复诵读"白圭之玷,尚可磨也;斯言不玷,不可为也"的诗句。孔子把侄女嫁给了他。

君子慎言

【阐释】

儒家从孔子开始，极力提倡"慎言"，不该说的话绝对不说。因为，白玉被玷污了，还可以把它磨去，而说错了的话，则无法挽回。希望人们言语要谨慎。这里，孔子把自己的侄女嫁给了南容，表明他很欣赏南容的慎言。

【原文】

季康子问："弟子孰为好学?"孔子对曰："有颜回者好学，不幸短命死矣，今也则亡。"

【名家点评】

范氏曰："哀公、康子问同而对有详略者:臣之告君，不可不尽。若康子者，必待其能问乃告之，此教诲之道也。"

【译文】

季康子问孔子："你的学生中谁是好学的?"孔子回答说："有一个叫颜回的学生很好学，不幸短命死了。现在再也没有像他那样的了。"

【原文】

颜渊死，颜路①请子之车以为之椁②。子曰："才不才，亦各言其子也。鲤③也死，有棺而无椁。吾不徒行以为之椁。以吾从大夫之后④，不可徒行也。"

【注释】

①颜路:颜无繇,字路,颜渊的父亲,也是孔子的学生,生于公元前545年。②椁:古人所用棺材,内为棺,外为椁。③鲤:孔子的儿子,字伯鲁,死时50岁,孔子70岁。④从大夫之后:跟随在大夫们的后面,意即当过大夫。孔子在鲁国曾任司寇,是大夫一级的官员。

【名家点评】

胡氏曰:"孔子遇旧馆人之丧,尝脱骖以赙之矣。今乃不许颜路之请,何邪？葬可以

君子必诚

无椁,骖可以脱而复求,大夫不可以徒行,命车不可以与人而鬻诸市也。且为所识穷乏者得我,而勉强以副其意,岂诚心与直道哉？或者以为君子行礼,视吾之有无而已。夫君子之用财,视义之可否,岂独视有无而已哉？"

【译文】

颜渊死了,(他的父亲)颜路请求孔子卖掉车子,给颜渊买个外椁。孔子说:"(虽然颜渊和鲤)一个有才一个无才,但各自都是自己的儿子。孔鲤死的时候,也是有棺无椁。我没有卖掉自己的车子步行而给他买椁。因为我还跟随在大夫之后,是不可以步行的。"

【阐释】

颜渊是孔子的得意门生。孔子多次高度称赞颜渊,认为他有很好的品德,又好学上进。颜渊死了,他的父亲颜路请孔子卖掉自己的车子,给颜渊买椁。尽管孔子十分悲痛,但他却不愿

意卖掉车子。因为他曾经担任过大夫一级的官员,而大夫必须有自己的车子,不能步行,否则就违背了礼的规定。这一章反映了孔子对礼的严谨态度。

【原文】

颜渊死,子曰:"噫!天丧予!天丧予!"

【名家点评】

朱子曰:悼道无传,若天丧己也。

【译文】

颜渊死了,孔子说:"唉!是老天爷真要我的命呀!是老天爷真要我的命呀!"

【原文】

颜渊死,子哭之恸①。从者曰:"子恸矣。"曰:"有恸乎?非夫②人之为恸而谁为?"

君子乐山

【注释】

①恸:哀伤过度,过于悲痛。②夫:指示代词,此处指颜渊。

【名家点评】

胡氏曰："痛惜之至,施当其可,皆情性之正也。"

【译文】

颜渊死了,孔子哭得极其悲痛。跟随孔子的人说:"您悲痛过度了!"孔子说:"是太悲伤过度了吗? 我不为这个人悲伤过度,又为谁呢?"

【原文】

颜渊死,门人欲厚葬①之。子曰:"不可。"门人厚葬之。子曰:"回也视予犹父也,予不得视犹子也②。非我也,夫③二三子也。"

【注释】

①厚葬:隆重地安葬。②予不得视犹子也:我不能把他当亲生儿子一样看待。③夫:语助词。

【译文】

颜渊死了,孔子的学生们想要隆重地安葬他。孔子说:"不能这样做。"学生们仍然隆重地安葬了他。孔子说:"颜回把我当父亲一样看待,我却不能把他当亲生儿子一样看待。这不是我的过错,是那些学生们干的呀。"

【阐释】

孔子说:"予不得视犹子也",这句话的意思是,不能像对待自己亲生的儿子那样,按照礼的规定,对他予以安葬。他的学生仍隆重地埋葬了颜渊,孔子说,这不是自己的过错,而是学生们做的。这仍是表明孔子遵从礼的原则,即使是在厚葬颜渊的问题上,仍是如此。

【原文】

季路问事鬼神。子曰:"未能事人,焉能事鬼?"曰:"敢问死。"曰:"未知生,焉知死?"

【名家点评】

程子曰:"昼夜者,死生之道也。知生之道,则知死之道;尽事人之道,则尽事鬼之道。死、生、人、鬼,一而二,二而一者也。或言夫子不告子路,不知此乃所以深告之也。"

朱子曰:"问事鬼神,盖求所以奉祭祀之意。而死者人之所必有,不可不知。皆切问也。然非诚敬足以事人,则必不能事神;非原始而知所以生,则必不能反终而知所以死。盖幽明始终,初无二理,但学之有序,不可躐等,故夫子告之如此。"

【译文】

季路问怎样去侍奉鬼神。孔子说:"没能事奉好人,怎么能事奉鬼呢?"季路说:"请问死是怎么回事?"(孔子回答)说:"还不知道活着的道理,怎么能知道死呢?"

【阐释】

孔子这里讲的"事人",指事奉君父。在君父活着的时候,如果不能尽忠尽孝,君父死后也就谈不上孝敬鬼神,他希望人们能够忠君孝父。本章表明了孔子在鬼神、生死问题上的基本态度,他不信鬼神,也不把注意力放在来世,或死后的情形上,在君父生前要尽忠尽孝,至于对待鬼神就不必多提了。这一章为他所说的"敬鬼神而远之"做了注脚。

【原文】

闵子侍侧,訚訚①如也;子路,行行②如也;冉有、子贡,侃侃③如也。子乐。"若由也,不得其死然。"

【注释】

①訚訚:和颜悦色的样子。②行行:刚强的样子。③侃侃:说话理直气壮。

【译文】

闵子骞侍立在孔子身旁,一派和悦而温顺的样子;子路是一副刚强的样子;冉有、子贡是温和快乐的样子。孔子高兴了。但孔子又说:"像仲由这样,只怕不得好死吧!"

【阐释】

子路这个人有勇无谋,尽管他非常刚强。孔子一方面为他的这些学生各有特长而高兴,但又担心子路,唯恐他不会有好的结果。师之爱生,人之常情。孔子的这种担心,就说明了这一点。

【原文】

鲁人①为长府②。闵子骞曰:"仍旧贯③,如之何? 何必改作?"子曰:"夫人④不言,言必有中。"

【注释】

①鲁人:这里指鲁国的当权者。这就是人和民的区别。②为长府:为,这里是改建的

意思。藏财货、兵器等的仓库叫"府",长府是鲁国的国库名。③仍旧贯:贯,事,例。沿袭老样子。④夫人:夫,这个人。

【名家点评】

王氏曰:"改作,劳民伤财。在于得已,则不如仍旧贯之善。"

【译文】

鲁国翻修长府的国库。闵子骞道:"照老样子下去,怎么样? 何必改建呢?"孔子道:"这个人平日不大开口,一开口就说到要害上。"

【原文】

子曰:"由之瑟①奚为于丘之门②?"门人不敬子路。子曰:"由也升堂矣,未入于室③也。"

【注释】

①瑟:一种古乐器,与古琴相似。②奚为于丘之门:奚,为什么。为,弹。为什么在我这里弹呢? ③升堂入室:堂是正厅,室是内室,用以形容学习程度的深浅。

【名家点评】

程子曰:"言其声之不和,与己不同也。"

【译文】

孔子说:"仲由弹瑟,为什么在我这里弹呢?"孔子的学生们因此都不尊敬子路。孔子便说:"仲由嘛,他在学习上已经达到升堂的程度了,只是还没有入室罢了。"

【阐释】

这一段文字记载了孔子对子路的评价。他先是用责备的口气批评子路,当其他门人都不尊敬子路时,他便改口说子路已经登堂尚未入室。这是就演奏乐器而言的。孔子对学生的态度应该讲是比较客观的,有成绩就表扬,有过错就反对,让学生认识到自己的不足,同时又树立起信心,争取更大的成绩。

【原文】

子贡问:"师与商①也孰贤?"子曰:"师也过,商也不及。"曰:"然则师愈②与?"子曰:"过犹不及。"

【注释】

①师与商：师，颛孙师，即子张。商，卜商，即子夏。②愈：胜过，强些。

【名家点评】

朱子曰："子张才高意广，而好为苟难，故常过中。子夏笃信谨守，而规模狭隘，故常不及。道以中庸为至，贤知之过，虽若胜于愚不肖之不及，然其失中则一也。"

尹氏曰："中庸之为德也，其至矣乎！夫过与不及，均也。差之毫厘，谬以千里。故圣人之教，抑其过，引其不及，归于中道而已。"

笃信谨守

【译文】

子贡问孔子："子张和子夏二人谁更好一些呢？"孔子回答说："子张过分，子夏不足。"子贡说："那么是子张好一些吗？"孔子说："过分和不足是一样的。"

【阐释】

"过犹不及"即中庸思想的具体说明。《中庸》说，过犹不及为中。"道之不行也，我知之矣。知者过之，愚者不及也。道之不明也，我知之矣。贤者过之，不肖者不及也。""执其两端，用其中于民，其斯以为舜乎？"这是说，舜于两端取其中，既非过，也非不及，以中道教化百姓，所以为大圣。这就是对本章孔子"过犹不及"的具体解释。既然子张做得过分、子夏做得不足，那么两人都不好，所以孔子对此二人的评价就是："过犹不及"。

【原文】

季氏富于周公①,而求也为之聚敛②而附益③之。子曰:"非吾徒也。小子鸣鼓而攻之,可也。"

【注释】

①季氏富于周公:季氏比周朝的公侯还要富有。②聚敛:积聚和收集钱财,即搜刮。③益:增加。

【名家点评】

朱子曰:"圣人之恶党恶而害民也如此。然师严而友亲,故已绝之,而犹使门人正之,又见其爱人之无己也。"

范氏曰:"冉有以政事之才,施于季氏,故为不善至于如此。由其心术不明,不能反求诸身,而以仕为急故也。"

【译文】

季氏比周朝的公侯还要富有,而冉求还帮他搜刮来增加他的钱财。孔子说:"他不是我的学生了,你们可以大张旗鼓地去攻击他吧!"

【阐释】

鲁国的三家曾于公元前562年将公室,即鲁国国君直辖的土地和附属于土地上的奴隶瓜分,季氏分得三分之一,并用封建的剥削方式取代了奴隶制的剥削方式。公元前537年,三家第二次瓜分公室,季氏分得四分之二。由于季氏推行了新的政治和经济措施,所以很快富了起来。孔子的学生冉求帮助季氏积敛钱财,搜刮人民,所以孔子很生气,表示不承认冉求是自己的学生,而且让其他学生打着鼓去声讨冉求。

【原文】

柴①也愚②,参也鲁③,师也辟④,由也喭⑤。

【注释】

①柴:高柴,字子羔,孔子学生,比孔子小30岁,公元前521年出生。②愚:旧注云:愚直之愚,指愚而耿直,不是傻的意思。③鲁:迟钝。④辟:偏,偏激,邪。⑤喭:鲁莽,粗鲁,刚猛。

深造乎道

【名家点评】

程子曰："参也竟以鲁得之！"又曰："曾子之学,诚笃而已。圣门学者,聪明才辩不为不多,而卒传其道,乃质鲁之人尔。故学以诚实为贵也。"

尹氏曰："曾子之才鲁,故其学也确,所以能深造乎道也。"

杨氏曰："四者性之偏,语之使知自励也。"

【译文】

高柴愚直,曾参迟钝,颛孙师偏激,仲由鲁莽。

【阐释】

孔子认为,他的这些学生各有所偏,不合中行,对他们的品质和德行必须加以纠正。这一段同样表达了孔子的中庸思想。中庸是一种折中调和思想,调和与折中是事物发展过程中的一种状态,这种状态是相对的、暂时的。孔子揭示了事物发展过程的这一状态,并概括为"中庸",这在中国古代认识史上是有贡献的。

【原文】

子曰："回也其庶①乎,屡空②。赐不受命,而货殖③焉,亿④则屡中。"

【注释】

①庶:庶几,相近。这里指颜渊的学问道德接近于完善。②空:贫困、匮乏。③货殖:做买卖。④亿:同"臆",猜测,估计。

【名家点评】

程子曰:"子贡之货殖,非若后人之丰财,但此心未忘耳。然此亦子贡少时事,至闻性与天道,则不为此矣。"

范氏曰:"屡空者,箪食瓢饮屡绝而不改其乐也。天下之物,岂有可动其中者哉?贫富在天,而子贡以货殖为心,则是不能安受天命矣。其言而多中者,亿而已,非穷理乐天者也。夫子尝曰:'赐不幸言而中,是使赐多言也。'圣人之不贵言也如是。"

【译文】

孔子说:"颜回的学问道德接近于完善了吧,可是他常常贫困。端木赐不听命运的安排,去做买卖,猜测行情,往往猜中了。"

【阐释】

这一章,孔子对颜回学问道德接近于完善,却在生活上常常贫困深感遗憾。同时,他对子贡不听命运的安排去经商致富反而感到不满,这在孔子看来,是极其不公正的。

【原文】

子张问善人①之道。子曰:"不践迹②,亦不入于室③。"

【注释】

①善人:指本质善良但没有经过学习的人。②践迹:迹,脚印。踩着前人的脚印走。③入于室:比喻学问和修养达到了精深地步。

【名家点评】

程子曰:"践迹,如言循途守辙。善人虽不必践旧迹而自不为恶,然亦不能人圣人之室也。"

张子曰:"善人,欲仁而未志于学者也。欲仁,故虽不践成法,亦不蹈于恶,有诸己也。由不学,故无自而人圣人之室也。"

【译文】

子张问做善人的方法。孔子说:"如果不沿着前人的脚印走,其学问和修养就不到家。"

【原文】

子曰:"论笃是与①,君子者乎? 色庄者乎?"

笃实诚恳

【注释】

①论笃是与:论,言论。笃,诚恳。与,赞许。意思是对说话笃实诚恳的人表示赞许。

【名家点评】

朱子曰:"言但以其言论笃实而与之,则未知其为君子者乎? 为色庄者乎? 言不可以言貌取人也。"

【译文】

孔子说:"听到人议论笃实诚恳就表示赞许,但还应看他是真君子呢? 还是伪装庄重的人呢?"

【阐释】

孔子希望他的学生们不但要说话笃实诚恳,而且要言行一致。在第五篇第10章中曾有"听其言而观其行"的说法,表明孔子在观察别人的时候,不仅要看他说话时诚恳的态度,而且要看他的行动。言行一致才是真君子。

【原文】

子路问:"闻斯行诸①?"子曰:"有父兄在,如之何其闻斯行之?"冉有问:"闻斯行诸?"子曰:"闻斯行之。"公西华曰:"由也问'闻斯行诸',子曰,'有父兄在';求也问'闻斯行诸',子曰,'闻斯行之'。赤也惑,敢问。"子曰:"求也退,故进之;由也兼人②,故退之。"

【注释】

①诸:"之乎"二字的合音。②兼人:好勇过人。

【名家点评】

张敬夫曰:"闻义固当勇为,然有父兄在,则有不可得而专者。若不禀命而行,则反伤于义矣。'子路有闻,未之能行,唯恐有闻。'则于所当为,不患其不能为矣;特患为之之意或过,而于所当禀命者有阙耳。若冉求之资禀失之弱,不患其不禀命也;患其于所当为者逡巡畏缩。而为之不勇耳。圣人一进之,一退之,所以约之于义理之中,而使之无过不及之患也。"

【译文】

子路问:"听到了就行动起来吗?"孔子说:"有父兄在,怎么能听到就行动起来呢?"冉有问:"听到了就行动起来吗?"孔子说:"听到了就行动起来。"公西华说:"仲由问'听到了就行动起来吗?'你回答说'有父兄健在',冉求问'听到了就行动起来吗?'你回答说'听到了就行动起来'。我被弄糊涂了,敢再问个明白。"孔子说:"冉求总是退缩,所以我鼓励他;仲由好勇过人,所以我约束他。"

【阐释】

这是孔子把中庸思想贯穿于教育实践中的一个具体事例。在这里,他要自己的学生不要退缩,也不要过头冒进,要进退适中。所以,对于同一个问题,孔子针对子路与冉求的不同情况作了不同回答。同时也生动地反映了孔子教育方法的一个特点,即因材施教。

【原文】

子畏于匡,颜渊后。子曰:"吾以女为死矣。"曰:"子在,回何敢死?"

【名家点评】

胡氏曰:"先王之制,民生于三,事之如一。唯其所在,则致死焉。况颜渊之于孔子,恩义兼尽，又非他人之为师弟子者而已。即夫子不幸而遇难，回必捐生以赴之矣。捐生以赴之，幸而不死，则必上告天子、下告方伯，请讨以复仇，不但已也。夫子而在，则回何为而不爱其死，以犯匡人之锋乎？"

【译文】

孔子在匡地受到当地人围困，颜渊最后才逃出来。孔子说："我以为你已经死了呢。"颜渊说："夫子还活着，我怎么敢死呢？"

【原文】

季子然①问："仲由、冉求可谓大臣与？"子曰："吾以子为异之问，曾②由与求之间。所谓大臣者，以道事君，不可则止。今由与求也，可谓具臣③矣。"曰："然则从之④者与？"子曰："弑父与君，亦不从也。"

【注释】

①季子然：鲁国季氏的同族人。②曾：乃。③具臣：普通的臣子。④之：代名词，这里指季氏。当时冉求和子路都是季氏的家臣。

【名家点评】

尹氏曰："季氏专权僭窃，二子仕其家而不能正也，知其不可而不能止也，可谓具臣矣。是时季氏已有无君之心，故自多其得人。意其可使从己也。故曰：'弑父与君，亦不从也。'其庶乎二子可免矣。"

【译文】

季子然问："仲由和冉求可以算是大臣吗？"孔子说："我以为你是问别人，原来是问由和求呀。所谓大臣是能够用周公之道的要求来侍奉君主，如果这样不行，他宁肯辞职不干。现在由和求这两个人，只能算是充数的臣子罢了。"季子然说："那么他们会一切都跟着季氏干吗？"孔子说："杀父亲、杀君主的事，他们也不会跟着干的。"

【阐释】

孔子这里指出"以道事君"的原则，他告诫冉求和子路应当用周公之道去规劝季氏，不要犯上作乱，如果季氏不听，就辞职不干。由此可见，孔子对待君臣关系以道和礼为准绳的。这里，他既要求臣，也要求君，双方都应遵循道和礼。如果季氏干杀父杀君的事，冉求和子路就要加以反对。

【原文】

子路使子羔为费宰。子曰："贼①夫人之子②。"子路曰："有民人焉,有社稷③焉,何必读书,然后为学?"子曰："是故恶夫佞者。"

【注释】

①贼:害。②夫人之子:指子羔。孔子认为他没有经过很好的学习就去从政,这会害了他自己的。③社稷:社,土地神。稷,谷神。这里"社稷"指祭祀土地神和谷神的地方,即社稷坛。古代国都及各地都设立社稷坛,分别由国君和地方长官主祭,故社稷成为国家政权的象征。

【名家点评】

范氏曰:"古者学而后入政,未闻以政学者也。盖道之本在于修身,而后及于治人,其说具于方册;读而知之,然后能行,何可以不读书也? 子路乃欲使子羔以政为学,失先后本末之序矣。不知其过而以口给御人,故夫子恶其佞也。"

【译文】

子路让子羔去做费地的长官。孔子说:"这简直是害人子弟。"子路说:"那个地方有老百姓,有社稷,治理百姓和祭祀神灵都是学习,难道一定要读书才算学习吗?"孔子说:"所以我讨厌那种花言巧语狡辩的人。"

【原文】

子路、曾皙①、冉有、公西华侍坐。子曰："以吾一日长乎尔,毋吾以也②。居③则曰:'不吾知也!'如或知尔,则何以哉④?"子路率尔⑤而对曰:"千乘之国,摄⑥乎大国之间,加之以师旅,因之以饥馑,由也为之,比及⑦三年,可使有勇,且知方⑧也。"夫子哂⑨之。"求,尔何如?"对曰:"方六七十⑩,如⑪五六十。求也为之,比及三年,可使足民。如其礼乐,以俟君子。""赤,尔何如?"对曰:"非曰能之,愿学焉。宗庙之事⑫,如会同⑬,端章甫⑭,愿为小相⑮焉。""点,尔何如?"鼓瑟希⑯,铿尔,舍瑟而作⑰,对曰:"异乎三子者之撰。"子曰:"何伤乎? 亦各言其志也。"曰:"莫⑱春者,春服既成,冠者⑲五六人,童子六七人,浴乎沂⑳,风乎舞雩㉑,咏而归。"夫子喟然叹曰:"吾与点也!"三子者出,曾皙后。曾皙曰:"夫三子者之言何如?"子曰:"亦各言其志也已矣。"曰:"夫子何哂由也?"曰:"为国以礼。其言不让,是故哂之。唯^㉒求则非邦也与?""安见方六七十如五六十而非邦也者?""唯赤则非邦也与?""宗庙会同,非诸侯而何? 赤也为之小,孰能为之大?"

【注释】

①曾皙:名点,字子皙,曾参的父亲,也是孔子的学生。②以吾一日长乎尔,毋以也:虽然我比你们的年龄稍长一些,而不敢说话。③居:平日。④则何以哉:何以,即何以为用。⑤率尔:轻率、急切。⑥摄:迫于、夹于。⑦比及:比,等到。⑧方:方向。⑨哂:讥讽地微笑。⑩方六七十:纵横各六七十里。⑪如:或者。⑫宗庙之事:指祭祀之事。⑬会同:诸侯会见。⑭瑞章甫:端,古代礼服的名称。章甫,古代礼帽的名称。⑮相:赞礼人,司仪。⑯希:同"稀",指弹瑟的速度放慢,节奏逐渐稀疏。⑰作:站起来。⑱莫:同"暮"。⑲冠者:成年人。古代子弟到20岁时行冠礼,表示已经成年。⑳浴乎沂:沂,水名,发源于山东南部,流经江苏北部入海。在水边洗头面手足。㉑舞雩:雩,地名,原是祭天求雨的地方,在今山东曲阜。㉒唯:语首词,没有什么意义。

【译文】

子路、曾皙、冉有、公西华四个人陪孔子坐着。孔子说:"我年龄比你们大一些,不要因为我年长而不敢说。你们平时总说:'没有人了解我呀!'假如有人了解你们,那你们要

风调雨顺

怎样去做呢?"子路赶忙回答:"一个拥有一千辆兵车的国家,夹在大国中间,常常受到别的国家侵犯,加上国内又闹饥荒,让我去治理,只要三年,就可以使人们勇敢善战,而且懂得礼仪。"孔子听了,微微一笑。孔子又问:"冉求,你怎么样呢?"冉求答道:"国土有六七十里或五六十里见方的国家,让我去治理,三年以后,就可以使百姓饱暖。至于这个国家的礼乐教化,就要等君子来施行了。"孔子又问:"公西赤,你怎么样?"公西赤答道:"我不敢说能做到,而是愿意学习。在宗庙祭祀的活动中,或者在同别国的盟会中,我愿意穿着礼服,戴着礼帽,做一个小小的赞礼人。"孔子又问:"曾点,你怎么样呢?"这时曾点弹瑟的声音逐渐放慢,接着"铿"的一声,离开瑟站起来,回答说:"我想的和他们三位说的不一样。"孔子说:"那有什么关系呢? 也就是各人讲自己的志向而已。"曾皙说:"暮春三月,已经穿上了春天的衣服,我和五六位成年人,六七个少年,去沂河里洗洗澡,在舞雩台上吹吹风,一路唱着歌走回来。"孔子长叹一声说:"我是赞成曾皙的想法的。"子路、冉有、公西华三个人都出去了,曾皙后走。他问孔子说:"他们三人的话怎么样?"孔子说:"也就是各自谈谈自己的志向罢了。"曾皙说:"夫子为什么要笑仲由呢?"孔子说:"治理国家要讲礼让,可是他说话一点也不谦让,所以我笑他。"曾皙又问:"那么是不是冉求讲的不是治理国家呢?"孔子说:"哪里见得六七十里或五六十里见方的地方就不是国家呢?"曾皙又问:"公西赤讲的不是治理国家吗?"孔子说:"宗庙祭祀和诸侯会盟,这不是诸侯的事又是什么? 像赤这样的人如果只能做一个小相,那谁又能做大相呢?"

【阐释】

孔子认为,前三个人的治国方法,都没有谈到根本上。他之所以只赞赏曾点的主张,就是因为曾点用形象的方法描绘了礼乐之治下的景象,体现了"仁"和"礼"的治国原则,这就谈到了根本点上。这一章,孔子和他的学生们自述其政治上的抱负,从中可以看出孔子的政治理想。

颜渊篇第十二

【解读】

本篇共计二十四章。本篇中,孔子的几位弟子向他问怎样才是仁。这几段,是研究

【原文】

颜渊问仁。子曰："克己复礼①为仁。一日克己复礼,天下归仁②焉。为仁由己,而由人乎哉?"颜渊曰："请问其目③。"子曰："非礼勿视,非礼勿听,非礼勿言,非礼勿动。"颜渊曰："回虽不敏,请事④斯语矣。"

【注释】

①克己复礼:克己,克制自己。复礼,使自己的言行符合于礼的要求。②归仁:归,归顺。仁,即仁道。③目:具体的条目。目和纲相对。④事:从事,照着去做。

【名家点评】

程子曰："非礼处便是私意。既是私意,如何得仁?须是克尽己私,皆归于礼,方始是仁。"又曰："克己复礼,则事事皆仁,故曰天下归仁。"

谢氏曰："克己,须从性偏难克处克将去。"

朱子按："此章问答,乃传授心法切要之言。非至明不能察其几,非至健不能致其决。故惟颜子得闻之,而凡学者亦不可以不勉也。程子之箴,发明亲切,学者尤宜深玩。"

【译文】

颜渊问怎样做才是仁。孔子说："克制自己,一切都照着礼的要求去做,这就是仁。一旦这样做了,天下的一切就都归于仁了。实行仁德,完全在于自己,难道还在于别人吗?"颜渊说："请问实行仁的条目。"孔子说："不合于礼的不要看,不合于礼的不要听,不合于礼的不要说,不合于礼的不要做。"颜渊说："我虽然愚笨,也要照您的这些话去做。"

【阐释】

"克己复礼为仁",这是孔子关于什么是仁的主要解释。在这里,孔子以礼来规定仁,依礼而行就是仁的根本要求。所以,礼以仁为基础,以仁来维护。仁是内在的,礼是外在的,二者紧密结合。这里实际上包括两个方面的内容,一是克己,二是复礼。克己复礼就是通过人们的道德修养自觉地遵守礼的规定。这是孔子思想的核心内容,贯穿于《论语》一书的始终。

【原文】

仲弓问仁。子曰："出门如见大宾,使民如承大祭①;己所不欲,勿施于人;在邦无怨,在家无怨②。"仲弓曰:"雍虽不敏,请事③斯语矣。"

【注释】

①出门如见大宾,使民如承大祭:这句话是说,出门办事和役使百姓,都要像迎接贵宾和进行大祭时那样恭敬严肃。②在邦无怨,在家无怨:邦,诸侯统治的国家。家,卿大夫统治的封地。③事:从事,照着去做。

【名家点评】

程子曰:"孔子言仁,只说'出门如见大宾,使民如承大祭'。看其气象,便须心广体胖,动容周旋中礼。惟谨独,便是守之之法。或问:'出门、使民之时,如此可也;未出门、使民之时,如之何?'曰:此俨若思时也,有诸中而后见于外。观其出门、使民之时,其敬如此,则前乎此者敬可知矣,非因出门、使民然后有此敬也。"

朱子曰:"敬以持己,恕以及物,则私意无所容而心德全矣。内外无怨,亦以其效言之,使以自考也。"又曰:"克己复礼,乾道也;主敬行恕,坤道也。颜、冉之学,其高下浅深,于此可见,然学者诚能从事于敬恕之间而有得焉,亦将无己之可克矣。"

【译文】

仲弓问怎样做才是仁。孔子说:"出门办事如同去接待贵宾,使唤百姓如同去进行重大的祭祀,(都要认真严肃。)自己不愿意要的,不要强加于别人;做到在诸侯的朝廷上没人怨恨(自己);在卿大夫的封地里也没人怨恨(自己)。"仲弓说:"我虽然笨,也要照您的话去做。"

【阐释】

这里是孔子对他的学生仲弓论说"仁"的一段话。他谈到了"仁"的两个内容。一是要他的学生事君使民都要严肃认真,二是要宽以待人,"己所不欲,勿施于人"。只有做到了这两点,就向仁德迈进了一大步。"己所不欲,勿施于人",这句话成为后世遵奉的信条。

【原文】

司马牛①问仁。子曰:"仁者,其言也讱②。"曰:"其言也讱,斯③谓之仁已乎?"子曰:"为之难,言之得无讱乎?"

【注释】

①司马牛:姓司马名耕,字子牛,孔子的学生。②讱:话难说出口。这里引申为说话谨慎。③斯:就。

【名家点评】

朱子曰:"牛之为人如此,若不告之以其病之所切,而泛以为仁之大概语之。则以彼之躁,必不能深思以去其病,而终无自以人德矣。故其告之如此。盖圣人之言,虽有高下大小之不同,然其切于学者之身,而皆为人德之要,则又初不异也。读者其致思焉。"

【译文】

司马牛问怎样做才是仁。孔子说:"仁人说话是慎重的。"司马牛说:"说话慎重,这就叫作仁了吗?"孔子说:"做起来很困难,说起来能不慎重吗?"

【阐释】

"其言也讱"是孔子对于那些希望成为仁人的人所提的要求之一。"仁者",其言行必须慎重,行动必须认真,一言一行都符合周礼。所以,这里的"讱"是为"仁"服务的,为了"仁",就必须"讱"。这种思想与本篇第1章中所说:"克己复礼为仁"基本上是一贯的。

【原文】

司马牛问君子。子曰:"君子不忧不惧。"曰:"不忧不惧,斯谓之君子已乎?"子曰:"内省不疚,夫何忧何惧?"

【名家点评】

晁氏曰:"不忧不惧,由乎德全而无疵。故无人而不自得,非实有忧惧而强排遣之也。"

【译文】

司马牛问怎样做一个君子。孔子说:"君子不忧愁,不恐惧。"司马牛说:"不忧愁,不恐惧,这样就可以叫作君子了吗?"孔子说:"自己问心无愧,那还有什么忧愁和恐惧呢?"

【阐释】

据说司马牛是宋国大夫桓魋的弟弟。桓魋在宋国"犯上作乱",遭到宋国当权者的打击,全家被迫出逃。司马牛逃到鲁国,拜孔子为师,并声称桓魋不是他的哥哥。所以这一章里,孔子回答司马牛问怎样做才是君子的问题,这是有针对性的,即不忧不惧、问心无愧。

【原文】

司马牛忧曰:"人皆有兄弟,我独亡。"子夏曰:"商闻之矣:死生有命,富贵在天。君子敬而无失,与人恭而有礼,四海之内,皆兄弟也。君子何患乎无兄弟也?"

【名家点评】

胡氏曰:"子夏'四海皆兄弟'之言,特以广司马牛之意,意圆而语滞者也。惟圣人则无此病矣。且子夏知此而以哭子丧明,则以蔽于爱而昧于理,是以不能践其言尔。"

【译文】

司马牛忧愁地说:"别人都有兄弟,唯独我没有。"子夏说:"我听说过:'死生有命,富贵在天。'君子只要对待所做的事情严肃认真,不出差错,对人恭敬而合乎于礼的规定,那么,天下人就都是自己的兄弟了。君子何愁没有兄弟呢?"

【阐释】

如上章所说,司马牛宣布他不承认桓魋是他的哥哥,这与儒家一贯倡导的"悌"的观念是相违背的。但由于他的哥哥"犯上作乱",因而孔子没有责备他,反而劝他不要忧愁,不要恐惧,只要内心无愧就是做到了"仁"。这一章,子夏同样劝慰司马牛,说只要自己的言行符合于"礼",那就会赢得天下人的称赞,就不必发愁自己没有兄弟,"四海之内皆兄弟也"。

【原文】

子张问明。子曰:"浸润之谮①,肤受之愬②,不行焉,可谓明也已矣。浸润之谮,肤受之愬,不行焉,可谓远③也已矣。"

【注释】

①浸润之谮:谮,谗言。这是说像水那样一点一滴地渗进来的谗言,不易觉察。②肤受之愬:愬,诬告。这是说像皮肤感觉到疼痛那样的诬告,即直接的诽谤。③远:明之至,明智的最高境界。

【名家点评】

杨氏曰:"骤而语之,与利害不切于身者,不行焉,有不待明者能之也。故浸润之谮、

《论语》注解

浸润之谮

肤受之愬不行,然后谓之明,而又谓之远。远则明之至也。《书》曰:'视远惟明'。"

【译文】

子张问怎样做才算是明智的。孔子说:"像水润物那样暗中挑拨的坏话,像切肤之痛那样直接的诽谤,在你那里都行不通,那你可以算是明智的了。暗中挑拨的坏话和直接的诽谤,在你那里都行不通,那你可以算是有远见的了。"

【原文】

子贡问政。子曰:"足食,足兵,民信之矣。"子贡曰:"必不得已而去,于斯三者何先?"曰:"去兵。"子贡曰:"必不得已而去,于期二者何先?"曰:"去食。自古皆有死,民无信不立。"

【名家点评】

程子曰:"孔门弟子善问,直穷到底。如此章者,非子贡不能问,非圣人不能答也。"

朱子曰:"以人情而言,则兵食足而后吾之信可以孚于民。以民德而言,则信本人之所固有,非兵食所得而先也。是以为政者,当身率其民而以死守之,不以危急而可弃也。"

【译文】

子贡问怎样治理国家。孔子说:"粮食充足,军备充足,老百姓信任统治者。"子贡说:

"如果不得不去掉一项,那么在三项中先去掉哪一项呢?"孔子说:"去掉军备。"子贡说:"如果不得不再去掉一项,那么这两项中去掉哪一项呢?"孔子说:"去掉粮食。自古以来人总是要死的,如果老百姓对统治者不信任,那么国家就不能存在了。"

【阐释】

本章里孔子回答了子贡问政中所连续提出的三个问题。孔子认为,治理一个国家,应当具备三个起码条件:食、兵、信。但这三者当中,信是最重要的。这体现了儒学的人学思想。只有兵和食,而百姓对统治者不信任,那这样的国家也就不能存在下去了。

【原文】

棘子成①曰:"君子质而已矣,何以文为?"子贡曰:"惜乎,夫子之说君子也! 驷不及舌②。文犹质也,质犹文也,虎豹之鞟③犹犬羊之鞟。"

【注释】

①棘子成:卫国大夫。古代大夫都可以被尊称为夫子,所以子贡这样称呼他。②驷不及舌:指话一说出口,就收不回来了。驷,拉一辆车的四匹马。③鞟:去掉毛的皮,即革。

【名家点评】

朱子曰:"夫棘子成矫当时之弊,固失之过;而子贡矫子成之弊,又无本末轻重之差,胥失之矣。"

【译文】

棘子成说:"君子只要具有好的品质就行了,要那些表面的仪式干什么呢?"子贡说:"真遗憾,夫子您这样谈论君子。一言既出,驷马难追。本质就像文采,文采就像本质,都是同等重要的。去掉了毛的虎、豹皮,就如同去掉了毛的犬、羊皮一样。"

【阐释】

这里是讲表里一致的问题。棘子成认为作为君子只要有好的品质就可以了,不需外表的文采。但子贡反对这种说法。他的意思是,良好的本质应当有适当的表现形式,否则,本质再好,也无法显现出来。

【原文】

哀公问于有若曰:"年饥,用不足,如之何?"有若对曰:"盍彻乎①?"曰:"二②,吾犹不足,如之何其彻也?"对曰:"百姓足,君孰与不足? 百姓不足,君孰与足?"

【注释】

①盍彻乎:盍,何不。彻,西周奴隶主国家的一种田税制度。旧注曰:"什一而税谓之彻。"②二:抽取十分之二的税。

【名家点评】

杨氏曰:"仁政必自经界始。经界正,而后井地均、谷禄平,而军国之需皆量是以为出焉。故一彻而百度举矣,上下宁忧不足乎? 以二犹不足,而教之彻,疑若迂矣。然什一,天下之中正,多则桀,寡则貉,不可改也。后世不究其本而惟末之图,故征敛无艺,费出无经,而上下困矣,又恶知'盍彻'之当务而不为迂乎?"

【译文】

鲁哀公问有若说:"遭了饥荒,国家用度困难,怎么办?"有若回答说:"为什么不实行彻法,只抽十分之一的田税呢?"哀公说:"现在抽十分之二,我还不够,怎么能实行彻法呢?"有若说:"如果百姓的用度够,您怎么会不够呢? 如果百姓的用度不够,您怎么又会够呢?"

【阐释】

这一章反映了儒家学派的经济思想,其核心是"富民"思想。鲁国所征的田税是十分之二的税率,即使如此,国家的财政仍然是十分紧张的。这里,有若的观点是,削减田税的税率,改行"彻税"即什一税率,使百姓减轻经济负担。只要百姓富足了,国家就不可能贫穷。反之,如果对百姓征收过甚,这种短期行为必将使民不聊生,国家经济也就随之衰退了。这种以"富民"为核心的经济思想有其值得借鉴的价值。

【原文】

子张问崇德①辨惑②。子曰:"主忠信,徙义③,崇德也。爱之欲其生,恶之欲其死,既欲其生,又欲其死,是惑也。'诚不以富,亦祗以异④。'"

【注释】

①崇德:提高道德修养的水平。②惑:迷惑,不分是非。③徙义:徙,迁移。向义靠拢。④诚不以富,亦祗以异:这是《诗经·小雅·我行其野》篇的最后两句。此诗表现了

一个被遗弃的女子对其丈夫喜新厌旧的愤怒情绪。孔子在这里引此句,令人费解。

【名家点评】

杨氏曰:"'堂堂乎张也,难与并为仁矣。'则非诚善补过、不蔽于私者,故告之如此。"

程子曰:"此错简,当在第十六篇'齐景公有马千驷'之上。因此下文亦有'齐景公'字而误也。"

【译文】

子张问怎样提高道德修养水平和辨别是非迷惑的能力。孔子说:"以忠信为主,使自己的思想合于义,这就是提高道德修养水平了。爱一个人,就希望他活下去,厌恶起来就恨不得他立刻死去,既要他活,又要他死,这就是迷惑。(正如《诗》所说的:)'即使不是嫌贫爱富,也是喜新厌旧。'"

【阐释】

本章里,孔子谈的主要是个人的道德修养问题。他希望人们按照"忠信""仁义"的原则去办事,否则,感情用事,就会陷于迷惑之中。

【原文】

齐景公①问政于孔子。孔子对曰:"君君、臣臣、父父、子子。"公曰:"善哉!信如君不君,臣不臣,父不父,子不子,虽有粟,吾得而食诸?"

【注释】

①齐景公:名杵臼,齐国国君,公元前547年~前490年在位。

【名家点评】

杨氏曰:"君之所以君,臣之所以臣,父之所以父,子之所以子,是必有道矣。景公知善夫子之言,而不知反求其所以然,盖悦而不绎者,齐之所以卒于乱也。"

【译文】

齐景公问孔子如何治理国家。孔子说:"做君主的要像君的样子,做臣子的要像臣的样子,做父亲的要像父亲的样子,做儿子的要像儿子的样子。"齐景公说:"讲得好呀!如果君不像君,臣不像臣,父不像父,子不像子,虽然有粮食,我能吃得上吗?"

【阐释】

春秋时期的社会变动,使当时的等级名分受到破坏,弑君父之事屡有发生,孔子认为这是国家动乱的主要原因。所以他告诉齐景公，"君君、臣臣、父父、子子"，恢复这样的等级秩序，国家就可以得到治理。

【原文】

子曰："片言①可以折狱②者，其由也与③？"子路无宿诺④。

【注释】

①片言：诉讼双方中一方的言辞，即片面之词，古时也叫"单辞"。②折狱：狱，案件。即断案。③其由也与：大概只有仲由吧。④宿诺：宿，久。拖了很久而没有兑现的诺言。

【名家点评】

尹氏曰："小邾射以句绎奔鲁，曰：'使季路要我，吾无盟矣。'千乘之国，不信其盟，而信子路之一言，其见信于人可知矣。一言而折狱者，信在言前，人自信之故也。不留诺，所以全其信也。"

【译文】

孔子说："只听了单方面的供词就可以判决案件的，大概只有仲由吧。"子路说话没有不算数的时候。

【阐释】

仲由可以以"片言"而"折狱"，这是为什么？历来有这样几种解释。一说子路明决，凭单方面的陈述就可以做出判断；二说子路为人忠信，人们都十分信服他，所以有了纠纷都在他面前不讲假话，所以凭一面之词就可以明辨是非；三说子路忠信，他所说的话绝无虚假，所以只听其中一面之词，就可以断定案件。但无论哪种解释，都可以证明子路在刑狱方面是卓有才干的。

【原文】

子曰："听讼①，吾犹人也。必也使无讼②乎！"

【注释】

①听讼：讼，诉讼。审理诉讼案件。②使无讼：使人们之间没有诉讼案件之事。

【名家点评】

范氏曰："听讼者，治其末，塞其流也。正其本，清其源，则无讼矣。"

杨氏曰："子路片言可以折狱,而不知以礼逊为国,则未能使民无讼者也。故又记孔子之言,以见圣人不以听讼为难,而以使民无讼为贵。"

【译文】

孔子说:"审理诉讼案件,我同别人也是一样的。重要的是必须使诉讼的案件根本不发生!"

【原文】

子张问政。子曰:"居之无倦,行之以忠。"

【名家点评】

程子曰:"子张少仁。无诚心爱民,则必倦而不尽心,故告之以此。"

【译文】

子张问如何治理政事。孔子说:"居于官位不懈怠,执行君令要忠实。"

成人之美

【阐释】

以上两章都是谈的如何从政为官的问题。他借回答问题,指出各级统治者身居官位,就要勤政爱民,以仁德的规定要求自己,以礼的原则治理国家和百姓,通过教化的方式消除民间的诉讼纠纷,执行君主之令要切实努力,这样才能做一个好官。

【原文】

子曰:"博学于文,约之以礼,亦可以弗畔矣夫!"①

【注释】

①本章重出,见《雍也》篇第 27 章。

【原文】

子曰:"君子成人之美,不成人之恶。小人反是。"

【译文】

孔子说:"君子成全别人的好事,而不助长别人的恶处。小人则与此相反。"

【阐释】

这一章所讲的"成人之美,不成人之恶"贯穿了儒家一贯的思想主张,即"己欲立而立人,己欲达而达人""己所不欲,勿施于人"的精神。

【原文】

季康子问政于孔子。子对曰:"政者,正也。子帅以正,孰敢不正?"

【名家点评】

范氏曰:"未有己不正而能正人者。"

胡氏曰:"鲁自中叶,政由大夫,家臣效尤,据邑背叛,不正甚矣。故孔子以是告之,欲康子以正自克,而改三家之故。惜乎康子之溺于利欲而不能也。"

【译文】

季康子问孔子如何治理国家。孔子回答说:"政就是正的意思。您本人带头走正路,那么还有谁敢不走正道呢?"

【阐释】

无论为人还是为官,首在一个"正"字。孔子政治思想中,对为官者要求十分严格,正人先正己。只要身居官职的人能够正己,那么手下的大臣和平民百姓,就都会归于正道。

【原文】

季康子患盗,问于孔子。孔子对曰:"苟子之不欲,虽赏之不窃。"

【名家点评】

朱子曰:"子不贪欲,则虽赏民使之为盗,民亦知耻而不窃。"

胡氏曰:"季氏窃柄,康子夺嫡,民之为盗,固其所也。盍亦反其本耶?孔子以'不欲'启之,其旨深矣。"

坡公曰:"乃知上不尽利,则民有以为生,苟有以为生,亦何苦而为盗。"

【译文】

季康子担忧盗窃,问孔子怎么办。孔子回答说:"假如你自己不贪图财利,即使奖励偷窃,也没有人偷盗。"

【阐释】

这一章同样是孔子谈论为官从政之道。他仍然阐释的是为政者要正人先正己的道理。他希望当政者以自己的德行感染百姓,这就表明了他主张政治道德化的倾向。具体到治理社会问题时也是如此。他没有让季康子用严刑峻法去制裁盗窃犯罪,而是主张用德治去教化百姓,以使人免于犯罪。

【原文】

季康子问政于孔子曰:"如杀无道①,以就有道②,何如?"孔子对曰:"子为政,焉用杀?子欲善,而民善矣。君子之德风,人小之德草,草上之风③,必偃④。"

【注释】

①无道:指无道的人。②有道:指有道的人。③草上之风:指风加之于草。④偃:仆,倒。

【名家点评】

尹氏曰:"杀之为言,岂为人上之语哉?以身教者从,以言教者讼,而况于杀乎?"《孟子·滕文公上》:"君子之德,风也;小人之德,草也。草尚之风必偃。"

【译文】

季康子问孔子如何治理政事,说:"如果杀掉无道的人来成全有道的人,怎么样?"孔子说:"您治理政事,哪里用得着杀戮的手段呢? 您只要想行善,老百姓也会跟着行善。在位者的品德好比风,在下的人的品德好比草,风吹到草上,草就必定跟着倒。"

【阐释】

孔子反对杀人,主张"德政"。在上位的人只要善理政事,百姓就不会犯上作乱。这里讲的人治,是有仁德者的所为。那些暴虐的统治者滥行无道,必然会引起百姓的反对。

【原文】

子张问:"士何如斯可谓之达①矣?"子曰:"何哉,尔所谓达者?"子张对曰:"在邦必闻②,在家必闻。"子曰:"是闻也,非达也。夫达也者,质直而好义,察言而观色,虑以下人③。在邦必达,在家必达。夫闻也者,色取仁而行违,居之不疑。在邦必闻,在家必闻。"

【注释】

①达:通达,显达。②闻:有名望。③下人:下,动词。对人谦恭有礼。

【名家点评】

程子曰:"学者须是务实,不要近名。有意近名,大本已失,更学何事? 为名而学,则是伪也。今之学者,大抵为名。为名与为利,虽清浊不同,然其利心则一也。"

尹氏曰:"子张之学,病在乎不务实。故孔子告之,皆笃实之事,充乎内而发乎外者也。当时门人亲受圣人之教,而差失有如此者,况后世乎?"

【译文】

子张问:"士怎样才可以叫作通达?"孔子说:"你说的通达是什么意思?"子张达道:"在国君的朝廷里必定有名望,在大夫的封地里也必定有名声。"孔子说:"这只是虚假的名声,不是通达。所谓达,那是要品质正直,遵从礼义,善于揣摩别人的话语,观察别人的脸色,经常想着谦恭待人。这样的人就可以在国君的朝廷和大夫的封地里通达。至于有虚假名声的人,只是外表上装出的仁的样子,而行动上却正是违背了仁,自己还以仁人自居不惭愧。但他无论在国君的朝廷里和大夫的封地里都必定会有名声。"

【阐释】

本章是孔子提出了一对相互对立的名词,即"闻"与"达"。"闻"是虚假的名声,并不是显达;而"达"则要求士大夫必须从内心深处具备仁、义、礼的德性,注重自身的道德修养,而不仅是追求虚名。这里同样讲的是名实相符,表里如一的问题。

【原文】

樊迟从游于舞雩之下,曰:"敢问崇德、修慝^①、辨惑。"子曰:"善哉问!先事后得^②,非崇德与?攻其恶,无攻人之恶,非修慝与?一朝之忿^③,忘其身,以及其亲,非惑与?"

【注释】

①修慝:邪恶的念头。修,改正。这里是指改正邪恶的念头。②先事后得:先致力于事,把利禄放在后面。③忿:愤怒,气愤。

【名家点评】

范氏曰:"先事后得,上义而下利也。人唯有利欲之心,故德不崇。惟不自省己过而知人之过,故慝不修。感物而易动者莫如忿,忘其身以及其亲,惑之甚者也。惑之甚者必起于细微,能辨之于早,则不至于大惑矣,故惩忿所以辨惑也。"

【译文】

樊迟陪着孔子在舞雩台下散步,说:"请问怎样提高品德修养?怎样改正自己的邪念?怎样辨别迷惑?"孔子说:"问得好!先努力致力于事,然后才有所收获,不就是提高品德了吗?检讨自己的邪念了吗?由于一时的气愤,就忘记了自身的安危,以至于牵连自己的亲人,这不就是迷惑吗?"

【阐释】

这一章里孔子仍谈个人的修养问题。他认为,要提高道德修养水平,首先在于踏踏实实地做事,不要过多地考虑物质利益;然后严格要求自己,不要过多地去指责别人;还要注意克服感情冲动的毛病,不要以自身的安危作为代价,这就可以辨别迷惑。这样,人就可以提高道德水平,改正邪念,辨别迷惑了。

【原文】

樊迟问仁。子曰:"爱人。"问知。子曰:"知人。"樊迟未达。子曰:"举直错诸枉^①,能使枉者直。"樊迟退,见子夏曰:"乡^②也吾见于夫子而问知,子曰'举直错诸枉,能使枉者直',何谓也?"子夏曰:"富哉言乎!舜有天下,选于众,举皋陶^③,不仁者远^④矣。汤^⑤有天下,选于众,举伊尹^⑥,不仁者远矣。"

辨别迷惑

【注释】

①举直错诸枉:错,同"措",放置。诸,这是"之于"二字的合音。枉,不正直,邪恶。意为选拔直者,罢黜枉者。②乡:同"向",过去。③皋陶:传说中舜时掌握刑法的大臣。④远:动词,远离,远去。⑤汤:商朝的第一个君主,名履。⑥伊尹:汤的宰相,曾辅助汤灭夏兴商。

【名家点评】

程子曰:"圣人之语,因人而变化。虽若有浅近者,而其包含无所不尽,观子此章可见矣。非若他人之言,语近则遗远,语远则不知近也。"

尹氏曰:"学者之问也,不独欲闻其说,又必欲知其方;不独欲知其方,又必欲为其事。如樊迟之问仁、知也,夫子告之尽矣。樊迟未达,故又问焉,而犹未知其何以为之也。及退而问诸子夏,然后有以知之。使其未喻,则必将复问矣。既问于师,又辨诸友,当时学者之务实也如是。"

【译文】

樊迟问什么是仁。孔子说:"爱人。"樊迟问什么是智,孔子说:"了解人。"樊迟还不明白。孔子说:"选拔正直的人,罢黜邪恶的人,这样就能使邪者归正'。樊迟退出来,见到子夏说:"刚才我见到老师,问他什么是智,他说'选拔正直的人,罢黜邪恶的人,这样就能使邪者归正'。这是什么意思?"子夏说:"这话说得多么深刻呀!舜有天下,在众人中挑选人才,把皋陶选拔出来,不仁的人就被疏远了。汤有了天下,在众人中挑选人才,把伊尹选拔出来,不仁的人就被疏远了。"

【阐释】

本章谈了两个问题,一是仁,二是智。关于仁,孔子对樊迟的解释似乎与别处不同,说是"爱人",实际上孔子在各处对仁的解释都有内在的联系。他所说的爱人,包含有古代的人文主义精神,把仁作为他全部学说的对象和中心。正如著名学者张岂之先生所说,儒学即仁学,仁是人的发现。关于智,孔子认为是要了解人,选拔贤才,罢黜邪才。但在历史上,许多贤能之才不但没有被选拔反而受到压抑,而一些奸佞之人却平步青云,这说明真正做到智并不容易。

【原文】

子贡问友。子曰:"忠告而善道之,不可则止,毋自辱焉。"

【名家点评】

朱子曰:"友所以辅仁,故尽其心以告之,善其说以道之。然以义合者也。故不可则止。若以数而见疏,则自辱矣。"

【译文】

子贡问怎样对待朋友。孔子说:"忠诚地劝告他,恰当地引导他,如果不听也就罢了,不要自取其辱。"

【阐释】

在人伦关系中,"朋友"一伦是最松弛的一种。朋友之间讲求一个"信"字,这是维系双方关系的纽带。但对待朋友的错误,要开诚布公地劝导他,推心置腹地讲明利害关系,但他坚持不听,也就作罢。如果别人不听,你一再劝告,就会自取其辱。这是交友的一个基本准则。所以清末志士谭嗣同就认为朋友一伦最值得称赞,他甚至主张用朋友一伦改造其他四伦。其实,孔子这里所讲的,是对别人作为主体的一种承认和尊重。

【原文】

曾子曰:"君子以文会友,以友辅仁。"

忠告善道

【名家点评】

朱子曰："讲学以会友，则道益明；取善以辅仁，则德日进。"

【译文】

曾子说："君子以文章学问来结交朋友，依靠朋友帮助自己培养仁德。"

【阐释】

　　曾子继承了孔子的思想，主张以文章学问作为结交朋友的手段，以互相帮助培养仁德作为结交朋友的目的。这是君子之所为。以上这两章谈的都是交友的问题，事实上在五伦当中，儒家对于朋友这一伦还是比较重视的。